# 长江经济带
## 区域协调与高质量发展研究

中国区域科学协会
民盟中央参政议政部
李国平 刘秉镰 冯奎 等 著

群言出版社
QUNYAN PRESS

·北 京·

**图书在版编目（CIP）数据**

长江经济带区域协调与高质量发展研究／中国区域
科学协会等著. -- 北京：群言出版社，2024.1
ISBN 978 - 7 - 5193 - 0877 - 3

Ⅰ. ①长… Ⅱ. ①中… Ⅲ. ①长江经济带－区域经济
发展－研究 Ⅳ. ①F127.5

中国国家版本馆 CIP 数据核字（2023）第 234153 号

责任编辑：李 群 宋盈锡
封面设计：王 敏

出版发行：群言出版社
地　　　址：北京市东城区东厂胡同北巷 1 号（100006）
网　　　址：www.qypublish.com（官网书城）
电子信箱：qunyancbs@126.com
联系电话：010 - 65267783 65263836
法律顾问：北京法政安邦律师事务所
经　　销：全国新华书店

印　　　刷：北京九天鸿程印刷有限责任公司
版　　　次：2024 年 1 月第 1 版
印　　　次：2024 年 1 月第 1 次印刷
开　　　本：710mm×1000mm 1/16
印　　　张：30.25
字　　　数：493 千字
书　　　号：ISBN 978 - 7 - 5193 - 0877 - 3
定　　　价：168.00 元

# 序 言

## 推进区域协调发展的体制机制与政策创新

### 丁仲礼

全国人大常委会副委员长,民盟中央主席

　　长江经济带是关系国家发展全局的重大战略。民盟中央高度重视长江经济带发展,近年来多次组织开展考察调研,向中共中央、国务院提出相关工作建议。其中比较重要的有:受中共中央委托,2018 年,民盟中央围绕"深化长三角一体化合作,推进区域经济协调发展",在上海、浙江、江苏、安徽等地组织调研。2020 年,民盟中央围绕"构建高效率治理体系,促进中心城市和城市群健康发展",在重庆、四川、湖北等地组织调研。尤为值得一提的是,从 2021 年开始,中共中央将长江生态环境保护民主监督工作交付各民主党派中央和无党派人士,民盟中央的任务是对口云南省开展这项工作。除了上面这些中共中央委托交办的任务之外,民盟中央和沿长江省市的民盟组织,每年还要就长江经济带发展涉及的经济、社会、生态、文化等领域的许多具体问题开展调研,并形成相应的建言成果呈报给有关部门。

　　通过对长江经济带开展考察和调研,我们对长江经济带这一国家区域重大战略的认识不断深化。但客观上讲,长江经济带横跨我国东、中、西三大板块,人口规模和经济总量占据全国"半壁江山",涉及方方面面的问题极其复杂,而我们的认识能力和调研水平还相当有限,因此把握长江经济带发展这一重大国家战略的内涵确实面临着许多困惑和不到位之处。有鉴于此,民盟中央参政议政部、中国区域科学协会、北京大学首都发展研究院等,组织了 40 余位专家学者开展了一次规模较大的集中性研究,目的是深化我们对长江经济带的认识,同时也是为了吸引更多盟内外研究力量持续关注长江经济带发展。长江经济带的问题涵盖面极广,此次研究选取区域协调体制机制创新与高质量发展这一角度,经过共同努力,形成了近 20 篇有一定深度的论文和调研报告,准备以《长江经济带区域协调与高质量发展研究》为名出版。我赞同出版本书,向各位作者表示祝贺。

借此机会,侧重于区域协调这一主题,结合调研,我从体制机制与政策创新角度谈一点个人感想。

区域是民盟的传统研究内容,但在不同时期,我们调研的发力点和建言的重点方向有所不同。早在 1990 年前后,民盟中央就向中共中央报送了关于建立长江三角洲经济开发区等方面的建议,当时的主题是"区域发展"。近年来,民盟中央针对长江经济带、黄河流域、城市群与都市圈等问题开展多次重点考察调研,我们看到中国的区域发展正在发生历史性的深刻变化,由此深化了对区域协调发展的认识,因而将区域协调发展作为重点调研方向。原先的行政区经济依然是发展的基础,但超越行政区的各类"一体化经济区""南北合作区""东西协作区""城市群与都市圈""城乡融合区"等等,成为展示中国经济纵深的活力空间,成为推动实现国内国际双循环的枢纽平台,也成为大国经济在全球崛起和竞争的主要力量。我们也了解到,一方面,区域协调发展正推动形成优势互补、高质量发展的区域经济布局,构成高质量发展的重要支撑;另一方面,持续深入地统筹区域协调发展的任务还十分艰巨。因此民盟中央将区域协调发展问题确定为长期研究的领域,要持续跟踪、深化调研。

在调研中,我们感到:对区域协调发展的认识与政策行动方面还有很多优化提升的空间。比如,有的地方对区域高质量发展的目的和区域协调手段二者之间不加区分,甚至将手段当成目的,导致为了区域协调而协调,在协调的繁琐程序和复杂架构上耗费了太多宝贵精力。有的地方认为区域协调就是所有地方"拉平均"发展,希望通过消灭区域差距,在短时间内实现区域经济发展的速度一样快、水平一样高。还有的地方秉持"唯经济论""唯总量论",动用几乎所有政策资源用以增大中心城市和城市群等经济优势区域的"块头",而对如何强化相邻、相联或相关地区在保障粮食安全、生态安全、边疆安全等方面的功能,规划发展不足、投入支持不够。这些都需要我们进一步展开讨论,以期形成更为科学的共识,并成为政策制定的学理基础。通过几次调研,我们体会到,要实现区域协调发展,就要在规划建设中确定统一的目标和针对性的手段,为此,2018 年在有关长三角一体化的政策建议中,民盟中央曾提出,要进一步厘清长三角一体化发展的准确内涵,要从发展规划、生态环境、创新要素、产业政策、土地指标、立体交通、市场统一、营商环境、信息资讯、公共服务、社会安全、国家政策、制度供给、协调体系等涉及一体化的诸多方面,进一步深入研究,完善相关政策。

在调研中,我们认识到,我国幅员辽阔、人口众多,各地区基础条件差别之大在世界上少有。因此,需要兼顾各地实际,通过改革创新,逐步构建起较为成熟的区域协调治理体系。近年来,区域协调治理创新有一些突破性成果,在建立区域协调机构、加强区域信息系统建设、开展区域协调立法等方面都有一些案例。比如,在长三角地区,三省一市几年前建立了长三角区域协作办公室,现在这种做法已被借鉴运用到其他地区;四川省成立推进成德眉资同城化发展领导小组及常态化运行的办公室,一些具体工作创新走在全国前列。2021 年以来,我们对口支持云南开展长江生态环境保护民主监督的工作,在云南省委省政府的支持下,推动搭建起监督责任系统、信息沟通系统和科技支持系统,其核心就是借助信息数据的共享,努力推动实现各部门高效决策、各主体协同作业。为推动区域协调发展,全国人大和地方人大近年来把区域发展立法工作摆在突出位置,为推动区域协调发展提供了法律保障,比如云、贵、川三省联合制定的《关于加强赤水河流域共同保护的决定》,推进了长江大保护工作。

研究区域协调发展问题,这对民盟中央的调研方法是一个挑战。因为区域协调发展涉及中央和地方、部门之间、行业之间、区域之间种种复杂的体制机制和政策问题,民盟自身的人力有限,研究能力相对不足。为此,近年来,我们在类似区域协调等问题的调研中,着力推动形成民盟中央和地方组织上下联动、民盟相关省市组织左右互动、盟内盟外各方面力量协同推进的调研方法。这其中,盟外力量为我们的调研提供了较多的理论支撑和独特视角。此次,民盟中央参政议政部与中国区域科学协会、北京大学首都发展研究院等盟外机构共同发起开展长江经济带区域协调问题的研究,也是在这方面做出的努力。我希望进一步总结这种模式,在其他参政议政选题上进行类似的盟内外合作,为民盟争取成为中共中央的"好参谋、好帮手、好同事"提供更多助力。

2023 年 12 月

# 前　言

　　长江经济带发展战略是以习近平同志为核心的党中央作出的重大战略决策。2016 年以来,习近平总书记先后在重庆、武汉、南京、南昌主持召开四次座谈会,为长江经济带发展谋篇布局、指路定向。

　　中国区域科学协会与民盟中央参政议政部建立战略合作关系之后,双方一致同意开展长江经济带发展战略方面的学习与研究工作,并将合作研究的主题首先聚焦于"区域协调与高质量发展"这一主线。此项合作研究于两年前正式启动,经过努力,取得了丰硕的成果,本书收录了部分成果并结集出版。

　　长江经济带是我国跨区域最广、人口最多、经济实力与潜力最强的区域。但对照长江经济带在中国区域发展中具有的核心地位来看,区域科学领域关于长江经济带的研究仍需深入。借本书出版,中国区域科学协会、民盟中央参政议政部希望推动相关领域专家学者进一步重视长江经济带发展,持久发力、全面发力,为长江经济带高质量发展提供智力支撑。

　　本书聚焦"区域协调与高质量发展"主线,这也是长江经济带发展改革最具挑战同时也是最具潜力、最富活力的方面。长江经济带作为涵盖经济、社会、人口、资源、环境等方面极其复杂的超大型巨型系统,内部单元的自然地理环境、历史文化资源、经济社会发展水平千差万别;中央部委垂直管理的各类机构盘根错节;地方行政层级与经济类型复杂多样;城乡区域多类部门之间头绪万千;行政机制、市场机制、社会机制等嵌套重叠。在这样一个区域,空间要素流动所能释放的生产力,无论是体量规模还是质量能级,都具有强大的冲击力、带动性,直接或间接影响国家现代化建设的全局。通过研究,进一步探讨长江经济带发展不平衡与不充分问题,从中总结出推动区域协调发展的经验与规律,并推而广之到其他经济带区域,这对加速构建高质量发展的区域经济布局和国土空间支撑体系具有重要意义。

　　本书在长江经济带已有研究成果的基础上,在两个维度力争有所贡献。其一是在理论研究方面,本书基于相关领域学术前沿与动态,对长江经济带的生态建设、产业集聚、数字经济、科技服务业、创新发展、重大生产力布局、区域协调发展机制等进行了整体的研究,对长三角地区、长江中游城市群、成渝地区、滇中城市群、长江上游民族地区等进行了专题研究。同时,还深入剖析并借鉴了京津冀、粤港澳大湾区、黄河流域等地区的发展案例。研究内容基于多个尺度、多种方法,进一步厘清了长江经济带发展历程,阐述了长江经济带产业发展的现状特征,剖析了赋能长江经济带高质量发展的作用机制等,丰富了长江经济带相关研究领域的理论体系,具有较强的理论价值。

其二是在应用方面,本书立足于国家战略部署,结合翔实的数据与资料,综合利用多学科理论,深度分析了长江经济带发展中的现状与不足、重点发展内容与关键举措,提出了长江经济带区域协调与高质量发展的优化路径,具有一定的可操作性,对长江经济带区域范围内的政府部门、企业机构具有一定参考价值。本书提供了区域发展研究案例,为长江经济带之外其他经济区域推动实现区域协调与高质量发展贡献了可借鉴的经验启示。

本书共由四篇十八章构成,第一篇为总论篇,第二篇为专题篇,第三篇为地区篇,第四篇为借鉴篇。

第一篇总论篇由三章构成,从背景价值、政策演进、发展体制这三个方面阐述了推动长江经济带区域协调与高质量发展的必要性与重要意义。第一章分析了长江经济带区域协调与高质量发展的功能地位与作用、建设成效及存在的主要问题,进而梳理出推进长江经济带区域协调与高质量发展的政策方向;第二章与第三章围绕长江经济带区域协调这一中心问题,厘清长江经济带区域协调的政策演进与理论逻辑,并对长江经济带区域协调发展体制机制进行探究,解析区域协调发展建设中存在的问题与不足。

第二篇专题篇由六章构成,基于总体视角展开,力图从长江经济带整体的绿色发展、产业布局、创新发展、数字经济、科技服务业发展等多个维度剖析长江经济带区域协调与高质量发展路径。第四章与第五章分别从长江经济带生态文明建设与产业共生集聚发展两个角度对推进长江经济带绿色发展展开讨论;第六章提出长江经济带重大生产力布局调整优化的总体思路;第七章讨论长江经济带创新发展与创新共同体建设路径;第八章根据长江经济带数字经济的时空演化规律与影响效应总结归纳出数字经济高质量发展的途径;第九章基于流空间视角,阐述长江经济带科学研究与技术服务业流空间网络的时空演化格局与影响因素。

第三篇地区篇包括六章,分别选取长江经济带六个重要区域,基于区域经济学理论,聚焦长江经济带内不同区域如何高质量发展以及区际间如何协同发展、互惠合作。第十章研究对象为长三角地区,针对如何高水平建设长三角一体化示范区提出了发展建议;第十一章以长江中游城市群为重点,讨论存在的突出问题及发展路径;第十二章从时空动态方面考察了成渝地区双城经济圈的过去、现在与未来,提出推动成渝地区双城经济圈改革发展的相关建议;第十三章聚焦滇中城市群,提出滇中城市群国土空间优化的思路;第十四章论述了云南南向开放的功能定位与布局优化,针对云南省有效对接长江经济带壮大云南经济提出了建议思考;第十五章基于长江上游民族地区的地理位置、资源禀赋、发展现状,提出对接国家区域战略促进该地区协调发展的对策建议。

第四篇借鉴篇由三章构成,通过分析其他区域案例,凝练区域协调与高质量发展的重要经验与关键启示,为推动长江经济带区域协调与高质量发展提供具有参考价值的建议。第十六章论述京津冀地区案例,重点回顾京津冀协同发展九年多来的主要做法;第十七章聚焦粤港澳大湾区,从产业建设、消费环境、劳动力资源配置、金融资本管理等方面总结粤港澳大湾区的发展经验;第十八章以黄河流域为案例主体,梳理归纳了黄河流域生态保护与高质量发展相关政策实施四年来的历程。

本书各章主要作者(执笔人)如下:第一章李国平、冯奎、宋昌耀,第二章刘秉镰、周玉龙等,第三章兰宗敏,第四章周江、徐洪海、王波等,第五章刘军等,第六章李佳洺、李国平,第七章曾刚、滕堂伟等,第八章邓宏兵等,第九章叶堂林等,第十章张学良、邓涛涛,第十一章周国华等,第十二章涂建军等,第十三章薛领等,第十四章梁双陆,第十五章郑长德,第十六章张贵等,第十七章梁琦、王如玉等,第十八章苗长虹、赵建吉、邵田田等。部分章节内容为民盟中央参政议政部委托中国区域科学协会、北京大学、南开大学开展的2023年调研课题成果。

开展长江经济带区域协调与高质量发展的系统研究,并结集出版,得到各方面的指导和支持。首先是要特别感谢全国人大常委会副委员长、民盟中央主席丁仲礼同志,他为本书题写序言,给予我们这项工作以充分肯定和巨大鼓舞。感谢群言出版社、北京大学首都发展研究院、南开大学经济与社会发展研究院、四川省推进成德眉资同城化发展领导小组办公室以及各位作者所在单位等,他们为研究工作的开展和本书出版,提供了有力支持。感谢本书作者们的辛苦付出,大家团结协作,共同完成了这一项艰巨而又重要的工作。

本书力图全面反映长江经济带发展的现状与问题,并有针对性地提出策略建议,但限于理论水平与实践经验,难免存在不足甚至错误之处,诚恳希望得到广大读者的批评指正。

李国平　刘秉镰　冯　奎

2023 年 12 月

# 目　录

## 第一篇　总　论　篇

## 第二篇　专　题　篇

## 第三篇　地　区　篇

## 第四篇 借 鉴 篇

# 第一篇　总　论　篇

# 第一章　长江经济带区域协调与高质量发展态势与研判

　　长江经济带是我国经济发展的重要支撑与增长极,是我国绿色发展的生态示范带。推动长江经济带区域协调与高质量发展对引领我国建设社会主义现代化强国意义重大。长江经济带地域辽阔,横跨东、中、西三大地域,区域资源与经济社会发展水平呈现异质性,其区域协调发展有助于解决我国区域发展不平衡不充分问题,并推动实现全体人民共同富裕的中国式现代化。高质量发展是建设社会主义现代化国家的首要任务,也是长江经济带发展的首要任务。本章以发展历程、现状特征与未来展望为脉络,梳理长江经济带区域协调与高质量发展的功能地位与作用,归纳长江经济带高质量发展的建设成效及其存在的主要问题,进而提出推进长江经济带区域协调与高质量发展的政策主张。

## 第一节　长江经济带区域协调与高质量发展的地位和作用

### 一、现代化国家建设中的区域协调与高质量发展

　　随着中国进入全面建设社会主义现代化国家新阶段,传统的高速增长模式面临挑战,经济发展进入转型升级阶段。面临人民群众需求变化、生态环境压力、不平衡发展问题突出、国际竞争激烈等瓶颈,高质量发展成为迈向社会主义现代化国家的必然选择。

　　高质量发展是在经济增长的基础上,更加注重发展的质量和效益,以提高人民生活水平、促进社会全面进步。高质量发展是为了实现经济的长期稳健增长,提高发展质量和效益;高质量发展也是为了社会全面进步,改善人民生活水平,打造创新、协调、绿色、开放、共享的现代化国家。高质量发展需要关注资源利用效率、环境保护、科技创新、产业升级、社会公平普惠等方面的全面提升。党的二十大将高质量发展明确为全面建设社会主义现代化国家的首要

任务,对推进区域协调和城乡融合发展等作出战略部署。区域协调发展对于实现高质量发展、构建新发展格局至关重要。

实现高质量的区域协调发展是实现中国式现代化的关键支撑。中国式现代化是实现全体人民共同富裕的现代化,不是实现少数人的富裕,而是 14 亿中国人共同走向富裕。共同富裕是物质生活和精神生活共同富裕,是不同人群共同富裕,也是不同区域、城乡之间的共同富裕。中国疆域辽阔、地域类型多样,不同地区资源禀赋、人口规模、产业发展等情况差异显著,这就决定了区域发展不平衡、不充分的问题长期存在,是影响整体经济发展的矛盾障碍。区域协调发展旨在缓解区域发展过程中出现的不平衡、不充分问题,增强区域发展的协调性、均衡性和包容性。其本质是对不同地区的统筹规划管理,通过优化资源配置、协同产业发展、改善基础设施、促进人才流动、推动区域间交流合作等方式,以协作为纽带,打破市场壁垒,加快要素流通,创造更高水平、更高质量、更高效和更可持续的生产力,从而在空间上实现生产成果共享,逐渐缩小不同地区之间的差距,在经济、社会和生态环境等方面实现均衡、协调、可持续的发展,实现共同富裕。

## 二、长江经济带在我国区域发展总体格局中的地位和作用

长江经济带地域广阔,横跨东部、中部和西部,途经长江上、中、下游地区,包含了长江流域的 11 个省份①,面积超 205 万平方公里,占全国总面积的 21.4%。长江经济带是我国"T"字形发展格局中的东西向主轴,是横跨中国东、中、西部地区的一条重要经济带,涵盖了中国人口和经济活动密集的地区,也是中国经济发展最为活跃、最具潜力的地区之一。我国"T"字形发展格局是指以长江经济带为东西向横轴,而东部沿海地区为南北向纵轴,是集中了全国大部分人口和经济活动的两大带状区域,由中国科学院院士、著名经济地理学家陆大道首先提出。长江经济带在"T"字形发展格局中具有重要的地位和意义。首先,长江经济带沿线地区在中国经济中占据着重要的地位,是国家经济发展的前沿阵地。其次,长江经济带区域内有着丰富的资源和人力资本,拥有巨大的市场潜力和发展空间。而在我国"T"字形发

---

① 《长江经济带发展规划纲要》明确规定了长江经济带的范围,覆盖上海、江苏、浙江、安徽、江西、湖北、湖南、重庆、四川、云南、贵州 11 个省市。

展格局中,长江经济带不仅承担了联通南北的重要枢纽作用,同时也是东西和南北经济互动的重要纽带。在未来发展中,长江经济带将成为全国经济发展的重要引擎之一。

长江经济带在我国城市化战略格局中地位突出。在全国 19 大城市群中拥有 5 个,其中长三角城市群是世界六大城市群之一,是中国区域经济发展的重要空间载体和引擎。长江三角洲城市群、长江中游城市群、成渝城市群三大城市群是支撑引领长江经济带高质量发展的重要动力。三大城市群共涉及 9 个省市,占长江经济带约 40% 的土地面积、约 67% 的人口,创造了约 80% 的经济体量。其中,长江三角洲城市群在经济水平、基础设施建设、国际贸易、生态环境、政策环境等方面,居全国前列。长江中游城市群涵盖范围庞大,经济体量超过全国 10%,基于其国土中心的地理位置优势,四向辐射全国各地,在国家区域发展格局中扮演重要角色。成渝城市群作为我国西部最大规模的城市群,具有极大的发展潜力,在成渝地区双城经济圈建设背景下,对于深入推进西部大开发、协调促进"一带一路"倡议、提升内陆开放水平都具有重要意义。

长江经济带在空间结构上,2016 年发布的《长江经济带发展规划纲要》提出了长江经济带"一轴、两翼、三极、多点"的空间格局。"一轴"是指长江黄金水道,构建沿江绿色发展轴,主要突出生态修复和绿色发展。"两翼"是指充分发挥长江主轴线的辐射带动作用,提升南北两侧腹地的支撑力,南北两翼分别以沪瑞运输通道、沪蓉运输通道两大交通运输通道为依托,促进交通互联互通。"三极"是指长江三角洲城市群、长江中游城市群、成渝城市群三大城市群,也是长江经济带三大经济增长极。各城市群依托核心城市发挥龙头带动作用和辐射效应。"多点"则是发挥三大城市群以外地级城市的支撑作用,加强"点"与中心城市的交流互动。滇中城市群、黔中城市群是长江经济带上游建设的重要节点和支撑。

## 三、长江经济带在我国经济社会发展中的地位与作用

长江经济带地跨中国东、中、西部,共涵盖 11 个省市,作为人口最密集、产业规模最巨大、经济实力最强劲、城市体系最为完整、辐射影响最广泛、新兴产业发展最迅速的流域经济带,其地位十分重要。根据国家统计局数据[①],截至 2022

---

① 资料来源:国家统计局《经济社会发展统计图表:2022 年京津冀、长江经济带、长江三角洲主要经济指标》。

年,长江经济带年末常住人口达 6.08 亿人,占全国比重达 43.1%;地区生产总值达 55.98 万亿元,占全国总量的 46.5%。其中,第一产业、第二产业、第三产业增加值占全国比重均超过 42%,第三产业占比最高,达到 46.9%。进出口贸易方面,长江经济带货物对外进出口总额达 19.30 万亿元,占全国总量的 45.9%。产业引领方面,长江经济带建筑业、消费品零售、电子信息、装备制造等产业规模均超过全国一半以上。建筑业总产值达 17.39 万亿元,占全国总量的 55.7%;消费品零售总额同样占全国总量超 50%。除了经济增长和产业规模领先,长江经济带践行生态优先、绿色发展走在全国前列,绿色发展试点示范效应明显,生态产品价值转换实践为全国提供了宝贵经验。长江经济带在全国经济和社会中扮演着重要的引擎角色,为国家实现高质量发展提供了坚实的基础和动力。

## 第二节　长江经济带区域协调与高质量发展的阶段划分

长江是中国和亚洲第一长河,也是世界第三大河流。长江流域通江达海、南北融汇、资源富集、经济集聚,是中华民族的摇篮之一。长江经济带作为中国最为关键的内河经济带之一,历经数十年的发展和演变,不断开拓创新,在交通一体化、市场一体化、产业协调发展、生态环境建设等方面取得了显著成就,成为中国区域协调发展和高质量发展的典范。结合相关研究以及近年来长江经济带发展态势,可将长江经济带形成和发展历程划分为构想阶段、探索与形成阶段和推进阶段。

### 一、第一阶段(1980—1991 年):构想阶段

长江经济带概念的雏形最初来源于产业密集的客观现实。1984 年,孙尚清在参与长江沿线经济和航道重点考察时,首次提出"建设长江产业密集带"的构想。后续的学术研究逐渐勾画出明确的涵盖范围,其中以陆大道(1987)在其学术著作中提出的"T"字形发展策略最为经典,该战略于 1987年《全国国土总体规划纲要》中正式确立。"T"字形发展战略以我国渤海、黄海、东海等海岸为线,以长江为轴构成全国一级发展轴线,覆盖长江经济带的 11 个省市。而后,国务院发展研究中心经济学家马洪提出"一线一轴"

战略构想,其中"一轴"即为长江发展轴。1990 年 4 月,民盟中央在向中央报送的《关于建立长江三角洲经济开发区的初步构想》中提出长三角经济区的概念,主张应以上海为引领,协同江苏、浙江两省,建立起长江三角洲经济开发区。

## 二、第二阶段(1992—2015 年):探索与形成阶段

1992 年 10 月,中共十四大明确指出,以上海为核心,联动长江沿岸城市,推进对外开放开发。在此阶段,从实践考察、学术研究到内参报告、党政会议,逐渐刻画出长江经济带雏形。党的十四届五中全会于 1995 年再次强调,"建设以上海为核心的长江三角洲及其周边沿江地区经济带"。1996 年颁布的《中华人民共和国国民经济和社会发展"九五"计划和 2010 年远景目标纲要》中强调,长江三角洲及沿江地区应以浦东开放开发、三峡工程建设为契机,借助沿江大中城市的力量,逐步构建一条跨越东西、连接南北的综合经济带。2005 年,交通部牵头长江沿线共 7 省 2 市共同签署了《长江经济带合作协议》。然而,由于受制于地方行政壁垒等多种实际因素,尚未能形成一条贯穿东西、连接南北的协同经济带,这也导致《长江经济带合作协议》的效力未能有效发挥。2014 年 9 月,国务院印发《关于依托黄金水道推动长江经济带发展的指导意见》,部署将长江经济带建设成为具有全球影响力的内河经济带、东中西互动合作的协调发展带、沿海沿江沿边全面推进的对内对外开放带和生态文明建设的先行示范带。

## 三、第三阶段(2016 年至今):推进阶段

2016 年 1 月 5 日,习近平总书记在重庆主持召开推动长江经济带发展座谈会,强调推动长江经济带发展是国家一项重大区域发展战略。2016 年 9 月,《长江经济带发展规划纲要》正式印发,明确将长江经济带的覆盖范围拓展至 9 省 2 市,包括上海、江苏、浙江、安徽、江西、湖北、湖南、重庆、四川、云南、贵州,并提出长江经济带四大战略定位,即成为生态文明建设的先行示范带、引领全国转型发展的创新驱动带、具有全球影响力的内河经济带和东、中、西互动合作的协调发展带。

2018 年 4 月 24 日,习近平总书记在湖北宜昌考察时提出长江经济带建设要"共抓大保护、不搞大开发",并于 26 日在武汉主持召开深入推动长江经济

带发展座谈会,强调要将生态环境修复保护放在推动长江经济带发展的首要位置。2020 年 11 月 14 日,习近平总书记在南京召开全面推动长江经济带发展座谈会,强调推动长江经济带高质量发展是最终目标,过程中要贯彻落实生态优先、绿色发展、区域协调、对外开放、创新驱动等战略部署。在高质量发展阶段,长江经济带的战略定位变成"生态优先绿色发展主战场、畅通国内国际大循环主动脉、引领经济高质量发展主力军"。2023 年 10 月 12 日,习近平总书记在江西南昌主持召开进一步推动长江经济带高质量发展座谈会,强调坚持共抓大保护、不搞大开发,坚持生态优先、绿色发展,以科技创新为引领,进一步推动长江经济带高质量发展,更好支撑和服务中国式现代化。长江经济带在过去近 8 年的发展中,在习近平总书记四次重要讲话精神引领下,在战略规划实施,生态保护、绿色发展、区域协调、科技创新等多个方面取得了积极进展,积累了丰富的经验和成果,高质量发展不断走向深入。

表 1.1　长江经济带发展历程

| 阶段 | 年份 | 主要事件 | 特点 |
|---|---|---|---|
| 构想阶段<br>(1980—<br>1991 年) | 1984 年 | 孙尚清首次提出"建设长江产业密集带"的构想 | 从实践考察、学术研究到内参报告、党政会议,逐渐刻画出长江经济带雏形 |
| | 1987 年 | 陆大道在其学术著作中提出的"T"字形发展策略 | |
| | 1990 年 | 民盟中央在向中央报送的《关于建立长江三角洲经济开发区的初步构想》中提出长三角经济区的概念 | |
| 探索与形成阶段<br>(1992—<br>2015 年) | 1992 年<br>10 月 | 党的十四大报告明确指出,以上海为核心,联动长江沿岸城市,推进对外开放开发 | 长江经济带概念明确提出,尽管受制于地方行政壁垒等多种实际因素,未能形成一条贯穿东西、连接南北的紧密协同的经济带,但经济带的基本格局已经形成 |
| | 1995 年<br>9 月 | 党的十四届五中全会强调,建设以上海为核心的长江三角洲及其周边沿江地区经济带 | |
| | 2005 年<br>11 月 | 交通部牵头长江沿线共 7 省 2 市共同签署了《长江经济带合作协议》 | |
| | 2014 年<br>9 月 | 国务院印发《关于依托黄金水道推动长江经济带发展的指导意见》 | |

续表

| 阶段 | 年份 | 主要事件 | 特点 |
|---|---|---|---|
| 推进阶段（2016 年至今） | 2016 年 1 月 | 习近平总书记在重庆主持召开推动长江经济带发展座谈会,强调推动长江经济带发展是国家一项重大区域发展战略 | 在生态保护、绿色发展、区域协调、科技创新等多个方面取得了显著成就,积累了丰富的经验和成果 |
| | 2016 年 9 月 | 《长江经济带发展规划纲要》正式印发,明确将长江经济带的覆盖范围拓展至 9 省 2 市 | |
| | 2018 年 4 月 | 习近平总书记在武汉主持召开深入推动长江经济带发展座谈会,强调要把握整体和重点、生态保护和经济发展等多方面矛盾关系,将生态环境修复保护放在推动长江经济带发展的首要位置 | |
| | 2020 年 11 月 | 习近平总书记在南京主持召开全面推动长江经济带发展座谈会,强调推动长江经济带高质量发展是最终目标 | |
| | 2023 年 10 月 | 习近平总书记在南昌主持召开进一步推动长江经济带高质量发展座谈会,强调进一步推动长江经济带高质量发展,更好支撑和服务中国式现代化 | |

## 第三节　长江经济带区域协调与高质量发展的趋势与成效

区域协调发展是长江经济带建设的根本要义之一,长江经济带也是全国区域协调发展战略的实施重点。顺应经济社会发展的新趋势,抢抓发展新机会,面向解决发展中的新矛盾和新问题,长江经济带发展始终坚持贯彻新发展理念,在高质量发展方面位居全国前列。

### 一、长江经济带区域协调与高质量发展的基本趋势

"打造区域协调发展新样板"是习近平总书记对长江经济带高质量发展的要求。在此指引下,长江经济带建设取得了积极进展,呈现以下基本趋势。

1. 顶层设计不断完善,政策环境不断优化

自 2013 年起,《长江经济带发展规划纲要》《长江中游城市群发展规划》《长江三角洲区域一体化发展规划纲要》《成渝地区双城经济圈建设规划纲

要》等 10 个专项规划相继印发实施,同时还推出了 10 多个涵盖各领域的政策文件。长江三角洲区域一体化发展上升为国家战略,与长江经济带发展战略相互配合,两大国家区域重大战略叠加共同作用于长江经济带区域协调与高质量发展。

2. 战略定位与时俱进,建设理念更加系统化、全局化

从 2014 年《关于依托黄金水道推动长江经济带发展的指导意见》到 2016 年《长江经济带发展规划纲要》,国家对长江经济带战略定位从建设成为"具有全球影响力的内河经济带、东中西互动合作的协调发展带、沿海沿江沿边全面推进的对内对外开放带和生态文明建设的先行示范带"调整为"生态文明建设的先行示范带、引领全国转型发展的创新驱动带、具有全球影响力的内河经济带、东中西互动合作的协调发展带"。国家对长江经济带的建设理念更加注重系统思维和可持续发展,具体表现为:①更加关注生态文明建设,贯彻落实生态优先、绿色发展理念,将生态文明建设提到战略首位;②契合国家经济发展阶段,作为创新政策试点、创新资源富集和创新主体集聚的地区,强调创新驱动和全国经济转型发展中的示范引领作用;③基于各地区资源禀赋和产业基础差异,在东中西互动合作中发挥比较优势,建设成为东西部区域协调发展的示范带。

3. 重要性愈发凸显,关注度进一步加大

习近平总书记在 2016 年 1 月 5 日、2018 年 4 月 26 日、2020 年 11 月 14 日、2023 年 10 月 12 日先后四次主持召开推动长江经济带发展座谈会,亲自谋划、亲自部署、亲自推动了长江经济带发展。历次推动长江经济带发展座谈会见证了国家层面的战略指引从"推动"到"深入推动",到"全面推动",再到"进一步推动",从而加大了全社会对长江经济带建设发展的关注,并在具体落实上给予了更多政策支持。长江经济带建设战略地位也进一步提高,从"国家重大区域发展战略"到"关系国家发展全局的重大战略"。

**二、长江经济带区域协调与高质量发展的成效**

长江经济带区域协调发展体制机制不断完善,规划政策体系、互动合作机制、公共服务协调机制不断落地。长江经济带高质量发展是创新、协调、绿色、开放、共享的发展,创新发展解决经济带的发展动力,协调发展增强经济带区域发展的平衡性,绿色发展推动长江经济带人与自然和谐,开放发展落实经济

带发展的内外联动,共享发展促进长江经济带资源与建设成果的共享。总之,新发展理念助力长江经济带建设实现新成效。

1. 长江经济带创新发展成效

创新是引领发展的第一动力,创新发展是长江经济带高质量发展的核心。作为国家战略性新兴产业集聚带,长江经济带积极推动产业、生态、科技等方面的创新培育发展,努力塑造创新发展新优势。一是创新资源方面,截至 2021 年年底,长江经济带拥有 61 座"双一流"大学,10 个国家自主创新示范区,84 个国家级高新区,14.7 万个高科技企业。二是新型基础设施方面,长江经济带数字基础设施趋于完善,设施水平逐年提升。2022 年年底,长江经济带 5G 基站建设总数已达 109.04 万座。2022 年,江苏省光缆线路长度排名全国第一,达到 431.7 万公里,固定互联网宽带接入端口数高达 7627.3 万个。三是产业创新方面,长江经济带产业数字化始终位于全国前列,各省市地区产业数字化水平显著提升。2020 年,上海市工业互联网相关企业总数达到 547 家,位列全国第三。2023 年,浙江省规划培育超百亿数字企业 40 家,新添智能工厂及数字化车间 150 家,推动数字经济核心产业增加值增长 10%。四是创新联系方面,长江经济带已形成以上海为核心,杭州、苏州、成都、武汉、南京为关键节点的创新流空间网络布局,流空间网络的可达性与交互性持续增强,城市间创新互动更加密切,创新合作日益增多。

2. 长江经济带协调发展成效

协调发展是实现长江经济带高质量发展的重要基石。长江经济带作为中国经济和人口密集地区,横跨中国东、中、西部,是高质量发展的先行地区,是区域协调发展的重点地带,更应该是中国式现代化进程中区域协调和高质量发展的标杆和典范。一是区域协调方面,长江经济带城市群内部产业合作更加快速紧密,产业梯度转移取得明显成效,经济带内区域发展不平衡局面有所缓解,上、中、下游之间区域协调能力与水平得到提升。二是产业转移方面,长江下游地区积极推动与长江中、上游地区的产业对接工作,浙江与四川自 2018 年以来已共同建设产业园区 60 个,落地投资企业 416 家,实际投资规模已高达 310 亿元。三是结对帮扶方面,江苏省开展南北结对帮扶合作工程,通过出台相关政策与实施意见,优化调整了 4 对设区市、10 对县(区、市)的结对关系,推进产业、科技创新、教育等 6 个领域全方位帮扶合作,截至 2022 年,结对帮扶 8 家共建园区总收入已达 350 亿元。

3. 长江经济带绿色发展成效

坚持长江经济带绿色发展是贯彻五大发展理念、推动长江经济带生态可持续发展的主旋律。长江经济带作为生态文明示范带,自"十三五"时期以来全面推进落实长江绿色发展战略。一是制度设计方面,长江经济带绿色发展制度顶层设计基本构建完成,长江流域地区生态修复与生物保护成效明显,城市环境质量明显改善,长江经济带内环境治理工程持续稳定推进。二是污染物排放治理方面,2019 年,长江经济带二氧化硫、氮氧化物、烟尘粉尘的排放量分别为 321.96 万吨、441.01 万吨、227.49 万吨,分别占全国排放量的36.78%、35.03%、28.57%,排放强度较前些年有所下降,长江经济带内城市空气质量得到改善。三是生态保护方面,2020 年,长江自然岸线保有率为65.5%,较 2017 年提高 0.4 个百分点,长江岸线资源保护格局基本稳定。2022 年第一季度长江流域水环境指数等级为优和良的城市共 100 个,占流域内城市的 87.7%,长江流域水资源质量持续提升。

4. 长江经济带开放发展成效

开放发展是实现长江经济带高质量发展的必由之路。长江经济带已形成的上游成渝地区双城经济圈、中游城市群、下游长三角地区三个区域性经济增长极为长江经济带提供了优越的经济发展条件与高水平对外开放的优势,推动高水平对外开放成为促进长江经济带高质量发展的重要路径。第一,成渝地区双城经济圈已经成为长江经济带引领我国西部地区加快开发、提升我国内陆开放水平、增强我国综合实力的核心支柱。第二,云南作为长江经济带面向南亚、东南亚开放的重要省份,包含有中国(云南)自由贸易试验区(内含昆明、红河、德宏 3 个片区)、综合保税区 2 个、重点开发开放试验区 2 个、国家级边境经济合作区 4 个和省级边境合作区 5 个。第三,长三角地区综合实力全国领先、创新能力最强、工业化水平高,是中国开放程度最高的区域之一,其作为长江经济带与"一带一路"的重要交汇点,致力于建设成为具有全球影响力的世界级城市群以推动国家更高层次的对外开放。

5. 长江经济带共享发展成效

共享发展是长江经济带高质量发展的重要目标,也是中国特色社会主义的本质要求。长江经济带是中国经济发展的关键支撑,实现城市群共建共享是促进长江经济带一体化共同发展的重要路径,对中国经济高质量发展有重大现实意义。

长江经济带是我国经济发展最强劲的经济带,2014 年以来长江经济带沿线 11 个省市 GDP 占全国的份额都在上升,进而也带动居民收入水平的普遍提高。长江经济带无论是下游的长三角地区、长江中游地区还是上游的成渝地区都是人口流入的地区,也是就业快速增长的地区。不仅下游长三角地区的主要城市,上游地区的成都、重庆,中游的武汉等特大超大城市也都是就业热度很高的城市。长江经济带各省市以及三大城市群的居民收入水平相对比较均衡,总体上基尼系数相比其他地区较低。伴随着经济增长,交通基础设施水平,教育、科技、医疗卫生、社会保障等公共服务水平都普遍得到提高。

长江经济带在实现共享发展深度和广度并举上具备一定基础,在基础设施互联互通、市场一体化、产业协同发展、生态文明共建、公共服务共建共享、深化开放合作等方面取得较大成效。例如,2019 年,"长江中游城市群综合科技服务平台研发与应用示范"项目启动,现已成为中游城市群高校、科研院所和企业共享的重要科技服务资源整合平台。2021 年,长江中游三省省会城市武汉、长沙、南昌展开协同推动高质量发展座谈会,规划加快构建武汉城市圈、长株潭都市圈、大南昌都市圈 1 小时内部交通圈与 2 小时互达经济圈。同年,长江中游城市群科技服务联盟成立,三省持续推进科技创新合作,实现创新资源同收储、共享有。

## 第四节　长江经济带区域协调与高质量发展的问题与挑战

2023 年,全球经济复苏艰难曲折,中国经济增长下行压力加大,长江经济带区域协调与高质量发展面临新形势与新挑战。长江经济带作为中国经济发展的重要增长极,中国区域发展格局中的重要组成部分,受外部环境、经济转型、体制机制等因素的影响与限制,长江经济带高质量发展也充满着不确定性与复杂性。

### 一、长江经济带区域协调发展体制机制有待不断优化和完善

长江经济带区域发展条件差异大,在区域协调发展中政府主导性强而市场作用偏弱,行政区域经济和行政区划壁垒阻隔问题突出,这些都要求长江经

济带区域协调体制机制要不断优化和完善。

1. 长江经济带区域协调体制机制体系待健全

长江经济带区域战略统筹机制、市场一体化发展机制、区域合作机制、区域互助机制、基本公共服务均等化机制持续建立,然而,区际利益补偿机制、区域投融资机制等区域协调发展体制机制仍不健全。例如,长江经济带生态环境建设需要大量资金,如何实现政府资金与社会资金共同参与、如何实现资金最大化利用、如何实现资金投入和实际收益之间的平衡等有待进一步探索。

2. 长江经济带区域协调体制机制落实有待深化

区域协调发展体制机制不仅要建立,更在于落实。尽管长江经济带在流域层面、省级层面建立了诸多合作机制,然而大多以联席会议为主,真正实现紧密连接、深度合作、典型示范的案例较少;出台的宣言、公告等以文件倡议为主,缺乏强有力执行和约束机制,制约了长江经济带高质量的区域协调发展。

## 二、长江经济带区域发展不平衡问题仍然突出

长江经济带是中国经济密度最大的流域经济带,其地域面积、经济体量与人口总量都占据全国较大比重。作为中国重要流域,兼具沿海沿江和内陆的区位优势为其提供了丰富的要素资源与多元化的产业体系,但同时面临严峻的区域发展差异问题。长江上、中、下游区域之间由于自然、经济、社会、政策等原因存在一定的发展差距,具体表现为综合经济实力差异、产业结构差异、基础设施差异、科技发展水平差异等,例如长江经济带各省市中人均 GDP 最高的上海市为 17.99 万元,而贵州省仅为 5.23 万元,两者相差达 3.44 倍,下游四省市人均 GDP 为 12.25 万元,而上游四省市则为 6.7 万元(表 1.2)。

表 1.2　2022 年长江经济带各省市经济与人口指标

| 地区 | 省市 | GDP（万亿） | GDP 占全国比重（%） | 人均 GDP（万元） | 常住人口（万人） | 常住人口占全国比重（%） |
|---|---|---|---|---|---|---|
| 下游 | 上海市 | 4.47 | 3.73 | 17.99 | 2475 | 1.75 |
| | 江苏省 | 12.29 | 10.26 | 14.44 | 8515 | 6.03 |
| | 浙江省 | 7.77 | 6.49 | 11.85 | 6577 | 4.66 |
| | 安徽省 | 4.50 | 3.76 | 7.36 | 6127 | 4.34 |
| | 下游省市小计 | 29.03 | 24.24 | 12.25 | 23694 | 16.78 |

续表

| 地区 | 省市 | GDP（万亿） | GDP占全国比重（%） | 人均GDP（万元） | 常住人口（万人） | 常住人口占全国比重（%） |
|---|---|---|---|---|---|---|
| 中游 | 江西省 | 3.21 | 2.68 | 7.09 | 4528 | 3.21 |
| | 湖北省 | 5.37 | 4.49 | 9.21 | 5844 | 4.14 |
| | 湖南省 | 4.87 | 4.07 | 7.36 | 6604 | 4.68 |
| | 中游各省小计 | 13.45 | 11.24 | 7.92 | 16976 | 12.03 |
| 上游 | 重庆市 | 2.91 | 2.43 | 9.07 | 3213 | 2.28 |
| | 四川省 | 5.67 | 4.74 | 6.78 | 8374 | 5.93 |
| | 云南省 | 2.90 | 2.42 | 6.17 | 4693 | 3.32 |
| | 贵州省 | 2.02 | 1.68 | 5.23 | 3856 | 2.73 |
| | 上游省市小计 | 13.50 | 11.27 | 6.70 | 20136 | 14.26 |
| 长江经济带合计 | | 55.98 | 46.75 | 9.21 | 60806 | 43.07 |

数据来源：中国国家统计局网站 https://data.stats.gov.cn

改革开放以后，长江经济带进入以东部沿海地区快速发展为标志的区域不平衡发展阶段。由于这个阶段以经济增长为核心目标，区位优势与政策导向促使长江下游经济发展速度与水平显著高于长江中上游地区。长江经济带中、西部地区经济发展较东部地区处于明显滞后状态，形成了"东强西弱"的空间经济格局，长江经济带区域发展不平衡问题也随之显现。

长江经济带地区发展水平与产业结构差异较大，区域间协调难度较大。区域经济发展不平衡极易导致城市群间、城市之间甚至城乡间难以协调区际利益，不利于整体协同发展与空间资源的合理配置，有可能会进一步加剧区域经济发展的两极化。

长江经济带作为开放型经济带，经济带内区域间生产、创新等要素的流动将带来巨大的经济效益，开放共融理念将有助于赋予长江经济带发展强大的新动力。因此，推动区域协调发展是长江经济带实现一体化高质量发展的基石与重中之重，弥合地区发展鸿沟、解决长江经济带区域发展的不平衡问题是长江经济带高质量发展的重要突破点与主要任务。

## 三、长江经济带经济发展与生态保护之间的紧张关系依然存在

长江经济带是中国的重要自然生态屏障，拥有丰富的生态自然资源。长江是中国水量最丰富的河流，总水量更位居世界第三，长江流域的水资源总量

高达全国河流径流总量的 36%,同时丰盈的水量带来了众多湖泊与支流,是我国重要的水能资源地。长江经济带生物资源同样丰富,长江流域的林木蓄积量占据全国的近 1/4,国家重点保护的野生动植物物种以及数量在中国七大流域中多位于第一,长江流域内的自然保护区有各样古老珍稀的植物,也有各类珍禽异兽。长江流域也拥有丰富的矿产资源,在全国探明的 130 种矿产中,长江流域就拥有 110 余种。长江经济带不仅是中国重要的经济纽带,更在中国生态环境建设中占据突出地位。

长江沿线曾布局众多化工企业,分布密集,污染物排放基数大,部分企业未建立系统化的配套废水净化处理设施,引发不同程度的环境污染问题。在一些地方以牺牲生态环境为代价的粗放型经济发展模式仍然存在,部分地方政府对长江流域系统化保护重视不够,造成长江流域生态功能退化,表现为沿线森林覆盖率下降、水质泥沙量明显增加等现象。水污染、空气污染、土壤污染等各类环境污染问题也仍然威胁着长江流域内物种生存,进而也不同程度地影响了长江生态环境建设。

保护长江流域生态环境是长江经济带高质量发展的重要前提,如何推动长江经济带生态与经济的协同是长江经济带高质量发展所面临的重要挑战。

### 四、长江经济带产业结构优化与转型难度仍然较大

长江经济带作为一种流域经济,涉及水、路、港、岸、产、城、环境等多个产业维度,是一个结构复杂的整体。长江经济带的不同历史时期,上、中、下游不同地区,距江远近地区的产业结构和技术结构差异较大。长江经济带在 20 世纪 50 年代的 156 项工程建设期间,发展重点落在重工业产业上,导致了长江经济带集聚了众多高耗能高排放的重化工产业,四大钢铁公司与七大炼油厂等大型重工业生产基地皆位于长江沿江地区,重工业产值占全国较大比重,全部老工业基地产业结构调整和转型升级任务艰巨。此外,长江经济带还汇聚了大量的传统工业,如机械、冶金、设备维修、服装加工等,这些传统工业的转型升级需要大量资金与技术支持,具有较大的转型难度。

改革开放以来,特别是进入 21 世纪后,长江经济带下游地区产业结构优化升级取得明显成效,但长江经济带的中西部地区则相对迟缓。长江下游地区由于经济实力强、创新要素丰富,集聚了大量战略型新兴产业,支撑性企业多集中在经济发达的沿海省份或省会城市。中、上游地区城市的劳动成本低、

自然资源较为丰富,进而促使大量制造业开始从下游地区向中、上游转移。由于地区经济水平与资源要素存在差距,长江中、上游区域的产业结构各不相同,长江经济带呈现明显的中心—外围的发展特征。长江经济带下中上游各区域间协调难度较大,特别是上、中游地区的产业结构升级较为困难,一定程度上制约了长江经济带的高质量发展。

## 五、长江经济带科技创新能力表现为整体不足与区域间高度不均衡

在新的历史时期,我国的经济发展模式正从要素驱动型转变为创新驱动型,长江经济带发展也离不开创新驱动。创新驱动是实现长江经济带高质量发展的重要举措与路径。然而,长江经济带在推进高质量发展进程中仍然面临着整体科技创新能力不足与不均衡的问题。

一方面,长江经济带各省市由于经济发展水平不同,各省市全社会科技投入以及财政科技投入相差很大,整体科技创新要素分布不均衡,构成"东强西弱"的创新空间格局。下游地区科技投入总量大、强度高,如上海的 R&D 投入强度为 4.44%,下游四省市平均为 3.23%,中游三省市平均为 2.22%,而上游四省市平均仅为 1.79%,最低的贵州省不足 1%;在地方财政科学技术支出规模和强度上,上、中、下游各省市同样有很大差别(表 1.3)。

表 1.3　长江经济带各省市科研投入情况

| 年份 | 2022 年 | | 2021 年 | |
|---|---|---|---|---|
| 地区 | R&D 投入经费<br>(亿元) | R&D 投入强度<br>(%) | 地方财政科学<br>技术支出(亿元) | 占地方财政<br>支出比重(%) |
| 上海市 | 1981.60 | 4.44 | 422.7 | 5.01 |
| 江苏省 | 3835.40 | 3.12 | 671.59 | 4.60 |
| 浙江省 | 2416.80 | 3.11 | 578.6 | 5.25 |
| 安徽省 | 1152.50 | 2.56 | 416.09 | 5.48 |
| 下游省市小计 | 9386.30 | 3.23 | 2088.98 | 5.02 |
| 江西省 | 558.20 | 1.74 | 210.95 | 3.11 |
| 湖北省 | 1254.70 | 2.33 | 314.57 | 3.96 |
| 湖南省 | 1175.30 | 2.41 | 217.3 | 2.61 |
| 中游各省小计 | 2988.20 | 2.22 | 742.82 | 3.22 |
| 重庆市 | 686.60 | 2.36 | 92.64 | 1.92 |

续表

| 年份 | 2022 年 | | 2021 年 | |
| --- | --- | --- | --- | --- |
| 地区 | R&D 投入经费<br>（亿元） | R&D 投入强度<br>（%） | 地方财政科学<br>技术支出(亿元) | 占地方财政<br>支出比重(%) |
| 四川省 | 1215.00 | 2.14 | 273.12 | 2.44 |
| 云南省 | 313.50 | 1.08 | 61.85 | 0.93 |
| 贵州省 | 199.30 | 0.99 | 88.34 | 1.58 |
| 上游省市小计 | 2414.40 | 1.79 | 515.95 | 1.82 |
| 长江经济带合计 | 14788.90 | 2.64 | 3347.75 | 3.60 |

数据来源:中国国家统计局网站 https://data.stats.gov.cn
国家统计局《2022 年全国科技经费投入统计公报》

以长三角地区为核心的长江中下游区域整体对于创新科技的财政投入较高,从事科技人员数量与合作发明专利申请数量都远远高于其他地区,长江上游地区在创新方面财政投入低,其科技成果转化水平也大大低于中、下游区域。此外,区域间科技创新效率也具有明显差异,上游地区的科技创新投入与产出比率低,创新要素多为低效或无效配置,严重阻碍了上游地区的区域创新能力,进而加大了长江经济带的区域创新能力差距。

另一方面,长江经济带创新协同能力呈现下、中、上游依次递减的特点,整体未能形成稳定的创新合作网络。由于长江中、下游地区高校、科研院所、科技企业等以创新为导向的机构较多,集聚了大量战略性新兴产业,涉及产业范围广,因此创新网络较为发达,创新合作主体数量与功能相较于长江上游地区更多。其中,长三角城市群的创新协同水平较高,具备较大的创新发展潜力与引领能力。但由于地域与政策等因素的制约,长江中、下游地区向长江上游地区的创新溢出效应不显著,上游区域创新协同能力较差,缺乏区域间创新要素的流动与创新部门之间的协作。

## 第五节　推进长江经济带区域协调与高质量发展的基本方向

长江经济带作为中国跨区域最广、人口最多、经济实力与潜力最强的区域,在中国区域发展格局中占据核心地位,是贯彻落实国家发展战略的重要地区。长江经济带区域协调和高质量发展对于推动中国经济转型升级、引领全国生态文明建设、实现区域共同富裕具有重要意义。针对长江经济带发展中需要破解的难点与问题,应全面、完整、准确落实新发展理念,基于创新、协调、绿色、开放、共享五大维度系统设计和谋划区域协调和高质量发展方向及其基本路径。

## 一、以统筹发展构建长江经济带新发展格局

在构建以国内大循环为主体、国内国际双循环互促发展的新发展格局背景下,党的二十大进一步明确将推进长江经济带发展作为加快构建新发展格局、着力推动高质量发展的重点任务。一方面,长江经济带区域协调和高质量发展对中国经济发展的意义重大,这是助力中国经济转型升级的关键引擎,是拓宽中国经济增长的强大支撑,是引领全国生态文明建设的典范,是推进中国全方位开放的高效途径。为落实国家战略规划、发挥创新示范引领作用,长江经济带必须坚持强化区域协调、实现高质量发展这一核心路径,注重联动其他经济区域协同发展,以高质量发展为主旋律,构建一体化的长江经济带发展体系,充分利用长江经济带三大城市群以及区域中心城市的辐射和溢出效应,带动长江经济带整体发展。另一方面,推进长江经济带协调发展对全国区域协调发展也具有重要意义,长江经济带有基础、有优势、有条件打造成为中国畅通国内国际双循环的主动脉。长江经济带建设需要通过促进交流合作实现长江上、中、下游优势互补,统筹发展,充分发挥各自比较优势,实现上、中、下游地区协调发展,突出其示范引领作用,助力缩小全国东、中、西部发展差距。

## 二、以创新发展构筑长江经济带高质量发展动力

创新是推进长江经济带高质量发展的重要引擎,科技创新能力已成为综合国力竞争的决定性因素。第一,为创造良好创新生态环境、培育科技创新能力,需要探索建设长江经济带科技创新平台,优化整合科技创新资源要素,释放区域科技创新活力,同时加强科技创新的支撑能力,为提升区域创新能力奠定扎实的物质基础。第二,确定长江经济带企业创新主体地位,构建区域创新体系。区域创新体系的建构需要强化企业创新主体地位,需要加强推动长江经济带产业创新融合集群发展,打造长江经济带产业创新集聚平台,需要抓住数字经济这一发展方向与机遇,塑造长江经济带核心竞争

优势。第三,长江经济带落实创新发展要注重各区域间创新能力的协同,推动长江经济带创新资源共享与无阻碍流动,提高区域创新资源效率,加强区域间各创新部门的协作能力,优化科技创新制度环境,提升区域科技成果转化效率,缩小长江经济带区域间的创新能力差距,加快长江经济带一体化创新能力的提升。

### 三、以协调发展优化重大生产力布局来破解发展不平衡难题

实现高质量发展重点要深刻理解区域协调的战略要义,推动区域协调是落实长江经济带高质量发展的重要基础。第一,产业布局方面,加大长江经济带重大生产力布局调整与优化,推动产业结构转型升级,深刻把握产业发展与城市体系演化的客观规律,建构相对均衡的长江经济带现代化产业体系,同时要制定城市间的产业协同发展机制,充分发挥中心城市的技术扩散效应与辐射引领效应,带动其他弱势区域核心产业链发展,实现跨区域产业协调发展,推进中国式现代化与全国经济的高质发展。第二,区域发展方面,要形成统一的区域协调发展机制,出台合理的区域梯度相关政策,推进长江经济带区域一体化进程,要实现跨区域的基础设施互联互通、流域管理统筹协调,促使各区域发展要素在地区间的充分自由流动,提升区域间资源的配置效率,推动长江经济带成为我国东中西部地区良好合作互动的协调发展带。

### 四、以绿色发展促进人与自然和谐共生

习近平总书记曾明确指出,要将修复长江生态环境放到压倒性的首要位置,共抓大保护,不搞大开发。推动长江经济带发展需要正确把握生态环境保护与经济发展之间的关系,探索出一条能够协同推进生态优先与绿色发展的路径。长江经济带不仅经济地位突出,其生态地位也同样重要,是中国生态建设与绿色发展示范区。在推动长江经济带发展过程中,第一,要坚持以生态保护为首要原则,积极落实好长江经济带生态环境系统保护修复工作,集中精力解决生态治理的难点、顽固点,持续巩固提升污染治理成效;第二,要积极探索能够协调长江经济带经济发展与绿色发展的最优路径,充分体现"绿水青山就是金山银山",在人与自然和谐共生的中国式现代化上谱写长江经济带的新篇章。

### 五、以开放发展加强长江经济带区内外联动与高水平对外开放

长江经济带内含沿海沿江沿边与内陆地区，具备海陆双向开放的区位优势，同时长江经济带有坚实的制造业基础，市场需求活跃，作为我国对外开放早、发展快的区域，有良好的经济条件与丰富的资源要素。第一，长江经济带在开放发展路径上要坚持高质量引进来与高水平走出去的理念，更要遵循总体国家安全观，把握好发展机遇，树立风险意识。第二，要以国内大循环为主体、国内国际双循环相互促进为核心，充分利用国际、国内两个市场，打造长江经济带成为具有国际影响力的内河经济带，推进其成为中国高水平对外开放新高地。第三，长江经济带的对外开放需要利用沿海沿江沿边地区的区位优势，充分发挥沿海沿江沿边重点城市的节点功能与扩散效应，加强与周边国家、地区的互联互通与经贸合作。第四，对于内陆地区，要大力提升基础设施与公共服务水平，夯实内陆贸易"硬件"。优化内陆开放通道，加大对内陆开放平台的支持与投入，塑造内陆贸易"软件"。第五，长江经济带的对外开放要融入"一带一路"倡议，强化长江经济带中"一带一路"倡议支点的建设，助推"一带一路"高质量发展，在我国实现我国高水平对外开放中发挥引领作用。

### 六、以共享发展助力实现共同富裕的中国式现代化目标

长江经济带发展要在实现中国式现代化上走在前列，其中实现全体人民共同富裕的中国式现代化最具有挑战。长江经济带发展要将提升人民生活水平和生活质量作为共享发展的首要目标。第一，提升生活水平的前提是收入增长，而收入增长在于区域经济发展，因此应该高度重视区域经济发展，尤其是对于长江经济带的上游和中游地区而言，经济发展必须放在优先地位，当然这个发展一定是创新驱动的绿色发展。第二，通过畅通区域间、城市间硬联通与软联通，推动跨区域间交通基础设施的联通，构建长江流域一体化现代交通运输体系，搭建一体化资源共享平台与城市协调发展的公共服务平台，建设跨区域产业公共技术服务平台，促进区域间、城市间的区域合作与资源要素共享。第三，通过加大就业、教育、医疗、社会保障及养老、基础设施服务的财政资金投入力度，提升区域人民的收入水平与幸福感，促使长江经济带高质量发展的成效、成果更多更公平惠及全体人民，助力实现共同富裕这一中国式现代

化目标。

执笔人:李国平为中国区域科学协会理事长、北京大学政府管理学院教授、北京大学首都发展研究院院长;冯奎为中国民主同盟中央经济委员会副主任、研究员;宋昌耀为北京第二外国语学院旅游科学学院旅游管理系主任、副教授

## 参考文献

[1]白永亮,郭珊.长江经济带经济实力的时空差异:沿线城市比较[J].改革,2015(1):99-108.

[2]陈雯,孙伟,吴加伟,等.长江经济带开发与保护空间格局构建及其分析路径[J].地理科学进展,2015,34(11):1388-1397.

[3]陈修颖,陆林.长江经济带空间结构形成基础及优化研究[J].经济地理,2004(03):326-329.

[4]段学军,邹辉,陈维肖,等.长江经济带形成演变的地理基础[J].地理科学进展,2019,38(8):1217-1226.

[5]樊杰,王亚飞,陈东,等.长江经济带国土空间开发结构解析[J].地理科学进展,2015,34(11):1336-1344.

[6]方创琳,周成虎,王振波.长江经济带城市群可持续发展战略问题与分级梯度发展重点[J].地理科学进展,2015,34(11):1398-1408.

[7]冯兴华,钟业喜,徐羽,等.长江经济带区域空间结构演化研究[J].长江流域资源与环境,2015,24(10):1711-1720.

[8]郝寿义,程栋.长江经济带战略背景的区域合作机制重构[J].改革,2015(3):65-71.

[9]陆大道.我国区域开发的宏观战略[J].地理学报,1987,42(2):97-105.

[10]陆大道.建设经济带是经济发展布局的最佳选择——长江经济带经济发展的巨大潜力[J].地理科学,2014,34(7):769-772.

[11]陆大道.长江大保护与长江经济带的可持续发展——关于落实习总书记重要指示,实现长江经济带可持续发展的认识与建议[J].地理学报,2018,73(10):1829-1836.

[12]孙博文,孙久文.长江经济带市场一体化的空间经济增长与非对称溢出效应[J].改革,2019(03):72－86.

[13]王丰龙,曾刚.长江经济带研究综述与展望[J].世界地理研究,2017,26(2):62－71＋81.

[14]滕堂伟,胡森林,侯路瑶.长江经济带产业转移态势与承接的空间格局[J].经济地理,2016,36(05):92－99.

[15]徐长乐.建设长江经济带的产业分工与合作[J].改革,2014(06):29－31.

[16]杨开忠.中国区域发展研究[M].北京:海洋出版社,1989.

[17]杨开忠,李国平,等.面向现代化的中国区域科学[M].北京:经济管理出版社,2021.

[18]曾刚.长江经济带协同发展的基础与谋略[M].北京:经济科学出版社,2014.

[19]张超,王春杨,吕永强,等.长江经济带城市体系空间结构——基于夜间灯光数据的研究[J].城市发展研究,2015,22(03):19－27.

[20]钟业喜,冯兴华,文玉钊.长江经济带经济网络结构演变及其驱动机制研究[J].地理科学,2016,36(01):10－19.

[21]邹琳,曾刚,曹贤忠,等.长江经济带的经济联系网络空间特征分析[J].经济地理,2015,35(06):1－7.

# 第二章　长江经济带区域协调的
## 政策演进与理论逻辑

　　区域协调发展是新时代我国区域发展的基本战略,也是区域政策实施的关键目标。长江经济带战略是唯一横跨东、中、西三大板块的国家重大区域战略,其各省市发展阶段差异显著,因此区域协调发展是长江高质量发展的重要内容。党的十八大以来,各省市在落实长江经济带战略过程中,进行了大量区域协调发展的政策实践,政策对象涵盖规划管理、生态环境、交通基建、产业合作、空间格局和贸易开放等经济高质量发展要求的重点领域。从历史和理论视角梳理我国区域协调政策的总体逻辑框架,并借助文本大数据分析和统计学工具对长江经济带区域协调政策的特点与成效进行量化分析,有助于理解长江经济带的区域协调政策框架与逻辑,并对未来走向做出科学判断。本章分为四节:第一节梳理我国区域政策的演进;第二节从多个视角,梳理长江经济带的区域协调政策演进;第三节对长江经济带协调政策效果进行评估;第四节提出长江经济带区域协调政策的走向。

## 第一节　长江经济带区域协调发展的理论逻辑

### 一、我国区域政策演进的背景与进程

　　改革开放四十余年以来,我国经济发展取得了巨大成就,其中与成功实行实际有效的区域政策密不可分。梳理回顾过去几十年来我国区域政策演进的背景以及进程,有助于深化对中国发展经验的理解,客观把握区域政策发展的成效和挑战,为进一步完善区域政策、促进区域协调发展提供方向和思路。中华人民共和国成立以来,中央政府在不同的阶段,根据区域经济发展的不同状况采取了不同的政策举措,可以大致分为以下四个阶段:

1. 区域平衡发展阶段(中华人民共和国成立至改革开放前):促进内地工业发展

新中国成立初期,毛泽东在中央政治局扩大会议上做了《论十大关系》的讲话。其中关于沿海工业和内地工业的关系,毛泽东提出了"沿海的工业基地必须充分利用"与"内地工业必须大力发展"的重要论断。旧中国经济基础薄弱,工业生产力布局集中于东部沿海一带。为了改变旧中国遗留下来的这种不平衡格局,同时出于新中国成立初期国际政治经济形式的变化和战备考虑,我国实行区域平衡发展战略,其中区域政策导向为国家投资明显向内陆地区倾斜,即国家重大项目大量向中西部地区倾斜。这一阶段的区域政策主要采取了以下三种政策举措:

第一,"一五"期间生产力布局第一次大规模向西推进。第一个五年计划中明确提出:"在全国各地区适当地分布工业的生产力,使工业接近原料、燃料产区和消费地区,并适合于巩固国防的条件,来逐步地改变这种不合理的状态,提高落后地区的经济水平。"为迅速恢复和发展生产,在国民经济恢复时期,中央首先重点建设以辽宁为中心的具有一定重工业基础的东北地区,开工建设了一批煤炭、机械、钢铁等重点项目,除此之外,还集中建设了武汉、包头、兰州、西安、太原、郑州、洛阳、成都等工业基地。

第二,"二五"时期的均衡布局与地方经济体系。《关于发展国民经济的第二个五年计划的建议的报告》指出:在内地进行大规模工业建设的同时,还必须积极地、充分地利用并适当地发展沿海各地原有的工业。"二五"部署强调兼顾内地与沿海地区的发展,但在实施过程中并不彻底。"二五"结束后的三年,即1963—1965年,中央对国民经济进行了第一次调整,具体方针是"调整、巩固、充实、提高"。

第三,"三线建设"时期第二次大规模西进。"三五"和"四五"两个时期以三线建设作为主旋律。在"三五"时期,投资重点逐渐转向"三线"地区,特别是西南地区,以强化该地区的建设布局。而到了"四五"时期,三线建设的重点逐渐向"三西"地区(指豫西、鄂西、湘西)转移,同时积极推动大西南地区的建设。为了适应经济发展和国防需求,国家将全国划分为10个经济协作区,要求各省市区尽早实现成套机械设备和轻工产品的自给自足,使内地工业建设呈现出大规模分散和小规模集中的特点。"四五"时期晚期至"五五"时期初期,国家的投资重心逐渐向东部地区转移。在1979年4月,中央政府按照

"调整、巩固、整顿、提高"的原则进行了第二次国民经济调整。大规模的"西进"政策加速了内陆地区的经济发展,逐渐形成了全国工业布局相对均衡的态势,各大经济协作区逐渐形成自给自足的体系。然而,尽管这一战略促进了区域平衡发展,但并没有充分发挥沿海老工业基地的应有作用,导致宏观和微观经济效益相对较低。

2. 区域不平衡发展阶段(改革开放初期至20世纪90年代初):东部沿海地区崛起

改革开放之后区域平衡发展的情况开始改变。1978年年底,中国共产党第十一届三中全会作出改革开放的重大决策,中国经济社会发展进入了新阶段,区域发展战略优先解决的问题变成了如何通过改革开放加快发展步伐。根据邓小平同志关于"让一部分地区、一部分人先富起来,逐步实现共同富裕"和"两个大局"的战略思想,为尽快发展和壮大国家整体经济和推进改革开放政策,中国开始实行非平衡的、对部分地区倾斜优惠的发展政策,鼓励部分地区(主要是东部沿海地区)先发展起来,先富裕起来。《中华人民共和国国民经济和社会发展第六个五年计划》指出:要积极利用沿海地区的现有基础,"充分发挥它们的特长,带动内地经济进一步发展";同时要"努力发展内地经济""继续积极支持和切实帮助少数民族地区发展生产,繁荣经济"。

自"六五"计划起,中国的生产力布局和区域经济发展指导方针经历了显著的演变。从过去侧重于备战和地区差距的缩小,逐渐演变为以提高经济效益为核心,倾向于沿海地区的指导方针。这一演变在《中华人民共和国国民经济和社会发展第七个五年计划》中得以明确,该计划将国家划分为东部、中部和西部三个主要经济地带,强调了东部沿海地区的发展加速,同时将能源和原材料建设的重心置于中部地区,积极准备进一步开发西部地区。

在"七五"时期,由于内陆资源开发投资明显不足,资源供应在需求持续增加的情况下逐渐短缺。另外,由于其他因素的影响,沿海地区与内陆地区之间在资源和市场争夺以及产业结构方面的矛盾进一步加剧。为解决这些问题,1988年年初,中共中央和国务院根据国际经济发展新形势的分析和对外开放经验的总结,提出了沿海地区经济发展战略,以沿海乡镇企业为主力,以"两头在外,大进大出"为主要内容。

在这一时期的区域政策举措包括国家重点投资布局向东移,实施沿海对外开放政策,实行国家扶贫开发政策,并进一步完善民族地区政策。总体而言,鼓励东部沿海地区率先发展的政策取得了巨大成功。东部沿海地区的经济迅猛增长不仅增强了其经济实力,还显著提高了其对周边地区的辐射带动作用,促进了内陆地区的经济增长,进一步增强了中国的国家实力和国际竞争力。然而,随着东部地区的经济迅速增长,区域发展不平衡问题变得更加显著。

首先,虽然在全国经济高速增长的大背景下,三大地带的经济实力都有显著提高,但中西部地区的发展并没有与沿海地区同步,而是处于明显的滞后状态,中西部地区与东部地区之间的差距不断扩大。这一差距的扩大部分是由于自然、经济和社会文化条件的差异所致,各地区的贫困状况也存在显著差异。东部地区的贫困状况得到明显改善,中部地区稍有缓解,而西部某些地区依然面临严重贫困问题。

其次,长期以来,国家对老工业基地采取了"鞭打快牛"的政策,而忽视了对现有企业的技术更新和产业结构升级。这导致了老工业基地的技术设备陈旧,产业结构和产品结构不断老化,工业经济增长出现了持续不景气,发展后劲严重不足。同时,经济中心迅速向南移动,南部地区经济变得强大,而北部地区相对较弱。

最后,自1979年以来,在中央政策的积极推动下,各种形式的横向经济联合和区域性联合蓬勃发展,使区域经济呈现出活跃态势。然而,在这种活跃的发展之后,随着地方政府的经济权益增加,尤其是地方财政包干体制的实施,一些地方政府为了增加本地财政收入,保护当地加工业不受外地产品的竞争冲击,采用了各种行政手段,建立了多样化的贸易壁垒,加剧了地区之间的矛盾和贸易摩擦,形成了所谓的"诸侯经济"现象。

3. 区域协调发展阶段(1991—2006年):实施区域发展总体战略

自20世纪90年代初以来,随着改革开放的深化和中国国力的不断增强,面对不断拉大的区域差距,政府依据邓小平关于"两个大局"的设想,正式将促进地区经济协调发展纳入重要战略高度。地区经济协调发展总方针的提出,意味着改革开放以来形成的补平衡发展战略已演变为区域协调发展战略,区域协调发展理念已成为占主导地位的主流思想。在此阶段,为促进地区经济协调发展、优化区域资源配置,实施了以下政策措施:

第一,实施全方位对外开放政策。主要包括在沿海地区设立保税区、扩大经济开放区范围、对外开放沿边口岸城市,开放沿江和内陆省会城市,增设国家级经济技术开发区。自1992年邓小平同志南方谈话以来,在巩固沿海地区对外开放成果的基础上,逐步加速了中西部地区对外开放的步伐,相继开放了一批沿边城市、长江沿岸城市和内陆省会城市,设立了三峡经济开放区,形成了沿海、沿边、沿江和内陆省会(首府)城市相结合的,多层次、多渠道、全方位的对外开放格局。

第二,调整国家投资和产业布局政策。主要包括将国际投资重点向中西部地区转移,加快中西部乡镇企业的发展,促进棉纺织设备向中西部地区转移。

第三,完善国家扶贫政策和民族地区政策。主要包括强化国家扶贫开发规划,进一步增加扶贫资金投入,推动扶贫协作,支援少数民族地区的经济发展。

第四,实施多层次的区域政策。为促进区域协调发展,中央先后在2000年、2003年和2005年提出了"西部大开发""振兴东北地区等老工业基地""促进中部地区崛起"等战略,这些战略与之前的东部地区率先发展战略共同构成国家区域协调发展总体战略。同时也提出了完善老少边穷地区政策和推动资源型城市转型的意见。

总体而言,在整个20世纪90年代,国家的投资布局和政策支持重心主要集中在沿海地区。自1999年中央提出实施西部大开发战略以来,国家的投资布局和政策优惠逐步向中西部地区转移。在这一阶段,虽然农村贫困地区开发取得了显著成就,基本实现了国家"八七"扶贫攻关计划的目标,但由于沿海地区凭借其区位优势、发展条件和政策优惠,地区经济持续快速发展,东西发展差距并未缩小,反而继续扩大,实现地区经济协调发展的目标任重道远。

4. 区域制度创新阶段(2006年至今):实施多项国家重大区域战略、政策实验区和城市新区等创新性政策

2006年以来,根据深化改革、扩大开放及促进重点区域发展的需要,区域政策导向更加强调区域协调,区域政策中体制创新的导向更加凸显,空间尺度和政策调控手段向更加精细化的方向发展。党的十七大报告进一步提出要加强国土规划,按照形成主体功能区的要求,完善区域政策,调整经济布局,此阶段也提出了诸多区域性战略和政策。

表 2.1 区域性战略及政策

| 具体分类 | 政策主题 | 政策目标 | 实例 |
|---|---|---|---|
| 区域重大战略 | 协调 | 进一步完善支持西部大开发、东北振兴、中部崛起、东部率先发展的政策体系,推动建立健全区域协调发展体制机制 | 京津冀协同发展(2014 年)、长江经济带发展(2016 年)、粤港澳大湾区建设(2019 年)、长三角一体化发展(2010 年)、黄河流域生态保护和高质量发展(2019 年)等区域重大战略 |
| 经济特区 | 改革开放 | 经济转轨的试验场、对外开放的窗口、示范地和辐射源、促进港澳的范围和稳定 | 1980 年的深圳、珠海、厦门经济特区,1981 年的汕头经济特区,1988 年的海南经济特区,2010 年与 2014 年分别设立的新疆喀什与霍尔果斯经济特区 |
| 经济技术开发区 | 开放 | 以投资拉动为主,增加区域经济总量,通过外引内联促进内地经济发展与对外贸易 | 1984—1985 年:大连、宁波、青岛、湛江、广州、天津等 11 个经济技术开发区<br>1992—1996 年:沈阳、哈尔滨、昆山、杭州、广州南沙、武汉、北京等 12 个<br>1997—2004 年:合肥、郑州、西安、长沙、成都、南京、兰州等 17 个开发区<br>2005 年至今:156 家国家级高新技术开发区 |
| 高新技术开发区 | 改革 | 以智力密集和开放环境条件为依托,优惠政策和改革措施,最大限度地把科技成果转化为现实生产力 | 1988—1991 年:中关村科技园、沈阳、南京、哈尔滨、长沙、杭州、天津滨海等 27 个<br>1992—2008 年:潍坊、绵阳、保定、鞍山、苏州、无锡、青岛、佛山、珠海等 28 个<br>2009 年至今:设立 59 个 |
| 海关监管区 | 开放 | 扩大开放的重要窗口,吸引境内外投资的重要载体 | 2006 年以来,设立苏州工业园综合保税区等 41 个综合保税区,上海、广东、天津、福建等 4 个自由贸易区,海南自由贸易港 |
| 新区 | 改革开放 | 制度改革的先行先试区、更加开放的现代产业集聚区 | 浦东新区(2005 年)、滨海新区(2006 年)、两江新区(2010 年)、舟山群岛新区(2011 年)、兰州新区(2012 年)、南沙新区(2012 年)、陕西西咸新区(2014 年)、贵州贵安新区(2014 年)、青岛西海岸新区(2014 年)、大连金普新区(2014 年)、四川天府新区(2014 年)、湖南湘江新区(2015 年)、南京江北新区(2015 年)、福州新区(2015 年)、昆明滇中新区(2015 年)、雄安新区(2017 年) |
| 综合配套改革试验区 | 改革 | 利用制度创新的"先行先试权",实现综合性制度创新 | 综合性配套改革试验区:浦东新区(2005 年)、滨海新区(2006 年)、深圳市(2009 年)<br>专题性试验区:成渝统筹城乡(2007 年)、沈阳新型工业化(2010 年)等<br>综合改革试验区:义乌市(2011 年)、温州(2012 年)、云南省(2013 年)、青岛市(2014 年)等 |

### 二、区域协调理论逻辑与政策演进

区域协调发展是指不同地区之间建立有益的合作关系,实现相对理想的经济增长格局。张军扩(2022)提出了区域协调发展格局的三个要求:首先,提高效率,即通过合理的区域分工和资源配置来提高效率,充分发挥各地的特殊优势,实现互补的区域分工。其次,实现平衡发展,以促进欠发达地区的增长,并逐步减小地区发展和福利差距,实现共同富裕。最后,确保环境友好,即确保区域发展格局与各地的资源和环境特点相匹配,以保护资源、环境和生态,促进可持续发展。

中国的区域协调发展理念是通过多代领导集体的实践经验逐步形成的。特别是自党的十八大以来,以习近平同志为核心的党中央提出了一系列治国理政的新思想、新理念和新战略,为中国特色社会主义区域协调发展理念的创新提供了宝贵的实践经验和理论基础。

20世纪90年代以来,随着中国改革开放不断深化和国力的增强,面对不断拉大的地区发展差距,中央政府正式将促进地区经济协调发展提升为重要战略。这一总方针的提出,标志着自改革开放以来形成的弥补地区发展不平衡的战略已经演变为区域协调发展战略,区域协调发展思想已经成为主导思想。

1991年,中国的地区协调发展思想首次得到正式提出。《关于国民经济和社会发展十年规划和第八个五年计划纲要的报告》中明确提出要"促进地区经济的合理分工和协调发展",认为"生产力的合理布局和地区经济的协调发展,是我国经济建设和社会发展中一个极为重要的问题"。

1992年,邓小平同志在南方谈话中指出,一些地区应该先发展起来,然后带动其他地区逐步实现共同富裕。

1995年,中共十四届五中全会通过的《中共中央关于制定国民经济和社会发展"九五"计划和2010年远景目标的建议》强调了把"坚持区域经济协调发展,逐步缩小地区发展差距"作为重要方针。

1997年,江泽民同志在中共十五大报告中强调,要"努力缩小地区发展差距,促进地区经济合理布局和协调发展",标志着区域协调发展理念成为主流思想。

2003 年,中共十六届三中全会强调形成促进区域经济协调发展的机制,加强区域协调和指导,积极推进西部大开发,支持中部地区加快改革发展,振兴东北等老工业基地,鼓励东部地区率先实现现代化。

2017 年,习近平同志在党的十九大报告中提出了区域协调发展战略,明确要支持革命老区、民族地区、边疆地区、贫困地区加速发展,推动西部大开发新格局,振兴东北等老工业基地,促进中部地区崛起,引领东部地区优化发展,建立更有效的区域协调发展新机制。

党的十八大之前,中国政府明确提出了促进地区经济协调发展的思路,建立了一系列促进地区协调发展的政策框架,包括"四大区域板块"战略和"主体功能区"制度。党的十八大以后,在继续坚持前期的区域战略政策的同时,为适应经济发展阶段的变化和经济结构的转型升级,中央政府提出了一系列新的区域协调发展战略和政策。这些新战略和政策构成了中国区域协调发展思想的新阶段。

**表 2.2　党的十八大后区域协调发展战略与政策**

| 发展思路 | 时间 | 政策举措 |
|---|---|---|
| 优化与完善区域协调发展总体战略 | 2016 年 12 月 | 李克强主持召开国务院常务会议,审议通过促进中部地区崛起规划 |
| | 2018 年 9 月 | 习近平总书记在东北三省考察,主持召开深入推进东北振兴座谈会并发表重要讲话,强调以新气象新担当新作为推进东北振兴,明确提出新时代东北振兴,是全面振兴、全方位振兴 |
| | 2020 年 5 月 | 《中共中央、国务院关于新时代推进西部大开发形成新格局的指导意见》中提出:新时代继续做好西部大开发工作,对于增强防范化解各类风险能力,促进区域协调发展,决胜全面建成小康社会,开启全面建设社会主义现代化国家新征程,具有重要现实意义和深远历史意义 |
| 拓展区域协调发展总体战略 | 2015 年 3 月 | 国家发展改革委、外交部、商务部联合发布了《推动共建丝绸之路经济带和 21 世纪海上丝绸之路的愿景与行动》,依靠中国与有关国家既有的双多边机制,借助既有的、行之有效的区域合作平台,"一带一路"旨在借用古代丝绸之路的历史符号,高举和平发展的旗帜,积极发展与沿线国家的经济合作伙伴关系,共同打造政治互信、经济融合、文化包容的利益共同体、命运共同体和责任共同体 |

续表

| 发展思路 | 时间 | 政策举措 |
|---|---|---|
| 深化和加强区域协调发展总体战略 | 2013 年 7 月 | 2013 年 7 月,习近平总书记在武汉调研时指出,长江流域要加强合作,发挥内河航运作用,把全流域打造成黄金水道。2016 年 9 月,《长江经济带发展规划纲要》正式印发,提出了"一轴、两翼、三极、多点"的格局 |
| | 2014 年 2 月 | 2014 年 2 月 26 日,习近平总书记在北京主持召开座谈会并发表重要讲话,明了实现京津冀协同发展是重大国家战略,提出京津冀协同发展的基本要求,明确北京是全国政治中心、文化中心、国际交往中心和科技创新中心,要坚持和强化首都核心功能,调整疏解非首都核心功能 |
| | 2017 年 3 月 | 2017 年全国两会上,政府工作报告正式提出研究制定"大湾区城市群发展规划",标志着大湾区建设正式上升为国家战略 |
| | 2018 年 11 月 | 习近平总书记在首届中国国际进口博览会上宣布,支持长江三角洲区域一体化发展并上升为国家战略,着力落实新发展理念,构建现代化经济体系,推进更高起点的深化改革和更高层次的对外开放,同"一带一路"建设、京津冀协同发展、长江经济带发展、粤港澳大湾区建设相互配合,完善中国改革开放空间布局 |
| | 2021 年 10 月 | 中共中央、国务院印发的《黄河流域生态保护和高质量发展规划纲要》发布,规划范围为黄河干支流流经的青海、四川、甘肃、宁夏、内蒙古、山西、陕西、河南、山东 9 省区相关县级行政区,指导当前和今后一个时期黄河流域生态保护和高质量发展 |
| | 2020 年 10 月 | 中国共产党中央委员会政治局召开会议,审议《成渝地区双城经济圈建设规划纲要》 |
| | 2016 年 12 月 | 国务院 2016 年 12 月 28 日批复的《中原城市群发展规划》,指出将中原城市群建设为:中国经济发展新增长极、全国重要的先进制造业和现代服务业基地、中西部地区创新创业先行区、内陆地区双向开放新高地和绿色生态发展示范区 |
| | 2015 年 3 月 | 国务院正式批复《长江中游城市群发展规划》,是贯彻落实长江经济带重大国家战略的重要举措。要求将长江中游城市群建设成为长江经济带重要支撑和具有一定国际影响的城市群,并将长江中游城市群定位为中国经济新增长极、中西部新型城镇化先行区、内陆开放合作示范区、"两型"社会建设引领区 |
| | 2018 年 1 月 | 国务院正式批准了《关中平原城市群发展规划》,指出要建成经济充满活力、生活品质优良、生态环境优美、彰显中华文化、具有国际影响力的国家级城市群 |

值得注意的是,新时期的区域协调发展总体战略继续坚持主体功能区制度,即以各区域的资源环境承载能力、现有开发密度和发展潜力为基础,统筹谋划未

来经济布局、人口分布、城镇化格局和国土利用,据此我国的国土空间可以分为优化开发、重点开发、限制开发和禁止开发四类,明确开发方向,确定主体功能定位,规范开发秩序,控制开发强度,完善开发政策,逐步形成人口、经济、资源环境相协调的国土空间优化开发格局。推进形成主体功能区,其基本思想就是强调"人民富裕",并设想通过人口的迁移,实现各地区人均收入水平的逐步缩小(魏后凯,2007)。即鼓励落后地区(往往是限制开发和禁止开发地区)的居民往发达地区(优化开发和重点开发地区)集中,从而达到保护前者的生态环境作为发展屏障,发展条件优越的后者以满足经济发展需要的总量目标。

与之一脉相承的是,2020年4月和2022年4月分别发布的《中共中央、国务院关于构建更加完善的要素市场化配置体制机制的意见》以及《中共中央、国务院关于加快建设全国统一大市场的意见》都旨在引导各类要素协同向先进生产力集聚,打破地方保护和市场分割,打通制约经济循环的关键堵点,促进商品要素资源在更大范围内畅通流动。

党的十八大以来,这一系列推动区域协调发展战略实施的具体政策都是遵循了"以人为本"的"空间中性"政策,即将"人民富裕"的目标优先级提高至过去"地区繁荣"目标之前。

具体到长江经济带战略,过去的东部率先发展、中部崛起、西部大开发以及东北振兴四大区域战略相对独立,而长江经济带则横跨东中西三大板块,因此长江经济带战略最典型的空间战略意义是通过长江黄金水道的建设,提升东中西的协调发展水平。可以预见的是,随着"长江经济带综合立体交通走廊"的建成,本地区的要素流动将更加顺畅,经济集聚程度也会不断提高,从这个层面看,长江经济带战略同样遵循了空间中性的发展思路。空间中性政策的后果是高等级城市和初始发展水平较高的地区发展将更加迅速,但同时落后地区的发展问题将成为不可忽视的难题,因此需要中央层面从基于地区的思路制定促进落后地区发展的相应政策。

一方面,正如空间中性所主张的,经济发展本身在空间上并不是均匀分布的,过于强调推动经济增长均匀分布的政策会抑制增长,但是也可以在某种程度上具有包容性,即边缘地区的居民可以从经济活动的不断集中过程中受益。不平衡增长和包容性发展同时实现的途径是经济一体化。空间中性政策有效的前提是完善的要素市场,包括完全竞争的劳动力、资本和产品等市场,保证劳动力和生产要素能够相较于收益,成本较低地自由流动。

　　另一方面,经济一体化的前提是各地区具有无差异的制度性条件,如果行政力量、地理、历史、文化以及其他具有地区异质性的制度性因素阻碍了以上经济一体化的可能性,或者说落后地区居民丧失了享受集聚收益的机会,那么空间中性的政策反而会加剧地区差距,针对落后地区的专门激励才能解决发展问题。基于地区的政策发挥作用则要求政策本身能够激发地区的创新和发展潜力,这就要求当地完善的基本公共服务制度,例如产权保护、教育资源、医疗资源和社会保障等较为完善,同时让倾向于落后地区的政策红利留在当地,避免人才流失。我们认为,设计科学、可执行的区域利益共享机制,通过相对发达地区对落后地区的补偿机制,让相对落后地区人口自然流出的同时,降低对本地资源环境的压力,同时提升人均生活水平,从而实现区域协调发展,是未来落实区域协调发展战略,实现共同富裕目标的重要发力点。

## 第二节　党的十八大以来长江经济带区域协调政策分析

　　我们从北大法宝(www. pkulaw. cn,收录我国各级政府自 1949 年迄今发布的法律法规)检索标题包含长江经济带 2012—2023 年发布的中央法规与地方法规,具体包括行政法规、部门规章、地方性法规、地方规范性文件与地方工作文件共计 255 篇政策文本。以这些政策文本为研究对象,运用机器学习中的文本分析方法,对政策发布主体与内容主题进行实证分析。具体地,我们将长江经济带 11 省市分为东、中、西部地区①,对三大地区的政策发布主体和政策主题内容进行对比,并进一步分析政策协调水平。

　　在进行政策主题提取时,我们采用主题模型中的 LDA(Latent Dirichlet Allocation)模型。LDA 模型是一种文档主题生成模型,其核心思想在于,文本是由潜在主题的随机组合构成,每个主题又是由词语的随机组合组成。通过 LDA 模型,我们可以分析和提取文档的主题分布。在建立了分词工具以获取文档中的词语之后,LDA 模型根据一定的概率计算生成主题词,然后对文档中的主题词进行主题聚类,最终得出文档包含的多个主题(周密和胡清元,2022)。在此基础上,进一步使用一致性检验,获得预测效果最佳的主题数量,

---

　　① 东部为上海、江苏、浙江,中部为安徽、湖北、湖南、江西,西部为四川、重庆、云南、贵州。

并基于长江经济带发展的重点领域对每个主题命名。最终,我们获得了所有政策文本皆可分类至规划管理、生态环境、交通基建、产业合作、空间格局和贸易开放六个主题,因此,我们后续重点考察长江经济带东、中、西三大板块在以上六大领域的政策协调水平。

基于 LDA 模型的具体处理步骤如下:首先,采用第三方中文分词库(例如 Jieba)对政策文本进行分词处理,以创建一个语料库。接着,使用这个语料库来训练 LDA 模型,生成包含 20 个关键词的主题概率矩阵。通过主题一致性方法,计算主题一致性得分,以确定最适合的主题数量。根据每个文本对应的主题概率,按照经验值约定的 50% 的阈值来判定该文本所属的主题(例如,规划管理、生态环境、交通基建、产业合作、空间格局和贸易开放)。然后,整理每个主题下的政策发文主体和相应数量。最后,根据词频归纳总结每个文本所讨论的主要内容关键词,形成长江经济带所涉及 11 省市东部、中部和西部地区的政策内容关键词结构,对政策内容的相似性进行比较,一定程度上反映各个地区关于长江经济带区域政策的协调性。

## 一、规划管理

### 1. 政策主体协调

长江经济带发展关于规划管理政策的发布主体主要为政府组织,基本由政府部门进行完全的规划治理。通过对政策文本的政策主体提取,得到关于长江经济带 11 省市所属地区的政策主体发文数量,如表 2.3 所示。其中,对长江经济带规划管理政策比较重视的是东部地区与西部地区,其政策主体发文数量较中部地区更多,能够在发挥主体资源优势的基础上更为全面地实现长江经济带规划管理。

**表 2.3 规划管理类政策发文主体及数量**

| 东部 | | 中部 | | 西部 | |
|---|---|---|---|---|---|
| 主要政策主体 | 数量(篇) | 主要政策主体 | 数量(篇) | 主要政策主体 | 数量(篇) |
| 人民政府 | 16 | 人民政府 | 14 | 人民政府 | 20 |
| 体育局 | 3 | | | | |

### 2. 政策内容协调

长江经济带发展关于规划管理政策的内容较为丰富,协调性较强。表 2.4

为提取长江经济带 11 省市所属地区的政策文件关键词汇所总结的关键词结构分布。如表所示,长江经济带规划管理的政策主题均包含资源规划、城乡建设与统筹协调等内容。从政策内容关键词结构来看,东部地区与西部地区更加注重信息化建设,而中部地区更加注重物流园区建设。

**表 2.4　规划管理政策内容关键词结构**

| 东部 | | 中部 | | 西部 | |
|---|---|---|---|---|---|
| 编号 | 关键词名称 | 编号 | 关键词名称 | 编号 | 关键词名称 |
| E1 | 规划国土资源 | M1 | 国土资源 | W1 | 自然资源 |
| E2 | 城乡建设 | M2 | 城乡规划 | W2 | 物流枢纽 |
| E3 | 信息化 | M3 | 物流园区 | W3 | 信息化 |
| E4 | 统筹协调 | M4 | 统筹安排 | W4 | 统筹协调 |

## 二、生态环境

### 1. 政策主体协调

长江经济带发展关于生态环境政策的主体主要为政府组织,基本由政府部门进行生态环境政策制定。通过对政策文本的政策主体提取,得到关于长江经济带 11 省市所属地区的政策主体发文数量,如表 2.5 所示。其中,对长江经济带生态环境政策比较重视的是中部地区,其政策主体发文数量较东部地区和西部地区更多。但同时值得注意的是,三个地区的生态环境类政策发布主体均为政府各个部门,主题丰富度较高,可以看出长江经济带发展政策发布主体参与的全面性。

**表 2.5　生态环境类政策发文主体及数量**

| 东部 | | 中部 | | 西部 | |
|---|---|---|---|---|---|
| 主要政策主体 | 数量<br>(篇) | 主要政策主体 | 数量<br>(篇) | 主要政策主体 | 数量<br>(篇) |
| 人民政府 | 4 | 人民政府 | 13 | 人民政府 | 3 |
| 发展改革委员会 | 5 | 发展改革委员会 | 12 | 发展改革委员会 | 3 |
| 水务局 | 2 | 领导小组 | 4 | 水务局 | 1 |
| 水利厅 | 1 | 水务局 | 4 | 工业信息委员会 | 3 |
| 财政厅 | 2 | 住房城乡建设厅 | 3 | 经济信息委员会 | 3 |
| 国家林业局 | 2 | 经信委 | 2 | 财政厅 | 9 |

### 2. 政策内容协调

长江经济带发展关于生态环境政策的文件数量较多,内容涉及环境保护等各项措施,较为全面,区域协调性较强。表 2.6 为提取长江经济带 11 省市所属地区的政策文件关键词汇所总结的关键词结构分布。如表所示,长江经济带生态环境的政策主题均包含绿色、能源与废弃物等内容。从政策内容关键词结构来看,东部地区更加注重水土保持,而西部地区更加注重环保整改等措施。

表 2.6 生态环境政策内容关键词结构

| 东部 | | 中部 | | 西部 | |
|---|---|---|---|---|---|
| 编号 | 关键词名称 | 编号 | 关键词名称 | 编号 | 关键词名称 |
| E1 | 绿色 | M1 | 生态环境 | W1 | 生态环境 |
| E2 | 水土保持 | M2 | 绿色 | W2 | 绿色规划 |
| E3 | 能源发展 | M3 | 能源资源 | W3 | 整改整治 |
| E4 | 危险废物 | M4 | 固体废物 | W4 | 废水废气 |

## 三、交通基建

### 1. 政策主体协调

长江经济带发展关于交通基建政策的主体主要为政府组织,基本由政府部门进行交通基建政策制定。通过对政策文本的政策主体提取,得到关于长江经济带 11 省市所属地区的政策主体发文数量,如表 2.7 所示。其中,东、中、西部地区对长江经济带交通基建政策重视程度相等。

表 2.7 交通基建类政策发文主体及数量

| 东部 | | 中部 | | 西部 | |
|---|---|---|---|---|---|
| 主要政策主体 | 数量（篇） | 主要政策主体 | 数量（篇） | 主要政策主体 | 数量（篇） |
| 人民政府 | 1 | 人民政府 | 5 | 人民政府 | 4 |
| 发展改革委员会 | 1 | 交通运输厅 | 1 | 海关 | 2 |
| 海关 | 4 | | | | |

### 2. 政策内容协调

长江经济带发展关于交通基建政策的文件数量较少,内容涉及交通运输与基建等各项措施,区域协调性较强。表2.8为提取长江经济带11省市所属地区的政策文件关键词汇所总结的关键词结构分布。如表所示,长江经济带交通基建的政策主题均包含交通运输、基建与陆海航道等内容。从政策内容关键词结构来看,东部地区更加注重基建投资水平,而西部地区更加注重交通运输等政策举措。

表2.8 交通基建政策内容关键词结构

| 东部 | | 中部 | | 西部 | |
|------|------|------|------|------|------|
| 编号 | 关键词名称 | 编号 | 关键词名称 | 编号 | 关键词名称 |
| E1 | 交通运输 | M1 | 交通航道 | W1 | 陆海通道 |
| E2 | 高铁 | M2 | 铁路 | W2 | 交通运输 |
| E3 | 基建投资 | M3 | 住建 | W3 | 黄金水道 |

## 四、产业合作

### 1. 政策主体协调

长江经济带发展关于产业合作政策的主体主要为政府组织,基本由政府部门进行产业合作政策制定。通过对政策文本的政策主体提取,得到关于长江经济带11省市所属地区的政策主体发文数量,如表2.9所示。其中,对长江经济带产业合作政策比较重视的为中部地区,其发文数量较东部地区和西部地区更多。

表2.9 产业合作类政策发文主体及数量

| 东部 | | 中部 | | 西部 | |
|------|------|------|------|------|------|
| 主要政策主体 | 数量<br>(篇) | 主要政策主体 | 数量<br>(篇) | 主要政策主体 | 数量<br>(篇) |
| 人民政府 | 5 | 人民政府 | 18 | 人民政府 | 5 |
| 绿化和市容管理局 | 1 | 领导小组 | 2 | 商务厅 | 2 |
| | | 发展和改革委员会 | 1 | 科学技术委员会 | 1 |
| | | 林业厅 | 1 | | |

### 2. 政策内容协调

长江经济带发展关于产业合作政策的内容较为丰富,尤其是中部地区关于产业合作类政策发文数量最多,内部协调性较强。表2.10为提取长江经济带 11 省市所属地区的政策文件关键词汇所总结的关键词结构分布。如表所示,长江经济带产业合作的政策主题均包含产业园区建设等内容。从政策内容关键词结构来看,东部地区比较注重产业政策发布,而中部地区更加注重产业体系建设、新兴产业与特色产业规划,西部地区更加注重产业结构调整。

表 2.10　产业合作政策内容关键词结构

| 东部 | | 中部 | | 西部 | |
|---|---|---|---|---|---|
| 编号 | 关键词名称 | 编号 | 关键词名称 | 编号 | 关键词名称 |
| E1 | 产业园 | M1 | 产业体系 | W1 | 产业园 |
| E2 | 产业政策 | M2 | 产业基地 | W2 | 特色产业 |
| E3 | | M3 | 产业规划 | W3 | 产业结构 |
| E4 | | M4 | 新兴产业与特色产业 | W4 | |

## 五、空间格局

### 1. 政策主体协调

长江经济带发展关于空间格局政策的主体主要为政府组织,基本由政府部门进行空间格局政策制定。通过对政策文本的政策主体提取,得到关于长江经济带 11 省市所属地区的政策主体发文数量,如表 2.11 所示。其中,对长江经济带产业合作政策比较重视的为中部地区,其发文数量较东部地区和西部地区更多。

表 2.11　空间格局类政策发文主体及数量

| 东部 | | 中部 | | 西部 | |
|---|---|---|---|---|---|
| 主要政策主体 | 数量（篇） | 主要政策主体 | 数量（篇） | 主要政策主体 | 数量（篇） |
| 人民政府 | 2 | 人民政府 | 10 | 人民政府 | 1 |
| 人民代表大会常务委员会 | 1 | 领导小组 | 1 | 领导小组 | 1 |
| 发展和改革委员会 | 1 | 农业厅 | 1 | 住房城乡建设厅 | 1 |
| 民政厅 | 1 | 人民代表大会常务委员会 | 1 | | |
| 林业厅 | 1 | 水利厅 | 1 | | |
| 水利厅 | 1 | 生态环境办公室 | 1 | | |

### 2. 政策内容协调

长江经济带发展关于空间格局政策的内容较为丰富,东部地区、中部地区与西部地区具有一定协调性。表 2.12 为提取长江经济带 11 省市所属地区的政策文件关键词汇所总结的关键词结构分布。如表所示,长江经济带空间格局的政策主题均包含保护区与工业园区等内容。从政策内容关键词结构来看,东部地区与中部地区更加注重保护区设立与生态保护,而中部地区更加注重工业园区建设。

表 2.12 空间格局政策内容关键词结构

| 东部 | | 中部 | | 西部 | |
|---|---|---|---|---|---|
| 编号 | 关键词名称 | 编号 | 关键词名称 | 编号 | 关键词名称 |
| E1 | 保护区 | M1 | 保护区 | W1 | 功能区 |
| E2 | 空间规划 | M2 | 城市群 | W2 | 试点县 |
| E3 | 能源空间布局 | M3 | 区域新格局 | W3 | 工业园区 |
| E4 | 自然保护区 | M4 | | W4 | |

## 六、贸易开放

### 1. 政策主体协调

长江经济带发展关于贸易开放政策的主体主要为政府组织,基本由政府部门对贸易开放政策进行制定。通过对政策文本的政策主体提取,得到关于长江经济带 11 省市所属地区的政策主体发文数量,如表 2.13 所示。其中,对长江经济带规划管理政策比较重视的是中部地区,其政策主体发文数量较东部地区和西部地区更多,能够在发挥主体资源优势的基础上更为全面地促进长江经济带中部地区贸易开放。

表 2.13 贸易开放类政策发文主体及数量

| 东部 | | 中部 | | 西部 | |
|---|---|---|---|---|---|
| 主要政策主体 | 数量（篇） | 主要政策主体 | 数量（篇） | 主要政策主体 | 数量（篇） |
| 人民政府 | 1 | 人民政府 | 15 | 银监会 | 1 |
| | | 保监会 | 1 | | |
| | | 交通运输部门 | 1 | | |
| | | 科技局 | 1 | | |

2. 政策内容协调

长江经济带发展关于贸易开放政策的内容整体比较丰富,表现出较高的协同性。表 2.14 为提取长江经济带 11 省市所属地区的政策文件关键词汇所总结的关键词结构分布。如表所示,长江经济带规划管理的政策主题均包含贸易试验区与保税区等内容。从政策内容关键词结构来看,东部、中部和西部地区均发布了与贸易自由化相关的政策内容,在对外开放中保持了较高的区域协调性。

**表 2.14　贸易开放类政策内容关键词结构**

| 东部 | | 中部 | | 西部 | |
|---|---|---|---|---|---|
| 编号 | 关键词名称 | 编号 | 关键词名称 | 编号 | 关键词名称 |
| E1 | 自由贸易试验区 | M1 | 国际航运 | W1 | 开放型 |
| E2 | 通关 | M2 | 出入境 | W2 | 试验区 |
| E3 | 港口 | M3 | 保税区 | W3 | 港口 |
| E4 | | M4 | 自由贸易 | W4 | |

综合以上分析,我们发现,长江经济带在规划管理、生态环境和空间格局领域的协调较高,在交通基建、产业合作和贸易开放领域协调性较低。可能的原因为,地方政策主体结合自身社会发展情况,响应并学习中央政策,形成各具侧重点的政策主题。东部地区经济发展情况较好,其既有的交通基建、产业合作以及贸易开放水平较高,因此,此类领域的相应政策发文数量较少。进入新时代,实现经济高质量发展对规划管理、生态环境以及空间格局等领域具有更高的要求,因此中央的政策思想在地方区域协调治理中得到落实,形成了政策合力提升地方政策执行效果,表现出较高的协调性。

## 第三节　长江经济带协调政策对经济联系度的促进作用

本节利用以引力模型为基础的社会网络分析,以公式(1)为基础,测算长江经济带各省市之间的经济网络联系量,将其作为衡量区域协调发展水平的实证指标。并进一步考察其 1992 年以来的演进特征,从而评估长江经济带战略中区域协调相关政策的效果。

我们基于公式(1)测算省际经济联系度。

$$Connection_{ij,t} = \frac{GDP_{i,t} * GDP_{j,t}}{distance^2_{ij}} \tag{1}$$

其中,下标 $i$、$j$ 分别表示不同省份,$t$ 表示年份。Connection 表示经济联系度,GDP 为各省的国民经济生产总值,distance 为地理直线距离。

具体地,我们分别计算了 1992 年、2002 年、2012 年和 2022 年的长江经济带各省经济联系度,并将其按东、中、西三大板块进行划分,做了图 2.1 的折线图。

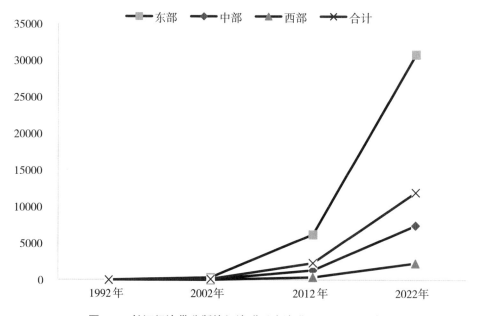

**图 2.1　长江经济带分版块经济联系度演进 (1992—2022 年)**

图片来源:作者自绘

从图中可以看出,1992 年以来,长江经济带各省市之间的平均经济联系度有了快速增长,2022 年的强度为 1992 年的近 2600 倍。特别是党的十八大以来的这一时期是增长最快的一个阶段。

从区域协调的角度看,如图 2.2 所示,相对差距方面,中西部与东部地区之间经历了先升后降的过程。1992 年,长江经济带东部地区的平均经济联系度分别为中部、西部的 4.57 倍和 15.36 倍,到 2002 年上升为 5.96 倍和 22.4 倍,差距显著加剧。但到 2022 年,这个差距已经下降为 4.13 倍和 13.37 倍。特别是 2012 年以来,东部与中部和西部的相对差距分别从 4.69 倍和 16.82 倍下降到了 4.13 倍和 13.37 倍。但必须认识到的是,长江经济带经济联系度的东、中、西三大板块之间的绝对差距仍然存在,且仍然在进一步加剧。

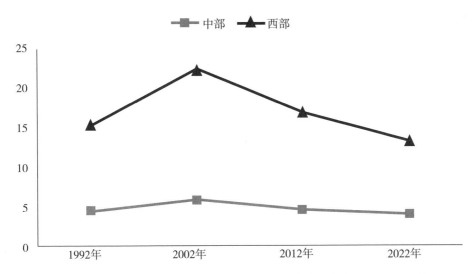

**图 2.2　长江经济带东部与中、西部经济联系度相对差距演进 (1992—2022 年 )**

注:纵轴取值为东部与中、西部经济联系度的倍数

图片来源:作者自绘

我们进一步计算各省之间对应的经济网络联系水平,如表 2.15—表 2.18
所示。

**表 2.15　1992 年长江经济带省际经济联系度**

| 省(市、区) | 江苏省 | 安徽省 | 湖北省 | 浙江省 | 四川省 | 贵州省 | 重庆市 | 江西省 | 湖南省 | 云南省 | 上海市 |
|---|---|---|---|---|---|---|---|---|---|---|---|
| 江苏省 | — | 17.97 | 3.69 | 25.30 | 0.87 | 0.35 | 0.66 | 2.58 | 2.14 | 0.32 | 105.54 |
| 安徽省 | 17.97 | — | 3.89 | 7.12 | 0.50 | 0.21 | 0.46 | 1.98 | 1.62 | 0.17 | 5.63 |
| 湖北省 | 3.69 | 3.89 | — | 2.49 | 1.52 | 0.76 | 2.67 | 2.48 | 7.54 | 0.42 | 1.60 |
| 浙江省 | 25.30 | 7.12 | 2.49 | — | 0.57 | 0.27 | 0.46 | 3.77 | 1.95 | 0.24 | 24.61 |
| 四川省 | 0.87 | 0.50 | 1.52 | 0.57 | — | 1.16 | 2.16 | 0.39 | 1.32 | 1.43 | 0.41 |
| 贵州省 | 0.35 | 0.21 | 0.76 | 0.27 | 1.16 | — | 1.13 | 0.25 | 1.42 | 0.63 | 0.17 |
| 重庆市 | 0.66 | 0.46 | 2.67 | 0.46 | 2.16 | 1.13 | — | 0.40 | 2.14 | 0.37 | 0.30 |
| 江西省 | 2.58 | 1.98 | 2.48 | 3.77 | 0.39 | 0.25 | 0.40 | — | 3.60 | 0.17 | 1.41 |
| 湖南省 | 2.14 | 1.62 | 7.54 | 1.95 | 1.32 | 1.42 | 2.14 | 3.60 | — | 0.55 | 1.06 |
| 云南省 | 0.32 | 0.17 | 0.42 | 0.24 | 1.43 | 0.63 | 0.37 | 0.17 | 0.55 | — | 0.16 |
| 上海市 | 105.54 | 5.63 | 1.60 | 24.61 | 0.41 | 0.17 | 0.30 | 1.41 | 1.06 | 0.16 | — |

表 2.16 2002 年长江经济带省际经济联系度

| 省(市、区) | 江苏省 | 安徽省 | 湖北省 | 浙江省 | 四川省 | 贵州省 | 重庆市 | 江西省 | 湖南省 | 云南省 | 上海市 |
|---|---|---|---|---|---|---|---|---|---|---|---|
| 江苏省 | — | 413.06 | 70.84 | 734.41 | 17.31 | 6.27 | 16.04 | 54.81 | 44.80 | 6.07 | 2725.56 |
| 安徽省 | 413.06 | — | 69.77 | 192.49 | 9.36 | 3.61 | 10.43 | 39.20 | 31.56 | 3.03 | 135.62 |
| 湖北省 | 70.84 | 69.77 | — | 56.30 | 23.67 | 10.71 | 51.05 | 41.08 | 122.84 | 6.16 | 32.18 |
| 浙江省 | 734.41 | 192.49 | 56.30 | — | 13.43 | 5.73 | 13.12 | 94.23 | 47.90 | 5.32 | 747.80 |
| 四川省 | 17.31 | 9.36 | 23.67 | 13.43 | — | 17.01 | 42.70 | 6.74 | 22.25 | 21.83 | 8.57 |
| 贵州省 | 6.27 | 3.61 | 10.71 | 5.73 | 17.01 | — | 20.42 | 3.93 | 21.78 | 8.72 | 3.24 |
| 重庆市 | 16.04 | 10.43 | 51.05 | 13.12 | 42.70 | 20.42 | — | 8.47 | 44.28 | 6.96 | 7.81 |
| 江西省 | 54.81 | 39.20 | 41.08 | 94.23 | 6.74 | 3.93 | 8.47 | — | 64.85 | 2.80 | 31.43 |
| 湖南省 | 44.80 | 31.56 | 122.84 | 47.90 | 22.25 | 21.78 | 44.28 | 64.85 | — | 8.80 | 23.30 |
| 云南省 | 6.07 | 3.03 | 6.16 | 5.32 | 21.83 | 8.72 | 6.96 | 2.80 | 8.80 | — | 3.20 |
| 上海市 | 2725.56 | 135.62 | 32.18 | 747.80 | 8.57 | 3.24 | 7.81 | 31.43 | 23.30 | 3.20 | — |

表 2.17 2012 年长江经济带省际经济联系度

| 省(市、区) | 江苏省 | 安徽省 | 湖北省 | 浙江省 | 四川省 | 贵州省 | 重庆市 | 江西省 | 湖南省 | 云南省 | 上海市 |
|---|---|---|---|---|---|---|---|---|---|---|---|
| 江苏省 | — | 10021 | 1923 | 15899 | 444 | 172 | 413 | 1450 | 1159 | 145 | 50734 |
| 安徽省 | 10021 | — | 1793 | 3944 | 227 | 94 | 254 | 982 | 773 | 68 | 2389 |
| 湖北省 | 1923 | 1793 | — | 1291 | 643 | 311 | 1392 | 1151 | 3365 | 155 | 634 |
| 浙江省 | 15899 | 3944 | 1291 | — | 291 | 133 | 285 | 2106 | 1046 | 107 | 11756 |
| 四川省 | 444 | 227 | 643 | 291 | — | 467 | 1100 | 178 | 576 | 520 | 160 |
| 贵州省 | 172 | 94 | 311 | 133 | 467 | — | 563 | 111 | 603 | 223 | 65 |
| 重庆市 | 413 | 254 | 1392 | 285 | 1100 | 563 | — | 225 | 1151 | 167 | 146 |
| 江西省 | 1450 | 982 | 1151 | 2106 | 178 | 111 | 225 | — | 1731 | 69 | 604 |
| 湖南省 | 1159 | 773 | 3365 | 1046 | 576 | 603 | 1151 | 1731 | — | 211 | 438 |
| 云南省 | 145 | 68 | 155 | 107 | 520 | 223 | 167 | 69 | 211 | — | 55 |
| 上海市 | 50734 | 2389 | 634 | 11756 | 160 | 65 | 146 | 604 | 438 | 55 | — |

表 2.18　2022 年长江经济带省际经济联系度

| 省(市、区) | 江苏省 | 安徽省 | 湖北省 | 浙江省 | 四川省 | 贵州省 | 重庆市 | 江西省 | 湖南省 | 云南省 | 上海市 |
|---|---|---|---|---|---|---|---|---|---|---|---|
| 江苏省 | — | 56311 | 10468 | 82230 | 2409 | 1179 | 2374 | 8311 | 6085 | 864 | 243292 |
| 安徽省 | 56311 | — | 10473 | 21894 | 1323 | 689 | 1569 | 6039 | 4355 | 437 | 12297 |
| 湖北省 | 10468 | 10473 | — | 6941 | 3627 | 2215 | 8320 | 6859 | 18370 | 965 | 3163 |
| 浙江省 | 82230 | 21894 | 6941 | — | 1559 | 899 | 1620 | 11921 | 5428 | 631 | 55692 |
| 四川省 | 2409 | 1323 | 3627 | 1559 | — | 3313 | 6553 | 1060 | 3134 | 3218 | 793 |
| 贵州省 | 1179 | 689 | 2215 | 899 | 3313 | — | 4231 | 834 | 4141 | 1737 | 405 |
| 重庆市 | 2374 | 1569 | 8320 | 1620 | 6553 | 4231 | — | 1417 | 6634 | 1091 | 768 |
| 江西省 | 8311 | 6039 | 6859 | 11921 | 1060 | 834 | 1417 | — | 9952 | 449 | 3170 |
| 湖南省 | 6085 | 4355 | 18370 | 5428 | 3134 | 4141 | 6634 | 9952 | — | 1266 | 2104 |
| 云南省 | 864 | 437 | 965 | 631 | 3218 | 1737 | 1091 | 449 | 1266 | — | 302 |
| 上海市 | 243292 | 12297 | 3163 | 55692 | 793 | 405 | 768 | 3170 | 2104 | 302 | — |

从表中可以看出,最近 30 年,长江经济带各省之间的经济联系度整体来看在持续加强。虽然在 1992—2002 年经历了一轮减弱的过程,但 2002 年进入区域协调发展阶段后,长江经济带各省之间的经济联系迅速提高。

具体来看,上海、江苏和浙江三省市的经济联系度长期处于较强的水平,三省市与安徽也保持了一定强度的经济联系。但在 2002 年前后,长江经济带其他省份之间的经济联系较弱。2002—2012 年后,湖北与湖南和重庆,江西与湖南、浙江和江苏逐步加强了经济联系。到 2022 年,除了云南和贵州与其他省份经济联系仍然相对较弱外,长江经济带逐渐形成了以江浙沪为网络核心,其他省份交织成网的经济联系态势。

值得指出的是,以上经济联系度指标的计算尚未考虑交通基础设施贯通对经济联系的促进作用。实际上,长江经济带战略实施以来,长江沿线综合交通走廊建设方面取得了一系列进展。

一方面,经过有效治理,长江干线航道得到了显著改善。截至 2020 年年底,长江口深水航道已全面建设完成,长江经济带拥有 1 万公里以上的高等级航道,占全国高等级航道的 60% 以上。南京以下航道通航能力达到了 5 万吨级海轮,武汉以下可通航 5000 吨级船舶,重庆以下可通航 3000 吨级船舶,宜宾以下可通航 2000 吨级船舶。同时,上游航道整治工作稳步推进,干支联通逐步形成网络,长江干线实现了全面建设成高等级航道,昼夜通航成为现实,通航能力得到了显著提升。此外,长江港口体系初步形成了等级差异明显的物流格局。上海港成为一个国际航运中心,同时兼顾国内航运需求;重庆港、武汉港以及南京港成为各自地区的区域性航运中心,相互之间互补发展,共同构建了沿江港口物流网络。

另一方面,多式联运网络,以水铁联运为主,得到进一步的完善。实施了包括三峡枢纽与白洋港疏港铁路在内的14个铁路与水路联运设施的联通工程,同时还实施了包括郑欧国际货运班列在内的29个多式联运示范工程。此外,一系列省际高速公路贯通路段项目已经建成,特别是在长三角地区取消了高速公路省界收费站。还实施了多个枢纽机场的改扩建项目,如成都天府机场和贵阳机场。截至2020年11月,长江经济带的铁路和高铁通车总里程分别达到了4.37万公里和1.54万公里,相较于2015年分别新增了9120公里和7824公里。此外,高速公路的总里程也增至6.37万公里,新增了1.55万公里。为进一步推进长江沿线高铁建设,2020年12月,国铁集团会同上海、江苏、安徽、湖北、重庆、四川六省市在武汉发起组建了长江沿岸铁路集团股份有限公司①。

因此在实际情况中,各省的经济联系强度实际应该有更大的提升,进一步证明了长江经济带战略对区域协调发展的显著促进作用。


## 第四节　长江经济带区域协调政策未来走势

第一,未来的长江经济带区域协调应当以"人民富裕"为目标导向,结合主体功能区规划,消除要素流动障碍,促进统一大市场建设,最终实现以人均生活水平均等化为目标的区域协调发展状态。强化市场机制在区域间的资源配置作用。构建"市场主导、政府调控"的区域经济发展模式,提升要素的利用效率,通过市场机制实现不同效率层次资本等要素的"优胜劣汰"。在要素层面引领区域经济结构转型,并通过要素市场和政策手段提升区域资本的配置效率。具体来看,一是要提高政策精确性,结合地方制度和经济发展水平,进

---

① 数据引自《中国现代物流发展报告2022》。

一步缩小政策地理单元尺度,因地制宜地制定差异化协调政策。二是推动要素分配的进一步市场化改革,进一步消除市场分割,促进统一大市场建设。三是考虑地方背景,建设根植于本地地理、文化、历史、制度等因素的区域创新系统(周玉龙和孙久文,2016)。

第二,以长三角地区为龙头、长江中游和成渝两大城市群为核心,建设高水平城市群,在此基础上进一步畅通三大城市群之间的物理与非物理屏障,建设支撑国家总体经济高质量发展的长江骨架。巩固中心城市的节点地位,针对存在行政分割的多中心城市群,需要引导中心城市之间建立竞争合作和互补共赢的协作关系,以增强中心城市的集聚引领和辐射带动作用,同时避免出现"集聚阴影"。此外,中小城市应结合自身发展实际,通过规模和功能的协同发展,有机地融入附近节点城市引领的都市圈和城市群的发展进程中,通过开放互动和联通,激发经济增长活力,增强自身的节点集聚能力。需要进一步完善由节点中心城市串联中小城市的基础设施网络。特别是对于中西部地区的长江中游城市群和成渝城市群,要着重打通和拓展节点中心城市与中小城市以及中小城市之间的联系通道,确保节点中心城市的运输通道能够多方向延伸和扩展至中小城市,以克服不同城市层级之间要素流动的制约,扩大节点中心城市不断增长的经济密度和节点集聚效应所带来的受益范围,同时推动边缘城市多方面地融入城市群网络,以获取外部正向效应,最终实现更紧密的城市空间网络互联(刘梅和赵曦,2019)。

第三,以长江经济带为改革试点,加快事关区域协调发展的重大改革,包括:完善考核体系和经济发展评价指标。针对不同规划定位的主体功能区执行配套区域发展评价指标体系,在官员考核评价方弱化对经济增长总量 GDP 的评价,完善相配套的产业结构、生态保护等方面评价标准。完善区域均衡的财政转移支付制度。规范投资决策和资金使用效率。建立科学的约束机制,通过制度建设规范资金使用,以提高政策的执行效率。

第四,更注重长江经济带整体协调发展理念,规范区域政府竞争机制。各省自身的区域规划不应该成为国家总体规划的单纯叠加或者行业规划的简单重复,而应该结合区域地区特征,制定更加精细、相互协调的区域经济政策。同时应以长江经济带为改革试点,推动《区域协调发展法》立法,并在长江经济带先行先试,加强要素流动的协调互动力度,力戒资源重复配置、竞争盲目无序等弊端。完善区域利益分享和补偿机制,中央政府通过规范的制度建设来实现地方与地方之间的利益转移,充分利用各地优势资源和自然条件,对利益受损方做出合理的利益补偿安排,比如加快推进产业分工合作和产业转移,为利益受损一方建立新的产业增长点,从而实现各种利益在地区间的合理分配。完善区域经济合作机制,打破行政区划造成的市场限制和区域间的贸易壁垒,逐渐建构与经济区相吻合的跨行政区经济治理机制,探索模式多样、领域广泛的区域合作,推广和升级在长三角地区已经较为成熟的"飞地经济",建立区域合作的服务体系,搭建各类合作平台,促进区域信息资源、创新资源、人才资源共建共享。

第五,根据地方特色,制定综合税收政策,将产业优惠和地区优惠相结合。以西部地区为例,应在区域经济政策的基础上,建立完善的西部产业政策框架,以促进优惠政策对西部地区的产业结构升级和转型的支持作用。首先,需要强调税收优惠政策的长期性和连贯性,扩大优惠的范围和方式,以吸引卓越的企业入驻西部地区,提升该地区的产业竞争力。其次,应充分利用西部地区的资源优势,借助全面的产业政策体系,培育有自我增长潜力的支柱产业,重点发展与能源产业相关的下游产业,推动西部地区的产业结构升级。

第六,需要完善区域生态补偿机制。根据不同地区在长江流域的产业结构和生态资源特点,分别制定东、中、西部的政策措施,推动上、中、下游地区的协同合作。建立精细化制度,根据不同问题分类实施不同类型的生态补偿措施,在整体生态补偿框架下,探索分级别和领域的渐进性补偿模式。明确生态补偿责任和生态主体义务,为规范生态补偿机制的运作提供法律支持,推动生态补偿机制的制度化和法制化。完善对重点生态功能区的补偿机制,建立中央与地方的协同制度体系。同时,建立和完善严格的资源利用和生态环境保护监管机制,以防止中西部地区成为东部地区污染产业的避风港,积极推进长江经济带的生态文明建设。建立不同层次的主体之间的水权、排污权和碳排放权的初始分配机制以及多元化交易方式,明确权责,建立和规范各类生态资源产权市场,发挥市场自我调节机制,作为现有生态转移支付体制的补充。

执笔人:刘秉镰为南开大学经济与社会发展研究院院长、南开大学京津冀协同发展研究院院长、南开大学海南研究院常务副院长、教授、博士生导师;周玉龙为南开大学经济与社会发展研究院副教授;此外,参与本章执笔的还有南开大学经济学院的王凯璇

## 参考文献

[1]茶洪旺,和云.中国生产力布局的理论与实践述评[C]//中国生产力学会.中国生产力学会第十三届年会专辑.2005:68-76.

[2]陈熙琳.国家战略嬗变记——建国以来国家区域政策变迁历程[J].中国西部,2010(Z9):80-85.

[3]陈肖飞,杜景新,李元为,等.高质量发展视角下黄河流域城市网络的结构演变与影响因素研究[J].人文地理,2023,38(01):87-96.

[4]程栋.中国区域经济政策工具创新:理论与实践[J].贵州社会科学,2016(04):120-126.

[5]符太增.中国西部大开发的财税政策研究[D].东北财经大学,2006.

[6]郭丽.建国后中国区域经济发展战略的嬗变——兼论区域公平与效率目标的逻辑演进[J].税务与经济,2009(06):18-23.

[7]郝宪印,张念明.新时代我国区域发展战略的演化脉络与推进路径[J].管理世界,2023,39(01):56-68.

[8]何爱平,安梦天.新中国成立以来区域经济发展的政策演进、现实挑战与未来展望[J].山东社会科学,2020(03):117-122+153.

[9]金丹,戴林琳.京津冀交界地区建设用地扩张时空特征与驱动因素研究[J].地理与地理信息科学,2023,39(03):48-57.

[10]国家发展和改革委员会.加快建设全国统一大市场 为构建新发展格局提供坚强支撑[J].企业观察家,2022(10):28-31.

[11]潘榕首.闽东北协同发展战略的评价与改进[D].厦门大学,2020.

[12]赵辰昕.国务院关于区域协调发展情况的报告——2023年6月26日在第十四届全国人民代表大会常务委员会第三次会议上[J].中华人民共和国全国人民代表大会常务委员会公报,2023(05):565-569.

[13]周密,胡清元.区域科技创新政策协同的多维度文本分析——基于京津冀和长三角的异质性视角[J].首都经济贸易大学学报,2022,24(6):18.

[14]李京文.中国区域经济发展的回顾与展望[J].中国城市经济,2008(01):54-61.

[15]刘梅,赵曦.城市群网络空间结构及其经济协调发展——基于长江经济带三大城市群的比较分析[J].经济问题探索,2019(9):12.

[16]刘琦.推动伊春民营经济高质量发展[J].中国外资,2022(24):66-68.

[17]刘伟.建国以来党的区域发展战略思想研究[D].陕西师范大学,2011.

[18]欧阳渊.中国区域经济政策的演进与思考[D].山西大学,2010.

[19]孙久文,原倩.我国区域政策的"泛化"、困境摆脱及其新方位找寻[J].改革,2014(04):80-87.

[20]王岱,范希春.习近平经济思想与马克思主义政治经济学的内在关系[J].当代世界与社会主义,2019(02):83-92.

[21]魏后凯.对推进形成主体功能区的冷思考[J].中国发展观察,2007(3):3.

[22]魏后凯.中国国家区域政策的调整与展望[J].西南民族大学学报(人文社科版),2008(10):56-64.

[23]魏后凯.新中国60年区域发展思潮的变革与展望[J].河南社会科学,2009,17(04):8-11.

[24]魏后凯,邬晓霞.新中国区域政策的演变历程[J].中国老区建设,2012(05):14-15.

[25]肖金成,安树伟.从区域非均衡发展到区域协调发展——中国区域发展40年[J].区域经济评论,2019(01):13-24.

[26]项久雨.当前青年流动的空间分布变化及趋势[J].人民论坛,2023(09):32-35.

[27]杨祖义.20世纪90年代中国区域经济发展的历史考察与基本经验[J].当代中国史研究,2006(03):50-59+126-127.

[28]易大东.科学发展观视域下党的区域经济战略思想的新发展[D].湘潭大学,2012.

[29]苑琳,方改娥.我国区域经济发展的演变与展望[C]//邸敏学,赵满华,薛晓明.中国特色社会主义经济回顾与展望.山西出版集团·山西经济出版社,2009:95-105.

[30]赵元兵.我国区域发展战略的历史回顾与评价[J].生产力研究,2005(09):126-128.

[31]赵子君,俞海.长江经济带生态保护补偿机制的进展与建议[J].环境与可持续发展,2019,44(4):4.

[32]张晋辉."一带一路"背景下中国西部电影声音创作特色辨析[J].电

影评介,2022(Z1):67-75.

[33]张军扩.中国区域政策回顾与展望[J].管理世界,2022,38(11):1-12.

[34]邹伟,樊曦,魏玉坤,等.习近平总书记引领推动京津冀协同发展纪事[J].中小企业管理与科技,2023(10):1-8.

[35]周玉龙,孙久文.论区域发展政策的空间属性[J].中国软科学,2016(2):14.

[36]国家发展和改革委员会经济运行调节局,南开大学现代物流研究中心.中国现代物流发展报告2022[M].北京:中国社会科学出版社,2022.

# 第三章 长江经济带区域协调
# 发展体制机制

2016 年 5 月,中共中央、国务院印发《长江经济带发展规划纲要》(以下简称《规划纲要》),成为实施长江经济带发展战略的纲领性文件。其中,创新区域协调发展体制机制是《规划纲要》的重要内容。《规划纲要》实施以来,长江经济带的 11 个省、市深入落实习近平总书记关于长江经济带发展的讲话精神和纲要的具体要求,用实际行动践行"共抓大保护、不搞大开发"的发展理念,加快推动区域协调发展体制机制创新。总体来看,长江经济带区域协调发展体制机制日益完善,各省市发展的整体性、协调性、可持续性不断增强。但与此同时,受限于长江经济带各省市发展基础不一、行政区经济仍然存在一定影响等原因,部分领域不协调、不互通、不一致的现象仍较为突出,推动区域协调体制机制创新仍需持续加力。

## 第一节 长江经济带区域协调发展体制机制建设主要进展

《规划纲要》实施以来,沿江各省市规划政策体系不断完善,一体化市场体系建设步伐加快,区域互动合作机制有序推进,区域公共服务协调机制有所突破,创新区域协调发展体制机制取得了一定的进展和成效。

### 一、规划政策体系不断完善

多层次规划体系加快形成。从《长江经济带发展规划纲要》正式发布以来,相关部门已先后印发了数十项专项规划,超过 10 个领域政策文件先后出台实施,长江沿线 11 省市也都制定了相应的规划文件或实施方案,形成了多层次、多领域的规划政策体系,为有效落实《规划纲要》提供了政策指引。比如,湖北省较早地编制实施了《湖北长江经济带生态保护和绿色发展总体规划》,并配套编制了多个专项规划,近期又制定了《湖北省长江经济带绿色发展"十四五"规划》，构建了相对完善的规划政策体系。重庆市制定了《重庆市贯彻落实长江经济带发展规划纲要实施方案》《关于深入推动长江经济带发展的意见》，出台了《关于深入推动长江经济带发展加快建设山清水秀美丽之地的意见》以及生态优先绿色发展、污染防治攻坚战、国土绿化提升等多个行动计划和方案。在此基础上，各市区县也都出台了相应的规划和行动方案。

国土空间规划加快推进。自 2022 年全国国土空间规划出台以来，长江经济带部分省份已经编制国土空间规划，如安徽省已经编制《美丽长江（安徽）经济带国土空间规划（2021—2035 年）》，湖北省武汉市《武汉长江新区国土空间总体规划（2021—2035 年）》草案已经公示。截至目前，长江经济带国土空间规划正在编制报批过程中。总体上看，长江经济带的国土空间格局正日益完善。

城市群发展规划加快实施。近年来，上中下游地区分别制定了《成渝城市群发展规划》《长江中游城市群发展规划》《长江三角洲城市群发展规划》，明确了各自的重点任务和行动计划。2019 年 12 月，中共中央、国务院印发了《长江三角洲区域一体化发展规划纲要》（中国政府网，2019），为推动长三角地区新城区域协调发展新格局提供了指引。2021 年 6 月，安徽省印发实施了《长三角地区一体化发展三年行动计划（2021—2023 年）》（安徽省应急管理厅，2021），明确了长三角一体化发展近三年的任务书、时间表和路线图。城市群发展规划加快实施，一体化发展机制逐步形成。

环境保护专项规划政策体系逐步完善。《规划纲要》实施以来，各方面把保护和修复长江生态环境摆在突出位置。近年来，中央有关部门先后出台一系列专项规划和政策文件。2017 年，环境保护部等多部门印发《长江经济带生态环境保护规划》，工业和信息化部等五部委联合印发《关于加强长江经济带工业绿色发展的指导意见》，交通运输部印发《关于推进长江经济带绿色航运发展的指导意见》（中国政府网，2017），最高人民法院发布《关于全面加强长江流域生态文明建设与绿色发展司法保障的意见》。2018 年，财政部印发《关于建立健全长江经济带生态补偿与保护长效机制的指导意见》（财政部，2018），生态环境部、农业农村部、水利部联合印发《重点流域水生生物多样性保护方案》，国务院办公厅印发《关于加强长江水生生物保护工作的意见》（中国政府网，2018），国家发展改革委等部门联合印发《关于加快推进长江经济

带农业面源污染治理的指导意见》(中国政府网,2018)。2018 年 12 月,生态
环境部、国家发展改革委联合印发《长江保护修复攻坚战行动计划》(生态环
境部,2018),提出开展系列专项行动,着力解决长江大保护面临的生态环境问
题。2021 年 3 月,我国正式实施了第一部全流域专门法《中华人民共和国长
江保护法》,为长江大保护提供了坚实的法律依据。2022 年 9 月,生态环境
部、国家发展改革委等 17 个部门和单位印发实施《深入打好长江保护修复攻
坚战行动方案》(中国政府网,2022),提出了"十四五"时期长江生态环境保护
的总体要求、重点任务和保障措施。总体上看,长江经济带生态环境保护专项
规划政策体系日益完善。

**表 3.1 长江经济带生态环境保护有关规划和政策文件**

| 时间 | 发文单位 | 文件名 |
|---|---|---|
| 2016 年 | 水利部、国土资源部 | 《长江岸线保护和开发利用总体规划》 |
| 2016 年 | 国家发展改革委、国家林业局 | 《关于加强长江经济带造林绿化的指导意见》 |
| 2017 年 | 工业和信息化部等五部委 | 《关于加强长江经济带工业绿色发展的指导意见》 |
| 2017 年 | 交通运输部 | 《关于推进长江经济带绿色航运发展的指导意见》 |
| 2017 年 | 最高人民法院 | 《关于全面加强长江流域生态文明建设与绿色发展司法保障的意见》 |
| 2018 年 2 月 | 财政部 | 《关于建立健全长江经济带生态补偿与保护长效机制的指导意见》 |
| 2018 年 3 月 | 生态环境部、农业农村部、水利部 | 《重点流域水生生物多样性保护方案》 |
| 2018 年 10 月 | 国务院办公厅 | 《关于加强长江水生生物保护工作的意见》 |
| 2018 年 11 月 | 国家发展改革委等部门 | 《关于加快推进长江经济带农业面源污染治理的指导意见》 |
| 2018 年 12 月 | 水利部、国家发展改革委、生态环境部、国家能源局 | 《关于开展长江经济带小水电清理整改工作的意见》 |
| 2018 年 12 月 | 生态环境部、国家发展改革委 | 《长江保护修复攻坚战行动计划》 |
| 2019 年 4 月 | 自然资源部办公厅 | 《关于开展长江经济带废弃露天矿山生态修复工作的通知》 |

续表

| 时间 | 发文单位 | 文件名 |
|---|---|---|
| 2021 年 3 月 | 全国人民代表大会常务委员会 | 《中华人民共和国长江保护法》 |
| 2022 年 9 月 | 生态环境部、国家发展改革委等 17 个部门和单位 | 《深入打好长江保护修复攻坚战行动方案》 |

资料来源：根据公开资料整理

## 二、一体化市场体系建设步伐加快

统一市场准入制度不断完善。总体上看，《规划纲要》实施以来，沿江各区域在清除市场壁垒，推动要素自由流动、加强市场监管合作等方面取得一定成效。比如，川渝共同推进的中欧班列"一单制"运输、取消高速公路省界收费站、海关通关一体化等多项改革，以及川电入渝、百 G 数据链路等建设和规划，加速了川渝在能源、信息、开放通道和平台等方面的一体化。2017 年，武汉、长沙、合肥、南昌四城市签订了《长江中游四省会城市人才发展合作框架协议》(央广网，2017)，推进专业技术人才和高技能人才的资格互认和自由流动。长江中游四个省会城市还共建了区域工商政务云平台和招标投标信息服务网，实现了四省会城市市场监管协调和招投标信息共享，武汉与长沙两地实现了项目远程异地评标。

基础设施互联互通、共建共享有所加快。近年来，长江沿岸尤其是连接主要节点城市的高铁、高速等通道规划和建设速度不断加快，如成渝客专、西成客专、京九客专(昌赣段)、武西高铁云十段建成投运，成渝中线高铁加快推进，南充—大足—泸州高速公路加快建设。长江航道运输服务标准差距正在逐渐缩小，中游"长江航道 645 工程"有序推进，多式联运和直达运输不断增加，"中梗阻"问题初步缓解，统一开放有序的运输市场正在加快形成。同时，降低水运物流成本方面取得积极进展。2016 年 1 月，财政部、交通运输部联合发布了《关于完善港口建设费征收政策有关问题的通知》(中国政府网，2016)，明确规定在水运货物全程只征收一次港口建设费，如果收货人或代理人中途变更，不再需要另行缴费。长江沿线城市群、都市圈和城市内部交通网络不断完善。如长三角城市群已形成以上海市为中心的"0.5 至 3 小时"高铁都市圈;成渝城市群中心城市 2 小时交通圈覆盖的中小城市数量大幅提升。

创新区域投融资机制取得进展。财政资金投入持续加大。2018 年 2 月，财政部印发《关于建立健全长江经济带生态补偿与保护长效机制的指导意见》（财政部，2018），明确提出通过统筹一般性转移支付和相关专项转移支付资金，建立激励引导机制，对长江经济带生态补偿和保护的财政资金投入力度明显加大。产业投资基金和创投基金发展迅速。比如，湖北省成立了长江产业投资集团，设立了长江产业基金，截至 2023 年上半年，累计出资设立 45 只基金，基金群认缴总规模超 5700 亿元，为湖北省投资并引入了一批技术先进、带动力强的重大产业项目。长三角地区也加快探索跨区域合作融资方式，通过设立了"长三角合作与发展共同促进基金"。融资租赁等创新金融产品不断涌现。比如多家金融租赁公司成立了金融租赁服务长江经济带战略联盟，与 11 省市开展租赁业务合作，支持长江船型标准化建设。

### 三、区域互动合作机制有序推进

政府间多层次协调机制不断完善。在国家推动长江经济带发展领导小组的直接领导下，中央各主要部门加强统筹协调，地方层面加快构建协商协调机制。在国家层面，以推动长江经济带发展领导小组为主建立了解决长江经济带重大问题的协调机制。各主要领域还分别建立了各自的协商机制，如交通运输等部门建立了部省联席会议制度，建立了河长制、长江经济带国土空间规划等部际合作机制。在沿江地方政府层面，上中下游地区建立了多个政府间协商合作机制，为共同解决区域合作具体事项提供了支撑。长三角地区推进"三共三互"工程，围绕"规划体系共建、创新模式共推、市场监管共治、流通设施互联、市场信息互通、信用体系互认"，创新一体化建设的体制机制，逐步形成决策层、协调层和执行层互动合作三级运作机制。长江上游地区建立了省际协商合作机制联席会议制度。重庆制定了《长江经济带区域协调发展体制机制创新重点突破工作方案》，建立了长江上游地区省际协商合作机制联席会议制度。重庆市和四川省共同制定了《成渝城市群发展规划》的重点任务和三年行动计划。2018 年 6 月，川渝签署了《深化川渝合作深入推动长江经济带发展行动计划（2018—2022 年）》以及 12 个专项合作协议，建立了主要领导共同召集、轮流主持的联席会议制度和对口联系机制。在此基础上，川渝两地基层政府间交流频繁，成立了多个协作平台。如川渝毗邻地市区县陆续建立了成渝轴线区市县协同发展联盟、渝西川东经济社会发展协作会等合作平台，遂宁市与重庆潼南区签订包含产业协作等 20 多项内容的战略合作协议,内江市与重庆荣昌区签订包括共建产业园等多项合作计划,重庆万州与四川达州签订深化合作实施方案,等等。此外,重庆与贵州也签署了渝黔战略合作框架协议,开展渝南黔北毗邻地区合作和渝黔合作先行区建设,两江新区和贵安新区开展全面合作。长江中游四省市建立了每年一次的长江中游四省会城市会商会制度,目前已经召开多次会商会议,形成了《武汉共识》《长沙宣言》《合肥纲要》《南昌行动》等协议文件,明确了基础设施互联互通等"六大行动",确定了绿色发展示范区建设、新区合作、交通通道建设等合作事项,基本形成了决策、协调、执行的合作框架。2018 年 4 月,长江中游省际协商合作会商会签署了《长江中游地区省际协商合作行动宣言》,建立了省际协商合作轮值制度,并确定了联合办理共同建立跨界生态保护与修复机制等 13 件实事。

区域产业协作水平不断提升。近年来,长江经济带各省市在产业转移对接、产业园区共建、产业创新合作等方面取得比较明显的成效。一是区域产业转移对接加速。比如,2019 年,四川广安邻水县高滩川渝合作示范园 58 家签约企业有 50 家来自重庆。南昌近年来吸引了来自长沙、合肥、武汉的投资项目超过百个。二是产业园区共建形成很多新的模式。重庆长寿区与上海漕河泾开发区探索"飞地经济"合作模式,与上海、江苏、四川等多地开发区签署战略合作协议。长三角多地已经建立跨省市的开发区,如漕河泾开发区海宁分区、张江长三角科技城等,形成股份合作、建设生产基地、管理与品牌输出等多种园区共建模式。三是产业创新合作取得突破。比如建设"国家技术转移西南中心重庆分中心",推动川渝重大科研基础设施和大型科研仪器等资源开放共享。成都经开区和重庆长安汽车签订了战略合作协议,协同推进智能网联汽车应用。长江中游各省会城市建立了长江中游城市群科技成果转化促进联盟,搭建科技互通平台。

生态环境联防共治合作不断深入。区域联防联控和生态补偿机制取得进展。沿江各省市协同推进建立联防联控长效机制,南京、马鞍山、芜湖等地联合开展跨市界水污染联防联治,宜昌、荆州、岳阳、九江等地也在积极推进联防联治工作,新安江流域上下游横向生态补偿试点工作持续开展。大气污染联防机制取得积极成效,2014 年年初,即建立了由上海、江苏、浙江、安徽三省一市政府和环境保护部、国家发改委等八部委共同参与的长三角区域大气污染防治协作机制。流域联防联控机制探索建立,长江经济带 11 省(市)建立环境污染防控治理协调工作机制,安徽、江苏、浙江省的相关地市签订跨界河流水污染防治联防联控合作协议,建立了联防联控长效机制。从不同区域看,长江上游地区建立跨区域环评会商制度,开展跨省市重大项目环评会商试点。川渝共同建立嘉陵江流域环境保护定期联席会议制度,实现跨界水质检测数据共享。川渝共同制定跨界河流联合巡河督查方案,展开水环境质量联合执法检查。长江中游四省共同探索建立定期协调会商、联合监测预警、流域污染防控机制,推进"一江三湖"生态修复,加强跨界河湖综合治理合作;推动建立区域湿地生态补偿机制,建立长江中游城市群湿地生态保护联盟;建立大气污染联防联控常态化区域合作机制,推进预报监测数据共享和联网发布,加强环保技术和科研成果交流共享。

### 四、公共服务协调机制取得突破

区域教育、医疗合作发展有所加快。长江沿线区域初步实现了教育、医疗资源联动协作,跨行政区合作办医、合作办学等不断增多。比如,长三角地区大力推动教育、医疗资源区域无障碍流动,嘉善县建设上师大附属嘉善实验学校,嘉善高级中学与华师大二附中合作办学,海宁市引进上海长海医院托管海宁人民医院等。长江中游四省会城市建立了长江中游急救联盟,成员单位不断发展。推动了长江中游卫计类科研项目异地评审。重庆、上海、湖南、湖北、江苏等省市建立"国培计划""省培计划"培训项目,推进教师培训合作。重庆、四川、湖南、湖北共同组建中西部中小学教师发展联盟,协同推进教师培训、研究资源共享,湖南、湖北、江西、重庆等8省市建立了高校毕业生就业工作部门联席会议制度,推动毕业生就业信息、就业市场、就业创业教学资源共建共享。

文化体育协同发展取得积极成效。长江上中下游各省市围绕区域文化特点,开展了一系列的文化合作,打造了一批文化交流合作平台,促进了文化交流和共同开发。比如,湖南、江西、湖北签订了《湖南江西湖北三省文化发展战略合作框架协议》《湘鄂赣三省公共图书馆联盟协议》(湖北省人民政府,2012),举办全国文化(群艺)馆"9+2"区域合作论坛、建立了湘鄂赣皖四省公共图书馆联盟和非遗联展等文化合作平台。长江中游四省市联合举办了长江中游城市群全国文物艺术品交流会、中国长江非物质文化遗产(传统工艺)大展、长江中游城市群省会城市第五届会商会文化交流展演、第三届湘赣鄂皖非遗联展等一系统文化交流活动,加大了跨地区公共文化的整合与协同开发。

民生领域区域合作有所深化。一些邻近地区初步实现了公共服务的对接,探索了社会保障跨区域衔接的路径。比如,湖北黄梅小池与江西九江开通了跨省公交,两地医院签署了医保跨省联网结算协议。2014 年年底,武汉、长沙、南昌、合肥四城市启动实施了住房公积金互认互贷工作,2017 年,成都也加入了公积金合作,合作机制不断深化。四市劳动监察网上协查平台启动投入运行,推动区域联合执法。此外,四市还积极探索劳务合作共建机制,开展了跨区域劳务合作。

## 第二节　长江经济带区域协调存在的问题和挑战

### 一、推进一体化市场体系建设仍不完善

统一市场准入制度仍存障碍。统一开放的市场体系建设滞后,要素流动不畅,流域管理统筹协调难度较大。一些区域合作机制只停留在纸面上,落实较难。比如长江中游四省会城市虽然达成了人才发展合作框架协议,但仍未有效落实,高技能人才的资格互认工作难度较大。沿线区域间政策、标准的系统性协调性有待加强,如对港口岸电和船舶岸电政策不配套导致港口岸电实施效果不理想、硫黄运输标准不统一导致集装箱难以水铁联运等。

部分基础设施通而不畅问题仍然存在。虽然长江经济带在区域互联互通上取得长足进步,但区域联系仍不够紧密,规划建设管理的系统性仍有待加强,综合立体交通走廊一体化水平有待提高。如成渝地区虽然成渝高速、高铁等主动脉已经打通,但各城市间的高铁互联互通网络仍未建成,人流、物流、信息流仍不通畅。四川在规划泸州、自贡、内江等川南片区的城市快轨时,因行政区划限制没能与相邻的重庆荣昌、大足等渝西地区充分对接。区域间通道建设尚存在很多"断头路"和"瓶颈路"。长江干线航道通过能力仍存瓶颈约束,三峡船闸超负荷运营,饱和度已超过100%。干线航道系统化治理、支线航道建设、船型标准化等仍有待加强。嘉陵江航运因重庆利泽航电枢纽工程进展缓慢而无法全线贯通。沿江港口建设缺乏有效统筹,如长江上游部分地区规划建设了多个集装箱码头,但实际通过能力普遍不足。港口服务功能较

为单一,枢纽作用不强,集疏运体系有待进一步完善。航运服务水平和竞争力有待提升,航运金融、航运交易、海事仲裁等现代航运服务功能不强。铁路运输在长江经济带客货运比重偏低,骨干地位尚未显现,沿江铁路货运通道运力紧张,绕行距离远、成本高。综合交通运输方式发展滞后,铁水、公水、江海等多式联运体系尚不完善。长江上中下游交通运输一体化水平仍然较低,区域主要港口与铁路、高等级公路尚未形成有效衔接,多式联运仍不发达,难以适应出行链和供应链的全链条高效率整合要求,客货运输衔接"最先与最后一公里"问题仍较突出。

区域投融资体制仍不完善。长江经济带生态工程资金需求大、建设周期长,目前产业基金、生态绿色基金在撬动社会资本方面仍有不足,而由国有资本主要运营又会存在生态项目公益性与国有资本保值增值的矛盾。沿江各省市长江经济带产业基金模式进展不一,除湖北起步较早,发展相对成熟外,其他地区成效并不明显。融资模式和产品创新仍显不足,融资租赁、商业保理等进展缓慢。

**二、构建区域互动合作机制仍存难点**

区域合作合而不融、虚多实少。虽然长江经济带建立了很多跨省区的合作机制,但多数机制只是停留在联席会议等层面,缺乏强有力的执行和约束机制,说得多做得少,文件多行动少,行之有效的区域互动合作机制尚未形成。目前长江沿线地区上中下游都建立了省市间的协作机制,但多数地区只是停留在联席会议等层面,具体的执行机制仍不健全,更高层面的跨区域协调机制仍不完善。行政壁垒导致各地政策不同步,政策标准等仍然存在较大落差,规划衔接不畅甚至以邻为壑的现象仍然存在,跨区域合作难度仍然较大。比如,成渝城市群规划出台后,在执行层面仍存难度,缺乏细化的任务分解和明确的考核督察机制,使两地合作仍处于自发推动状态。重庆潼南区与四川遂宁市合作的涪江通航工程因为两地在拆迁补偿标准、行政审批时效等方面差异较大而推进缓慢。四川广安的川渝合作示范区吸引了大量重庆企业,但双方的优惠政策难以实现跨地区共享。

产业发展竞大于合、协同困难。长江经济带产业链相关企业互动较少,区域产业合作机制实施困难。长江沿线各省市乃至各城市群内部尚未形成一体化的分工体系,产业同构现象仍然突出,无序低效竞争仍然存在。上海与武汉、重庆产业趋同度仍然较高,难以形成优势互补的产业体系。汽车产业70%都布局在长江经济带,同质竞争现象比较明显。川渝交界的泸州、内江、大足等都集中发展装备制造、电子信息等产业,存在一定的同质竞争。湘鄂赣中欧班列八成以上线路重合,因货源不足等问题,各地政府都对运费进行大量补贴,存在一定的"通道资源"竞争。部分省市对集装箱运输进行大量补贴,甚至零运费吸引货物前来中转,扭曲市场价格,导致货物绕远运输现象时有发生。此外,区域产业利益共享机制仍有待进一步优化,尤其在税收分成等共享机制建设方面探索还不够成熟。

生态保护联动仍然不足、协同不够。长江经济带具有生态环境整体性和区域管理系统性特征,生态环境保护要求建立健全流域完整性管理机制,但往往受到行政管理体制制约。流域管理需要统筹上下游、左右岸、干支流,但受到行政区域边界的制约,难以适应全流域完整性管理的要求。流域管理与部门管理也不协调,在流域环境监测体系上,水利、自然资源、生态环境等部门承担不同的监测职能,但在站点设置和监测内容等方面存在重复交叉,造成数据来源多头,监测结果不一。沿江各地区生态环境协同治理统分结合、整体联动的工作机制尚不健全,污染防治联防联控的长效机制仍不健全,九龙治水问题仍难以彻底解决。区域生态补偿机制建设发展缓慢,生态补偿仍然以纵向转移支付为主,区域内部横向生态补偿尚未有效建立,生态补偿资金相对整体成本而言规模仍然偏小,仍然存在一些"贫困地区负担,富裕地区受益""上游地区负担,下游地区受益"等不协调、不合理的问题。

城市群之间及内部分工合作仍不合理、一体化不足。长江经济带城市群之间以及城市群内部的联系尚不紧密,辐射带动作用尚未充分发挥。长三角、长江中游和成渝三大城市群之间分工联系较弱,同质化竞争较为突出。数据显示,三大城市群之间制造业内部产业结构相似系数达到0.7左右。城市群内部也缺乏分工协作和错位发展。以成渝城市群为例,重庆和成都在城市定位、交通枢纽建设、产业发展等方面同质化竞争激烈。中心城市辐射带动作用有待增强。长江中上游的中心城市,如重庆、武汉等,虹吸效应远大于外溢效应,周边次级城市发育不足,城市群的规模层级不合理。此外,长江沿岸不少依赖重化工业的城市面临紧迫的转型任务,尚需探索出一条生态环境保护与新型城镇化发展有机融合的发展路子。

### 三、区域公共服务协调衔接不畅

长江沿线 11 省市经济发展情况差异较大,教育、医疗、社会保障水平也不一致,推动合作办学办医较为容易,但在社保关系转移接续、公积金政策共享、养老医保衔接上协调难度较大。比如,长江中游四省会城市住房公积金异地互认互贷政策因为属地管理的体制约束,各城市间异地使用尚无政策依据,四地资金池因各地资金紧张状况不同而无法融合,合肥、长沙先后都不再继续执行公积金互认互贷政策。在医保、养老保险跨地区对接上,因各地标准不一,政府财政负担能力也不同,部分省市在推动社保对接上主动性不强,在养老金区域协同对接、跨省异地就医结算等方面仍存在障碍。

## 第三节　长江经济带区域协调存在问题的原因分析

### 一、区域发展条件差异较大

由于长江经济带跨度大、覆盖范围广,特别是横跨了我国东、中、西三大区域,受自然地理、历史人文以及国家政策的影响,长江经济带东中西部地区发展基础和条件差异较大,虽然改革开放以来先后推进了沿海率先发展、中部崛起、西部大开发等战略,但不同地区的基础设施、公共服务和人民生活水平差异仍然明显,区域不平衡问题突出。2022 年,东部的上海、中部的湖北和西部的贵州人均 GDP 分别为 17. 99 万元、9. 21 万元、5. 23 万元。从近年来的发展趋势看,长江经济带上中下游省份发展不协调问题也较为突出。比如,长三角地区产业发展阶段相对领先,高校院所布局集中、人才集聚程度较高,已处于转向创新驱动为主的发展阶段;相比而言,长江中游地区、成渝地区以及长江经济带其他地区发展阶段相对滞后,特别是先进制造业和现代服务业比重还不高,一些城市还处于工业化初期或加速阶段,推进工业化和城镇化仍然是当前发展的重点任务,不同区域之间的较大发展差异特别是财政实力上的差异直接导致在共同标准、共建共享上存在明显的不同,在很大程度上影响了长江经济带的协调发展。同时,各区域不同城市之间由于利益诉求不同带来较大区域壁垒,加之协调机制不够完善,区域合作虚多实少,导致城市群带动力不足,城市群与城市群之间同质化竞争、资源错配等问题突出。以长江中游城市群为例,湘、鄂、赣三省长期以来形成的以钢铁、建材、汽车等为主的偏重型产业结构,产业重合度较高,使得武汉城市圈、环长株潭城市圈、环鄱阳湖城市群之间仍然存在一定程度的恶性竞争问题。如何打破长江中游城市群产业低水平的同质化竞争,已成为打造长江经济带重要支撑、全国经济新增长极和具有一定国际影响城市群的关键。再如,成渝城市群内部重庆、成都两个城市极化发展较为明显,其他城市经济实力与之相比差异较大,城市群内部呈现较为明显"双黄"结构,中间和外围地区塌陷较为严重,中等规模的城市较为缺乏,其他城市在中心城市虹吸效应作用下发展动力略显不足,城市群一体化发展的短板仍然明显。

## 二、行政区经济和部门经济壁垒仍然存在

长江经济带发展是全流域综合管理的问题,涉及交通建设、环境保护、城镇化发展、产业升级、区域协调、双向开放等诸多方面重点任务,涉及沿江 11 省市以及发改、自然资源、生态环境、农业农村、水利、住建、商务、经信、交通运输等多部门。长江经济带各省市发展阶段、资源禀赋、功能定位、区位优势等差异较大,在现行管理体制下,行政区划壁垒一定程度上不可避免,受现行管理体制和干部考核机制制约,各地区不免会从各自角度思考问题,规划上各自为战、经济上自称体系、管理方式上画地为牢问题仍然存在,在局部利益和整体利益、短期利益和长期利益发生矛盾时往往难以达成共识,造成一定的资源浪费、产业趋同、恶性竞争、市场分割等问题,使得解决诸如断头路、生产要素自由流动和公共服务共享等跨行政区问题受到较大制约,难以实现统分结合、整体联动、协同治理,难以形成资源要素充分流动和高效配置的统一市场体系,难以有效适应全流域完整性管理的要求。同时,由于区域、部门之间存在一定的利益诉求差异,加之协同、协商、合作机制尚不完善,各地方各部门在具体政策落实中容易出现倾向性偏差,甚至出现执行中的相互矛盾,造成互相扯皮、争权夺利、推卸责任的现象,影响执行效率。比如,在综合交通体系建设方面,由于管理体制尚未完全到位,使得交通运输发展的综合性不足,铁路、公路、港口、航道、岸线、水利、航空、管道等,基本还是各行其是,"统一规划、统一设计、同步建设、协同管理"的发展模式较难形成,最终的结果是出现明显的"中梗阻"和"最后一公里"问题。再如,在生态环境保护方面,沿江的主要省市和各个部门分管地区和领域不同,职责也不同,部分职责履行中缺乏有效对接和整合,容易出现各管各段、各行其是的现象,形成共抓大保护的合力仍然存在难度。

### 三、市场机制作用发挥仍不充分

一是区域合作机制中的市场作用相对不足。区域合作具体实践中,在行政区经济作用下,区域决策会受到地方政绩、利益冲突等因素影响,很多合作都雷声大雨点小,涉及自身利益时往往患得患失,甚至反向用力。长江经济带内目前形成的一些协调机制,大多是松散的、约束性较弱的形式,更多是一些协调会议和论坛,组织结构较为松散,在具体执行过程中稳定性、有效性和权威性不足。在区域经济合作中,更多由政府部门牵头,采取行政手段实施,在充分运用市场机制方面缺少有益探索,使得市场作用难以充分发挥。比如多式联运在我国已经发展几十年,但进展一直较为缓慢,虽然有发展阶段的局限,但未寻找到适合衔接各种运输方式的利益共同点和价值增值空间是其重要原因。二是市场化、多元化生态补偿机制有待建立健全。目前长江经济带生态补偿多为政府主导,即使存在流域上下游之间的横向生态补偿,实质上仍为政府间的自我循环,如何更多发挥市场作用以促进生态资源价格发现及交易,仍是难点问题,需要积极探索与实践。三是生态环境治理柔性化市场机制尚需完善。在长江沿线生态环境整治和化解传统产能过程中,环保、安全等外部性标准应用得较少,多为行政性处置措施,"一刀切"的现象仍然存在,对一些企业的合理诉求考虑不足,市场化、柔性化的手段使用相对不够。

## 第四节　长江经济带区域协调政策建议

第一,进一步完善跨地区协调机制,强化规划引导作用。加快编制出台长江经济带国土空间规划。重点做好规划衔接,科学划定"三区三线",尤其是生态保护红线,建立规范化、制度化、程序化动态调整机制,加强部门协作,强化国土空间统一管控,妥善处理好经济发展与生态环境保护的关系。有效推进长江经济带区域规划协调。统筹长三角、长江中游、成渝沿江三大城市群规划,结合各自区位条件、资源禀赋、经济基础合理确定三大城市群发展目标举措,推动沿江三大城市群差异化协同发展;发挥三大城市群的统筹作用,推动城市群内各个城市产业、交通、土地、环保等方面规划和标准对接,引导沿江要素高效配置,实现大中小城市有序分工。

第二,进一步简政放权,破除区域要素流动障碍。加快制定劳动力、资本、技术特别是数据等生产要素跨区域自由流动的标准和监管规则,进一步清理阻碍区域要素合理流动的地方性政策法规和规范性文件,实施跨区域统一的市场准入制度和标准,建立沿江一体化的市场监管体系。抓紧培育统一的土地市场,深入探索农村土地制度改革,探索城乡建设用地增减挂钩结余指标在长江经济带全域范围内实现跨省域调剂。推动创新资源区域市场化配置,健全一体化就业创业服务体系,切实落实长江经济带人才资格、资质互认制度。引入政府间协商议价机制,建立区域性的税收共享制度,推动长江经济带财税体制创新。建立统一的长江经济带企业信用体系,实施跨区域信用信息共享、分类管理和联合奖惩制度,强化社会和舆论监督。

第三,加强沿线各省市产业布局协调,优化重大项目布局。进一步完善长江经济带产业发展负面清单,进一步细化子项目目录及范围,有效指导沿江产业布局。建立长江上中下游城市间、产业园区间合作激励机制和补偿机制,有效推进沿江区域合作交流,推动产业一体化发展。将全国绿色金融改革试验区和"一带一路"的经验推广到长江经济带,统筹规划长江生态绿色基金、长江绿色投资银行、长江绿色项目库等机构,大力发展省级生态绿色基金,形成长江生态保护的有力资金支持,对生态绿色基金在税收、项目融资、项目退出等方面,实施差别化的优惠政策,保障生态绿色基金的可持续运转。

第四,加强生态保护的区域协调,构建绿色协同发展的体制机制。统筹制定流域空间开发利用与保护规划,细化主体功能分区,因地制宜地明确各区段流域开发保护界线。创新完善跨区域生态环境治理体制机制,进一步完善区域管理和流域管理相结合的一体化管理体制,不断健全跨区域跨部门政策和工作协调机制。加快推动长江经济带生态环境保护联合执法,建立完善入河排污口长效管理机制和采砂管理长效机制。加快建立跨省流域上中下游受益地区与生态保护地区的横向生态补偿机制,总结推广目前较为成功的流域生态补偿等试点经验,积极引导社会资本参与,探索资金补助、对口协作、产业转移、人才培养、飞地经济、共建园区等方式开展多元化补偿。加强长江经济带绿色发展示范区建设,深入推进武汉、九江和崇明岛绿色发展试验区建设并及时总结经验,重点探索生态产品价值实现机制。统筹建设流域监测网络,推动跨区域污染治理协调和会商,建立共同防范、互通信息、联合监测、协同处置的污染治理联防联控机制,建立跨区域流域环境执法合作机制和部门联动执法机制。严格依法惩处违法违规企业,同时也要重视生产企业的合理诉求,多从技术、市场化工具采取措施帮助企业实现环境合规,避免简单行政性关停和"一刀切"带来的后续问题。重新评估已划定的生态保护红线,根据实事求是、纠偏优化的原则进行调整。建立流域信息共享机制,完善公众参与机制。

第五,加快补齐基础设施互联互通短板,构建网络化基础设施支撑体系。依托综合运输大通道,重点加快各沿江市区县间的互联互通,推动区域交通基础设施网络化,真正实现"多点"的支撑作用。统筹已有的交通路线和机场设施,共同开拓区域国际航线。统筹信息基础设施建设,共建高速信息网络。进一步优化港口布局,强化港口与铁路网、高速公路网的对接,继续大力推动多式联运发展。

第六,进一步推进民生事业和公共服务的一体化,建立有效的区域社保衔接机制。重点在户籍制度、社会保障制度上发力,加快制定公共服务跨城乡、跨区域衔接的具体办法和配套措施,加大对优质教育医疗资源异地办学办医的激励和支持,让优质教育、医疗、文化等资源在区域内更大范围共享。建立横向的补偿机制,对养老保险、医疗保障的区域对接进行有效激励。

执笔人:兰宗敏为国务院发展研究中心办公厅综合与法规处处长、研究员

**参考文献**

[1]中国政府网. 中共中央、国务院印发《长江三角洲区域一体化发展规划纲要》[EB/OL]. (2019 – 12 – 01)[2023 – 10 – 19]. https://www. gov. cn/zhengce/2019 –12/01/content_5457442. htm.

[2]安徽省应急管理厅. 长三角地区一体化发展三年行动计划(2021—2023 年)[EB/OL]. (2021 – 10 – 10)[2023 – 10 – 19]. https://yjt. ah. gov. cn/ztzl/zsjyjglzthz/zcwj/146124761. html.

[3]中国政府网. 交通运输部关于推进长江经济带绿色航运发展的指导意见[EB/OL]. (2017 – 08 – 04)[2023 – 10 – 19]. https://www. gov. cn/gongbao/content/2018/content_5254327. htm.

[4]财政部. 关于建立健全长江经济带生态补偿与保护长效机制的指导意见[EB/OL]. (2018 – 02 – 03)[2023 – 10 – 19]. http://yss. mof. gov. cn/zhengceguizhang/201802/t20180224_2817575. htm.

［5］中国政府网. 国务院办公厅关于加强长江水生生物保护工作的意见
［EB/OL］. （2018 - 10 - 15）［2023 - 10 - 19］. https：//www. gov. cn/zhengce/
content/2018 - 10/15/content_5330882. htm.

［6］中国政府网. 关于加快推进长江经济带农业面源污染治理的指导意见
［EB/OL］. （2018 - 11 - 01）［2023 - 10 - 19］. https：//www. gov. cn/xinwen/
2018 - 11/01/5336376/files/29f232a94da3479d8c8bb4cd7b31e094. pdf.

［7］生态环境部. 长江保护修复攻坚战行动计划［EB/OL］. （2019 - 01 -
21）［2023 - 10 - 19］. https：//www. mee. gov. cn/xxgk2018/xxgk/xxgk03/
201901/t20190125_690887. html.

［8］中国政府网. 关于印发《深入打好长江保护修复攻坚战行动方案》的
通知［EB/OL］. （2022 - 09 - 19）［2023 - 10 - 19］. https：//www. gov. cn/
zhengce/zhengceku/2022 - 09/19/content_5710666. htm.

［9］央广网. 长沙合肥南昌武汉四城携手 年内实现人才信息互联互通
［EB/OL］. （2017 - 04 - 12）［2023 - 10 - 19］. https：//www. cnr. cn/hubei/
jmct/20170412/t20170412_523703546. shtml.

［10］中国政府网. 两部委关于完善港口建设费征收政策有关问题的通知
［EB/OL］. （2016 - 01 - 04）［2023 - 10 - 19］. https：//www. gov. cn/xinwen/
2016 - 01/04/content_5030490. htm.

［11］湖北省人民政府. 湘鄂赣签文化发展战略合作协议 尹汉宁张通等
出席［EB/OL］. （2012 - 07 - 30）［2023 - 10 - 19］. http：//www. hubei. gov.
cn/zwgk/hbyw/hbywqb/201207/t20120730_1476035. shtml.

# 第二篇 专 题 篇

# 第四章　长江经济带生态优先与绿色发展

尊重自然、保护自然，是新时期我国全面建设社会主义现代化国家的内在要求。习近平总书记多次强调我国要坚定不移走生态优先、绿色低碳发展之路。生态优先、绿色低碳发展既是一种优秀的生态文明理念，又代表着先进生产力，其解决了我国社会发展中经济建设与生态文明的形式二元对立矛盾，实现了二者的有机统一，能够较好地促进我国传统生产方式的绿色转型。长江经济带是我国重要的生态安全屏障，也是我国最重要的经济增长极之一，推动长江经济带走生态优先、绿色低碳发展之路，是我国主动适应经济新常态，构建发展新格局的重要举措。

## 第一节　长江经济带生态优先、绿色发展的时代意义

改革开放初期，我国高度重视经济增长而忽略了环境保护，生态文明建设水平相对滞后，环境污染严重，生态功能退化，资源约束趋紧，发展中的人地矛盾、资源与环境问题不断凸显，生态问题成为制约我国社会可持续发展的重大难题。党的十八大后，以习近平同志为核心的党中央充分意识到生态文明建设对我国可持续发展的重要性，提出了涵盖生态文明建设在内的"五位一体"总体布局，并不断强化"绿水青山就是金山银山""保护生态环境就是保护生产力，改善生态环境就是发展生产力""良好生态环境是最普惠的民生福祉"等生态保护观念，环保工作得到空前重视。近年来，我国牢固树立绿色发展理念，着眼于环境质量的改善，积极践行绿色生产方式，促进重点区域、重点行业以绿色发展理念为核心，不断制定和更新中长期发展规划。长江经济带以长江干流为核心，各支流为重要组成部分，流域面积达205.23万平方公里，其沿线自然资源富集，航运条件便利，是我国人口较为集中，经济基础较好的区域之一，理应成为我国践行生态优先、绿色发展道路的重点区域。

**一、发展维度：是长江经济带高质量发展的应有之义**

党的十九大报告提出，中国特色社会主义进入了新时代，我国经济已由高速增长阶段转向高质量发展阶段，正处在转变发展方式、优化经济结构、转换增长动力的攻关期，推动高质量发展将是我国当前和未来一段时间的发展主题。高质量发展是指经济经过初期发展阶段后，物质数量的增长对人民幸福感的边际效用提升大幅下降，传统以数量增长为核心的粗放增长模式已难以满足人们对美好生活的要求，实现增长速度和质量、效益有效统一的集约化增长成为可持续发展背景下我国高质量发展的内在要求。因此高质量发展是在传统经济增长模式面临资源约束和环境压力的背景下，为了实现可持续发展而提出的创新发展理念，其在关注经济增长的同时，更加强调经济结构的优化升级、科技创新的推动、资源的有效利用、环境的有效保护以及人民生活水平的不断提高和社会的全面进步。而生态优先、绿色低碳发展道路一方面强调通过资源的合理利用和优化配置，来提高经济增长的质量和效益；另一方面也注重环境保护和污染防治，减少资源的浪费和过度开发，从源头上减少污染物排放，改善空气和水质，保护生态系统的健康，从而为经济发展提供了更好的环境条件。长江经济带作为我国人口较为集中、经济基础较好的区域之一，势必成为我国推动高质量发展，践行生态优先、绿色低碳发展道路的主要阵地之一。2014年9月，国务院颁发《关于依托黄金水道推动长江经济带发展的指导意见》强调长江经济带将推动我国经济提质增效升级，在中上游广阔的腹地中挖掘巨大的内需潜力，从沿海向沿江内陆拓展和促进经济空间的增长，在沿江上不断优化产业结构和城镇化布局，建设陆海双向对外开放新走廊，培育国际经济合作竞争新优势。2016年，《长江经济带发展规划纲要》围绕"生态优先、绿色发展"发展思路，构建了长江经济带的后续发展蓝图。习近平总书记在多次调研中也强调"要把建设美丽中国摆在强国建设、民族复兴的突出位置""以高品质生态环境支撑高质量发展，加快推进人与自然和谐共生的现代化"，因此坚持生态优先、绿色低碳发展是长江经济带高质量发展的应有之义。

**二、理念维度：是贯彻五大发展理念的必然之举**

长江经济带的生态优先、绿色低碳发展不仅是经济发展的要求，也是贯彻五大发展理念的必然之举。党在十八届五中全会上提出"创新、协调、绿色、开放、共享"五大发展理念,与我国全面建设社会主义现代化国家目标要求相契合。生态优先、绿色发展与五大发展理念密切相关,也是五大发展理念的重要组成部分。

第一,生态优先、绿色发展与创新发展理念相辅相成。五大发展理念提出"要坚持创新发展理念,把创新摆在国家发展全局的核心位置,推进理论创新、制度创新、科技创新、文化创新等各方面创新"。我国经济目前规模大而不强,增长快而不优,这要求我国要在资源环境约束趋紧的背景下,寻找保持经济发展动能的新出路,即转型升级、创新发展,这为长江经济带生态环境治理提供了新的契机。一方面,随着经济结构的调整,我国对重金属及化工产品的有效需求已显著下降,长江经济带以"大冶炼、大化工、大港口"为代表的旧动能的边际投资收益率已降至很低,对当地的经济带动作用有限。而以芯片、半导体为核心的高新技术产业已成为全球竞争的焦点,破除无效供给,促进长江经济带战略性新兴产业、高端制造业和高端服务业快速发展,已成为新时期我国有效提升全球竞争力的必然选择,而这些产业本身就是生态友好型产业。另一方面,促进长江经济带从"高资源消耗、低附加值"向"低资源消耗、高附加值"的发展转变也需要配套的制度创新、技术创新等要素做支撑。鼓励创新,推动环保技术和绿色产业的快速发展将为长江经济带经济的绿色发展提供广泛的技术支持和新的增长动力。

第二,生态优先、绿色发展与协调发展理念相互支持。五大发展理念提出"重点促进城乡区域协调发展,促进经济社会协调发展,促进新型工业化、信息化、城镇化、农业现代化同步发展,在增强国家硬实力的同时注重提升国家软实力,不断增强发展整体性"。协调发展要求在经济、社会和环境之间取得平衡,而生态优先、绿色发展正是经济发展与生态文明平衡的体现。生态优先、绿色发展强调经济增长与资源利用、环境保护之间的协调,这意味着在发展的过程中,要充分考虑长江经济带生态环境的承载能力和生态平衡问题,从而实现经济与环境的良性互动。另外长江经济带上主要城市发展差异较大,这种差异主要由城市地理条件、资源禀赋、人口密集程度等一系列因素所导致,各城市应基于各自比较优势,共同推进长江经济带高质量发展,在此过程中各个城市对环境资源的攫取及对生态环境的冲击存在差异,只有统一坚持生态优先、绿色发展原则才能从源头上避免城市发展中生态破坏的负外部性,降低区域发展中的不平衡、不协调矛盾。

第三,生态优先、绿色发展与绿色发色理念相契合。五大发展理念提出"绿色是永续发展的必要条件和人民对美好生活追求的重要体现。必须坚持节约资源和保护环境的基本国策"。绿色发展是长江经济带高质量发展的必然选择,它强调资源的节约利用、环境的保护与修复,以及经济增长与生态效益的良性互动。发现和控制污染源是治理长江生态环境问题的重点,其中点源污染主要集中在当地的工业企业,面源污染则重在农业,长江经济带作为我国重要的生态安全屏障,其环境污染影响面大、修复成本高,其高质量发展必须坚持绿色发展道路。另外,生态优先、绿色发展强调经济发展要绿色、低碳、环保,以减少对自然环境的影响和资源的消耗,实现经济与环境的可持续发展。这就要求长江经济带在各个领域中要积极推广绿色技术应用,加强环境管理和保护,守好环境保护底线和生态保护红线。

第四,生态优先、绿色发展与开放和共享理念密切相关。五大发展理念提出"顺应我国经济深度融入世界经济的趋势,奉行互利共赢的开放战略,引技引智并举"。环境污染治理是全球所共同面对的难题,需要国际合作共同应对。通过开放与国际交流合作,可以吸收和借鉴国际先进的环保理念和技术,推动长江经济带的生态文明建设。而共享则是要求生态优先、绿色发展要将发展成果要惠及全体人民,提高人民的生活质量和幸福指数。通过生态优先、绿色发展,改善环境质量,提供更多的绿色产品和服务,让人民共享发展成果。

因此生态优先、绿色发展与五大发展理念紧密相连,相互交织、相互促进。它们共同构成了长江经济带可持续发展的理念和路径。

### 三、生态维度:是解决环境污染的治本之策

改革开放初期,随着长江经济带城市化和工业化的快速发展,环境污染和生态破坏问题逐渐凸显:长江岸线和港口乱占滥用、占而不用、多占少用,土地粗放利用等问题突出,沿江污染物排放基数大。据统计当时长江沿线的废水、化学需氧量、氨氮排放量均占全国1/3以上,长江经济带生态功能退化严重,环境风险隐患较多,这使得我国在很长一段时间内面临着巨大的环境保护和生态修复压力。如何在保持经济快速发展的同时,实现生态改善是当时长江经济带发展所面临的重要问题。习近平总书记在长江沿线城市多次实地调研后,明确提出了"生态优先、绿色发展,共抓大保护、不搞大开发"的十八字方针,为推动长江经济带发展指明了方向。治污要治本,治本先清源,解决环境

问题的治本之策是从源头上减少污染物的排放。生态优先将保护生态环境放在经济社会发展的首要位置,通过保护湿地、森林、水域等自然生态系统,防止环境破坏和生态系统的崩溃,提升环境承载能力。绿色发展则鼓励资源的节约和循环利用,减少对自然资源的过度开发和消耗,这有助于减少产生大量废弃物和污染物,从源头上降低对环境的破坏。同时绿色发展要求推动清洁能源、环保技术和绿色产业的发展,通过减少对化石燃料的依赖,转向使用清洁能源,能够显著降低二氧化碳和其他有毒气体的排放。另外长江经济带流域面积广,区域内植被覆盖率高,湖泊、河流、沼泽众多,具有较强的碳汇能力,是我国实现双碳目标的主战场之一,实施生态优先、绿色发展战略有助于长江经济带巩固生态本底,持续增强碳汇能力,降低能源消耗和污染物排放,为我国顺利实现双碳目标提供有力支撑。

### 四、民生维度:是满足人民群众美好生活的现实需求

满足人民群众美好生活的现实需求是长江经济带持续发展的价值追求。党的十九大报告指出:"人民美好生活需要日益广泛,不仅对物质文化生活提出了更高要求,而且在民主、法治、公平、正义、安全、环境等方面的要求日益增长。"这一论断深刻揭示了人民美好生活需要的基本内涵。长江流域以水为纽带,连接上下游、左右岸、干支流,形成了巨大的社会经济系统。生态优先、绿色发展将生产方式从"靠水吃水、攫取资源"转变为"绿水青山、有序利用",那沿江省市人民的生活方式也会随之而改变,良好的生态环境是最健康、最广泛、最普惠的民生福祉。改革开放后,长江经济带沿岸重发展、轻保护,重开发、轻修复,经济效益虽然在一定程度上提高了,可老百姓的幸福指数却没有同步增长。新时期以习近平同志为核心的党中央高度重视生态环境问题,坚持"生态惠民、生态利民、生态为民"。生态优先、绿色发展的目标之一是保护生态环境,包括水源、空气、土壤等。通过采取环境保护措施,减少污染物排放和资源的过度开采,可以保持生态系统的稳定和健康,确保人民获得良好的生活环境。另外,生态优先、绿色发展的措施也有助于改善人民的生活条件:推动清洁能源的使用可以减少大气污染,改善空气质量;倡导绿色建筑和节能减排可提高住房的舒适性和能源利用效率;推进生态农业和食品安全可以更好地满足人们对健康饮食的需求。发展生态旅游和休闲产业,可以让人民享受自然风光、体验健康的休闲方式,满足精神和身体上的愉悦感。此外,绿色发

展也促进了创新和技术进步,为人们提供更多的就业机会和经济发展机遇,提高人民的收入水平和社会福利。

## 第二节　长江经济带生态优先、绿色发展的主要做法及成效

为了有效化解已转化的社会主要矛盾,满足人民日益增长的美好生活需要,我国生态优先、绿色发展政策从倡导到落地,对长江经济带资源利用约束作用不断增强。近年来,长江经济带以共抓大保护、不搞大开发为导向,以生态优先、绿色发展为引领,依托长江黄金水道,在推动长江上、中、下游地区高质量发展上取得了显著成效。

### 一、制度顶层设计基本形成

长江经济带发展思路最先启蒙于我国 20 世纪 80 年代的学术界,但当时学者对于发展思路的具体构想存在意见分歧。20 世纪 90 年代,长江经济带首次被纳入我国重大发展战略,并为后来的长三角崛起奠定了有利的基础。随后,长江沿线省市在交通部的牵头下签订了《长江经济带合作协议》,但由于行政壁垒等因素,沿线省市航道运输及经济发展仍处于分离割裂状态,协议内容大多流于形式,呈现高开低走的局面。党的十八大以来,为了实现区域经济协调均衡发展,长江经济带发展再一次被提升至国家战略层面。习近平总书记在推动长江经济带发展座谈会上明确提出"要把修复长江生态环境摆在压倒性位置,共抓大保护、不搞大开发"为长江经济带发展指明了方向。2016 年 9 月,指导长江经济带发展的首份纲领性文件《长江经济带发展规划纲要》(以下简称《纲要》)正式印发,该《纲要》围绕"生态优先、绿色发展"发展思路,确立了长江经济带"一轴、两翼、三极、多点"的发展新格局,并从保护长江生态环境、构建综合立体交通走廊、创新驱动产业转型升级、推进新型城镇化、构建全方位开放新格局等方面构建了长江经济带发展蓝图,为长江经济带未来发展提供了基本遵循。随后长江沿线各省市也依据纲要编制了各自的社会经济发展规划及各种专项规划,国家有关部委也出台了相应的实施方案及指导意见,主要包括《长江经济带发展水利专项规划》《长江岸线保护和开发利用总体规划》《长江经济带生态环境保护规划》《长江保护修复攻坚战行动计划》

等。2021年3月,《中华人民共和国长江保护法》的实施标志着长江生态保护与修复工作上升至法治层面,该部法律是我国第一部流域法律,也是我国全面贯彻习近平总书记生态文明思想,保护长江经济带生态环境,促进长江经济带绿色发展的特别法,对加快长江经济带生态文明建设具有重大意义。

2021年9月,由推动长江经济带发展领导小组办公室组织编制的《"十四五"长江经济带发展实施方案》(以下简称《实施方案》)印发实施,《实施方案》在全面分析了长江经济带发展所面临的新形势和新要求后,系统地提出了长江经济带在"十四五"期间的发展思路和重点任务。在发展思路方面:《实施方案》明确要以习近平新时代中国特色社会主义思想为指导,坚持生态优先、绿色发展的战略定位和共抓大保护、不搞大开发的战略导向,按照生态优先、系统治理,创新驱动、绿色转型,协同联动、差异发展,改革激励、文化引领等原则,认真落实"五新三主"战略部署要求,到2025年,长江经济带生态环境保护成效进一步提升,经济社会发展全面绿色转型取得明显进展,支撑和引领全国高质量发展的作用显著增强。在重点任务方面:《实施方案》围绕"五新三主"战略部署要求,提出了生态环保、绿色低碳、创新驱动、综合交通、区域协调、对外开放、长江文化等7个方面的重点任务,切实推动长江经济带高质量发展。另外,《"十四五"长江经济带综合交通运输体系规划》《"十四五"长江经济带湿地保护修复实施方案》《"十四五"长江经济带塑料污染治理实施方案》以及"十四五"时期嘉陵江和乌江流域等重要支流系统生态环境保护与修复实施方案等政策文件的陆续出台又为长江经济带交通发展、湿地保护、环境污染治理、重要支流系统保护修复等细分领域工作提供了有力支撑。自此长江经济带发展构建了以《中华人民共和国长江保护法》为法律基础,以《"十四五"长江经济带发展实施方案》为政策核心,以重点领域、重点行业的专项规划和实施方案为有效支撑的"1+N"政策规划体系,制度顶层设计基本形成。

**二、地区生态保护修复效果显著**

2018年3月,由国家发改委和生态环境部联合印发了《长江保护修复攻坚战行动计划》,明确了当前长江经济带需要着力解决的生态环境问题,并提出了相应的实施路线图和计划时间表。《长江保护修复攻坚战行动计划》实施以来,在中央财政和地方政府配套资金的大力支持下,长江经济带沿线各省市围绕长江重点生态问题,开展了一系列专项整治活动,推出各项生态保护修复措施,形成了长江经济带生态保护修复合力,效果显著。

第一,岸线资源维护良好。岸线资源是一定水域和陆域范围内水土结合的国土资源,是长江流域发挥生产、生活和生态环境功能的重要载体,是修复和建设长江绿色生态廊道的关键所在。自然岸线保有率是我国政府当前管控和考核岸线保护的重要指标。长江保护修复攻坚战行动实施以来,长江水利委员会和长江经济带沿线省份先后开展长江干流岸线保护和利用、非法占用长江河道岸线清理、沿江化工产业专项整治、生态缓冲带综合整治等一系列专项行动并取得积极成效。中科院长江经济带岸线资源调查评估成果显示,2020年,长江经济带自然岸线保有率达到了65.5%,比2017年提高了0.4个百分点,岸线保护格局基本稳定;沿江城市的港口工业岸线比例逐步下降,其中泸州、扬州、马鞍山、黄石、芜湖等地的港口工业岸线比例下降5%以上;关停的港口码头、工业企业等清退用地进行了岸线复绿,"临江不见江"等问题得到基本解决,沿江两岸居民休闲的生活空间、生物栖息的生态空间显著增加。

第二,重点生态功能区修复效果显著。长江经济带横跨我国东、中、西三大板块,沿途流经11个省市,以21.4%的国土面积,承载了42.9%的人口,生态意义重大。目前长江经济带沿线省市已基本完成城市主体功能分区及三区三线划定工作,长江经济带生态保护红线范围面积约为54.42万平方公里,占长江经济带面积总和的25.5%,涉及的国家重点生态功能区主要包括若尔盖草原湿地生态功能区、南岭山地森林及生物多样性生态功能区、大别山水土保持生态功能区、桂黔滇喀斯特石漠化防治生态功能区、三峡库区水土保持生态功能区、川滇森林及生物多样性保护区、秦巴生物多样性生态功能区、武陵山区生物多样性与水土保持生态功能区等。据统计,2014年年底长江经济带重点生态功能区人口占8.9%,但区域内矿产资源开采过度,林木采伐严重,小水电无序开发对当地生态冲击巨大,湿地功能退化明显,外来物种入侵频繁,地质气象灾害频发,对当地生态安全带来严重威胁。2016年1月,习近平总书记对长江经济带进行实地考察后提出,强调要把修复长江生态环境摆在压倒性位置,共抓大保护、不搞大开发。随后在中央财政和地方政府配套资金的大力支持下,沿江各省市借助城镇化发展趋势,分别在横断山区开展了水源涵养与生物多样性保护工程,在长江中游岩溶地区开展了石漠化综合治理工程,在大巴山区开展了生物多样性保护及生态修复工程,在洞庭湖、鄱阳湖开展了湿地保护与修复工程,在三峡库区开展了生态综合治理工程等,系统改善了重点生态功能区生态环境,增加了当地生态系统的稳定性和抵御自然灾害的能力。例如,三峡库区近年来的生态环境质量已得到明显的改善,入库断面及库区干流控制断面主要水质指标均达到Ⅱ类标准,主要污染物浓度稳中有降,库区森林覆盖率显著提升,珍惜保护鱼类数量明显增加。

第三,生物多样性保护效果增强。长江是我国水生生物的天然宝库,也是我国最为重要的生物基因库之一。据统计,长江流域有 2 种淡水鲸类,420 多种鱼类,750 多种浮游动物,1000 多种水生高等植物。长江经济带生物多样性保护对维护区域生态平衡,保障我国生态安全具有重要意义。党的十八大后,长江经济带沿线各省市纷纷开展鱼道建设和增殖放流等活动,使得当地生物多样性状况有所改善。2021 年 1 月,长江流域"一江两湖七河"等重点水域实施长达十年的全面禁捕制度。同时,为了保证十年禁捕制度的顺利实施,国家有关部委又制定了相应的指导性文件,而沿线各省市也加强了渔政执法队伍建设,强化禁捕制度的法制化管理,显著提升了长江经济带生物多样性水平。由我国农业农村部联合水利部和生态环境部共同发布的《长江流域水生生物资源及生境状况公报(2022 年)》显示,2022 年,长江经济带重点水域监测到的本地鱼类数量为 193 种,同比 2020 年增加了 25 种。而江豚的自然种群数量为 1249 头,同比 2017 年增加了 23.4%;四大家鱼、刀鲚等资源恢复明显。

**三、城市环境质量持续改善**

第一,水环境质量持续提升。党的十八大以来,我国在长江流域持续开展了入河入海排污口排查整治,城市黑臭水体治理、消除劣 V 类水质断面等一系列重大水质提升行动,长江流域水质情况明显提升。2022 年,长江流域 I—Ⅲ 类水质断面占比为 98.1%,同比 2021 年提升了 1 个百分点。其中干流水质全部达 I—Ⅱ 类,水质整体情况较为优良。另外,长江经济带沿线各城市发的城市水环境指数数据也显示,近年来各城市水环境情况明显提升:2023 年 1 季度,长江经济带水环境指数等级为优良的城市共有 105 个,占流域内城市总数的 92.1%,比去年同期水平提升了 4.4 个百分点,水环境质量提升明显,其中地表水优良比例已接近发达国家水平。2023 年 6 月,由生态环境部、国家发展改革委、水利部、农业农村部等四部门联合印发《长江流域水生态考核指标评分细则(试行)》开始实施,该细则针对长江经济带水环境突出问题,筛选出自然岸线率、水体连通性和水源涵养区生态系统质量、水生生物栖息地人类活动影响指数等4项水生境保护指标,引导长江经济带沿线各城市开展水生态保护修复工作,可以预计长江经济带城市水环境质量还将进一步提升。

表4.1 2022年长江流域水质情况

| 水体 | 断面数(个) | 比例(%) | | | | | |
|---|---|---|---|---|---|---|---|
| | | Ⅰ类 | Ⅱ类 | Ⅲ类 | Ⅳ类 | Ⅴ类 | 劣Ⅴ类 |
| 流域 | 1017 | 11.8 | 69.8 | 16.5 | 1.8 | 0.1 | 0 |
| 干流 | 82 | 12.2 | 87.8 | 0 | 0 | 0 | 0 |
| 主要支流 | 935 | 11.8 | 68.2 | 18 | 1.9 | 0.1 | 0 |

第二,城市空气质量有所提升。自《大气污染防治行动计划》实施以来,国家对大气污染防治的考核日益严格,呈现明显的精细化管理趋势,划定了省、底线管理的模式。近年来,长江经济带沿线各省市深入推进产业结构调整,推动环境友好型技术创新与产业链深度融合,促进制造业向清洁化、低碳化、智能化转变,工业废气污染排放显著降低,城市空气质量有所提升。2021年,长江经济带沿线主要城市环境空气质量指数(AQI)优良率平均达到92.3%,高于全国平均水平,比2015年也整体提升了11.6个百分点,城市雾霾天气数量也显著降低。从空气污染物排放来看,2021年,长江经济带二氧化硫、氮氧化物、颗粒物排放量分别为99.03万吨、332.94万吨、133.21万吨,分别占全国空气污染物排放量的36.04%、34.23%、24.78%(见表4.2),排放强度较前几年有所下降。从各省市空气污染物排放总量来看,云南、贵州、四川的二氧化硫污染物排放总量较高;安徽、江苏、浙江的氮氧化物排放总量较高;云南、四川、湖南的颗粒物排放总量较高。而上海、重庆、江西、湖北的空气污染物排放总量相对较低,空气质量也显著好于其他省市。

表4.2 2021年长江经济带各省市空气污染物排放

单位:万吨

| | 二氧化硫 | 氮氧化物 | 颗粒物 |
|---|---|---|---|
| 上海 | 0.58 | 13.57 | 0.98 |
| 江苏 | 8.86 | 44.34 | 12.58 |
| 浙江 | 4.33 | 38.05 | 7.16 |
| 安徽 | 8.55 | 44.58 | 11.73 |

续表

|  | 二氧化硫 | 氮氧化物 | 颗粒物 |
|---|---|---|---|
| 江西 | 8.75 | 32.42 | 10.97 |
| 湖北 | 9.21 | 28.69 | 13.36 |
| 湖南 | 8.49 | 26.18 | 15.02 |
| 重庆 | 5.06 | 15.76 | 5.80 |
| 四川 | 13.58 | 34.97 | 19.21 |
| 云南 | 17.31 | 32.01 | 24.81 |
| 贵州 | 14.31 | 22.37 | 11.59 |
| 长江经济带总量 | 99.03 | 332.94 | 133.21 |
| 全国总量 | 274.78 | 972.65 | 537.60 |
| 长江经济带占比 | 36.04% | 34.23% | 24.78% |

　　第三,城市空间布局逐步优化。我国人多地少的现实状况决定了我国城镇化道路应该是紧凑型、集约化和高密度的。长江经济带大部分地区位于胡焕庸线以东,是我国人口、经济密集带,也是我国生态文明建设先行示范带。改革初期,经济粗放发展模式对环境的疯狂掠夺和资源的无序开采,使得长江经济带生态功能严重退化。另外随着城镇化进程的加快,大量农村人口涌入城市,引发城市公共资源供给不足,出行交通拥挤、入学难、就医难等典型城市病问题凸显,长江经济带沿线各大中心城市普遍面临着资源要素约束和环境容量趋紧的双重压力,城市生产—生活—生态空间结构比例严重失衡。党的十八大后,在生态保护政策的硬性约束下,长江经济带沿线各大城市先后完成城市主体功能分区和三区三线划定工作,严格执行各项环保措施,城市环境质量明显提升。另外,各大城市通过加大基础设施建设,增加城市公共资源供给,有效缓解了各类城市病问题。我国解决这些问题的关键并非是通过去工业化和逆城镇化来减少人口对资源的掠夺和对环境的扰动,而是通过在开发中加强生态保护,优化城市空间布局,提升城市承载能力来实现的。因此我们看到虽然近来年长江经济带沿线各大中心城市经济还在持续增长,人口还在持续增加,但城市环境质量却在逐渐改善,出行、就医、入学也不再是城市居民所共同面临的难题。目前我国围绕长江经济带沿线各城市已经分别形成了长三角城市群、长江中游城市群、成渝双城经济圈、滇中城市群和黔中城市群等五个城市群。其中,长三角城市群地处沿海,经济比较发达,已成为我国经济

的重要支撑。长江中游城市群地理位置较好,大部分人口聚集区域地势平坦,交通较为发达,产业门类相对齐全,发展较为稳定。成渝双城经济圈位于一带一路和长江经济带交汇处,是西部海陆新通道的起点,具有成东启西,贯通南北的区域优势,区域内生态禀赋优良、能源矿产丰富,是我国西部人口最密集、产业基础最雄厚、创新能力最强、市场空间最广、开放程度最高的区域。

### 四、环境治理工程稳步推进

河流是连续水体,单靠一省一市之力,无法应对河流湿地面临的农业围垦、过度捕捞、水体污染、气候变化、生物多样性丧失等诸多挑战,为了充分发挥各省市在流域生态治理中的协作能力,我国于 2007 年 11 月建立了长江中下游湿地保护网络,这是我国在生态保护领域首次实施的信息化、网格化管理尝试。2010 年,新成立的长江上游湿地保护网络与中下游湿地保护网络"打通",扩展为长江湿地保护网络。截至 2020 年,共有 12 个省、市、自治区的 316 家单位加入长江湿地保护网络,成为网络成员;保护湿地的个数也由当初的 20 个,增至 300 多个,增加了 14 倍;保护湿地的面积,已由当初的 1 万平方公里,增至 26 万平方公里,扩大了 25 倍。这为长江经济带环保治理跨省区协作奠定了基础。目前长江经济带各省份建立健全河湖长履职、监督检查、考核激励等制度,不断完善跨界河湖联防联控等机制,流域各省份均与相邻省签订了合作协议,协同推进跨省河湖管理。2021 年 11 月,国务院印发的《关于深入打好污染防治攻坚战的意见》正式实施,文件要求持续打好长江保护修复攻坚战,到 2025 年,长江流域总体水质保持为优,干流水质稳定达到 Ⅱ 类,重要河湖生态用水得到有效保障,水生态质量明显提升,这为新时期长江保护修复工作指明了方向,提供了遵循。目前长江经济带环境管理主要实行单元细化分区管控制度:在长江干流区域实施十年禁渔制度,优化沿江产业布局,重点提升沿江城市水环境质量。在支流区域实施水系连通工程,加强矿区污染治理,强化总磷污染防治。在洞庭湖、鄱阳湖区域重点治理农业面源污染,处置解决重金属含量超标问题。在巢湖、滇池、洪湖区域重点控制水体富营养化问题,修复退化湿地。在长江源区加强河湖沼泽水源涵养和生物多样性保护;在三峡库区重点提高污水和垃圾处理效率,开展消落区保护修复;在长江口区重点推进湿地恢复与建设,强化港口码头及航运污染风险管控。

### 五、环保专项行动深入开展

近年来,长江经济带沿线各省市深入贯彻习近平总书记关于长江经济带"共抓大保护、不搞大开发"的战略部署,严格落实党中央关于长江经济带生态修复的各项工作指示,开展了一系列环保专项行动,并取得了不错的成效。2019年,四川、云南、贵州、重庆、江苏等省市在生态环保部关于《长江"三磷"专项排查整治行动实施方案》的指导下,开展了区域内磷化工污染问题专项整治工程,重点查验了磷矿开采企业矿井废水达标排放及矿山修复情况,磷肥生产企业生产设备废水回收利用情况和含磷农药生产企业母液回收利用等问题。通过实施"查问题—定方案—校清单—督进展—核成效"监管流程,及时督促了区域内磷矿、磷肥企业、含磷农药企业环保问题整改,有效降低了区域内磷化工环境污染程度。2022年,长江经济带沿线11个省市63个市州开始全面实施长江入河排污口排查整治专项行动,本次专项行动是以长江干支流和太湖为重点,通过建立工作台账、统一命名编码、全面开展监测,实施污水溯源,编制实施整治方案,完成树标立牌,规范入河排污口设置,强化截污治污,打击违法违规行为,打造整治样板等十项活动全面推进长江经济带沿岸入河排污问题整治,切实解决长江沿岸污水违规溢流直排等突出问题。根据生态环保部的要求,长江经济带入河排污口排查整治工作要在2023年年底完成70%左右,截污治污取得阶段性成效,到2025年年底要基本完成入河口排污整治,并形成责任明晰、设置合理、管理规范的长效监督管理机制,入河排污状况得到全面改善。除此之外,长江经济带沿线各省市还先后开展过劣Ⅴ类国控断面整治、"清废"行动、饮用水水源地保护、黑臭水体治理、工业园区污水处理设施整治等专项行动,均取得了不错的效果。

## 第三节　长江经济带生态优先、绿色发展面临的主要挑战

在党中央的坚强领导和沿线各省市的共同努力下,长江经济带生态优先、绿色发展已经取得了不错的成绩。但与此同时,我们也应该认识到:推动长江经济带生态优先、绿色发展是一个长期性、系统性工程,只有清楚地认识到长江经济带生态优先、绿色发展所面临的问题和挑战,才能因地制宜制定有针对

性的改进措施,整体提升区域环境承载能力,为长江经济带生态优先、绿色发展奠定坚实的基础。

## 一、城市开发强度高,人地矛盾突出

长江经济带是我国国土开发活动最强烈的区域之一,且依然保持高速扩张的态势。据统计,当前长江经济带平均开发强度为7.1%,是全国平均开发强度(4.0%)的1.8倍,且明显表现出"东高西低"的非均衡特征。按照长江经济带河段所处位置来看,其上、中、下游的平均开发强度分别为0.73%、2.28%和13.06%,差距较为显著。其中长江经济带上游地区平均开发强度相对较低,但因其地势较高,保护性设施较为欠缺,且区域内野生动植物相对聚集,其生态环境整体较为脆弱,部分人口较为集中的区域已经超过生态环境承载力,一旦环境遭到破坏,将很难修复;长江经济带中游地区开发强度相对适中,但由于中游地区地势较为平坦,农业基础设施较为齐备,耕种条件较好,大部分地区是保障我国粮食安全的重点区域,而近年来随着我国城镇化进程的加速推进,部分城市快速扩张已经严重侵占了优质的耕地资源,导致我国粮食安全在国际政治局势紧张的背景下无法得到全面保障,而长江经济带下游区域城市开发强度明显偏高,部分省市已超过或逼近人居环境极限。过高的人口密度和开发强度,导致人地矛盾突出,生态资源紧张,城市生态空间遭到严重侵蚀。

## 二、产业布局与生态功能定位偏差,局部地区生态问题显著

目前,长江经济带已经基本形成了以化工、机电工业和高新技术为主体的产业集群。据统计,长江经济带化工产业整体规模占我国化工产业的40%左右,占全球化工产业的16%左右,区域内化工园区个数超过250个,规上化工企业数量超过1.2万家,长江经济带是我国乃至全球重要的化工原料生产基地,在社会化大生产过程中扮演着重要角色。从化工产业地域分布来看,长江下游地区以形成了以消费为中心的石化产业群,区域内65%左右的原油加工业务位于长三角地区,与原油加工相关联的涂料、化学农药、合成材料等生产等在此处也相对集中。长江中上游地区形成了以原料产地为中心的化肥和无机原料产业群,是我国磷矿、硫铁矿、天然气的主要生产基地。其中,湖北、江西和云南主要出产磷矿石,安徽、江西主要出产硫铁矿,重庆、四川、云南主要

出产合成氨,长江经济带中上游各大城市依托本地丰富的矿产资源,已逐步形成了"资源开采—加工—资源综合利用"产业链,长江中上游地区目前是我国最大的磷肥生产基地、硫酸生产基地。而成渝城市群也主要汇集了造纸、食品、化工、冶金等行业。虽然长江经济带化工产业发达,化工企业数量众多,但企业入园率相对偏低,有半数以上化工企业未入园,且还有很多中小化工企业靠近长江岸线,且未严格按照环境监测要求进行日常管理,对当地生态环境造成威胁。部分园区污染防控水平不高,环境防控主体意识淡薄,环境防控制度不健全,环境监测设备不完备,导致化工企业污染物外泄等事件时有发生。另外长江经济带沿线各区域和城市在发展过程中也各自为政开展产业规划和布局,导致上游区域产业发展没有资金技术支撑,而下游地区产业发展又缺乏良好的资源基础,产业结构同质化现象较为明显,没能较好地发挥各地区的特色产业优势。

### 三、生态空间遭受挤压,生态安全受到威胁

近年来,随着城镇化、工业化进程的加快,长江经济带生态空间遭到持续挤压。不合理的开发模式和人为活动的持续干预造成区域内河幅面积显著下降,与河争地时有发生。长江经济带水源涵养地、河湖沼泽区和蓄洪滞涝区等水生态涵养区有效空间遭受严重侵蚀,导致近年来长江经济带局部气候变化显著,水气循环特征改变,湖泊及河流尾闾萎缩,水生态空间格局遭到挤压和破坏。另外,近年来长江经济带区域内交通基础设施的快速建设和水电资源的快速开发也对区域内野生动植物的生境造成冲击,在环境监管措施未履行到位的情况下,生态破坏事件时有发生。据统计,长江经济带在近 20 年时间里,沿线省市城市建成区面积增加了近 40%,大量生态用地被挤占,而长江经济带沿江岸线和港口开发过程中,乱占滥用、占而不用、多占少用、粗放利用等问题也较为普遍;长江中下游的洞庭湖和鄱阳湖与长江的河湖关系受梯级电站影响遭到干扰和破坏,湖泊调蓄能力显著下降,近年来枯水期湖面干涸现象时有发生。目前,长江干流最具生态价值的自然洲滩岸线占比不足 20%,而开发条件相对较好的岸线河段有超过 40% 部分涉及生态敏感区,港口码头设置和沿江产业布局与生态空间冲突依旧较大。

### 四、环境承载能力有限,局部地区质量改善面临较大压力

虽然近年来长江经济带生态环境质量呈现上升趋势,生态环境总体处于

可承载状态,但承载能力较为有限,局部地区环境改善仍旧面临较大压力。目前长江经济带空气污染物排放总量约占全国的 30%,二氧化硫、氮氧化物、挥发性有机物排放强度是全国平均水平的 1.5 至 2.0 倍。长三角、成渝双城经济圈部分城市发展对化工产业形成了路径依赖,空气污染情况依旧较为严重。另外长江经济带废水排放量约占全国总量的 40%,总磷成为长江经济带首要超标污染因子,其中上游各断面总磷浓度在 0.001 ~ 4.680mg/L 之间,中游总磷浓度在 0.003 ~ 1.680mg/L 之间,下游总磷浓度在 0.004 ~ 2.450mg/L 之间;提升空气质量,改善水生态环境是长江经济带未来一段时间应该重点解决的环境问题。另外,长江经济带农业农村面源污染形势仍然严峻,生活垃圾未进行有效分类,畜禽粪污未及时处理和利用,河道淤泥阻塞时有发生,导致农村地区生态环境普遍承压。

### 五、能源结构相对单一,能源消费与生态环境存在矛盾

《世界能源统计年鉴 2023》数据显示,2022 年,我国一次能源消费总量高达 159.39EJ,占全球一次能源消费总量的 26.4%,二氧化碳排放量高达 105.50 亿吨,占全球二氧化碳排放量总量的 30.7%,我国目前是全球最大的能源消费国和二氧化碳排放国。2020 年 9 月,我国郑重对国际社会承诺,力争在 2030 年前实现碳达峰,2060 年前实现碳中和,为应对全球气候变化做出更大的努力和贡献。调整能源结构,提升清洁能源占比是我国顺利实现双碳目标、保障国家能源安全的重要途径。长江经济带沿线各省市能源矿藏较少,能源自给能力较低,除了四川能够供应较多天然气外,其他沿江省市传统能源产量都相对较低,而长江经济带人口聚集,企业众多,经济快速发展过程中的能耗水平较高。目前长江经济带能源结构仍表现出高煤高碳特征:据统计,目前长江经济带的煤炭消费占比约为 50%,而天然气消费占比仅为 7%,远低于国务院《能源发展战略行动计划 2014—2020 年》所提出的到 2030 年我国天然气消费占比达到 15% 的发展目标。另外,长江经济带沿线水能、风能、太阳能虽然在局部地区较为富集,但限于技术及环保原因,开发程度相对过低,这使得重点城市群大气环境改善和碳减排压力较大。据测算,2030 年长江经济带的天然气需求量超过 2300 亿米³/年,其中我国天然气自给产量能够达到 1300 亿米³/年,进口管道天然气输送能够供给约 500 亿米³/年,天然气还存在供应缺口约 500 亿米³/年。另外,长江经济带中上游地区水能资源较为富集,河段

垂直落差较大,水电开发条件较好,但目前的水电开发格局中小水电占据了较大的开发份额,缺乏有效管理的小水电开发已对长江水生态环境带来一定冲击,大量引水式电站的修建使得当地河流水量减少甚至断流,对当地野生动植物生境造成一定的冲击,部分地区发电收入可能不够抵偿对水电开发当地生态环境破坏造成的损失。

### 六、地区自然灾害风险隐患多,饮水安全保障压力较大

长江经济带横跨我国东、中、西三大板块,地形地貌丰富,地质结构复杂。其中上游地处我国地势第一、二级阶梯交界处,境内高山峡谷众多,地质构造活跃,境内局部地区地震和泥石流滑坡等自然灾害频发,且上游地区森林植被覆盖率较高,发生自然火灾的风险较高。近年来,长江经济带中上游地区重大自然灾害时有发生,且灾害发生具有突发性,牵涉面广,影响较大,损失较为严重。另外,长江经济带水流呈现东西向走向,与我国雨带分布方向相吻合,近年来我国雨季停留时间长,雨量大,多地频发季节性暴雨,上游地区地势落差大,蓄水调节能力较低,中下游地势低,洪水蓄泄不畅,加上长江经济带上、中、下游缺乏有效的协调,局部地区出现枯水期全面缺水,而丰水期遭遇冒雨、洪水冲击的情况时常发生,不利于水能资源的有效利用。另外,长江经济带沿线省市很多城市饮用水直接取自长江,水质情况直接关系到沿线居民的身体健康。保护和改善长江经济带生态环境,保障群众的饮用水安全,是长江经济带发展的先决条件。然而现实中,长江经济带干支流沿线制造和化工企业分布密集,流域内存在环境风险的企业有很大一部分是位于饮用水水源地周边5公里范围内,在缺乏有效监管和整治的背景下,各类危重污染源生产储运集中区与饮用水水源交错排布,给当地水生态环境带来威胁。

### 七、生态文明治理体系与治理能力现代化有待提高

近年来,在党中央的坚强领导下,长江经济带沿线各省市环境整治能力提升,环境监管体系正在逐步完善。但整体而言,长江经济带发展仍面临着生产供应链不够高效安全、生态安全与经济发展难以有效兼顾、上中下游整体协作能力不高、流域创新体系建设相对滞后、协同开放双循环新格局有待进一步完善等难题。而沿江省市发展差异较大,发展水平参差不齐,资源供给与经济发展水平错配程度较高,不同地方重开发轻保护观念也还不同程

度存在,环保责任落实不到位导致环境违法事件时有发生。另外,长江经济带岸线资源环境保护的职责边界还不够明确,涉及跨区部分的岸线保护管理缺失,涉及多部门监管的综合问题,权责划分不明,如生态环境部、自然资源部、水利部等部门在涉及国土空间开发和水电开发过程中的环境保护时,部门的监管目标不一致时常导致地方政府工作很难推进,生态环保责任追究机制、监督机制难以真正落实。另外,长江经济带生态环境统筹协调治理体制机制仍不健全,统分结合、整体联动的工作机制还不完善;市场化、多元化的生态补偿机制建设进展缓慢,生态环境整治的精准化、科学化、智慧化水平还有待进一步提升。

## 第四节 长江经济带生态优先与绿色发展政策建议

### 一、优化国土空间格局,建立统一的生态空间管控体系

**1.加强各类生态环境空间的统筹**

加快研究制定《长江经济带国土空间规划》,并与沿江各省市国土空间规划形成有效衔接,统筹整合长江经济带各类生态环境空间,结合沿江各城市三区三线划定范围,不断调整优化长江经济带生态红线、水资源红线、耕地红线。对划定区域实施严格管控,根据沿线城市主体功能分区,合理确定长江经济带适宜建设区、限制建设区、禁止建设区,明确重大产业和基础设施布局,预留发展空间,形成产业发展与环境保护相协调,企业类型与生态空间相适应的生态空间保护格局。明确环境管理责任,特别是涉及跨区、跨部分的流域管理中,要明确各方的职责底线,强化环保问责制度,确保各项环保工作的落实和执行。

**2.严格管控自然岸线空间**

严格落实《长江岸线保护和开发利用总体规划》,科学划定长江经济带岸线保护区、保留区、控制利用区和开发利用区,明确自然岸线保有率、河湖生态缓冲带修复长度等约束指标。严格实施自然岸线分区管理与用途管制,对可开发利用区提出合理的管控要求,明确岸线临时占用和退出机制、砂石资源开采原则、船舶污染管控办法等,强化岸线节约利用,加快建立岸线资源有偿使用制度,并将收益主动用于区域内的生态环境保护提升。通过对生态保护红

线区、自然岸线等重要生态空间的整体保护,逐步解决长江经济带重要生态空间被挤占、生态系统破碎化等问题。因地制宜制定沿线工厂搬迁政策,不建议采用"一刀切"的岸线 1 公里或 5 公里企业搬迁措施,建立市场化搬迁机制,保障搬迁企业的合法利益得到有效保护,提高沿江化工企业的搬迁积极性。积极推进长江沿线各省市建立长江岸线保护区域协同和互联共保机制,增强长江岸线上下游、左右岸发展的系统性和协调性。

3. 努力提升区域绿色空间

积极推动长江经济带上中下游绿色协调发展,以沿线各省市三区三线划定为基础,合理确定不同区域发展格局和开发强度。其中长江经济带上游区域发展应该以强化生态功能屏障为主,做好水源地保护、生态涵养保护和三江源国家公园建设。中游区域应该以河湖生态综合治理为重点,严格划定区域生态保护红线,坚持开发与环境保护并重,提升城市绿色发展潜力。下游地区应该优化产业结构,打造区域绿色低碳循环样板,构建绿色生产生活体系。除此之外,长江经济带沿线中心城市还应该依据城市地貌和形态功能,主动打造城市生态绿心、生态绿隔,形成城镇空间与绿色保护带嵌套发展的城市布局模式。

## 二、推动产业绿色转型发展,实施差异化低碳发展战略

1. 积极优化绿色产业发展空间

以资源环境承载能力、生态功能定位、生态红线划定为刚性约束,合理确定沿江产业发展方向、发展布局和开发强度,严格控制沿江水产养殖、石油加工、化学原料和化学制品制造、医药制造等项目,倒逼沿江企业绿色转型,为城市绿色发展空间奠定基础。借鉴国内外生态建设经验,遵照生态经济共生性原理、长链利用原理,加强长江经济带绿色循环体系建设与绿色金融体系深度融合,助力沿江企业自愿遏制高耗能、高污染、高排放的生产模式,实现经济利益与生态利益的双重驱动,激发绿色产业活力。

2. 全面推进石化产业绿色发展

持续推进石化工业绿色制造体系建设,努力提升石化企业精细化水平,增强绿色创新能力,开展行业绿色工厂、绿色产品、绿色园区和绿色供应链认定工作,打造石化企业绿色转型样板,构建行业全产业链的绿色制造体系。依托流域内技术科研平台和大专院校综合研发实力,开展石化产业重点领域科技

攻关,推进关键绿色工艺技术改造,大力推广先进、成熟的绿色工艺技术和装备运用水平。加快石化产业数字化改造,培育和支持与智能制造、智慧检测、智能操作等技术相结合的创新型企业。针对有毒有害物质管控,加快推进重点产品有害物质限量、废物资源回收利用、清洁生产、绿色制造等重要领域标准研制,做到专业领域和重点产品的全覆盖,全面引领长江经济带石化产业绿色发展。

3. 实施差异化的能源低碳发展战略

立足节约能源和提高能效两个方向,努力提升产业能耗效率,提高清洁能源利用占比,加快重点行业清洁生产评价指标体系制定,开展清洁生产技术改造和清洁生产审核。加大电力输送和因地制宜开发利用当地可再生能源,努力降低煤炭在一次能源消费中的比重。坚持人工用碳和生态吸碳相结合,研发推广二氧化碳制化学制品的运用技术,推广先进催化、溶剂替代、定向转化和微反应等先进技术。具体到长江经济带各个区域而言,对于长三角和成渝双城经济圈核心区域,考虑到经济社会发展的可持续性,应该从结构性减排和制度性减碳两方面入手,通过推动区域内产业结构调整、能源结构优化和生产生活绿色化低碳化等途径尽快实现碳中和、碳达峰。鼓励有条件的区域率先发展低碳零碳产业,在创新性减排和政策鼓励制度上先行先试,打造区域零碳技术、零碳产业模范样板。长江上游地区应进一步发展以水风光为主的清洁能源综合体系,并做好清洁能源输送和调节;长江经济带中游地区应该在稳定经济基本盘的背景下在做好本地能源消纳工作,协助做好能源调度分配事宜;长江经济带下游地区应充分利用本地科研、技术、人才优势,采用规模化能源生产和分布式能源生产相结合的发展模式,推动能源生产结构优化。

4. 着力打造工业园区绿色转型新高地

制定《长江经济带工业园区绿色发展指导意见》,打造绿色工业园区先行样板,充分发挥好下游工业园区在长江经济带生态优先、绿色发展过程中的示范引领作用。综合开展园区节能增效专项行动,深化园区绿色低碳转型,实施园区土地资源开发总量和能源消耗强度双控制度,提升园区绿色发展水平。构建全过程管理体系,全面推进工业园区及企业数字化和生态化管理,提升园区管理运行的精细化和智慧化水平。严格落实基于环境目标提出的产业负面清单,监督企业淘汰国家列入淘汰目录的落后生产技术、工艺和设备,以重点行业清洁生产、循环经济关键技术为核心带动园区产业链绿色发展。严格管控各项污染物达标排放,在常规污染物控制达到国家或地方标准的同时,持续完善三废排放管理制度,加强新兴污染物引进的生态问题防控,强化生态环境风险防控。引领园区工业固体废弃物(含危废)处置利用率、万元工业增加值碳排放量消减率、园区空气质量优良率均要高于绿色园区建设引领指标,主要污染物弹性系数等逆向指标均要低于引领值。

### 三、统筹灾害预警治理体系,保护生态环境系统健康

1. 持续提升防灾减灾能力,严格管控环境风险

坚持人民至上、生命至上,聚焦重大安全应急框架,充分发挥各城市应急管理部门综合优势,持续提升长江经济带防灾减灾能力。要强化灾害预防预警,深入分析和用好普查资料,完善自然灾害综合评估与区划成果,围绕灾害风险隐患信息报送工作,做好预警信息及时共享发布、预警与响应及时联动,加强重点灾害隐患点的动态监测,夯实全区域防灾减灾基础。要完善应急处置机制,加大投入提升长江经济带沿线各大城市应急管理中心标准化建设水平,构建衔接有序的应急指挥平台体系,建立统一指挥、运转高效的防灾减灾救灾工作格局,全力保障人民群众生命财产安全。另外长江经济带沿线各城市需从严把控环境污染源头控制,建立定期监控制度,加强环境风险评估,重点强化沿江工业园区、港口码头的环境风险管控。在高风险领域的风险管控过程中,还要加强各部门的环境应急协调联动,建立流域突发环境事件监测预警与应急平台,强化环境应急队伍建设和物资储备,提升环境应急队伍的综合应急能力。

2. 加强生态流量监测管理,建立完善的流域监控网络体系

合理规划长江经济带水资源开发利用,严格各水源地取水许可管理,加强全流域生态流量监测管理,建立完善的信息共享平台,对于流域内的水量、水质情况按照统一、公正的评价标准进行判断,确定监测站点的监测指标,建立完善的流域监控网络体系。建立长江经济带控制性水库群联合调度机制,将生态调度纳入水库调度规程和流域管理机构调度职责,通过调节季节性储水量,提升库区生态自然修复能力。在长江上游选择特有珍稀鱼类丰富且与梯级开发河段相连通的支流河段,恢复河流自然流态,建立生态鱼道,保护好特有鱼类栖息地,整体提升鱼类生境环境。设立赤水河水生态保护示范区,在青

衣江、安宁河、水洛河等重要支流开展鱼类栖息地修复重建工作。在长江中下游选择生态地位重要、工程量相对小的湖泊,试点开展河湖连通修复工程。

### 四、协调推进长江经济带生态保护修复工作

1. 实施美丽长江经济带新一轮提升工程

坚持"共抓大保护、不搞大开发"的战略导向和"生态优先、绿色发展"的战略定位,大力实施美丽长江经济带新一轮提升工程,更高水平推进保护和发展,以高品质生态环境塑造高质量发展优势。重点统筹长江经济带江河湖库丰富多样的生态要素和山川丘陵起伏多样的地形地貌,以西南横断山区等重点生态功能区为重要屏障,以滇池、洞庭湖、鄱阳湖等重要湖泊为关键节点,构建"五屏—六湖"功能强大、河湖关系和谐的生态安全格局,使其成为保障国家生态安全战略格局持续稳定的生态主轴。

2. 协同区域性立法权限和立法资源,推进区域合作法治化进程

一方面,协同立法权限。充分尊重长江经济带各地方的差异性和地方的特色,授予地方政府一定的立法自主权限,允许地方政府之间建立伙伴关系,建立学习与交流机制以提升各方对区域协同立法的认知水平,并充分照顾到各方正当利益,要促进区域市场有效运作,逐步提升协同立法的水平。在协同立法权限方面,借鉴合作较为成功和具有典型示范性的合作立法案例,充分借鉴其成功经验,复制出推广可借鉴的区域协同立法模式。另一方面,整合立法资源。注重立法本体资源和立法社会资源的有效统一,这样既可以避免不公平合作的出现,也有助于有效地解决协同立法过程中可能出现的争议。每个协同立法可以以多种公开方式听取区域治理主体的意见和建议,使长江经济带生态优先、绿色发展道路更符合各省市现实发展需求。另外,需建立国家退耕还林还草工程长效机制,在长江经济带中上游地区,提高退耕还草补偿标准,建立稳定的生态农场和牧场,持续扩大区域内的植被覆盖率,提升整体生态修复能力。

3. 继续实施长江大保护,深入推动长江生态环境保护修复

目前,长江"十年禁渔"效果还不稳固,要大力推进水生生物多样性恢复,完善长江流域水生生物多样性调查与观测网络建设,开展长江干流及主要支流水生生物完整性评价,持续加强长江干流和支流珍稀濒危及特有鱼类资源生境的保护,有必要在重要江段实施"禁渔"成效试点评估。在长江上游选择

特有鱼类丰富且与梯级开发河段相连通的支流,恢复河流自然流态,重建特有鱼类栖息地。合理规划水资源利用,推动水资源的合理分配和节约利用。加强水资源保护,加大水生态系统的修复力度,提高水资源的可持续利用能力。持续开展湿地生态修复工程,恢复湿地的水文条件和生态功能,提高湿地的自净能力和抗洪能力。将生态调度纳入水库调度规程和流域管理机构调度职责,将其范围扩大到长江上游各大流域梯级。

## 五、加快推动长江经济带生态产品价值转化,保障区域生态公平

2018 年,习近平总书记在长江经济带发展座谈会上强调,要积极探索推广绿水青山转化为金山银山的路径,选择具备条件的地区开展生态产品价值实现机制试点,探索政府主导、企业和社会各界参与、市场化运作、可持续的生态产品价值实现路径。长江经济带生态产品价值实现是要将长江经济带生态产品所具有的生态价值、经济价值和社会价值,通过生态保护补偿、市场经营开发等手段进行价值转化,形成生态环境保护者受益、使用者付费、破坏者赔偿的利益导向机制。

1. 建立生态产品价值评估机制

与传统的工业产品相比,生态产品价值转化更具复杂性,科学地对长江经济带生态产品进行价值评估是完成其价值转化的前提。目前国际上对生态产品价值的评估方法有很多,不同的方法各有优缺点,长江经济带自然岸线长,流域范围广,境内生态产品丰富,分布结构复杂,不同的生态产品可以适用不同的评估方法。一是对于森林碳汇产生的碳减排量等产权清晰,可以市场化交易的生态产品可以适用直接市场法进行核算评估。二是针对流域或湿地的生态服务功能等空间范围大且区域不连续的生态产品,可以采用替代市场法,先核算某一区域的生态产品价值,再将结果运用到其他类似区域或基本相同的生态产品价值核算当中。三是对企业和居民具有使用价值且使用者愿意付费的生态产品,可以通过调查摸底方式对使用者进行调研为生态产品价值核算提供依据。

2. 完善生态产品价值实现综合试验区路径

生态产品价值转化路径是实现生态产品价值的关键,虽然优良的生态环境价值不能简单地用货币进行衡量,但生态产品确实能够带来现实的经济收益。消费生态产品,受益者必须支付相应的费用,使生产者获利,这样才有利

于长江经济带生态环境保护。目前生态产品价值实现路径主要包括市场机制、政府补贴机制和二者的混合机制三种。长江经济带一是完善自然资源的产权交易体系，全面推进建立长江沿线自然资源的有偿使用制度，促进经营性自然资源通过市场交易流转，实现产品价值直接有效转化。二是完善政府财政补偿制度。主要需要加大中央财政对生态保护地区的财政转移支付力度和完善流域内政府间的横向补贴制度。各级地方政府应该多管齐下、积极筹备并落实生态保护补偿资金，进一步提高长江经济带生态补偿标准，引导各类社会主体主动积极参与长江经济带生态保护修复工作。

### 六、推动形成共抓大保护的合力机制

目前长江经济带生态问题、环境污染已不再是点源局部性事件，而是呈现出影响区域性、污染综合性和快速蔓延性等特征，仅从行政区划的角度考虑城市生态治理难以取得实质性效果。必须以《中华人民共和国长江保护法》为指引，打破行政区划界限，建立长江经济带部门联合、跨区共享的联防联控和信息共享平台，推动形成上下游联动、干支流统筹、左右岸互动的大保护合力机制。

1. 实现行政监管与司法监督的双向监管

要促进行政执法与公益诉讼的有效衔接，完善长江经济带生态环境损害法治赔偿制度，综合运用行政处罚、民事追偿、刑事打击等多种手段，依法追究破坏长江经济带生态环境的行为当事人的行政责任、民事责任和刑事责任，实现行政监管与司法监督的一体化推进。

2. 建立跨界流域联防联控机制

要以流域生态问题影响范围为中心，建立跨界河流联防联控机制，形成联席会议制度，明确各方主体责任，共同分析跨界流域生态问题并形成专项解决方案，坚持预防为主，防治结合，综合治理的原则，进一步优化长江经济带区域内生态空间结构，共同推进跨界流域生态综合治理。

3. 形成大保护合力机制考评体系

结合联防联控要求，科学审慎制定大保护合力机制考评体系，围绕工作作风、政策落实、措施效果等建立可量化、可持续的考核指标，对流域内联防联控工作进行定期考核评估，并形成考核公示制度，设置奖惩措施，对联防联控工作履行不到位的城市进行定点督促。充分发挥治理监督、职能监督、专项监

督、群众监督的各种职责,推动纪律、巡视督查等党内监督与审计、合规等职能部门管理监督的有效贯通,搭建立体式监督体系,提升监督效能,发挥监督合力。

## 七、着力构建政策共商,能力共建,责任共担的生态文明治理体系

### 1. 建立 GEP 和 GDP 的双向考核制度

传统单一的 GDP 考核没有涵盖生态系统产出和效率,无法科学真实地反映地区社会综合发展水平。GEP(生态系统生产总值)是能够有效反映区域生态系统为居民生存提供产品和服务的价值指标。目前浙江、贵州、湖北等地已经开展了 GEP 核算试点,并取得了良好的效果。新发展阶段长江经济带沿线各省市应该尽快调整考核方向、优化考核结构,将生态系统效益纳入社会发展评价体系,建立 GEP 和 GDP 的双考核制度,引领长江经济带构建绿色发展新格局。建议长江经济带沿线各省市将 GEP 评价制度纳入流域政府战略顶层设计、统计制度体系,以及各级政府考核机制,加强从政府工作、统计制度、绩效评价和政策支持等方面的有效落实。

### 2. 设立长江生态环境保护绿色基金

由流域内主要水电企业牵头,长江开发利用的水电、航运、旅游等行业企业参与,政府、企业和社会资本共同出资,设立长江生态环境保护绿色基金,按市场化模式运作,筹措资金用于长江流域环境保护和污染防治、生态修复和国土空间绿色、能源资源集约利用、绿色交通、清洁能源等方面,确保流域水资源的永续利用。并在纳税、项目融资、项目退出等方面,实施差别化的优惠政策,引导更多的社会基金和资金参与。

### 3. 全面构建长江智慧水利体系,提高数字化水平

按照"需求牵引、应用至上、数字赋能、提升能力"要求,以数字化、网络化、智能化为主线,以数字化场景、智慧化模拟、精准化决策为路径,加快构建长江智慧水利体系,努力提高流域数字化管理水平。依托物联网、移动互联、人工智能等新一代信息技术,建设长江智慧水利平台,统筹整合全流域水利信息化资源,深化水利信息资源开发利用与共享。利用遥感、空间定位、卫星航片、视频监控、自动监测等手段和设备,对水旱灾害防御、水资源在线监测、河湖问题整治、水利工程运行安全、水土流失等情况动态预报预警,逐步实现"全覆盖、全天候、智能化"监管。

执笔人:周江为四川省社科院教授、博士生导师;徐洪海为西华大学讲师、博士;王波为西南交通大学讲师、博士;雷鸣为四川省区域科学学会专家;此外,参与本章执笔的还有西南交通大学的王晓煊、四川大学的邵旭阳

## 参考文献

[1]王金南,孙宏亮,续衍雪,等.关于"十四五"长江流域水生态环境保护的思考[J].环境科学研究,2022,33(5).

[2]刘国龙,胡春林.新发展格局下长江经济带发展战略研究[J].经济学研究,2022,192(08).

[3]李鹏辉,张茹倩,徐丽萍.基于生态系统服务价值的生态足迹计算与分析——以玛纳斯河流域为例[J].中国农业资源与区划,2022,43(01).

[4]唐健飞,刘剑玲.省域农业可持续发展水平评价及其耦合协调分析:以长江经济带11省市为例[J]经济地理,2022,42(11).

[5]吴艳霞,魏志斌,王爱琼.基于DPSIR模型的黄河流域生态安全评价及影响因素研究[J].水土保持通报,2022,42(6).

[6]孙静静,王卿,王敏,等.长江经济带生态系统格局演变及驱动力分析[J].人民长江,2022,53(6).

[7]杨晶晶,王东,马乐宽,等.贯彻实施《长江保护法》建立健全长江流域生态环境保护规划体系[J],环境保护,2021,49(增刊1).

[8]王韬钦.发挥长江经济带发展的内外协调作用——双循环新发展格局形成的中介逻辑[J].技术经济与管理研究,2021(10).

[9]Zhao R,Fang C,Liu H,et al. Evaluating urban ecosystem resilience using theDPSIR framework and the ENA model:A case study of 35 cities in China [J]. Sustainable Cities and Society,2021,72.

[10]刘家旗,茹少峰.基于生态足迹理论的黄河流域可持续发展研究[J].改革,2020(9).

[11]孙智君,李萌.新时代中国共产党的长江经济带发展战略研究[J].重庆社会科学,2020(12).

[12]邓玲,何克东.国家战略背景下长江上游生态屏障建设协调发展新机制探索[J].西南民族大学学报(人文社科版),2019(7).

[13]陆大道.长江大保护与长江经济带的可持续发展:关于落实习总书记

重要指示,实现长江经济带的可持续发展的认识与建议[J].地理学报,2018,73(10).

[14]孙宏亮,王东,吴悦颖,等.长江上游水能资源开发对生态环境的影响分析[J].环境保护,2017,45(15).

[15]祁帆,贾克敬,王葳.长江经济带国土空间开发利用问题与对策研究[J].环境工程技术学报,2016,6(6)

# 第五章　产业共生集聚驱动长江
## 经济带绿色发展

　　长江经济带内各类国家级和省级工业园区总数超过 1000 家,占全国总数的 40% 以上,工业园区已经成为长江经济带实施强国战略的主阵地,对我国的经济发展起着重要的支撑作用。但与此同时,由于长期的无序发展和过度开发,长江沿岸工业园区过于密集、重化工产业比重过大、资源消耗以及污染排放量大等问题带来的生态环境压力也持续增大,不利于长江经济带可持续的高质量发展。党的十八大后,考虑到长江经济带在我国经济、生态、文化等方面起到的重要作用和特殊地位,党中央提出了"共抓大保护,不搞大开发"的长江经济带发展战略,将生态环境保护放在长江经济带发展的首要位置,同时积极促进长江经济带经济社会发展全面绿色转型。2023 年10 月,习近平总书记在江西南昌主持召开了进一步推动长江经济带高质量发展座谈会,提出要"进一步推动长江经济带高质量发展,更好支撑和服务中国式现代化",这就对长江经济带发展方式的绿色转型提出了更高的要求。由于传统的产业集聚理论往往忽视了产业集聚带来的环境负外部性,因此,亟须提出一种新的产业集聚理论,来推动长江经济带发展方式绿色转型。本章阐述了产业共生集聚理论,剖析了产业共生集聚驱动长江经济带绿色发展的内在机制,分析了长江经济带产业共生集聚的做法和成效以及存在的问题,并在此基础上提出了长江经济带产业共生集聚驱动经济绿色发展的政策建议。

## 第一节　产业共生集聚的内涵与特征①

### 一、产业共生集聚的内涵

20 世纪 90 年代,新经济地理学将空间因素纳入传统经济增长理论中,弥补了传统经济增长理论的不足。该理论认为产业集聚可以降低单位距离的运输和交易成本,并通过公共设施共享、知识溢出实现规模报酬递增,促进经济增长。在新经济地理学发展初期,经济学家们对产业集聚带来的环境问题关注较少。随着产业集聚造成的无序扩张、恶性竞争、环境污染等问题的日益加重,产业集聚造成的负外部性问题也得到了越来越多的重视。产业共生是指企业根据不同生产环节物质、能量、信息等生产要素的流动关系进行布局,最大程度地提高各类生产要素的利用率,从而减少资源浪费和污染排放。产业共生注重企业间相互利用副产品的合作关系,有助于降低污染,缓解产业集聚的负外部性,但难以发挥产业集聚的规模效应与溢出效应。

产业共生集聚是指产业内或产业间的不同企业(同类或相关企业)集中于某一特定区域,通过物质、能量和信息交换,产生物质能量循环、绿色技术创新和产业链供需协同等优势,达到经济效益和环境效益有机统一的一种新的循环型产业集聚形态。产业共生集聚不仅可以通过产业内与产业间循环来降低资源消耗与污染物排放,也可以促进绿色技术的交流与改进,实现绿色技术创新;同时,又可以通过缓解环境约束,扩大集聚规模,提高经济与环境效益。产业共生集聚是更加符合新时期长江经济带绿色发展要求的产业组织形式。

### 二、产业共生集聚的特征

1. 物质能量循环

产业集聚虽然能够通过废弃物集中治理实现治污的规模效应,但是这种"末端治理"仍属于"资源—产品—废弃物"单向流动的线性经济,资源未得到充分利用即变为废弃物。这不但会产生巨大的治污成本,而且也不能在根本

---

① 本节的主要内容来源于本章作者刘军等发表在《江苏社会科学》2022 年第 04 期上的论文《产业共生集聚:一种循环型产业集聚的新形态》。

上缓解产业集聚产生的环境负外部性。与之不同的是,产业共生集聚所具备的物质能量循环体系,包括产业内小循环、产业间中循环以及"生产者""消费者""分解者"一体的大循环等 3 个方面。

如图 5.1 所示,在产业共生集聚区(Sym - Agg1)内,包含了产业内小循环、产业间中循环以及"生产者""消费者""分解者"一体的大循环系统。小循环即产业内自循环(绿色圈中的产业 A 的内部循环和产业 B 的内部循环),指某产业循环再利用自身产生的工业废物,工业废物直接进入或经过绿色再生技术简单处理后,再次作为生产要素进入生产中循环使用,以达到要素投入最小化、废弃物再生循环增量化、产出效率最大化的目的。

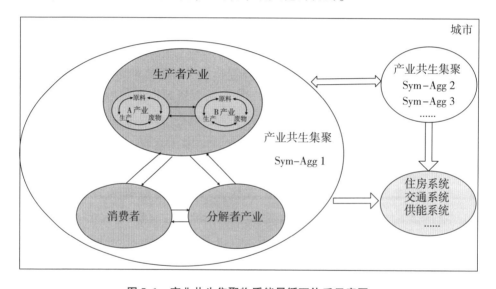

**图5.1　产业共生集聚物质能量循环体系示意图**

中循环即产业间循环,包括生产者产业中的产业 A 和产业 B 之间的循环,以及生产者产业与分解者产业之间的循环。主要指某产业废弃物或副产品被其他产业作为原料,重新投入生产过程。产业间循环分为两类:一类是直接循环利用,即直接将其他产业的副产品(废弃物)作为生产原料(或生产原料组成部分)投入到其他产业(企业)中进行循环生产使用;另一类是通过分解者产业集中处理后循环利用,即专营废旧资源、副产品再加工的回收型产业,通过对废旧资源、副产品的再资源化处理,将其作为生产资料重新投入生产链中。通过产业之间的补链和延链,使得产业链在纵向延展的同时,实现首尾链接,构成一个产业间循环系统。

大循环则是指在产业循环系统中纳入消费市场(消费者),进一步实现产业循环的一体化。产业集聚通常伴随着人口集聚,庞大的劳动力市场及消费群体是其实现外部规模经济的关键基础,这同样也是产业共生集聚循环体系中的重要一环,这主要来自两方面。一是消费者与生产者产业之间的双向循环。生产者产业除了将其生产的最终产品提供给消费者市场外,工业生产产生的余热、余能、余压等剩余能量通过资源再生型基础设施企业的绿色处理后,可以输送到集聚区消费市场中,为消费者供暖、供热。同时集聚区消费者产生的大量生活污水、报废的固体废弃物等稍做处理后也可输送至工业生产系统中进行再循环。二是消费者与分解者产业之间的双向循环。在产业共生集聚区内,经消费者使用过后无法再进入工业系统循环利用的最终产品,可以通过分解者的加工进入城市的住房系统、交通系统、供能系统进行再次循环。分解者产业也可以通过回收再利用生产者产业以及消费者丢弃的废旧材料,并作为"二次资源"进行再加工,将加工后的产品出售给消费者使用,形成消费者与分解者产业之间的双向循环。此外城市或区域内存在的各类型的产业共生集聚区之间也会形成循环系统,进而建立起一个绿色低碳良性循环发展的经济体系。

2. 绿色技术创新

得益于共生集聚区的建设理念和政策支持,共生集聚区内各产业(企业)之间的绿色生产技术的交流和溢出相较于传统的产业集聚区更加广泛,使得共生集聚区内绿色技术创新的规模和效率都远远超过其他区域。

一方面,产业共生集聚可以促进绿色技术溢出。为了更好地实现共生集聚区物质循环和信息、能量交换,上下游产业(企业)更加专注于清洁生产技术和生态工业知识的交流。这可以提高绿色生产、能源梯级利用等节能环保技术的创新效率,使得高度密集的共生集聚区内具有更快的绿色技术、绿色产品的创新和扩散速度,进而实现绿色外部性。同时,共生集聚区内存在大量以清洁生产、循环经济为准则的企业和行业协会,通过行业协会的组织、交流、学习、共享,可以进一步发挥绿色技术的学习效应和技术溢出效应,使更高程度的专业化绿色创新成为可能。另一方面,产业共生集聚区内集聚了更多创新资源。政府规划建设的共生集聚区通常享有较多的绿色创新补贴、绿色金融服务、高技术人才等创新资源,建立了良好的绿色创新生态,为企业开展绿色技术创新提供保障,有助于促进绿色技术创新。此外,共生集聚区内还具有严格的环境规制政策,这将倒逼企业进行绿色技术创新。各类行业协会也会制定明确的清洁生产准则及设计指南,为共生集聚区的绿色技术创新提供指引,推动绿色技术创新。

3.产业链供需协同

产业共生集聚要追求经济效益和环境效益的"双赢",就要杜绝传统产业园区唯经济效益的产业布局方式,在进行产业布局时,充分考虑产业链上下游的物质能量传输关系和路径,以需求拉动供给,以供给创造需求,从而在创造经济效益的同时避免资源浪费。

传统产业集聚在进行产业布局时往往只考虑了集聚区的地理位置、资源禀赋、市场环境等外部因素,再加上对专业化分工和基础设施共享的过度追求,使得传统工业园区在考虑产业布局时往往趋向于同质化、单一化,这就造成了以下几个问题。第一,交易成本增加,生产过程缺乏弹性。由于一个园区内的企业大多处于产业链上的同一环节,因此获取市场供需信息需要付出额外的成本,这不仅增加了交易成本,而且使得园区内企业对市场供需关系变化的信息不敏感,无法及时调整生产计划,从而使得生产计划与市场需求不匹配,造成生产过剩或是供给不足,造成了资源浪费或是损失生产收益。第二,产业过度集中,形成恶性竞争。由于园区内大量同质化企业集聚,使得园区内企业的市场竞争压力过大,这就有可能造成恶意竞价、以次充好、削减治污成本等现象出现,从长远来看,不仅损害了园区整体的经济利益,也加重了园区所在地区的环境负担。第三,缺少能够进行废弃物资源化利用的企业,加重污染且造成了大量资源浪费。传统产业集聚区虽然也会通过污水集中处理、废弃物集中掩埋等手段来实现治污的规模效应,但是这种"末端治理"仍属于"资源—产品—废弃物"单向流动的线性经济,资源未得到充分利用即变为废弃物。这不但会产生巨大的治污成本,而且也不能在根本上缓解产业集聚产生的环境负外部性。

产业共生集聚从两个维度考虑了产业链的供需协同。一是产业链上下游之间的供需协同,即在产业布局时,充分考虑产业链上下游之间的供需关系,尽可能延长园区内的产业链长度;二是产业链之间的供需协同,比如围绕生产者产业的产业链,配套搭建一条分解者产业链,形成产品生产到废弃物处理之间的产业协同。例如,餐厨垃圾厌氧发酵使用的热源来自热电厂,厌氧发酵产生的沼气经提纯达到国家二类气标准后接入燃气管网;污水厂的中水通过管道输送给干化厂和热电厂,作为冷却水使用,这就形成了能源产业和废物废水处理产业之间的协同发展。这会带来两方面的好处:一方面,由于充分考虑到了产业链上下游的合理布局,园区内的企业可以迅速获取上下游企业之间的供需关系,降低了获取市场信息的成本,既减少了因为市场信息不对称而造成的生产损失和资源浪费,又避免了因为园区内企业同质化严重而带来的恶性竞争;另一方面,除了考虑到原有产业链上下游之间的供需关系外,产业共生集聚还将分解者也纳入了整个产业链的布局考虑中,这不仅延长了产业链的长度,带来了额外的经济收益,也使得原来的生产废物变废为宝,既降低了污染治理的成本,又实现了废弃物的资源化利用,减少了环境污染的同时提高了企业的经济效益,可谓是一举两得。

## 第二节　产业共生集聚驱动长江经济带绿色发展的机理

根据 2018 年《中国开发区审核公告目录》,长江经济带 9 省 2 市国家级经济技术开发区、国家高新技术产业开发区及省级开发区等各类园区共有超过1000 家,占全国国家级和省级园区总数的 40% 以上。工业园区是长江经济带承载制造业集聚的重要产业空间,是实施制造强国战略的主阵地,对我国经济的发展起着重要的支撑作用。但与此同时,由于长期的无序发展和过度开发,长江两岸工业园区密布且布局极不合理,大量重化工业沿江分布且缺乏有效的管理,消耗了大量资源,大量污染物直接排入长江,严重破坏了长江流域的自然环境,造成了严重的生态环境危机。结合前面的分析可知,产业共生集聚具有物质能量循环、绿色技术创新和产业链供需协同等三大优势,这对于推动长江经济带产业园区生态化建设,驱动长江经济带绿色发展具有重要意义。

### 一、物质能量循环

通过构建物质能量循环体系体系,产业共生集聚可以提高区域的能源效率,减少污染排放,同时还可以优化区域内产业结构,从而实现经济绿色发展。

1. 提高能源效率

清华大学环境学院清洁生产与工业生态研究中心的研究结果显示,长江经济带内 1820 个园区在役能源基础设施机组的平均供电效率为 39.0%,能源效率存在巨大的提升空间。产业共生集聚可以通过构建能源梯级利用体系,将一个生产环节无法充分利用的能量输送给下一个生产环节或者循环体系中的其他单位使用,以达到能源效率最大化的目的。例如,餐厨垃圾厌氧发酵使用的热源来自热电厂,厌氧发酵产生的沼气经提纯达到国家二类气标准后接入燃气管网;污水厂的中水通过管道输送给干化厂和热电厂,作为冷却水使用。

2.减少污染排放

长江经济带绿色发展面临的主要挑战之一就是大量重化工业集聚造成的环境污染,而产业共生集聚构建的物质能量循环体系能够从三个层面减少污染物的排放。首先是企业内循环,指企业循环再利用自身产生的工业废物,工业废物直接进入或经过绿色再生技术简单处理后,再次作为生产要素进入生产中循环使用,以达到要素投入最小化、废弃物再生循环增量化、产出效率最大化的目的。如在造纸产业中,在纸浆制造过程中排出的黑碱液通过碱回收系统简单处理后用于蒸煮系统,蒸煮系统产生的蒸汽和冷却水可以再输送到其他生产车间,用于洗涤和漂白工段,进而实现产业内部资源的循环高效利用。其次是企业间循环,指生产者企业之间,以及生产者与分解者企业之间的循环,这不仅能够减少污染物的排放,而且通过产业之间的补链和延链,使得产业链在纵向延展的同时,实现首尾链接,构成一个产业间循环系统。最后是企业与消费者之间的双向循环,例如工业生产无法继续利用的余热可以输送到集聚区附近的消费市场中,为消费者提供供暖;消费者产生的废水、废物,经过加工后也可以投入工业生产。通过三个层面的物质能量循环,产业共生集聚可以最大化实现废弃物的资源化利用,从而减少污染排放。

## 二、绿色技术创新

产业共生集聚能够显著地促进绿色技术创新,这些绿色技术创新又可以通过提高能源效率、优化能源结构、产业结构升级等途径,推动经济绿色发展。

1.提高能源效率

大量研究表明,绿色技术创新对提高能源效率起着决定性的作用。一方面,绿色技术创新可以提高生产技术水平,减少生产过程中的能源浪费,提高能源使用效率。通过研发新设备、开发新技术,直接提高燃料的热效率效率。另一方面,绿色技术创新也会带来生产管理水平的提高,通过制订科学的用电计划、实时监控能源的热效率等方式,对生产过程的能源消耗进行实时监控,并制订精细化的生产计划,从而提高能源的使用效率。

### 2. 优化能源结构

优化能源结构也是实现绿色发展的重要途径之一,而产业共生集聚可以从两个方面促进新能源技术的进步。一方面,产业共生集聚内部集聚了大量绿色企业、绿色研发中心等绿色创新主体,绿色创新活动频繁,绿色创新效率较高,这促进了共生集聚区内新能源技术的研发。另一方面,共生集聚区内的企业对新能源的消费需求更高,新的新能源技术能够更快地投入使用,新能源技术的成本回收周期更短,也更有利于新能源技术的发展。

### 3. 产业结构升级

绿色技术创新可以从三个方面推动园区内的产业实现转型升级。第一,共生集聚区内的绿色技术创新可以提高园区内绿色生产企业的生产效率,并降低企业在治污排污方面的成本,从而使得绿色生产企业逐渐成为共生集聚区内主流。第二,绿色技术创新也能够帮助传统产业提高生产效率、降低污染排放,从而促进传统产业的绿色化转型。第三,除了从事商品生产的企业之外,一些专门从事绿色技术研发、绿色技术服务的生产性服务行业也会逐渐在共生集聚区内集聚,从而使得共生集聚区内的产业构成更加科学,产业结构进一步优化。

## 三、产业链供需协同

产业共生集聚的另一个特点是,共生集聚区内的产业布局不再像传统产业园区一样同质化、单一化,而是根据产业链上下游之间的供求关系进行布局,这就使得产业共生集聚具备了提高企业运营效率、优化产业结构等优势。

### 1. 提高企业运营效率

在传统产业园区中,由于产业布局同质化、单一化等问题,往往会出现一个园区内大多数企业都处于生产链条上同一环节的现象,这就使得企业需要付出额外的成本来获取上下游的市场信息,对市场供求关系的变化也不敏感,造成生产过剩或是供给不足,造成了资源浪费或是损失生产收益。而产业共生集聚在产业布局上充分考虑了产业链上下游的供需协同,使得园区内的企业可以迅速获取上下游企业之间的供需关系,降低了获取市场信息的成本,减少了因为市场信息不对称而造成的生产损失和资源浪费,从而提高了生产运营效率。

### 2.优化产业结构

传统产业集聚在进行产业布局时往往只考虑了集聚区的地理位置、资源禀赋、市场环境等外部因素,再加上对专业化分工和基础设施共享的过度追求,使得传统工业园区在产业结构上往往存在重化工业比重偏高、同质化企业偏多导致企业间存在恶性竞争等问题。产业共生集聚可以从两个方面优化产业结构:一方面,产业共生集聚在产业布局上注重产业链上下游之间的供需关系,不会过度偏重产业链上的某一个单一的生产环节,这就避免了重化工业比重过高、同质化企业过多等问题,形成了运转良好的物质能量循环体系,减轻了区域内的环境负担,避免了恶性竞争;另一方面,为了实现产业链上下游之间物质、能量的传输以及供需协同,共生集聚会引进配套的污水处理站、废弃物资源化利用中心等"分解者"产业,这就使得产业链得到了延长和拓展,不仅减少了废弃物排放,还使得废弃物被二次利用,产生了额外的经济收益,形成了新的生产链条,优化了产业结构。

## 第三节  长江经济带产业共生集聚的做法及成效

虽然产业共生集聚理论是一种全新的产业集聚理论,但在长江经济带长久的经济发展过程中,产业共生集聚已经在部分地区实践,并对当地的经济发展和环境保护产生了重要的影响。根据产业共生集聚的内涵和特征,生态工业园区是最接近产业共生集聚模式的产业组织形式。面对长江经济带存在的环境压力增加、产业布局失衡、产业结构偏重、园区管理粗放等问题,党中央和各地政府充分发挥生态工业园区在保护生态环境、促进产业结构升级、优化产业结构等方面的作用,取得了显著成果。

### 一、长江经济带产业共生集聚的做法

目前,长江经济带已通过验收和批准建设的国家级生态工业示范园区共计59家(见表5.1),超过全国总数的一半,且长江经济带内的11个省市均有分布。可以说,长江经济带是将产业共生集聚模式投入实践时间最久、分布最广的区域,也是最能体现产业共生集聚对经济绿色发展驱动作用的区域。通过梳理这59家生态工业园区的具体措施,可以将长江经济带产业共生集聚的

做法归纳为以下几条。

表 5.1  长江经济带国家生态工业示范园区名单

| 批准为国家生态工业示范园区的园区名单 | | | |
| --- | --- | --- | --- |
| 序号 | 名称 | 批准时间 | 主导产业 |
| 1 | 苏州工业园区 | 2008 年 3 月 31 日 | 电子信息、生物医药、纳米技术 |
| 2 | 苏州高新技术产业开发区 | 2008 年 3 月 31 日 | 电子信息、高端装备制造、新能源、生物医药 |
| 3 | 昆山经济技术开发区 | 2010 年 11 月 29 日 | 电子信息、精密机械、民生用品 |
| 4 | 无锡新区(高新技术产业开发区) | 2010 年 4 月 1 日 | 电子信息、精密机械生物医药、精细化工、新材料 |
| 5 | 江阴高新技术产业开发区 | 2013 年 9 月 15 日 | 金属新材料、融合通信装备、高端智能装备、生物医药 |
| 6 | 张家港保税区暨扬子江国际化学工业园 | 2010 年 11 月 29 日 | 物流、化工、机电、粮油和纺织 |
| 7 | 扬州经济技术开发区 | 2010 年 11 月 29 日 | 电子信息、太阳能光伏、汽车装备、港口物流 |
| 8 | 扬州维扬经济开发区 | 2016 年 8 月 22 日 | 电子信息、装备制造、生物医药 |
| 9 | 南京经济技术开发区 | 2012 年 3 月 19 日 | 光电显示、集成电路、生物医药、高端装备制造、新能源汽车 |
| 10 | 南京高新技术产业开发区 | 2014 年 9 月 30 日 | 电子信息、生物医药、新材料、航空航天 |
| 11 | 南京江宁经济技术开发区 | 2016 年 8 月 3 日 | 电子信息、汽车制造、智能电网、新能源、航空动力 |
| 12 | 江苏常州钟楼经济开发区 | 2013 年 9 月 15 日 | 先进装备制造业、电子信息、新材料 |
| 13 | 常州国家高新技术产业开发区 | 2014 年 12 月 25 日 | 装备制造、化工新材料、港口物流 |
| 14 | 江苏武进经济开发区 | 2016 年 8 月 3 日 | 新材料产业、智慧产业、医疗器械产业、现代服务业 |
| 15 | 武进国家高新技术产业开发区 | 2016 年 8 月 3 日 | 机器人及智能装备、半导体照明、风电装备 |
| 16 | 徐州经济技术开发区 | 2014 年 9 月 30 日 | 新能源、生物医药、集成电路 |
| 17 | 常熟经济技术开发区 | 2014 年 12 月 25 日 | 电子信息、生物医药、新材料 |
| 18 | 南通经济技术开发区 | 2014 年 12 月 25 日 | 电子信息、装备制造、生物医药、新材料、新能源 |
| 19 | 盐城经济技术开发区 | 2016 年 8 月 22 日 | 汽车产业、光伏产业、智能制造 |
| 20 | 连云港经济技术开发区 | 2016 年 11 月 29 日 | 生物医药、新材料、高端装备制造 |

续表

| 序号 | 名称 | 批准时间 | 主导产业 |
|---|---|---|---|
| 21 | 淮安经济技术开发区 | 2016 年 11 月 29 日 | 电子信息、汽车制造、装备制造 |
| 22 | 上海市莘庄工业区 | 2010 年 8 月 26 日 | 新材料、新能源、精细化工 |
| 23 | 上海金桥出口加工区 | 2011 年 4 月 2 日 | 电子信息、汽车制造、生物医药、家电产业 |
| 24 | 上海漕河泾新兴技术开发区 | 2012 年 12 月 26 日 | 微电子、光电子、计算机及其软件、新材料 |
| 25 | 上海化学工业经济技术开发区 | 2013 年 2 月 6 日 | 石化工业 |
| 26 | 上海闵行经济技术开发区 | 2014 年 3 月 20 日 | 机电产业、生物医药、轻工业 |
| 27 | 上海张江高科技园区 | 2014 年 3 月 20 日 | 集成电路、生物医药、软件及文化创意、新能源、新材料 |
| 28 | 上海市市北高新技术服务业园区 | 2016 年 8 月 3 日 | 电子信息、生产性服务业、房地产 |
| 29 | 宁波经济技术开发区 | 2014 年 3 月 20 日 | 电子信息、现代纸业、化工产业 |
| 30 | 宁波高新技术产业开发区 | 2015 年 7 月 31 日 | 集成电路、新材料、软件设计 |
| 31 | 杭州经济技术开发区 | 2015 年 7 月 31 日 | 半导体、生物医药、智能制造、航空航天、新材料 |
| 32 | 温州经济技术开发区 | 2016 年 8 月 22 日 | 电气机械、通信设备、服装、鞋革、塑料制品 |
| 33 | 合肥高新技术产业开发区 | 2014 年 9 月 30 日 | 电子信息、生物医药、智能制造、新能源 |
| 34 | 长沙经济技术开发区 | 2016 年 8 月 3 日 | 电子信息、智能制造 |

批准开展国家生态工业示范园区建设的园区名单

| 序号 | 名称 | 批准时间 | 主导产业 |
|---|---|---|---|
| 35 | 南昌高新技术产业开发区 | 2010 年 4 月 1 日 | 电子信息、生物医药、光伏光电、新材料 |
| 36 | 赣州经济技术开发区 | 2013 年 12 月 20 日 | 电子信息、生物医药、新能源、稀土新材料 |
| 37 | 赣州高新技术产业园区 | 2014 年 10 月 14 日 | 稀土新材料、钨新材料、智能制造 |
| 38 | 合肥经济技术开发区 | 2010 年 11 月 4 日 | 汽车制造、家电产业、装备制造 |
| 39 | 马鞍山经济技术开发区 | 2014 年 10 月 14 日 | 汽车制造、装备制造、新材料、食品行业 |
| 40 | 芜湖经济技术开发区 | 2014 年 12 月 18 日 | 汽车制造、电子信息、新材料 |
| 41 | 株洲高新技术产业开发区 | 2011 年 12 月 25 日 | 轨道交通、航天航空、新能源汽车 |

续表

| 序号 | 名称 | 批准时间 | 主导产业 |
|---|---|---|---|
| 42 | 长沙高新技术产业开发区 | 2015 年 9 月 21 日 | 电子信息、生物医药、新能源、新材料、装备制造 |
| 43 | 武汉经济技术开发区 | 2011 年 10 月 10 日 | 汽车制造、电子电器、生物医药、新能源、新材料 |
| 44 | 贵阳经济技术开发区 | 2013 年 10 月 10 日 | 装备制造、汽车制造、电子信息 |
| 45 | 吴江经济技术开发区 | 2013 年 2 月 6 日 | 电子信息、光电产业、新材料 |
| 46 | 昆山高新技术产业开发区 | 2013 年 12 月 20 日 | 电子信息、新能源、新材料、装备制造 |
| 47 | 吴中经济技术开发区 | 2015 年 9 月 21 日 | 电子信息、生物医药、新能源、新材料、装备制造 |
| 48 | 张家港经济技术开发区 | 2014 年 10 月 14 日 | 纺织、化工、装备制造、汽车制造、冶金、食品加工 |
| 49 | 连云港徐圩新区 | 2014 年 12 月 18 日 | 仓储物流、重化工业、钢材、电子信息、汽车制造、生物医药 |
| 50 | 徐州高新技术产业开发区 | 2015 年 9 月 21 日 | 智能装备、电子信息、汽车制造 |
| 51 | 锡山经济技术开发区 | 2017 年 9 月 21 日 | 电子信息、装备制造、生物医药、精细化工、新材料 |
| 52 | 杭州湾上虞工业园区 | 2013 年 4 月 18 日 | 生物医药、汽车制造、新材料、装备制造 |
| 53 | 杭州钱江经济开发区 | 2015 年 7 月 3 日 | 装备制造、新能源、新材料 |
| 54 | 杭州萧山临江高新技术产业园区 | 2015 年 7 月 3 日 | 汽车制造、装备制造、新能源、新材料 |
| 55 | 嘉兴港区 | 2015 年 7 月 3 日 | 仓储物流、新材料、装备制造 |
| 56 | 上海市青浦工业园区 | 2013 年 12 月 20 日 | 生物医药、新材料、高端装备制造 |
| 57 | 上海市工业综合开发区 | 2015 年 7 月 3 日 | 电子信息、装备制造 |
| 58 | 成都经济技术开发区 | 2014 年 10 月 14 日 | 汽车制造 |
| 59 | 昆明经济技术开发区 | 2015 年 7 月 3 日 | 装备制造、光电子、生物医药、食品加工、烟草加工 |

1. 加强顶层设计

一方面,政府通常会为生态工业园区的发展制定专门的法律法规和扶持政策,为生态工业示范园区的发展提供制度保障。例如,苏州工业园区设立了绿色发展专项引导资金,加大对节能技术新颖、节能效益突出、示范意义明显的节能技改项目的扶持力度。另一方面,园区都会成立专门的管理委员会或是领导小组,通常由当地政府领导班子的主要成员负责,以此确保园区与政府部门沟通与衔接的高效。苏州吴中经济技术开发区成立了绿色园区创建领导小组,统一领导和协调指导创建绿色园区的各项工作;构建了全面监测、高效智慧的城市运行指挥中心,并制订开发区信息化建设管理办法,建设协同高效的共性服务平台,构建了规范共享的数据资源中心。

2.构建物质能量循环体系

充分实现能源的梯级利用、循环利用以及废弃物的资源化利用是降耗增效的重要手段,因此,构建循环经济体系、循环经济产业链等物质能量循环体系是大多数生态工业园区都会采用的做法。例如,苏州国家高新技术产业开发区建成了五大资源综合利用示范工程,实现了对电子产业废物、废旧轮胎、废旧家电、废钢铁以及其他可再生资源的循环利用;扬州高新技术开发区环保科技产业园构建了"生活垃圾处理与综合利用""餐厨垃圾处理与综合利用"等循环经济产业链条。

3.大力支持绿色技术创新

绿色技术进步是推动经济绿色发展的核心驱动力,大力支持绿色技术创新是生态工业园区最显著的特征。例如,江苏东台经济开发区对于与绿色发展相关的具有自主知识产权的重大技术创新项目和产品产业化项目,在立项审批、研发补贴、土地和水电审批等方面给予重点扶持;昆明国家高新技术产业开发区在税收减免、经费补贴、人才政策等方面,对具有绿色技术研发实力的企业进行了政策扶持;苏州国家高新技术产业开发区积极促进企业、研究结构、高校之间的产学研合作,大力推动循环经济领域科技成果的市场化应用,并建成了五大资源综合利用示范工程。

4.积极探索清洁能源替代方案

优化能源结构,提高太阳能、水能、风能等可再生清洁能源的消费比重,减少对化石能源尤其是煤炭的依赖,是有利于从长远角度降低污染、减少碳排放的手段,因此许多工业园区积极推广清洁能源的使用。例如,苏州工业园区大力支持光伏、储能、分布式燃机等项目在园区落地,并入选了国家分布式光伏市场化交易试点地区;南昌国家高新技术产业开发区大力推动屋顶太阳能光伏电站;重庆两江新区水土工业开发区,园区95%以上公共交通采用新能源汽车。

5.优化产业结构

淘汰高能耗、高污染的落后产能,大力发展技术研发能力强、生产效率高、管理理念先进的高新技术产业,是很多生态工业园区近年来发展的一个主要方向。苏州国家高新技术产业开发区大力发展太阳能光伏产业、绿色家电产业、新能源产业、环保产业、资源回收利用产业等绿色环保产业,形成了体系完备、效益良好的绿色产业;上海杭州湾经济技术开发区不断调整优化产业结构,高新技术产业产值占开发区工业总产值比例达到39.6%,绿色产业增加值占园区工业增加值比例超过40%;桐城经济技术开发区通过有序转移不符合产业规划及高能耗的项目,逐步淘汰了生产方式落后、生产效率低下、污染排放严重的企业。

6. 深化环境治理

除了发展经济之外,深化环境治理、提高环境质量也是生态工业园区的主要任务之一。苏州国家高新技术产业开发区积极推进活水工程,完成14条黑臭水体治理、70公里河道清淤,完成48个雨污分流片区改造,新改建污水管网80公里;南昌国家高新技术产业开发区建成青山湖污水处理厂、瑶湖污水处理厂、航空城污水处理厂等3个污水处理厂及配套污水收集系统,区内所有污水处理厂全部安装了在线监控设施,并与市环保局联网。

## 二、长江经济带产业共生集聚发展取得的成效

### 1. 污染排放得到遏制,生态环境大大改善

长期以来,"三废"大量排放造成的严重的污染是制约长江经济带绿色长远发展的主要问题之一。产业共生集聚通过构建物质循环体系、促进绿色技术创新等方式,推动了长江经济带内企业生产和管理方式的绿色转型,大大减少了工业污染物的排放,使得长江流域的生态环境得到极大改善。苏州国家高新技术产业开发区城镇黑臭水体基本消除,集中式饮用水源地水质达标率保持100%,新增、改建绿化面积1.58平方公里,自然湿地保护率由51.9%提高到60%;扬州高新技术开发区环保科技产业园污水集中处理率达100%,基地处理各类废物129万吨,其中,焚烧处理城市生活垃圾66万吨、回收处理建筑垃圾61万吨、处理医疗废弃物2750吨、回收处理餐厨废弃物2.2万吨、拆解报废汽车10000辆左右。

### 2. 创新能力显著提高,产业结构全面升级

长江经济带重化工业占全国比重为40%左右。重化工业的高度集中不仅加重了长江经济带内的环境负担,而且挤占了技术研发能力强、生产效率高、核心竞争力强的高新技术产业的发展空间,极大地限制了长江经济带的高质

量发展。产业共生集聚依靠自身具备的绿色技术外部性等优势,促进了长江经济带内高新技术产业的发展,推动了产业结构升级。例如,上海杭州湾经济技术开发区,高新技术产业产值占开发区工业总产值比例达到39.6%,绿色产业增加值占园区工业增加值比例达到43.6%,人均工业增加值达到32.2万元/人,均高于指标引领值;太原经济技术开发区高新技术产业增加值占比达到15%,非煤工业总产值占太原市比重达到39.9%,产业结构调整成效明显。

3. 发展不平衡局面得到缓解,上中下游协调发展水平提高

产业共生集聚模式下的产业布局,不再是盲目的、单一的、粗放的布局方式,而是围绕物质能量的循环方式、产业链的供需关系、因地制宜地进行产业布局。随着产业共生集聚逐渐取代原有的产业集聚模式,长江经济带发展不平衡的局面也逐渐得到缓解。一方面,区域协作发展水平显著提高。通过共建产业园区的方式,江苏积极推动各市县与上海的产业协同,截至2019年,共建园区数量达到45个,极大提高了江苏各区域的产业发展水平;四川和重庆共建了20多个产业合作示范园区,涉及产业涵盖车辆制造、电子信息、高端装备制造等优势产业,大大提高了川渝地区的整体竞争力。另一方面,产业梯度转移工作取得显著成效。长江中下游地区的劳动密集型、资源密集型产业通过项目投资、共建产业园区等方式逐步向长江中上游地区转移,既改善了长江中下游地区的产业结构,也带动了长江中上游省市的产业发展,缩小了区域发展水平的差距,提高了长江经济带整体的协同发展水平。

## 第四节　长江经济带产业共生集聚存在的问题

近年来,随着国家对长江经济带绿色发展问题越来越重视,相继出台了一系列政策来鼓励长江经济带工业园区进行生态化、绿色化转型,也取得了一定的成效。但是,由于长江经济带覆盖范围广、区域发展差距大、产业结构积重难返等原因,目前长江经济带工业生态化、绿色化转型仍然存在诸多问题。

### 一、物质能量循环体系尚不完善

1. 生态环保意识薄弱

构建物质能量循环体系,首先要求园区的管理者、生产者具有对物质能量

进行循环利用的意识,部分地区,尤其是自然资源较为丰富的区域,管理者和生产者往往缺乏生态环保意识,发展循环经济的主观能动性较弱。一方面,对生产废弃物的处理方式还停留在进行简单的无害化处理后就直接排放的阶段,缺乏对废弃物进行处理、加工、再利用的意识。另一方面,缺乏能源阶梯化利用的观念,对无法直接利用的生产余热,往往直接舍弃,造成了极大的资源浪费。

2.物质能量循环体系不完善

现阶段,大多数生态工业园区的物质能量循环体系往往只能覆盖整个工业园区生态系统的一部分,很少能够做到全覆盖。大多数生态工业园区在产业内循环、产业间循环取得了不错的成效,但在构建生产系统与消费者之间的大循环方面,往往乏善可陈。一方面,生活垃圾的回收再利用以及生产热能向居民区的输送需要往往需要增加额外的成本,另一方面,生产区域的管理和生活区域的管理往往分属不同的系统,管理成本较高。因此,目前能够有效实现生产系统和消费者之间物质能量大循环的区域并不多,物质能量循环系统依然存在很大的完善空间。

## 二、绿色创新能力亟待增强

1.区域协同创新水平不足,创新效率不高

创新项目“一拥而上”的现象较为严重,各省市对自身创新功能定位的认知不够清晰,往往不考虑自身的发展禀赋,盲目投资大数据、集成电路、人工智能等创新项目,造成大量创新资源的浪费,创新效率低下。区域协同创新主要由政府主导,企业、高校、科研院所等创新主体的参与程度较低,造成了区域协同创新活动往往流于表面,不够深入。创新资源共享服务平台的建设水平有待提高,制约了创新资源在区域间的流通与共享,不利于知识和技术的交流与溢出。

2.创新要素流动滞塞,创新资源分布不均

一方面,长江经济带内人力资源的流动和共享不够充分。户籍制度、社会保障制度等制度性因素的制约,使得人才要素流通不畅。另一方面,经济发展水平的差异使得创新资源具有明显的头部集聚特征。欠发达地区由于受基础设施、生活条件、发展前景等方面的限制,即使开出高于其他地区数倍的工资也很难吸引相关人才,人才流失现象十分严重。创新能力强的企业、研发机构也更愿意选择人力资源丰厚、市场前景广阔的经济发达地区作为落脚点,这进一步加剧了各地区创新资源分布的失衡。

3. 创新意识薄弱,园区转型缺乏内驱力

由于创新研发工作的先期投入较大,资金回笼周期较长,短期内难以看到收益,因此部分地区进行科研创新活动的内驱力不足,创新推动工作浮于表面,存在急功近利、政策延续性差、责任主体不明确等问题,园区的创新转型工作进程缓慢。

### 三、产业链供需协同水平有待提高

1. 产业结构失衡,生态环境问题依然严峻

现阶段,长江经济带长期以来形成的重化工业比重偏高的问题依然存在。造纸、化工、冶金、建材、火电等重化工业密布于长江两岸,长江经济带重化工业占比超过40%,几乎占据了全国的半壁江山。重化工业的集中分布给长江流域的自然环境带来了极大的压力,环境容量已逼近所能承载的极限,由此引发的水污染、土地污染、空气污染、物种灭绝等生态环境问题,已经严重影响了长江两岸的经济发展和当地人民的生活水平。

2. 产业布局缺乏协同,同质化问题突出

长江经济带的工业园区布局模式是典型的沿江布局,同时由于上中下游产业布局不合理,同质化严重,且往往都以化工园区为主,因此形成了"化工围江"的产业格局。化工产业的大量集中分布,不仅会带来严重的生态环境问题,也不利于长江经济带整体的协同发展,不利于长江上中下游区域的协同发展。

## 第五节　产业共生集聚驱动长江经济带绿色发展的政策建议

产业共生集聚在降耗增效、促进绿色创新、推动产业升级和产业链协同发展方面等方面具有显著优势,是长江经济带绿色发展过程中不可或缺的一环。结合产业共生集聚的内涵和特征,以及长江经济带产业共生集聚发展取得的成效和存在的问题,本节从以下几个方面,提出产业共生集聚驱动长江经济带绿色发展的政策建议。

### 一、加强顶层设计，积极推动产业共生集聚区建设

第一，对产业共生集聚区的建设，要在政策上予以大力支持。财政政策方面，设立专项资金用于支持产业共生集聚区的建设；为绿色企业、绿色研发中心提供研发补贴，减轻企业进行绿色技术创新的负担；允许企业用科研费用抵扣企业所得税等。金融政策方面，鼓励银行等金融机构进行绿色金融创新，拓宽绿色企业的融资渠道；构建完善知识产权质押融资体系，缓解中小企业进行绿色技术研发的压力；政府牵头成立公募基金，对掌握绿色生产技术的企业进行投资等。行政管理制度方面，由当地政府领导班子的主要成员牵头，成立专门的管理委员会，协调产业共生集聚区与各行政部门之间的对接工作，提高园区各项事务审批、办理的效率。在土地审批、水电供给等方面，优先满足共生集聚区建设的需要等。

第二，建立科学合理的考评体系，评估产业共生集聚的建设成效。一方面，要构建一个科学的评价指标体系，综合考量共生集聚区在经济增长、环境保护、产业发展等方面取得的成效。另一方面，要构建完善的监管机制和考评机制，成立专门的监察机构，对共生集聚区内土地、资源、资金的审批和使用进行监管；建立有效的责任追究机制，发生重大的生产安全事故、环境安全事故，要追责到具体的个人；建立科学的绩效评价体系，在官员的任命和选拔上，破除"唯GDP论"的传统思想，将环境保护、科技进步、人民福祉等因素进行综合考量。

第三，建立有效的区域协调机制，破除区域协作壁垒。产业共生集聚的发展，离不开区域之间的取长补短、相互合作。一方面，上层组织要成立专门的区域协调机构，统筹协调各区域之间在行政管理、经济合作、技术交流等方面的工作，提高跨区域合作的行政效率。另一方面，要制订一套兼顾效率与公平的利益分配机制，缓解区域间在利益分配上的矛盾和冲突，调动企业、金融机构、科研院所等进行跨区域合作的积极性。

### 二、优化产业布局，充分发挥共生集聚效应

长江经济带长期以来形成的重化工业为主的产业结构是阻碍长江经济带绿色发展的主要因素之一。为了充分发挥产业共生集聚经济收益和环境效益"双赢"的优势，必须坚持发展新产业和改造旧产业相结合。一方面，充

分利用好产业共生集聚在绿色技术创新方面的优势,大力加强各个企业的清洁技术改造,加快落后产能和重污染企业的淘汰速度,积极扶持智能制造、"互联网+"、大数据等高新技术产业的发展;大力改造能源基础设施,尽可能用效率更高大容量机组代替小容量机组,并将小容量机组升级为非化石能源的开发应用;积极发展太阳能、风能、水能等新能源清洁产业。另一方面,推动钢铁、石化等传统产业的绿色转型升级。既可以通过加强环境规制、增收三废无害化处理费用等手段,倒逼相关产业进行自我升级,提升自身的生产技术和管理水平,降低能源消耗和污染排放;也可以积极引导企业与高校、科研院所等研发机构合作,共同建立以新产品新技术的开发和新型组织管理模式的推广为主要方向的大型实验室、科研院所、企业研发中心等科研创新机构,全面促进区域工业企业技术水平的提高。

此外,除了注重本地区产业的合理布局之外,也要关注区域之间产业的协同发展。一方面,长江下游区域要进一步发挥在经济基础、地理区位、人力资源等方面的优势,积极推动产业结构优化升级,逐步淘汰高能耗高污染的落后产能,培育形成具有国际水平的产业集群,提升长江经济带产业竞争力。另一方面,长江中上游地区在做好产业承接转移工作的同时,也要坚决杜绝污染企业向长江中上游转移。通过制定较为严格的引进标准和环境规制,防止在产业转移的过程中,将高能耗高污染的产业转移到长江中上游省市;同时,在工业园区内引入专业的"三废"回收处理再利用产业,促进园区企业废弃物资源的循环利用和绿色利用,形成完善的废弃物资源化利用产业链,增强园区的内循环能力。

### 三、加快创新要素流动,推动绿色技术创新

绿色创新要素是产业共生集聚发展的核心资源,加快创新要素流动有利于提高绿色技术的创新效率。长江经济带应该尽快建立统一的人才信息数据库,使人才信息能够得到充分的共享;降低对相关专业人才落户、购房、就医、子女教育等方面的门槛,提高相关专业人才的薪资待遇和社会福利水平,营造良好的人才引进环境;积极推动高校建设新能源、新材料、环保、高端制造等方面的专业,储备人才后备军;积极引进海外的先进制造设备、制造技术,邀请国外在新能源、智能制造、绿色生产领域的专家、学者、管理团队来长江经济带参观指导;进一步创新知识产权融资模式,扩展绿色企业、绿色研发机构的投融

资渠道;搭建覆盖整个长江经济带的绿色技术共享平台,实现绿色技术资源实时共享;积极组织开展绿色技术研讨会等。

执笔人:刘军为无锡学院数字经济与管理学院教授、院长,南京信息工程大学管理工程学院博士生导师;此外,参与本章执笔的还有南京信息工程大学管理工程学院的羊宇宁

## 参考文献

[1]杜宇,黄成,吴传清.长江经济带工业高质量发展指数的时空格局演变[J].经济地理,2020,40(08):96-103.

[2]中华人民共和国国民经济和社会发展第十四个五年规划和2035年远景目标纲要[N].人民日报,2021-03-13(001).

[3]Romer P M. Endogenous Technological Change[J]. Journal of Political Economy,1990(98):71-102.

[4]刘军,程中华,李廉水.产业聚集与环境污染[J].科研管理,2016,37(06):134-140.

[5]Chertow M R. Industrial Symbiosis:Literature and Taxonomy[J]. Annual Review of Energy and the Environment,2000,25(1):313-337.

[6]Wadström C., Johansson M., Wallén M. A Framework for Studying Outcomes in Industrial Symbiosis[J]. Renewable and Sustainable Energy Reviews,2021,151,p.111526.

[7]刘军,钱宇,段蓉蓉.产业共生集聚:一种循环型产业集聚的新形态[J].江苏社会科学,2022(04):152-162+244.

[8]Jun L,Yu Q,Shun-feng S,et al. Industrial symbiotic agglomeration and green economic growth:A spatial difference-in-differences approach[J]. Journal of Cleaner Production,2022,364.

[9]Krugman P. Increasing Returns and Economic Geography[J]. Journal of Political Economy,1991,99(3):483-499.

[10]沈能,赵增耀,周晶晶.生产要素拥挤与最优集聚度识别——行业异质性的视角[J].中国工业经济,2014(05).

[11]Qiang-min X, Rui-dong S, Lin M. The impact of special economic

zones on producer services productivity：Evidence from China［J］，China Economic Review，2021，65，p. 101558.

［12］中华人民共和国国家发展和改革委员会，中华人民共和国科学技术部，中华人民共和国国土资源部，等. 中国开发区审核公告目录（2018 年版）［EB/OL］. （2018 - 03 - 02）［2021 - 11 - 20］. https：//www. ndrc. gov. cn/xxgk/zcfb/gg/201803/t20180302_961203. html.

［13］胡志强，苗长虹，袁丰. 集聚空间组织型式对中国地市尺度工业 SO$_2$ 排放的影响［J］. 地理学报，2019，74（10）：2045 - 2061.

［14］贾卓，杨永春，赵锦瑶，等. 黄河流域兰西城市群工业集聚与污染集聚的空间交互影响［J］. 地理研究，2021，40（10）：2897 - 2913.

［15］吕一铮，田金平，陈吕军. 推进中国工业园区绿色发展实现产业生态化的实践与启示［J］. 中国环境管理，2020，12（3）：85 - 89.

［16］杨桂山，徐昔保. 长江经济带"共抓大保护、不搞大开发"的基础与策略［J］. 中国科学院院刊，2020，35（8）：940 - 950.

［17］徐宜雪，崔长颢，陈坤，等. 工业园区绿色发展国际经验及对我国的启示［J］. 环境保护，2019，47（21）：69 - 72.

［18］张玥，乔琦，姚扬，等. 国家级经济技术开发区绿色发展绩效评估［J］. 中国人口·资源与环境，2015，25（6）：12 - 16.

［19］马晔，田金平，陈吕军. 工业园区水管理创新研究［J］. 中国环境管理，2019，11（4）：59 - 66.

［20］陈娱，王峰，陆玉麒. 长江干线过江公路发展过程及其区域连通能力评价［J］. 地理科学，2023，43（10）：1691 - 1700.

［21］苏科，周超. 人力资本、科技创新与绿色全要素生产率——基于长江经济带城市数据分析［J］. 经济问题，2021（05）：71 - 79.

# 第六章　长江经济带重大生产力
## 布局调整与优化

　　生产力布局亦可称之为"生产配置"，是指在特定空间范围内生产力要素的地理分布与组织结构，是政府根据社会经济发展的总体战略和目标进行区域统筹的重要手段。党的十八届三中全会明确促进重大经济结构协调和生产力布局优化是宏观调控的主要任务之一，党的二十大报告也将重大生产力布局作为实现高质量区域经济布局和促进区域协调发展的重要举措。本章理清长江经济带在全国重大生产力布局中的重要地位，梳理总结不同阶段长江经济带重大生产力布局的基本特征以及布局过程中的经验教训，在深入分析现阶段重大生产力重点领域在长江经济带分布总体格局和主要特征的基础上，结合我国和长江经济带发展面临的新形势、新机遇、新挑战、新要求，提出未来重大生产力布局的总体思路和优化调整的方向与路径。

## 第一节　长江经济带在全国重大生产力布局中的地位

### 一、长江经济带在全国总体经济格局中的地位

1. 长江经济带经济总量占全国近半壁江山

　　长江经济带是全国最重要高密度经济走廊和全国经济、科技、文化最发达的地区之一。2021 年，长江经济带 11 省市经济总量占全国的比重达到46.4%，对全国经济增长的贡献率已经达到50.5%，持续支撑和引领全国经济发展。这主要得益于长江经济带地区拥有众多的重要城市和经济中心，如上海、南京、武汉、重庆等。这些城市在金融、制造、科技创新等领域具有较大的竞争力和发展潜力，为长江经济带的整体经济地位提供了强大支撑。

　　长江经济带产业结构水平相对较高，2021 年，除江西外各省市的第三产业占比均超过了 50%。与全国相比，长江经济带的产业结构更加多元化。在全国范围内，长江经济带地区在制造业、高新技术产业、现代服务业等方

面具有显著优势。上海作为全国重要的金融中心,是长江经济带的金融业发展的龙头,吸引了大量的国内外金融机构和资本。江苏、浙江等地在制造业方面相对发达,涵盖了汽车制造、电子信息、纺织服装等多个领域。此外,长江经济带还具备丰富的农业资源和水资源,农业和能源产业也占有一定比重。

2.长江经济带东中西三大板块经济份额相对稳定

长江经济带内部各地区的经济发展呈现明显的差异性。东部地区的沪苏浙皖经济总量在长江经济带所占比重上升,从2019年的51.8%上升到2021年的52.1%,增加了0.3个百分点。这表明东部地区在经济集聚度和发展活力方面呈现出较高水平。中部地区的赣鄂湘经济总量占比从2019年的24.1%下降到2021年的23.7%,减少了0.4个百分点。这表明中部地区的经济发展略有下降,但变化幅度相对较小。西部地区的云贵川渝在经济总量占比方面有一定波动。从2019年的24.2%上升到2020年的24.6%,但在2021年又下降到24.3%。尽管有一定的变化,但变化幅度相对较小,显示出这些地区的经济发展相对稳定。总体而言,东部地区(沪苏浙皖)的经济总量占比逐年增加,显示出较高的经济集聚度和发展活力。中部地区(赣鄂湘)的经济总量占比略微下降,而西部地区(云贵川渝)的经济总量占比变化幅度相对较小,说明这些地区的发展相对稳定。

表6.1 2019—2021年长江经济带11省市GDP及占比情况

| 地区 | 2019年 | | 2020年 | | 2021年 | |
|---|---|---|---|---|---|---|
| | 规模(亿元) | 占比(%) | 规模(亿元) | 占比(%) | 规模(亿元) | 占比(%) |
| 上海 | 38155 | 8.3 | 38701 | 8.2 | 43215 | 8.2 |
| 江苏 | 99632 | 21.8 | 102719 | 21.8 | 116364 | 21.9 |
| 浙江 | 62352 | 13.6 | 64613 | 13.7 | 73516 | 13.9 |
| 安徽 | 37114 | 8.1 | 38681 | 8.2 | 42959 | 8.1 |
| 江西 | 24758 | 5.4 | 25692 | 5.4 | 29620 | 5.6 |
| 湖北 | 45828 | 10 | 43443 | 9.2 | 50013 | 9.4 |
| 湖南 | 39752 | 8.7 | 41782 | 8.9 | 46063 | 8.7 |
| 重庆 | 23606 | 5.2 | 25003 | 5.3 | 27894 | 5.3 |
| 四川 | 46616 | 10.2 | 48599 | 10.3 | 53851 | 10.2 |

续表

| 地区 | 2019 年 | | 2020 年 | | 2021 年 | |
|------|---------|------|---------|------|---------|------|
| | 规模(亿元) | 占比(%) | 规模(亿元) | 占比(%) | 规模(亿元) | 占比(%) |
| 贵州 | 16769 | 3.7 | 17827 | 3.8 | 19586 | 3.7 |
| 云南 | 23224 | 5.1 | 24522 | 5.2 | 27147 | 5.1 |
| 长江经济带 | 457806 | — | 471582 | — | 530228 | — |
| 全国 | 990865 | — | 1015986 | — | 1143670 | — |
| 占比 | — | 46.2 | — | 46.4 | — | 46.4 |

资料来源:中国统计年鉴

从各省市的产业结构来看,上海的第三产业产值占比高出第二产业
46.8%。与上一年相比,第二产业和第三产业之间的比重差距进一步拉大,第
一产业的占比微乎其微。这表明上海以服务型经济为主导,产业结构特征明
显;江苏、浙江和重庆三地的第一产业占比不足7%。其中,浙江和重庆的第
三产业占地区生产总值的比重高出第二产业12%以上,形成典型的"三二一"
产业结构。江苏仍然以制造业占据重要位置,形成了二、三产业并驾齐驱的产
业结构;安徽的农业占比相对较高,第二产业占比有所增加,服务业占比相对
稳定,工业化进程快速推进;江西的农业占比也相当重要,但第二产业和第三
产业的比重相差不大,产业结构比较均衡;湖北、湖南、四川、贵州和云南的第
一产业比重在9%至15%之间,第二产业占比不足40%,而第三产业的占比远
远超过第二产业。在这些省市中,农业仍然占据一定地位,服务业稳定发展,
工业化进程也在快速推进。

表 6.2　2020—2021 年长江经济带 11 省市三次产业结构变化情况

单位:%

| 地区 | 2020 年 | | | 2021 年 | | |
|------|---------|------|------|---------|------|------|
| | 第一产业 | 第二产业 | 第三产业 | 第一产业 | 第二产业 | 第三产业 |
| 上海 | 0.3 | 26.6 | 73.1 | 0.2 | 26.5 | 73.3 |
| 江苏 | 4.4 | 43.1 | 52.5 | 4.1 | 44.5 | 51.4 |
| 浙江 | 3.3 | 40.9 | 55.8 | 3 | 42.4 | 54.6 |
| 安徽 | 8.2 | 40.5 | 51.3 | 7.8 | 41 | 51.2 |
| 江西 | 8.7 | 43.2 | 48.1 | 7.9 | 44.5 | 47.6 |

续表

| 地区 | 2020 年 | | | 2021 年 | | |
|------|--------|--------|--------|--------|--------|--------|
| | 第一产业 | 第二产业 | 第三产业 | 第一产业 | 第二产业 | 第三产业 |
| 湖北 | 9.5 | 39.2 | 51.3 | 9.3 | 37.9 | 52.8 |
| 湖南 | 10.2 | 38.1 | 51.7 | 9.4 | 39.3 | 51.3 |
| 重庆 | 7.2 | 40 | 52.8 | 6.9 | 40.1 | 53 |
| 四川 | 11.4 | 36.2 | 52.4 | 10.5 | 37 | 52.5 |
| 贵州 | 14.2 | 34.8 | 50.9 | 13.9 | 35.7 | 50.4 |
| 云南 | 14.7 | 33.8 | 51.5 | 14.3 | 35.3 | 50.4 |

资料来源:中国统计年鉴

## 二、长江经济带的优势产业与基本特征

### 1. 长江经济带优势产业及其变化趋势

长江经济带的总体优势产业是其他采矿业,其占全国的比重最高,达到了 97%。这意味着在全国范围内,长江经济带在其他采矿业领域具有较强的经济实力和竞争优势。其他具有较高占比的产业包括化学纤维制造业、烟草制品业、非金属矿采选业、通用设备制造业和酒、饮料和精制茶制造业等,这些产业在全国领域具有一定的占比优势,即具备一定的竞争力和经济影响力。

长江经济带在一些产业中的占比较低,例如采矿业,石油、煤炭及其他燃料加工业,黑色金属矿采选业等,表明这些产业相对较弱,需要进一步发展和提升竞争力。

综合来看,长江经济带的其他采矿业是最具优势的产业,同时在化学纤维制造业、烟草制品业、非金属矿采选业、通用设备制造业和酒、饮料和精制茶制造业等领域也具备一定的竞争优势。这些产业对于长江经济带的经济发展和区域竞争力具有重要意义。

表 6.3　2020 年长江经济带各产业的营业收入占全国的比重

单位:%

| 产业 | 其他采矿业 | 化学纤维制造业 | 烟草制品业 | 非金属矿采选业 | 通用设备制造业 | 酒、饮料和精制茶制造业 |
|---|---|---|---|---|---|---|
| 占比 | 97 | 73 | 71 | 61 | 60 | 60 |
| 产业 | 纺织业 | 仪器仪表制造业 | 印刷和记录媒介复制业 | 电气机械和器材制造业 | 专用设备制造业 | 医药制造业 |
| 占比 | 57 | 56 | 55 | 55 | 53 | 53 |
| 产业 | 铁路、船舶、航空航天和其他运输设备制造业 | 化学原料和化学制品制造业 | 非金属矿物制品业 | 废弃资源综合利用业 | 金属制品业 | 汽车制造业 |
| 占比 | 52 | 51 | 50 | 50 | 49 | 49 |
| 产业 | 纺织服装、服饰业 | 橡胶和塑料制品业 | 水的生产和供应业 | 其他制造业 | 家具制造业 | 有色金属冶炼和压延加工业 |
| 占比 | 48 | 48 | 47 | 47 | 46 | 45 |
| 产业 | 造纸和纸制品业 | 计算机、通信和其他电子设备制造业 | 金属制品、机械和设备修理业 | 木材加工和木、竹、藤、棕、草制品业 | 文教、工美、体育和娱乐用品制造业 | 农副食品加工业 |
| 占比 | 45 | 44 | 43 | 43 | 41 | 40 |
| 产业 | 燃气生产和供应业 | 有色金属矿采选业 | 电力、热力、燃气及水生产和供应业 | 食品制造业 | 电力、热力生产和供应业 | 黑色金属冶炼和压延加工业 |
| 占比 | 40 | 39 | 38 | 37 | 37 | 35 |
| 产业 | 皮革、毛皮、羽毛及其制品和制鞋业 | 黑色金属矿采选业 | 采矿业 | 石油、煤炭及其他燃料加工业 | 开采专业及辅助性活动 | 煤炭开采和洗选业 |
| 占比 | 33 | 24 | 20 | 20 | 19 | 14 |

资料来源:中国统计年鉴

　　长江经济带的主要优势产业呈现出不同的发展动态。化学纤维制造业的比例从 2005 年的 0.744 逐渐下降至 2020 年的 0.728,显示出略微的下降趋势。烟草制品业的比例在 2005 年至 2010 年间有所下降,但之后保持相对稳定。非金属矿采选业的比例逐年上升,从 2005 年的 0.367 增至 2020 年的

0.612,显示出稳步增长的趋势。通用设备制造业的比例在 2005 年至 2010 年间有所下降,之后保持相对稳定。酒、饮料和精制茶制造业的比例整体上呈现逐年增加的趋势。纺织业的比例略微下降,从 2005 年的 0.594 降至 2020 年的 0.571。

综上所述,长江经济带主要优势产业的产业结构经历了一定的变化。化学纤维制造业的比例逐渐下降,非金属矿采选业和酒、饮料和精制茶制造业的比例逐年上升,而烟草制品业、通用设备制造业和纺织业的比例变化较小或相对稳定。

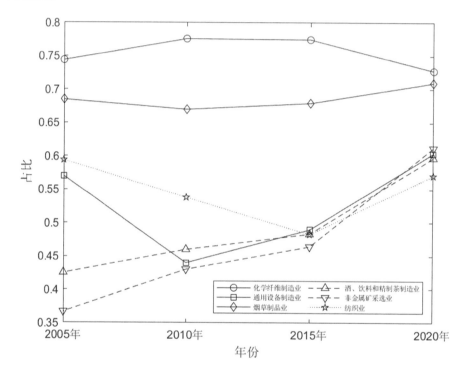

**图 6.1 长江经济带优势产业在全国占比(2005 年、2010 年、2015 年、2020 年)**
图片来源:作者自绘

### 2. 分省的优势产业分析

根据区位熵值分析得出的各省市的优势产业,当区位熵 > 1 时,那就意味着该地区在相应的产业中具有相对优势。一般来说,区位熵越大,表示该产业在该地区的集中度越高,因此可能在这个产业上有更大的优势。虽然各省市的许多产业区位熵都大于 1,表明在多个产业上具有相对优势,但为了更明确地描述每个省市的优势产业,我们选取了区位熵最大的前三个产业,它们在各自地区的发展程度和集中度都超过了其他产业。东部地区(上海,江苏,浙江):优势产业主要集中在金属制品、机械和设备修理业,通用设备制造业,汽车制造业,化学纤维制造业,以及纺织业,上海的优势产业主要在金属制品、机械和设备修理业,江苏与浙江两省的优势产业相似,主要集中在化学纤维制造业。中部地区(安徽,江西,湖北,湖南):优势产业主要在废弃资源综合利用业,各类采矿业,纺织业以及非金属矿采选业,安徽与江西两省的优势产业主要是废弃资源综合利用业和矿产开采业,湖北与湖南两省的优势产业主要是采矿业和纺织业。西部地区(重庆,四川,贵州,云南):优势产业包括铁路、船舶、航空航天和其他运输设备制造业,汽车制造业,酒、饮料和精制茶制造业,其他采矿业,煤炭开采和洗选业,烟草制品业,有色金属矿采选业,以及有色金属冶炼和压延加工业。在西部地区的各省市中,重庆的优势产业主要集中在运输设备制造业和汽车制造业,四川的优势产业为酒、饮料和精制茶制造业,贵州的优势产业包括其他采矿业和煤炭开采和洗选业,云南的优势产业则主要是烟草制品业和有色金属矿采选业。

表6.4　2020年长江经济带11省市前三优势产业及区位熵

| 地区 | 第一优势产业及区位熵 | | 第二优势产业及区位熵 | | 第三优势产业及区位熵 | |
|---|---|---|---|---|---|---|
| 上海 | 金属制品、机械和设备修理业 | 7.17 | 通用设备制造业 | 2.47 | 汽车制造业 | 2.26 |
| 江苏 | 化学纤维制造业 | 3.2 | 通用设备制造业 | 1.82 | 仪器仪表制造业 | 1.79 |
| 浙江 | 化学纤维制造业 | 3.52 | 通用设备制造业 | 2.13 | 纺织业 | 2.13 |
| 安徽 | 废弃资源综合利用业 | 1.93 | 黑色金属矿采选业 | 1.67 | 煤炭开采和洗选业 | 1.55 |
| 江西 | 废弃资源综合利用业 | 2.74 | 有色金属矿采选业 | 2.67 | 非金属矿采选业 | 2.46 |
| 湖北 | 其他采矿业 | 13.43 | 纺织业 | 4.83 | 非金属矿采选业 | 2.41 |
| 湖南 | 其他采矿业 | 4.02 | 有色金属矿采选业 | 2.87 | 非金属矿采选业 | 2.77 |
| 重庆 | 铁路、船舶、航空航天和其他运输设备制造业 | 3.96 | 汽车制造业 | 3.11 | 其他制造业 | 2.06 |
| 四川 | 酒、饮料和精制茶制造业 | 4.04 | 开采专业及辅助性活动 | 2.36 | 燃气生产和供应业 | 2.12 |

续表

| 地区 | 第一优势产业及区位熵 | | 第二优势产业及区位熵 | | 第三优势产业及区位熵 | |
|------|------|------|------|------|------|------|
| 贵州 | 其他采矿业 | 6.28 | 煤炭开采和洗选业 | 5.06 | 酒、饮料和精制茶制造业 | 4.63 |
| 云南 | 烟草制品业 | 12.57 | 有色金属矿采选业 | 8.46 | 有色金属冶炼和压延加工业 | 3.79 |

资料来源:中国统计年鉴

# 第二节  长江经济带重大生产力布局的历史演化

## 一、重大生产力布局演变过程与阶段划分

党的二十大报告强调要通过优化重大生产力布局来构建优势互补、高质量发展的区域经济布局和国土空间体系,可见优化重大生产力布局对于我国区域发展具有重要现实意义。中华人民共和国成立起,我国在优化重大生产力布局方面进行了大量的实践,总体上经历了"均衡—分散—集中—协调"的演变过程。

1.均衡发展阶段(20世纪50年代—20世纪60年代中期)

新中国成立初期,在马克思均衡发展和苏联生产力均衡布局实践的指引下,为了改变新中国成立后沿海与内地工业失衡的状况,综合考虑经济、国防和安全等因素,我国实施了以"156项工程"建设为主要抓手的生产力均衡布局战略。"156项工程"主要布局在我国东北和中西部的18个城市,同时,694个限额以上工业项目中的472个也位于内地。我国在该时期对重大生产力布局的实践为中西部经济发展奠定了良好的工业基础。

2.分散发展阶段(20世纪60年代中期—20世纪70年代末)

1964年起,为保障国防安全,我国开始从经济建设和国防建设两个角度进行生产力布局调整,实施了以"靠山、分散、隐蔽"为重要原则的"三线建设",推动了生产力布局的分散化。在该阶段,不仅从宏观尺度上重点企业和科研院所向西南、西北等"大三线"地区转移,而且在中微观尺度上也推动企业向省内靠近内地的"小三线"地区和城市周边偏远山区疏散,使得生产力在空间上形成分散布局的状况。分散化的生产力布局虽然对经济发展整体产生显著的不利影响,导致生产效率有所下降,但是实现了保障国防安全的战略目

标,同时对四川、重庆等局部区域发展产生了积极作用,缓解了当时生产力布局不平衡的状况。

3.集中发展阶段(20世纪80年代—20世纪90年代)

党的十一届三中全会确定了改革开放,随后国家确立了以经济建设为中心的社会主义初级阶段基本路线,区域发展原则也随之从追求公平向追求效率转变。总体上实施东部优先、集聚发展的非均衡化区域战略,促进生产力由分散化向集中化布局转变。生产力布局围绕经济建设大局,综合考虑基本条件、发展潜力和经济基础等因素,形成了东部地区加快建设、中部地区发展能源和原材料、西部地区作为发展后备区的总体部署,促使生产力向东部地区集中,有利于东部地区的发展,并且形成了明显的三级梯度,三大地带差距显著扩大。

4.协调发展阶段(21世纪至今)

进入新世纪,随着地区间的差距不断扩大,缩小区域差距、促进区域协调发展战略被提上日程。区域协调发展战略、区域重大战略、主体功能区战略和新型城镇化战略这四大战略正是我国为促进区域协调发展所提出。当前我国区域发展的协调性和平衡性均得到了增强,生产力大体上维持了东部最高、中部和西部次之、东北地区较弱的基本格局。

## 二、不同阶段长江经济带重大生产力布局特征

1.均衡发展阶段

从20世纪50年代到20世纪60年代中期,为了解决新中国成立后沿海和内地工业之间不平衡的问题,实施了以“156项工程”(实际建设的项目数为150项)为核心生产力均衡布局战略。在实际建设的150项工程中,22项工程分布于长江经济带区域6个省份(表6.5)。其中,10项工程分布于长江上游的四川、云南两省;11项工程分布于长江中游的湖南、江西和湖北三省;1项工程分布于长江下游的安徽。

从工业门类看,涵盖了电子、冶金、能源、航空、船舶、机械六种工业门类。其中,电子工业仅分布于四川,分别为四川784厂、788厂、715厂和719厂,四所电子军工厂主要负责导航、无线电、雷达设备的生产;冶金工业主要分布于长江上游的云南、江西两省;能源企业以热电站为主,主要分布于长江中上游的四川、云南、湖北和湖南四省;航空工业包括湖南331厂和江西320厂,其中

湖南 331 厂负责研制中小航空发动机,江西 320 厂负责教练机、强击机的生产;船舶和机械工业分别为湖南湘潭船用电机厂和湖北武汉重型机床厂。

表 6.5　实际施工 150 项工程长江经济带区域分布情况

| 长江流域 | 省份 | 合计 | 项目情况 | 分布城市 |
|---|---|---|---|---|
| 长江上游 | 四川 | 6 | 重庆热电站、成都热电站、四川 784 厂、四川 788 厂、四川 715 厂、四川 719 厂 | 成都(5)、重庆(1) |
| | 云南 | 4 | 个旧电站(一期、二期)、云南锡业公司、东川矿务局、会泽铅锌矿 | 个旧(2)、东川(1)、会泽(1) |
| 长江中游 | 湖南 | 4 | 株洲热电厂、株洲硬质合金厂、湘潭船用电机厂、湖南 331 厂[中国南方航空工业(集团)有限公司] | 株洲(3)、湘潭(1) |
| | 江西 | 4 | 江西大吉山钨矿、江西西华山钨矿、江西岿美山钨矿、江西 320 厂 | 全南(1)、大余(1)、定南(1)、南昌(1) |
| | 湖北 | 3 | 武汉钢铁公司(一期)、武汉重型机床厂、青山热电厂 | 武汉(3) |
| 长江下游 | 安徽 | 1 | 淮南谢家集中央洗煤厂 | 淮南(1) |
| 合计 | | 22 | — | — |

2. 分散发展阶段

20 世纪 60 年代中期—20 世纪 70 年代末,为保障国防安全,实施了以"靠山、分散、隐蔽"为重要原则的"三线建设"。位于长江经济带上游的川渝地区是"三线建设"的重点区域,三线建设企业数量多、范围广,在整个三线地区具有典型意义。

在中央的大力投资下,川渝地区先后迁建、新建、改扩建了一批机械、化学、兵器、电子、冶金等工业企业。其中,军工企业是川渝地区三线建设的重点,在三线建设中发挥重要作用。在众多建设城市中又以重庆、绵阳为主,包括重庆新建的重庆造船厂,改扩建的长安机器厂,迁建的解放军第 611 研究所等;绵阳新建的国营新光电工厂,改扩建的国营长虹机器厂,迁建的中国工程物理研究所等。

从工业门类看,涵盖了兵器、航空、航天、船舶、电子和核等国防工业的主要生产部门。这些国防企业在地理分布上存在一定差异,根据不同的生产部门进行集中分布。航天工业主要分布在西昌地区,西昌航天卫星发射中心是该地区的代表性企业,专门从事战略、战术导弹以及运载工具及其地面设备的制造;航空工业主要在成都和绵阳地区,其中成都的航空企业主要负责歼击机的生产,而绵阳的航空企业主要负责国内各型飞机、导弹、火箭、卫星和部分工程机械的风洞试验;电子工业主要在广元、乐山和永川地区;兵器工业主要分布在重庆、江津和南充地区,核工业主要分布在涪陵和乐山地区。

### 3. 集中发展阶段

改革开放后,为了充分发挥东部沿海地区在经济、产业、地理等方面的优势,我国开始实行非均衡化区域战略,即鼓励东部地区优先发展。长江经济带的下游长三角地区进入了快速发展的阶段,迅速成长为我国的经济重心,而位于中、西部的长江中上游地区在这一时期的发展速度明显落后于长三角地区。

地理位置的优势和政策导向的影响使得制造业在长三角地区不断聚集,推动了长江经济带下游地区的第二产业快速发展。随着产业结构的升级,长三角地区内部发生了产业转移,更多的传统制造业如纺织、皮革、服装(缝纫)、医药、化纤、金属制品、电器机械等产业逐渐将经济重心从上海转移到了苏浙两地,上海则将经济重心逐渐转移到了发展高新技术产业当中。而长江经济带的上游和中游地区的经济和产业的并没有获得这样的发展机会,因此其发展速度落后于下游地区。

### 4. 协调发展阶段

自 21 世纪以来,我国区域战略从非均衡发展转变为均衡发展阶段,政策导向的改变促进了劳动力、技术、资金等生产要素从东部逐渐向中部、西部转移,长江经济带的中上游地区的经济发展速度加快,与下游长三角地区的经济差距逐渐缩小。此外,长江经济带的上、中、下游地区依据地理优势规划了各自的发展单元,如上游地区所提出的"成渝经济区"、中游地区所提出的"长江中游城市群"和下游地区所提出的"长三角地区",在这些规划的带领下长江经济带整体的经济水平实现了进一步发展。

随着我国加强对铁路、水路等交通设施建设的投入,长江经济带的中上游地区的交通通达性和运输成本均得到了改善。此外,中上游地区的城市还具备劳动成本低、自然资源丰富的优势,上述因素均促使大量制造业开始从下游地区向中上游转移,如食品制造业、化学工业、矿产金属业等产业。长三角地区因长期具备金融、科技、人才、市场和交通等优势,因此装备制造业、电子通信、生物医疗、新能源等高新产业始终在长三角地区高度聚集。值得注意的是,上游地区川渝地带的高技术产业如电子信息、医药、高端装备制造、计算机等产业发展势头良好,逐渐发展成为当地的专业化部门。

### 三、历史经验总结

**1. 长江经济带生产力布局经验和成就**

首先,推动了西南地区的跨越式发展,为中西部地区奠定了强大的产业基础。"156"工程和"三线建设"的实施极大改变了内陆地区的工业状况,加速了内陆省份的工业化进程,尤其是四川、贵州等西南地区。成都—德阳—绵阳经济走廊形成了稳定的发展基础,同时,成都的电子仪表工业和军工企业也成为当前电子信息和航空工业发展的关键支撑。

其次,该地区发展顺应了市场规律,促进了经济快速增长。在20世纪80年代中后期,当东部与内陆省份发展差距扩大时,坚持了东部优先发展策略,并充分利用劳动力比较优势,通过"三来一补"等方式抓住全球产业转移机遇。这推动了我国成为全球第二大经济体,成为我国取得消除绝对贫困、全面建成小康社会等一系列发展成就的重要基石。

最后,通过实施区域协调发展战略,我国内地的基础设施得到进一步完善,科技基础和特色产业的发展能力得到有效提升,生态环境得到改善。在此基础上,我国内地的点轴开发不断深化,空间结构得到优化。西部地区初步形成了成渝城市群,中部地区形成了武汉都市圈、长株潭城市群、中原城市群等核心架构。都市圈、城市群和经济带的建设整合了区域空间,扩大市场规模,有效推动了中西部的发展,促进了区域协调发展。

**2. 长江经济带生产力布局的教训总结**

在"156"工程建设期间,错误地将片面发展重工业视为社会主义经济规律。这导致了经济结构中农业、轻工业和重工业之间的比例失衡,重工业比重过大,对轻工业和对农业的投资不足,无法支撑中工业的进一步发展。"三线建设"时期过分强调"靠山、分散、进洞"的布局策略,在布局上过于分散,使企业在后期的发展中陷入孤立境地,部分企业甚至建到了深山之中,忽视经济规律和科学管理,经济效益低下。改革开放以来,生产力布局被忽视,宏观调控以经济结构调整为主,存在产业同质、过度集聚等问题,影响经济效率和产业结构升级。另外,长期以来生产力布局一定程度上忽视了城镇和生态建设,在部分区域超出区域的承载能力。在各地竞争发展中,出现了"县县点火,镇镇冒烟"的布局模式,造成了严重的环境污染。

## 第三节 长江经济带重大生产力布局的现状特征

### 一、战略性新兴产业

战略性新兴产业在中国呈现出明显地向国家和区域性中心城市集聚的特征,主要分布在环渤海、长三角及长江中下游、珠三角、海峡西岸、成渝以及西安、郑州、合肥等省会城市。长江经济带作为中国最具活力和潜力的区域之一,汇聚了众多战略性新兴产业相关企业。该地区的战略性新兴产业布局呈现出明显的区域集聚趋势,并形成了一定的产业分工格局。长江中下游地区的战略性新兴产业集聚度较高,尤其在长三角地区。上海是长江经济带以及全国的战略性新兴产业的信息研发枢纽中心和制造能力提升的策源地;江苏、浙江等东部沿海省份是长江经济带内战略性新兴产业的重要发展区域,拥有较为发达的技术研发、生产制造等产业链,是相关产业的重要制造基地和创新中心。中部省份如湖北、江西等则是战略性新兴产业快速崛起的区域,以均衡型和支撑不足型城市为主的产业集群已经形成。此外,长江经济带上游的成渝地区也出现了一定程度的产业聚集。总体来看,长江经济带在战略性新兴产业布局上呈现出较为明显的上中下游发展差异,但整体发展态势较为积极。

1.战略性新兴产业空间集聚及集群特征

(1)战略性新兴产业企业集聚和分布特征

2023 年,长江经济带有超过 1 万家战略性新兴产业核心企业和支撑性企业,约占全国的1/2。从省域尺度来看,长江经济带的战略性新兴产业相关企业分布呈现出差异化的地域特征。474 家核心企业和11036 家支撑性企业分布在130 个地级行政单位中,其中,江苏、浙江、上海、安徽、湖北、四川 6 个省市拥有近90%(86.92%)的核心企业和83.17%的支撑性企业,形成了长江经济带沿江高速发展轴,而湖南、江西、重庆、云南、贵州 5 个省市则相对滞后,需要加强协同发展。长江经济带内部城市间的竞争与合作关系也较为明显,超过48%的城市有战略性新兴产业核心企业分布。

核心企业在长三角、长江中游和成渝城市群具有区域性集聚特征,其中长三角城市群集聚程度最高,占据了战略性新兴产业核心企业的主导地位。

长三角城市群核心企业数量达到325家,在474家核心企业中的占比为68.57%,其中,9个城市核心企业数量都在10家以上。长江中游城市群核心企业数量为70家,主要集中在武汉市(26家)、长沙市(10家)和南昌市(6家)等省会城市,其他城市核心企业数量基本为0~2家;成渝城市群核心企业数量为49家,也主要分布在成都和重庆两个城市(29家和11家)(表6.6)。总体来看,长江下游地区多数城市都拥有战略性新兴产业的核心企业,中上游地区主要分布在中心城市及其周边区域,上中下游区域差距较为明显(表6.7)。

**表6.6　长江经济带各省与直辖市战略性新兴产业核心**

**企业5家及以上城市及其数量分布**

单位:个

| 城市 | 核心企业数量 | 城市 | 核心企业数量 |
|---|---|---|---|
| 上海 | 94 | 长沙 | 10 |
| 杭州 | 47 | 台州 | 9 |
| 苏州 | 38 | 湖州 | 8 |
| 成都 | 29 | 昆明 | 7 |
| 武汉 | 26 | 温州 | 7 |
| 南京 | 22 | 贵阳 | 6 |
| 无锡 | 16 | 南昌 | 6 |
| 合肥 | 16 | 常州 | 5 |
| 南通 | 13 | 嘉兴 | 5 |
| 绍兴 | 12 | 金华 | 5 |
| 重庆 | 12 | | |
| | 首位城市 | 前三位城市 | 前十位城市 |
| 占比(%) | 19.83 | 37.76 | 66.03 |

资料来源:2023年战略性新兴产业领域的上市公司及其相关企业信息

表 6.7　长江经济带各省与直辖市战略性新兴产业核心企业
　　　　和支撑性企业数量分布

单位：个

| | 省份或直辖市 | 核心企业数量 | 支撑性企业数量 |
|---|---|---|---|
| 长江下游区域 | 江苏 | 106 | 2414 |
| | 浙江 | 111 | 2190 |
| | 上海 | 94 | 2110 |
| | 安徽 | 24 | 712 |
| 长江中游区域 | 湖北 | 39 | 882 |
| | 湖南 | 17 | 548 |
| | 江西 | 19 | 477 |
| 长江上游区域 | 四川 | 38 | 871 |
| | 重庆 | 11 | 360 |
| | 云南 | 9 | 246 |
| | 贵州 | 6 | 226 |
| 总计 | | 474 | 11036 |

资料来源：长江经济带 2023 年战略性新兴产业领域的上市公司及其相关企业属性信息

　　从支撑性企业的分布来看，长江经济带的上、中、下游三大区域均呈现出核心—外围结构，即支撑性企业多集中在经济发达的沿海省份或省会城市，而其他地区则较为分散。其中，长三角城市群的支撑性企业最为集聚，涵盖了多个城市，而长江中游城市群和成渝城市群的支撑性企业则主要集中在武汉、长沙、成都和重庆等核心城市，其他城市的支撑性企业数量较少。这表明，支撑性企业的分布不仅受到区域经济发展水平、产业基础、创新能力等因素的影响，而且还与核心城市的辐射带动作用密切相关。

　　战略性新兴产业相关企业在长江经济带广泛分布，但是分布格局呈现出明显的不均衡性和集聚性。长江经济战略性新兴产业 474 家核心企业中约50% 集中在上海、杭州、苏州、成都、武汉 5 个城市，而 63 个有核心企业分布的城市中，近 40% 的城市只有一个核心企业（25 个城市，占比为 39.68%）；支撑性企业数量为 1.1 万家，其中，超过 700 家的城市依然是上海、杭州、苏州，20个支撑性企业超过 100 家的城市，企业数量总计达到 8410 家，占比达76.21%。这些数据表明，战略性新兴产业相关企业在长江经济带呈现出以长三角城市群为核心、以省会城市为重点的空间分布特征。

(2)战略性新兴产业集群结构及分布特征

战略性新兴产业在城市中的集聚将形成产业集群,而大型核心企业和中小型支撑性企业的比例关系表征了集群的结构性特征。从核心企业与支撑性企业的比例关系来看,长江经济带城市的支撑配套比(城市中支撑性企业数量与核心企业数量之比)的中位数为 20.5,各城市支撑配套比的下四分位和上四分位的数值分别为 15.25 和 28.00。依此将城市划分为支撑不足型(支撑配套比小于 15.25)、均衡型(支撑配套比在 15.25—28.00 之间)、核心不足型(支撑配套比大于 28)、无核心型,并将战略性新兴产业相关企业少于 5 个的城市作为没有集群基础的无集群型城市。分类结果表明,超过 1/2 的城市为无核心或核心不足型,其次是均衡型城市,占比在 1/5 左右,支撑不足型城市占比为 12.31%,另外有接近 10%(9.23%)的城市没有形成战略性新兴产业集群。

从城市类型和区域分布来看,长江经济带战略性新兴产业集群类型呈现出明显的空间分异特征。长三角城市群和长江中游城市群等长江中下游区域核心企业与支撑性企业比例相对较好,以均衡型和支撑不足型城市为主,仅远离中心城市的边缘区域存在少量核心不足和无核心型城市,形成了较为完善的产业集群。长江上游区域各类型城市混合分布,无核心型和无集群型城市较多,均衡型城市总体偏少,该区域 3 个省份和 1 个直辖市无核心型城市数量达到 25 个,在该类型城市中的占比超过 50%(53.19%),整体上长江上游地区战略性新兴产业以无核心和无集群型城市为主,战略性新兴产业发育程度相对较低(表 6.8)。

从区域产业集群发育程度来看,其与区域经济发展水平、创新能力、开放程度等因素密切相关。经济发展水平高的长三角城市群和长江中游城市群地区,集群结构优、效应强、相对完善,具有较强的国际竞争力和影响力,而长江上游地区发展水平低于中下游地区,集群以中小型支撑性企业为主,规模小、结构弱、创新能力和开放程度不足,难以形成有效的产业协同效应。因此,要促进长江经济带战略性新兴产业相关企业的均衡发展,需要加强区域间的协调合作,提升各类城市的产业集聚能力和水平。

表 6.8　长江经济带各省与直辖市战略性新兴产业集群类型数量分布

单位：个

| | 省份或直辖市 | 均衡型 | 支撑不足型 | 无核心型 | 无集群型 | 核心不足型 |
|---|---|---|---|---|---|---|
| 长江下游区域 | 江苏 | 7 | 1 | 3 | 0 | 2 |
| | 浙江 | 4 | 4 | 2 | 0 | 1 |
| | 上海 | 1 | 0 | 0 | 0 | 0 |
| | 安徽 | 2 | 2 | 8 | 0 | 4 |
| 长江中游区域 | 湖北 | 5 | 1 | 6 | 2 | 3 |
| | 湖南 | 2 | 2 | 8 | 0 | 2 |
| | 江西 | 4 | 2 | 3 | 0 | 2 |
| 长江上游区域 | 四川 | 4 | 2 | 9 | 5 | 1 |
| | 重庆 | 0 | 0 | 0 | 0 | 1 |
| | 云南 | 1 | 2 | 8 | 5 | 0 |
| | 贵州 | 1 | 0 | 8 | 0 | 0 |
| 总计 | | 31 | 16 | 55 | 12 | 16 |

资料来源：长江经济带 2023 年战略性新兴产业领域的上市公司及其相关企业属性信息

**2. 长江经济带战略性新兴产业网络化特征**

**（1）战略性新兴产业网络结构**

从长江经济带战略性新兴产业网络整体格局来看，长江经济带在全国的战略性新兴产业呈现出以北京、上海、广深（广州、深圳）、成都为顶点的菱形格局，其中，北京到武汉连线以东的网络联系频度明显高于以西的区域，表明长江经济带的战略性新兴产业与北京及东部沿海地区的中心城市联系更为紧密，同时也可以看出长江经济带中下游地区内部战略性新兴产业联系较为密切。

本研究进一步采用城市网络分析的方法，利用点度中心性、点强度等指标，对长江经济带与全国城市存在战略性新兴产业网络联系的空间结构进行了量化评估。点度中心性反映了一个城市在全国范围内联系的广泛程度，点强度是城市与其他城市产业联系量（本研究以城市间联系的企业数量表征）的加总，更侧重反映城市联系的强度。结果表明，就城市联系的广泛程度而言，上海的点度中心性最强（191），其次是武汉的 162 和杭州的 135，联系广泛程度排名前八的城市点度中心性都超过 100；就城市联系强度而言,上海、杭州、苏州的联系强度远大于其他城市,点强度分别达到1977、1106、827。因此,上海、杭州、苏州等城市在产业联系的广泛程度和强度两个方面都具有绝对优势。

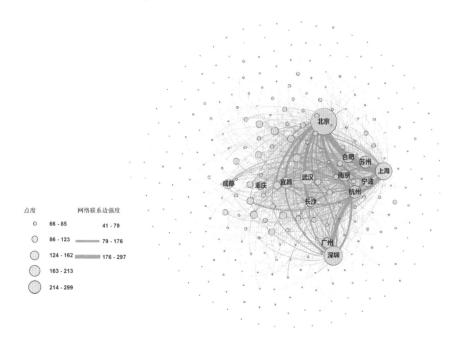

**图6.2 长江经济带在中国的战略性新兴产业网络特征**

资料来源:长江经济带2023年战略性新兴产业领域的上市公司及其相关企业属性信息

(2)战略性新兴产业网络的异质性分析

为了进一步探究战略性新兴产业网络的异质性特征,本文根据核心企业投资的主要领域,对产业网络进行了细分分析。从长江经济带核心企业投资的行业类型来看,企业主要集中在技术研发、生产制造、商务金融以及销售等与产业发展密切相关的领域。474家位于长江经济带内的战略性新兴产业核心企业投资在全国的9945家下属企业中,技术研发领域企业超过3558家,占比接近40%(35.81%)。其次是生产制造领域企业,数量为2293家,占比超过1/5(23.06%)。此外,商务金融领域有超过1000家的企业(10.66%),销售领域和电力、热力等原材料供给领域企业超过500家(分别为6.67%和5.37%)。教育领域企业数量最少,仅为7家左右(0.07%)(表6.9)。

全国对长江经济带的投资行业类型分布也反映出长江经济带的发展优势。首先,在全国核心企业投资到长江经济带内的11 264家下属企业中,技术研发领域的投资占主导(36.73%),表明长江经济带重视科技创新,以科技驱动产业升级。其次,生产制造领域的投资占比为 24.08%,说明长江经济带仍然具有强大的制造业基础,并通过技术研发推动制造业的转型升级。商务金融领域的投资占比也超过了 15%(16.31%),说明长江经济带的金融环境发达,金融业是支持其他产业发展的重要力量。销售领域、电力、热力等原材料供给领域和运输物流领域的投资占比虽然均低于 7%,但也是长江经济带产业链的重要环节。

总体来看,长江经济带的投资行业特征彰显了其发展的优势和方向。长江经济带战略性新兴产业核心企业聚焦产业链关键环节,投资在生产制造、研发和信息化三个方面的企业占比均在 20% 以上,对不相关领域投资较少。

表6.9 战略性新兴产业核心企业投资领域及企业数量

| 七大领域 | 细分行业 | 企业数量(个) |
|---|---|---|
| 生产制造领域 | 制造业 | 2293 |
| 技术研发领域 | 科学研究和技术服务业 | 2331 |
| | 信息传输、软件和信息技术服务业 | 1227 |
| 商务金融领域 | 租赁和商务服务业 | 1313 |
| | 金融业 | 349 |
| 销售领域 | 批发和零售业 | 720 |
| 原材料供给领域 | 电力、热力、燃气及水生产和供应业 | 630 |
| | 采矿业 | 29 |
| | 农、林、牧、渔业 | 40 |
| 运输物流领域 | 交通运输、仓储和邮政业 | 76 |
| 其他支撑性领域 | | 929 |

注:由于有 8 家企业没有标注行业类型,因此行业类型分析企业数量为9937家

## 二、航空航天、船舶等重大装备制造业

航空航天、船舶等重大装备制造业是重大生产力的关键部分。我国航空航天和船舶等高端装备主要以中国航空发动机集团、中国航空工业集团、中国航天科工集团、中国航天科技集团及中国船舶集团五大央企为主体,因此五大央企及其下属企业的分布情况,基本能够反映我国航空航天和船舶工业在长江经济带的布局特征。本研究中一级公司指集团直属公司,二级公司指一级

公司的子公司,三级公司指二级公司的子公司,以此类推。

1. 航空航天空间分布特征

四大航空航天集团及其相关联企业总计在 1 万家以上,与航空航天相关性较高的企业基本为五级及以上企业,二级及以上企业是四大航空航天集团的核心企业,四级及以上企业的投资占投资总额的绝大多数。

表 6.10　四大航空航天集团重点企业在部分重点城市中分布基本情况

| 二级及以上企业分布 | | 四级及以上企业分布 | |
| --- | --- | --- | --- |
| 城市 | 数量(个) | 城市 | 数量(个) |
| 上海 | 94 | 上海 | 362 |
| 成都 | 79 | 成都 | 152 |
| 武汉 | 34 | 贵阳 | 100 |
| 贵阳 | 31 | 南京 | 98 |
| 南京 | 28 | 武汉 | 83 |
| 长沙 | 24 | 长沙 | 67 |
| 遵义 | 23 | 杭州 | 55 |
| 株洲 | 22 | 南昌 | 53 |
| 重庆 | 19 | 苏州 | 53 |

资料来源:本节数据由作者根据最新航空航天、船舶业公司属性及其地理信息等数据整理

二级及以上企业遍及长江经济带的所有省级行政区,其中,相关企业数量在 50—100 家之间的有上海、四川、贵州、江苏、湖北、湖南,10—49 家之间的有安徽、江西、浙江、重庆,云南有不足 10 家此类企业。从城市来看,长江经济带有 54 个城市分布有相关产业,除了上海(94 家)和成都(79 家)超过 50 家以外,武汉、贵阳超过了 30 家,南京、长沙、遵义、安顺、杭州、南昌、孝感、长沙、重庆、株洲、遵义超过了 10 家,这 15 个城市是长江经济带航空航天产业的核心城市,其他有二级以上企业的 39 个城市此类企业数量都在 10 个以下,且有将近一半的城市只有 1 个相关企业。

对于四级及以上企业来说,长江经济带相关企业数量超过 100 家的有上海、江苏、四川、贵州、浙江、湖北、湖南这 7 个省市,50—100 家的有安徽、江西、云南、重庆这 4 个省市。就城市而言,长江经济带共有 96 个城市布局有此类企业,其中上海以 362 家居长江经济带首位,达到 100 家的有成都和贵阳,50—100 家的有南京、武汉、长沙、杭州、南昌、苏州和重庆,10—50 家

的有遵义、株洲、重庆、镇江、扬州、雅安、孝感、襄阳、无锡、宁波、南通、昆明、景德镇、嘉兴、合肥、德阳、常州、安顺等。其余城市该类型企业数量都在 10 个以下。

表 6.11　四大航空航天集团五级及以上企业在各省市分布基本情况

| 地区 | 航空发动机 | | 航空科技 | | 航天科工 | | 航天科技 | | 域内航空航天产业合计 |
|---|---|---|---|---|---|---|---|---|---|
| | 省市 | 数量（个） | 省市 | 数量（个） | 省市 | 数量（个） | 省市 | 数量（个） | |
| 上游地区 | 四川 | 20 | 四川 | 168 | 四川 | 29 | 四川 | 70 | 287 |
| | 云南 | 2 | 云南 | 22 | 云南 | 37 | 云南 | 13 | 74 |
| | 贵州 | 17 | 贵州 | 148 | 贵州 | 49 | 贵州 | 7 | 221 |
| | 重庆 | 3 | 重庆 | 20 | 重庆 | 15 | 重庆 | 23 | 61 |
| | 合计 | 42 | 合计 | 358 | 合计 | 130 | 合计 | 113 | 643 |
| 中游地区 | 湖北 | 3 | 湖北 | 52 | 湖北 | 63 | 湖北 | 86 | 204 |
| | 湖南 | 33 | 湖南 | 88 | 湖南 | 34 | 湖南 | 22 | 177 |
| | 江西 | 1 | 江西 | 181 | 江西 | 12 | 江西 | 16 | 210 |
| | 合计 | 37 | 合计 | 321 | 合计 | 109 | 合计 | 124 | 591 |
| 下游地区 | 浙江 | 8 | 浙江 | 78 | 浙江 | 71 | 浙江 | 44 | 201 |
| | 安徽 | 13 | 安徽 | 53 | 安徽 | 10 | 安徽 | 71 | 147 |
| | 上海 | 11 | 上海 | 221 | 上海 | 50 | 上海 | 153 | 435 |
| | 江苏 | 10 | 江苏 | 188 | 江苏 | 70 | 江苏 | 127 | 395 |
| | 合计 | 42 | 合计 | 540 | 合计 | 201 | 合计 | 395 | 1178 |
| 长江经济带合计 | | 121 | | 1219 | | 440 | | 632 | 2412 |

资料来源：本节数据由作者根据最新航空航天、船舶业公司属性及其地理信息等数据整理

表 6.11 是四大航空航天集团在长江经济带各省份企业数量的数据整理，从中可以看出航空航天工业在长江经济带的分布相比于船舶业更加分散，在各省内的企业数量差异较小。其中，上海、江苏区域内的航空航天企业数量较大。

从航空航天产业在长江经济带总体分布来看，长三角、成渝黔、长江中下游三大片区集聚程度较高，形成了成都、贵阳、武汉、上海、南昌等多个产业发展极，在多个地级市也有布局，整体而言较为平衡和分散。

2.船舶业空间分布特征

中国船舶集团有限公司由原中国船舶工业集团和中国船舶重工集团合并重组而成,是我国造船业的组织核心。与之相关联的五级及以上企业长江经济带共有 1501 家,其中,二级及以上企业有 352 家,四级及以上企业有 1402 家,涉及千亿级别的投资。与航空航天产业相似,在四级及以上企业的投资占投资总额的绝大多数,但是不同的是,船舶工业三级和四级企业平均投资额高于航空航天。换句话说,船舶工业在核心企业的投资集中度要低于航空航天。

表 6.12 中国船舶集团重点企业在部分城市中分布基本情况

| 二级及以上企业分布 | | 四级及以上企业分布 | |
|---|---|---|---|
| 城市 | 数量(个) | 城市 | 数量(个) |
| 上海 | 129 | 上海 | 412 |
| 重庆 | 55 | 重庆 | 133 |
| 武汉 | 47 | 武汉 | 121 |
| 南京 | 18 | 昆明 | 84 |
| 昆明 | 17 | 无锡 | 49 |
| 无锡 | 14 | 成都 | 48 |

长江经济带各省份均布局有中国船舶集团涉及的二级及以上企业,其中,相关企业数量超过 100 家的是上海,50—100 家的有湖北、江苏、重庆等几个省市。就城市而言,有二级及以上企业的城市有 84 个,除了上海超过 100 家以外,重庆超过了 50 家,武汉超过了 30 家。这些城市和天津、青海等沿海城市与北京、西安等非沿海强市共同构成了我国船舶业的核心。其他有二级及以上企业的城市企业数量都在 10 个以下,其中一半左右仅有 1 家二级以上企业。

对于四级及以上企业来说,相关企业数量超过 100 家的有上海、江苏、湖北、云南、重庆、四川几个省级行政区。就城市而言,超过 100 家企业的城市有上海、重庆和武汉,在 50—100 家的有昆明,其他城市都在 50 个以下,其中,大部分城市企业数量都在 10 个以下。

表 6.13　中国船舶集团五级及以上企业在各省市分布基本情况

| 地区 | 省市 | 企业数量（个） | 投资金额（万元） | 数量占比（%） | 金额占比（%） |
|---|---|---|---|---|---|
| 上游地区 | 四川 | 124 | 892040.5024 | 8.03 | 3.74 |
| | 云南 | 150 | 1755673.817 | 9.72 | 7.35 |
| | 贵州 | 45 | 2055489.91 | 2.91 | 8.61 |
| | 重庆 | 136 | 1790298.321 | 8.81 | 7.50 |
| | 上游合计 | 455 | 6493502.5504 | 29.47 | 27.20 |
| 中游地区 | 湖北 | 169 | 2779867.713 | 10.95 | 11.64 |
| | 湖南 | 56 | 1613598.136 | 3.63 | 6.76 |
| | 江西 | 63 | 325706.606 | 4.08 | 1.36 |
| | 中游合计 | 288 | 4719172.455 | 18.66 | 19.76 |
| 下游地区 | 安徽 | 40 | 256283.1525 | 2.59 | 1.07 |
| | 江苏 | 229 | 3276629.243 | 14.83 | 13.72 |
| | 上海 | 456 | 6283971.734 | 29.53 | 26.32 |
| | 浙江 | 76 | 2847564.316 | 4.92 | 11.93 |
| | 下游合计 | 801 | 12664448.4455 | 51.87 | 53.04 |
| 长江经济带合计 | | 1544 | 23877123.4509 | 100 | 100 |

同时,长江下游地区船舶业无论是企业数量还是投资金额都占长江经济带船舶工业的主要部分,湖北、上海和江苏企业数量和投资金额占比均较高。

从船舶工业总体分布来看,形成了长三角—长江中游—成渝的长江发展带以及成渝—昆明的发展带。总体来看沿长江的发展带在沿海少数区域集中的态势较为明显,其他地区例如成渝—昆明发展带很可能是由于三线建设留下的产业基础。与传统船舶工业沿海发展的认知不同,船舶工业沿海更倾向于在少数区域集中,沿海的带状发展特征不明显。

### 三、能源及大宗原材料等基础行业

长江经济带上中下游三大板块的能源及大宗原材料等基础行业的布局特征存在明显的地区差异。下游地区(沪苏浙皖)以石油化工、电气机械、特种材料等高附加值产业为主,主要集中在上海、南京、苏州、无锡、常州、南通、镇江、杭州、宁波等沿海沿江城市。中游地区(赣鄂湘)是全国重要的能源及大宗原材料等基础行业生产基地之一,以钢铁、有色金属、建材等重化工产业为主,主要集中在武汉、南昌、长沙等城市。上游地区(川渝云贵)以水电、石油、天然气、煤炭、有色金属等清洁能源和资源型产业为主,主要集中在成都、重庆、昆明、贵阳等城市。本研究结合能源工业、电力工业、化工、冶金等原材料工业等产业,对长江经济带能源及大宗原材料等基础行业的发展情况与特征进行进一步分析。

1. 能源工业

传统化石能源在我国能源结构中的占比较高,尤其是煤炭在一次能源消费结构中的占比依然接近60%,在"双碳"战略下,尽管传统化石能源占比将逐步降低,但是煤炭作为我国主导能源,其在保障国家能源安全中的地位是难以撼动的。

从空间布局的角度来看,传统能源的具有明显的资源指向特征,即煤炭和石油等能源基地主要布局在矿产资源丰富的地区以及沿海等能源通道。由于煤炭等资源富集地区较为确定,我国内部资源大规模开发驱动的传统能源基地布局发生明显改变的可能性较低。就煤炭而言,长江经济带主要有贵州、安徽作为区域性煤炭保障基地。就油气而言,四川盆地油气资源较为富集,同时长江经济带有着部分沿海原油进口港口,形成了油气及石油化工基地。

未来印度洋能源通道建设(中缅)可能将会强化成渝作为能源基地的重要地位,同时可能在云南等西南地区形成新的能源基地。

2. 电力工业

电力装机容量和实际生产量在长江经济带东部沿海地区形成了高值带,长江中上游地区为高值区。就装机容量在百万千瓦及以上的大型电厂分布来看,凉山、宜昌、上海、苏州、杭州、重庆等城市都高居1000万千瓦以上,除凉山、宜昌以外,绝大部分装机容量超过1000万千瓦的城市都以火电为主。发电量总体格局与装机容量基本相同,装机容量在1000万千瓦以上的城市中只有重庆发电量在400亿千瓦时以下。

总体而言,电力工业呈现资源指向和市场指向的双重叠加特征,宜昌、凉山州等依托丰富的水电和煤炭资源成为电力工业集中地,而上海、苏州等沿海城市则是由于强大的市场需要,同样也形成了发达的电力工业。分电力类型来看,火电因为其布局相对灵活,具有资源和市场双重指向的特征,近年来部分地区火电工业减少;双电主要集中在四川、云南等水电资源丰富的西南地区,其布局具有明显的资源指向特征;核电则是集中在东南沿海地区,很大程度上是市场指向型。由于我国目前跨省输电虽然在提升但是总体占比较小,未来在火电工业布局相对灵活以及核电工业稳步发展趋势下,我国的电力工业将更倾向于市场指向型布局。

#### 3. 化工、冶金等原材料工业

化工产业作为最重要的原材料工业之一,是我国工业发展的基础产业。从化工原料可以分为石油化工、煤化工、天然气化工、盐化工。我国天然气化工和盐化工规模相对较小,石油化工和煤化工下游产品和产业链下游行业众多,是生产力布局的重点化工领域。从全球来看,石油化工占据主导地位,但是由于我国缺油少气的基本能源特征,使得煤化工对于我国战略安全极为重要。总体而言,我国内陆应该依托丰富煤炭资源重点发展煤化工,东南沿海、西南则以石油化工为主。浙江宁波、江苏连云港、上海漕泾有着三大石化基地,其他千万吨级的石化基地有高桥石化、金陵石化、上海石化、镇海石化、扬子石化,中缅石油管道节点城市(如昆明)有着较大规模的石化项目。就煤化工而言,安徽、江苏等黄淮海地区煤化工项目(煤制烯烃)较多,西南地区有着零星分布。

就钢铁行业而言,江苏省位列全国钢材产量前十,华东地区整体钢材产量较高。长江经济带拥有上海、武汉、攀枝花、马鞍山、重庆极大钢铁基地,产能丰富。就特种钢材而言,攀钢的钒钛材料以及江苏、湖北等地的特种钢材发展较快。此外,有色金属冶金集中在湖南、云南、安徽等资源丰富地区,稀土材料在江西省有着分布,二者具备显著的原料指向型布局特点。原材料大宗产品生产基地尽管以资源指向型布局特征为主,但是精细化工、特种钢材等新材料领域目前以沿海地区为主。总体上大宗原材料产品生产基地以资源指向型布局为主,精细化工、特种金属材料等规模小、精细化和专业化程度高的新材料产业以市场和技术指向型布局为主。

表 6.14　部分重点精细化工企业及所在省市

| 领域 | 公司名称 | 省市 | 领域 | 公司名称 | 省市 |
|---|---|---|---|---|---|
| 基础化工新材料 | 万华化学集团股份有限公司 | 山东 | 半导体化学新材料 | 江苏南大光电材料股份有限公司 | 江苏 |
| | 山东华鲁恒升化工股份有限公司 | 山东 | | 安集微电子(上海)有限公司 | 上海 |
| | 唐山三友化工股份有限公司 | 河北 | | 上海新安纳电子科技有限公司 | 上海 |
| | 山东玲珑轮胎股份有限公司 | 山东 | | 湖北鼎龙控股股份有限公司 | 湖北 |
| | 神马实业股份有限公司 | 河南 | | 宁波江丰电子材料股份有限公司 | 浙江 |
| 维生素及添加剂 | 浙江新和成股份有限公司 | 浙江 | | 浙江凯圣氟化学有限公司 | 浙江 |
| | 浙江医药股份有限公司 | 浙江 | | 湖北兴福电子材料有限公司 | 湖北 |
| | 厦门金达威集团股份有限公司 | 福建 | | 上海新阳半导体材料股份有限公司 | 上海 |
| | 浙江圣达生物药业股份有限公司 | 浙江 | | 晶瑞电子材料股份有限公司 | 江苏 |
| | 安徽金禾实业股份有限公司 | 安徽 | | 江阴江化微电子材料股份有限公司 | 江苏 |
| | 天津利安隆新材料股份有限公司 | 天津 | | 江阴润玛电子材料股份有限公司 | 江苏 |
| | 浙江皇马科技股份有限公司 | 浙江 | | 贵州威顿晶磷电子材料股份有限公司 | 贵州 |
| 显示产业新材料 | 西安瑞联新材料股份有限公司 | 陕西 | 碳纤维材料 | 威海光威复合材料股份有限公司 | 山东 |
| | 江苏三月光电科技有限公司 | 江苏 | | 山西钢科碳材料有限公司 | 山西 |
| | 烟台九目化学股份有限公司 | 山东 | | 吉林市神舟碳纤维有限责任公司 | 吉林 |
| | 无锡双象超纤材料股份有限公司 | 江苏 | | 中复神鹰碳纤维股份有限公司 | 江苏 |

资料来源:由作者根据最新精细化工企业属性及其地理信息等数据整理

## 第四节　长江经济带重大生产力布局优化总体思路

在研判长江经济带在全国总体经济格局中地位的基础上,通过梳理长江经济带在全国重大生产力布局中的历史经验以及现阶段重点领域的基本特征,面向"一带一路"倡议、新发展格局构建、"双碳"战略目标等机遇以及全球化转向区域化、中美竞争加剧、我国南北差距扩大等问题与挑战,提出强竞争、保安全、促协调、补短板、融入国家大局的重大生产力布局优化总体思路。

### 一、未来发展的机遇

1. 长江经济带高质量发展、西部陆海新通道、中欧班列等将重塑区域发展新格局,推动重大生产力布局优化

《长江经济带发展规划纲要》确立了长江经济带"一轴、两翼、三极、多点"的发展新格局,强调要发挥上海、武汉、重庆的核心作用,将长江三角洲、长江中游和成渝三个城市群作为经济发展、产业集聚和人口集中的重要承载区,为长江流域生产力布局及优化调整提供指引,不断完善沿江航运、铁路、高速公路、管道以及超高压输电等基础设施,也将进一步强化重点城市及城市群之间的要素联系,为重大生产力布局优化提供重要支撑。同时,西部陆海新通道的建设以及中欧班列不断完善等,将促进成渝地区等加快融入国际市场,为长江中上游地区带来新的发展机遇,推动重大生产力布局的优化和区域协调发展。

2. "一带一路"倡议促进东西双向开放,推动地区实现更高水平开放

"一带一路"倡议将国家开放格局由向东单一开放转变为向东向西双向开放,推动云南等长江经济带上游省份成为开放的前沿,给远离东部沿海地区的西部省份带来巨大的发展潜力,支撑长江流域更高水平的开放。长江经济带连通了长三角地区与内地最发达的两个核心地区(成渝地区和武汉地区)以及丝绸之路经济带(成渝地区和云南地区),将会通过货物运输、社会关系网络、企业间联系等方式,促进与长江经济带相连的二级、三级经济带的开放发展,推动相关地区更加深入地参与"一带一路"建设,从而支撑地区实现更高水平的对外开放。

3. 新发展格局形成新经济循环体系,强化长江经济带在两个市场中的重要作用

党的二十大报告强调,要构建全国统一大市场,深化要素市场化改革,建设高标准市场体系。长江经济带作为我国经济发展核心区,将会深刻参与全国统一大市场的建设,通过自身的优势与强大的带动作用促进全国范围内经济要素流动畅通。新发展格局强调国内市场在经济循环体系中的重要性,长三角城市群作为我国发展水平最高的地区,是国家扩大内需市场的重要支撑。同时,长江流域的四川、湖南、安徽、湖北等中西部省份均为人口和劳动力大省,市场规模增长潜力巨大,在发挥超大规模市场优势的指引下,也将成为国内市场建设和内循环的重要支撑。

## 二、挑战与问题

### 1. 与美国等西方国家竞争加剧

一方面,近年来部分西方国家由于想要保护本国产业等原因增加了部分行业的贸易壁垒,市场开放程度逐渐降低,不利于长江经济带传统上以西方市场为主要贸易对象的外向型经济的发展。此外,由于经济全球化利益分配不均等问题,近年来,愈演愈烈的逆全球化等趋势也不利于深度参与经济全球化的长江经济带的发展。另一方面,美国等西方国家利用其自身优势在高科技领域对我国部分关键技术进行封锁,对长三角地区高技术产业进行限制,并通过对中芯国际等龙头企业进行制裁等手段阻碍部分高技术产业转型升级,对长江经济带的经济高质量发展产生了负面影响。

### 2. 区域发展不平衡、不充分

尽管长江经济带已经成为我国发展水平最高的流域型经济带,但是依然呈现明显的中心—外围的发展特征。东部的长三角区域各项指标已经基本达到发达国家水平,但西部的贵州、云南等省份以及四川、湖北等省份的部分地区的发展水平依然明显低于全国平均发展水平。此外,即使是长三角城市群也仍然存在大量劳动密集型加工制造业,这既不利于长三角地区的产业转型升级,也不利于长江中上游地区对这部分产业的承接与发展。此外,长江经济带的部分地区城乡发展存在不平衡问题,农村发展不充分,这制约了长江经济带的高质量发展。

3.生态环境压力较大

长期以来,长江经济带的发展忽略了对生态环境的影响。吴传清等的研究表明由于工农业污染、生活废水污染以及船舶运输流动污染等污染源的持续影响,长江流域生态环境形势较为严峻,尤其是土壤重金属污染、湿地调蓄能力下降和水体富营养化等生态环境问题十分突出。长江经济带既是一条繁荣的产业密集带,同时也是一条黄色的污染容纳带,面临着巨大的水生态环境退化、治理与修复压力,成为绿色发展的痛点与难点。习近平总书记提出"生态优先、绿色发展,共抓大保护、不搞大开发"的十八字方针以及"双碳"战略、高质量发展等,对长江经济带的产业发展和布局等都提出了新的要求。

4.发展的安全底线有待增强

面对日益复杂的国际形势以及疫情、极端气候等突发事件,长江经济带的发展暴露诸多问题。如疫情期间,上海的防控导致长三角地区汽车等产业几乎停摆,经济损失巨大;2022年,长江中上游遭遇严重的旱情,导致成渝地区乃至整个长江流域能源短缺,部分企业和部分地区的居民因此遭受损失,这极大影响了产业链和供应链的稳定与安全。习近平总书记指出,贯彻落实总体国家安全观,必须既重视外部安全,又重视内部安全,而经济安全是国家安全体系的重要内容。因此,产业发展的安全底线也是需要重大生产力布局优化调整需要着重考虑的内容。

## 三、重大生产力布局的总体思路

以我国生态优先绿色发展主战场、畅通国内国际双循环主动脉、引领经济高质量发展主力军为总指引,服务新发展格局,融入全国发展大局,促进区域协调发展,推动长江经济带重大生产力布局优化调整,支撑我国现代化产业体系建设,引领中国式现代化和全国经济高质量发展。

1.提升产业国际竞争力

应对美国等西方国家在高科技领域的封锁,以上海、武汉、合肥、成都、重庆等核心城市为基础,在现有科研平台的基础上,积极建立国家科学中心,探索构建以国家科学中心等创新平台为核心的创新型地域生产综合体,着力解决"卡脖子"问题。同时,以长三角城市群为主要承载区,重点发展战略性新兴产业和未来产业,提升长江经济带面向世界科技前沿的创新能力和高新技术产业的国际竞争力,适时推动劳动密集型等成熟型产业向长江中游城市群和成渝地区转移。

**2. 保障产业安全**

抓住"一带一路"倡议、新发展格局以及西部陆海新通道等机遇,应顺应中部快速发展的趋势,依托长江中游城市群和成渝地区双城经济圈,积极承接长三角及其他东部发达地区产业转移,着力补齐产业链、供应链短板,构建完善的产业集群体系和生产网络,将一些重点产业链的关键环节在成渝地区等长江经济带中上游地区进行备份,保障国家产业链、供应链安全。

**3. 推动区域协调**

深刻把握产业发展与城市体系演化的客观规律,以重点城市都市圈为主,大力发展科技研发等生产性服务业和高技术产业,并辐射带动长江中上游区域及云南、贵州的中心城市发展;在城市群区域,积极发展县域经济,积极布局先进制造业,构建相对均衡的城市群体系,促进区域协调发展。

**4. 补齐发展短板**

积极应对长江经济带生态环境超载、发展不充分以及能源安全等问题,充分考虑区域资源环境承载力,对超载区域的产业进行调整转移。加大重庆、昆明、贵阳等发展潜力大的核心城市在战略性新兴产业等领域的支持力度,充分激发发展活力和潜力。依托中缅能源通道建设等,在云南等地建立能源基地,结合西北、华北等能源基地建设,推动长江经济带能源供给多元化,保障极端气候情况下能源供给等安全稳定。

**5. 融入全国发展大局**

在成渝都市圈的基础上,围绕电子信息产业、航空航天、先进装备制造业等产业,进一步加强成渝与西安的产业和社会经济联系,形成成—渝—西增长三角,打造西部发展的核心区,打造国家未来增长的第四极,促进东部地区产业向中西部地区有序转移。

## 第五节 长江经济带重大生产力布局优化重点方向与路径

重大生产力布局是包括产业、基础设施、城镇发展、生态保护等在内的统筹性、战略性谋划和安排,在明确总体思路的基础上,进一步对长江经济带的重点行业、重大基础设施等支撑体系提出未来优化布局的建议。

## 一、重点行业

### 1.战略性新兴产业

以上海、武汉、成都、重庆等中心城市为核心,进一步强化长江经济带在我国战略性新型产业中的重要地位。一方面是发挥好上海作为长江经济带龙头和国家经济中心的带动作用,推进长三角与长江中下游地区一体化发展,促使其研发服务、信息服务及先进制造能力等优势资源向长江中下游地区拓展,缓解中部地区研发能力不足和信息服务偏弱的瓶颈问题,逐步推进长三角与长江中下游地区的一体化发展,布局一批集成电路、海洋装备、航天装备、新材料和新能源汽车等产业,打造成我国战略性新兴产业的重点发展区。另一方面是应在实现成都与重庆一体化发展的同时,积极推动成渝地区与西安的产业协作,聚焦在航空航天、军事工业、计算机及通信装备等领域的合作,推动成都信息服务与重庆、西安制造能力的融合互补,同时加大综合性国家科学中心的布局,打造带动西部战略性新兴产业发展的铁三角。将战略性新兴产业等产业关键环节适当向非超大特大城市布局,打造"备份"生产基地。

### 2.航空航天等高端装备产业

利用好上海、武汉等中心城市已经形成的产业和科研资源,重视"三线"建设时期在长江经济带西南片区打下的基础,应围绕成都、重庆、贵阳、昆明等中心城市的高端装备产业资源,通过推进混合所有制改革等,将国有企业和科研院所深厚的技术积累与民营企业的市场敏锐经营灵活的优点相结合,逐步加强我国在核心装备、关键材料等产业链中上游的竞争力,提高整个产业体系安全性。

### 3.能源工业

随着新能源产业的大力发展,我国能源工业的中心将向西部地区偏移,除已形成的四川、云南水电等地区的水电基地、川渝地区的油气基地和贵州、安徽等煤炭基地等外,还应依托中缅能源通道的建设,在云南、贵州、重庆等建立大型能化基地,并谋划向长江中游的湖南、江西等电力相对紧缺区域的能源运输通道,强化长江经济带能源安全保障。同时,应重视长江中上游地区燃气热电厂布局,积极应对极端气候导致的水能不足问题,保障能源供给。

### 4.原材料工业

进一步强化上海、武汉、攀枝花、马鞍山等大型钢铁基地的地位,在云南、湖南、江西等积极建设有色金属基地,保障原材料稳定供给。把握精细化工产品等高端原材料产品市场指向型布局的基本特征,以长三角城市群、长江中游城市群以及成渝城市群为核心,重点发展精细、小批量的高端原材料工业。同时,应重视锂、铂等支撑新能源汽车等战略性新兴产业发展的战略性矿产资源的开发利用,在川渝、贵州等资源主要产地探索绿色资源开发模式,配套发展相应的资源提取和加工产业,支持布局一些国家级产业基础科研和工程技术平台,并结合新能源等绿色能源基地建设,进一步提高资源循环高效利用的能力和绿色能源就地消耗的能力。

## 二、基础设施等支撑体系

区域性重大基础设施主要分为两个方面,一是支撑区域自身功能定位的区域内部重大基础设施,二是区域间功能协同互补所需的重大跨区域或跨国基础设施。

区域内部重大基础设施主要是考虑长江经济带不同区域未来承担的功能和重大生产力布局需求。对于长三角地区重点是强化5G基站、工业互联网和以都市圈为核心的城际交通等新基建,核心是促进高端人才和信息等的快速流动,促进前沿技术研发和新产品、新模式的快速迭代。长江中游城市群和成渝地区重点是高速公路、铁路、航运等货运交通基础设施以及工业能源基础设施的完善,保障城市间货物的低成本、快速便捷交换和能源供给,支撑制造业产业体系的构建和运转。云南、贵州除公路、铁路等设施外,还要重视航空机场设施和能化工业基础设施的布局和完善,围绕中心城市形成人流和货流兼顾的区域交通体系,建设区域内部省会城市等区域综合性中心城市与边境贸易中心城市、能化工业中心城市间的便捷交通通道。

重大跨区域或跨国基础设施主要是考虑三大战略发展区之间以及特殊类型区和其他国家与三大战略发展区的人流、物流、信息流的跨区、跨国交换。长三角地区应加强世界级港口群建设,通过长江航道扩能升级,沪瑞、沪蓉运输通道以及成都重庆至上海沿江高铁、长沙至赣州高铁等的建设,保障沿海地区与长江经济带腹地区域人流、物流、信息流畅通。长江中游城市群和成渝地区应与东部沿海和云南、广西等沿边区域重点口岸城市要形成大型物流通道,保障产品进出口贸易。云南、成渝等能化基地要与长江经济带产业主要承载区域建立电力、油气以及国家主干网等信息基础设施,支撑中东部大宗能源、化工产品供给和"东数西算"等战略的实施。西部北部沿边区域还要重视跨国物流通道建设,加强与东南亚、南亚、中亚和俄罗斯等周边国家的物资和产业联系,支撑以我国为中心构建全球枢纽型产业链供应链体系。

**三、保障措施**

聚焦产业要素与创新要素的协同匹配和产业链与创新链的融合发展,保障创新型、开放式重大生产力布局体系的落地实施,引领产业体系的转型升级和高质量发展。

1.打造多主体参与的开放式重大生产力布局体系

创新体制机制,鼓励民营经济参与重大生产力布局中,促进各类经济主体和国家重大科技研发平台间人才要素低成本、快速流动,推动前沿技术和新型产品的快速迭代创新和科技研发成果的转移转化。鼓励研发实力较强的民营企业参与量子计算、人工智能、5G 装备等前沿技术国家实验室和国家创新中心建设;支持大型民营企业建立军工部门,或采用服务外包等形式参与国防工业;确保在创新型地区经济综合体中实现国家实验室和国家创新中心与企业尤其是民营企业间的有效衔接。

2.搭建上下游一体化协同创新的产业体系

认真梳理我国在人工智能、集成电路、工业互联网等重点领域产业链重点企业情况,围绕关键基础材料、重大技术装备、核心零部件、综合集成加工等全产业链,政府搭台组织企业和科研机构建立上下游一体化的协同创新体系,增强国内产业链上下游企业协同创新能力。鼓励产业链终端集成加工环节企业,使用国内相关企业基础材料、关键装备以及核心零部件等,打破集成加工企业不使用、材料和装备企业不研发、科研机构不参与、关键材料和装备不达标、基础加工企业在国内无法获得满足需求的关键材料和装备只能依赖国外进口的发展怪圈。同时,也推进加工制造环节与产业链中上游衔接,带动东北以及中西部基础材料和装备企业参与到产业链、供应链体系中,形成以国内为主体的产业循环体系。

3.促进创新链与产业链匹配融合

一是聚焦重点产业和前沿技术的关键环节,在东部沿海地区加快布局国家级重大基础科研平台,促进重点产业与相应国家重大科技平台在空间上的匹配,支持产业链关键技术的研发创新。二是要利用好中西部和东北地区长期积累的科技研发资源,激活已有重大生产力平台的市场化活力,推动科研成果与产业发展需求对接,鼓励科研院所和航空航天等科研机构相关技术成果向民营企业转化,支持沿海地区企业与中西部科研院所在中西部地区联合,建立聚焦基础材料、关键零部件、重大装备等产业链关键环节企业。三是完善跨区域联合创新机制,鼓励沿海地区重点行业龙头企业建立供应链企业技术标准,通过与中西部供应链企业合作研发等方式,带动中西部企业技术创新。

建立跨部门政策协调机制。重大生产力布局优化过程中涉及资本、劳动力、土地等发展要素的整合调整,需要建立跨部门的政策协调机制。如三北地区新能源基地建设主要希望利用沙漠、荒漠、戈壁等未利用土地,但这些区域生态较为脆弱,而且对于地方政府来说开发价值不大,在国土空间规划过程中很容易成为生态保护红线的管控范围,生态保护红线的管控规则严格禁止人类活动,可能制约新能源基地的落地实施。中西部地区能化基地的建设需要消耗大量的土地和能源,尽管在生态文明战略和集约节约发展趋势下,应该对土地和能耗指标等加以限制,但是按照多水少地的东南沿海地区管理模式,将客观上造成南北差距的进一步扩大,同时为促进大型集中式大型能化基地的建设,需要通过园中园、飞地园等模式,协调能源富集地区内部各区域的利益分配,就涉及跨地区跨行政级别的税收分成等体制机制。

4.重大生产力重点领域发展和布局优化预警与评估

明确重大生产力布局调整的总体目标,建立包括产业布局、创新匹配、城镇协同、基础设施支撑、生态融合及区域协调等在内的综合评估体系,及时发现重大生产力布局调整过程中的隐患和问题,进行有针对性的调整和优化,逐步形成更加均衡的经济布局。同时,以统计部门为核心,结合行业协会、交易所等,针对重点领域建立常态化的全产业链监测评估体系,对重点企业以及创新要素的匹配情况等进行监测预警,为行业政策的制定和相关决策提供依据和支撑。

执笔人:李佳洺为中国科学院地理科学与资源研究所副研究员;李国平为中国区域科学协会理事长、北京大学政府管理学院教授、北京大学首都发展研究院院长

**参考文献**

[1]陆大道.建设经济带是经济发展布局的最佳选择——长江经济

发展的巨大潜力[J].地理科学,2014,34(07):769-772.

[2]陆大道.国土开发与经济布局的"T"字型构架与长江经济带可持续发展[J].宏观经济管理,2018(11):43-47+55.

[3]胡伟,陈竹.156项工程:中国工业化的起点与当代启示[J].工业经济论坛,2018,05(03):23-37.

[4]董志凯,吴江.新中国工业的奠基石——156项建设研究(1950—2000)[M].广州经济出版社.2004.

[5]王毅,万黎明.三线建设中川渝地区国防企业发展与布局[J].西南交通大学学报(社会科学版),2018,19(01):123-128.

[6]黄庆华,周志波,刘晗.长江经济带产业结构演变及政策取向[J].经济理论与经济管理,2014,282(06):92-101.

[7]陈建军.长江三角洲地区产业结构与空间结构的演变[J].浙江大学学报(人文社会科学版),2007(02):88-98.

[8]孙智君,戚大苗.长江经济带沿江省市新型工业化水平测度[J].区域经济评论,2014,11(05):88-95.

[9]吴传清,黄磊.长江经济带绿色发展的难点与推进路径研究[J].南开学报(哲学社会科学版),2017(03):50-61.

# 第七章　长江经济带创新发展
# 与创新共同体建设

　　长江经济带是国家战略科技力量、国家战略性新兴产业、国家高新技术企业的重要集聚带，是国家创新体系与区域创新体系战略耦合的重点空间单元，在国家高水平科技自立自强驱动高质量发展的中国式现代化伟大实践中发挥着领先、示范作用。习近平总书记在全面推动长江经济带发展座谈会上着力强调"坚持把经济发展的着力点放在实体经济上，围绕产业基础高级化、产业链现代化，发挥协同联动的整体优势，全面塑造创新驱动发展新优势"。促进长江经济带合作创新、建设长江经济带创新共同体，是践行习近平总书记重要讲话精神、塑造创新驱动发展新优势、打造长江经济带创新示范带的必然要求。

## 第一节　国家与长江经济带创新系统

　　长江经济带是中国国土开发和经济布局"T"字形发展战略的两大主轴线之一。长江经济带覆盖11个省市、横跨东、中、西三大板块，国土面积约为全国的21.4%。2021年，长江经济带对全国经济增长的贡献率超过50%，在我国的科技创新布局中占据重要的地位。

### 一、长江经济带创新与国家创新发展

　　为体现长江经济带在国家科技创新体系中的重要地位，笔者构建了包含创新平台、创新投入、创新产出三个维度的指标体系。创新平台维度分别选择"双一流"大学数量、国家自主创新示范区数量、国家级高新区数量和高技术企业数量来表征；创新投入维度分别选择财政科学技术支出、R&D 人员、R&D 经费以及 R&D 经费投入强度来表征；创新产出维度选择高等学校发表科技论文数、国内发明专利授权数、高技术产业营业收入和规模以上工业企业新产品销售收入来表征。

　　从创新平台布局方面来看,长江经济带是中国重要的创新策源地,科教资源富集、高科技企业集聚(表7.1)。截至2021年年底,长江经济带分别拥有"双一流"大学数量、国家自主创新示范区数量、国家级高新区数量和高技术企业数量61个、10个、84个和14.7万个,占全国的比重均达到40%以上,其中,国家级高新区和高科技企业数量占比分别达到47.46%和45.36%。从创新投入方面来看(表7.2),2021年,长江经济带的财政科学技术支出、R&D人员、R&D经费占全国的比重分别为51.79%、48.24%和47.91%,因此,相比于创新平台资源,长江经济带在科技创新投入方面更加集聚。但在R&D经费投入强度方面,长江经济带还略低于全国平均水平。从创新产出方面来看(表7.3),2021年,长江经济带规模以上工业企业新产品销售收入占全国比重超过50%,且高技术产业营业收入占比也达到48.16%,表明长江经济带在高科技产业发展方面具有更加明显的优势。此外,2021年,长江经济带在高等学校发表科技论文数和国内发明专利授权数产出方面分别占比46.77%和44.89%。

表 7.1　2021 年长江经济带与国家科技创新发展的对比分析

| 创新平台 | 双一流大学数<br>(个) | 国家自主创新<br>示范区(个) | 国家级高新区<br>(个) | 高技术企业数<br>(万个) |
|---|---|---|---|---|
| 长江经济带 | 61 | 10 | 84 | 14.70 |
| 全国 | 147 | 23 | 177 | 32.41 |
| 占比(%) | 41.50 | 43.48 | 47.46 | 45.36 |
| 创新投入 | 科学技术支出<br>(亿元) | R&D 人员(万人) | R&D 经费(亿元) | R&D 经费投入<br>强度(%) |
| 长江经济带 | 3347.74 | 413.93 | 13394.1 | 2.28 |
| 全国 | 6464.24 | 858.09 | 27956.3 | 2.44 |
| 占比(%) | 51.79 | 48.24 | 47.91 | 93.44 |
| 创新产出 | 高等学校发表<br>科技论文数<br>(万篇) | 国内发明<br>专利授权数<br>(万件) | 高技术产业<br>营业收入<br>(万亿元) | 规模以上工业<br>企业新产品销售<br>收入(万亿元) |
| 长江经济带 | 73.81 | 26.30 | 10.11 | 15.60 |
| 全国 | 157.79 | 58.59 | 20.99 | 29.56 |
| 占比(%) | 46.78 | 44.89 | 48.17 | 52.77 |

数据来源:2022 年《中国科技统计年鉴》、2022 年《中国火炬统计年鉴》及相关政府官网

从长江经济带与国家科技创新发展的增长速度来看,2013—2021 年,长江经济带在科学技术支出、R&D 人员、R&D 经费和 R&D 经费强度四个方面的年平均增长率均高于全国平均水平,尤其是 R&D 经费投入强度年均增速高于全国平均水平 70%。同样地,长江经济带在创新产出方面的年平均增长率也均高于全国平均水平(表 7.2)。

表 7.2    2013—2021 年长江经济带与国家科技创新发展增速的对比分析

单位:%

| 创新投入<br>增速 | 科学技术支出<br>年均增速 | R&D 人员<br>年均增速 | R&D 经费<br>年均增速 | R&D 经费强度<br>年均增速 |
|---|---|---|---|---|
| 长江经济带 | 13.51 | 8.13 | 12.99 | 4.30 |
| 全国 | 11.64 | 6.98 | 11.34 | 2.50 |
| 创新产出<br>增速 | 高校发表科技<br>论文数年均<br>增速 | 国内发明专利<br>授权数年均<br>增速 | 高技术产业营业<br>收入年均增速 | 规上工业企业<br>新产品销售收入<br>年均增速 |
| 长江经济带 | 4.50 | 87.43 | 11.10 | 11.79 |
| 全国 | 4.30 | 83.75 | 7.87 | 11.14 |

数据来源:2014—2022 年《中国科技统计年鉴》和《中国火炬统计年鉴》及相关政府官网

## 二、基于国内比较的长江经济带创新特色

作为新时期重大区域战略,与黄河流域相比,长江经济带在创新投入和创新产出方面均具有显著优势,前者约是后者的 2 倍之多(表 7.3)。从创新平台资源来看,截至 2021 年,黄河流域分别拥有"双一流"大学数量、国家自主创新示范区数量、国家级高新区数量和高技术企业数量分别为 27 个、5 个、46 个和 5.39 万个,分别是长江经济带的 44%、50%、55% 和 37%。从创新投入方面来看,2021 年,长江经济带的财政科学技术支出、R&D 人员、R&D 经费占长江经济带的比重分别为 37.71%、43.18% 和 41.42%。此外,长江经济带的 R&D 经费投入强度也明显高于黄河流域。从创新产出规模维度来看,2021 年,长江经济带规模以上工业企业新产品销售收入与黄河流域差距最大,前者是后者的 2.98 倍。此外,2021 年长江经济带在国内发明专利授权数产出、高技术产业营业收入两个方面分别是黄河流域的 2.79 倍和 2.78 倍。

表 7.3 2021 年长江经济带与黄河流域创新发展的对比分析

| 创新平台 | 双一流大学数（个） | 国家自主创新示范区（个） | 高新区（个） | 高技术企业数（万个） |
|---|---|---|---|---|
| 长江经济带 | 61 | 10 | 84 | 14.70 |
| 黄河流域 | 27 | 5 | 46 | 5.39 |
| 创新投入 | 科学技术支出（亿元） | R&D 人员（万人） | R&D 经费（亿元） | R&D 经费投入强度 |
| 长江经济带 | 3347.74 | 413.93 | 13394.1 | 2.28% |
| 黄河流域 | 1262.50 | 178.75 | 5547.3 | 1.59% |
| 创新产出 | 高等学校发表科技论文数（万篇） | 国内发明专利授权数（万件） | 高技术产业营业收入（亿元） | 规模以上工业企业新产品销售收入（亿元） |
| 长江经济带 | 73.81 | 26.30 | 101088 | 155989.21 |
| 黄河流域 | 37.33 | 9.41 | 36349 | 52390.10 |

数据来源:2022 年《中国科技统计年鉴》和《中国火炬统计年鉴》及相关政府官网

从 2013—2021 年长江经济带与黄河流域创新发展的增长速度对比分析（表 7.4），2013—2021 年，长江经济带在科学技术支出、R&D 人员、R&D 经费和 R&D 经费强度四个方面的年平均增长率均高于黄河流域，尤其是 R&D 经费和 R&D 经费投入强度分别是黄河流域的 1.33 倍和 2.36 倍。在创新产出维度，长江经济带仅在规上工业企业新产品销售收入这一指标方面年平均增长率超过黄河流域，在高校发表科技论文、国内发明专利授权和高技术产业营业收入方面的年均增速均低于黄河流域，表明 2013—2021 年黄河流域在创新产出方面的增长速度高于长江经济带。

表 7.4 2013—2021 年长江经济带与黄河流域创新发展增速的对比分析

单位:%

| 创新投入增速 | 科学技术支出年均增速 | R&D 人员年均增速 | R&D 经费年均增速 | R&D 经费强度年均增速 |
|---|---|---|---|---|
| 长江经济带 | 13.51 | 8.13 | 12.99 | 4.30 |
| 黄河流域 | 13.58 | 6.27 | 9.74 | 1.82 |
| 创新产出增速 | 高校发表科技论文年均增速 | 国内发明专利授权年均增速 | 高技术产业营业收入年均增速 | 规上工业企业新产品销售收入年均增速 |
| 长江经济带 | 4.50 | 87.43 | 11.10 | 11.79 |
| 黄河流域 | 5.05 | 87.53 | 12.08 | 10.44 |

数据来源:2014—2022 年《中国科技统计年鉴》和《中国火炬统计年鉴》及相关政府官网

### 三、基于国际比较的长江经济带创新特征

长江经济带是世界上最大的内河经济带和城市密集带,莱茵河是西欧第一大河,包括瑞士、列支敦士登、奥地利、德国、法国、卢森堡、比利时、荷兰 8 个国家,也是欧洲著名的人口、产业和城市密集带,素有欧洲"黄金水道"之称。因此,本节对长江经济带与莱茵河区域的创新发展特征进行对比分析。

莱茵河流域与长江经济带均具有丰富的创新资源。莱茵河流域所有国家均是全球重要的创新型国家,汇集了包括苏黎世联邦理工学院、柏林工业大学、巴黎高等师范学校、阿姆斯特丹大学等在内的众多世界顶尖学府。同时,莱茵河流域各国还拥有一大批技术研发中心和技术转移中心。德国莱茵河下游支流鲁尔河与利珀河之间的波鸿、波特洛普、多特蒙德、杜伊斯堡、埃森等城市先后设立了 4 个国家级普朗克研究所、3 个弗劳恩霍夫研究所、15 个技术转化中心以及近 30 个技术研发中心,造就了从多特蒙德到杜伊斯堡沿河地带的"技术走廊"。同样的,长江经济带拥有上海交通大学、复旦大学、南京大学、中国科学技术大学等 61 所"双一流"高校以及众多的国家高新区、国家重点实验室、技术研发平台等创新资源,在我国国家创新体系中占据十分重要的地位。

与长江经济带相比,莱茵河流域拥有多样化的创新协会及协作联盟并推动形成了紧密、高效的产学研合作模式。弗劳恩霍夫学会是目前德国乃至欧洲最具活力的共性技术研发机构之一,在推动产学研合作方面起到十分重要的作用。此外,2019 年,由欧盟资助,卡尔斯鲁厄理工学院牵头,22 个大学及众多企业、行业协会共同参与开展的跨区域合作项目"莱茵河上游知识转移"(KTUR)项目,旨在消除现有创新障碍,促进和增加莱茵河上游地区大学与企业之间的联系和项目合作。截至 2022 年,该联盟已汇集了 11.5 万名高校学生和 1.5 万名研究人员,在德国、法国和瑞士三国边境地区形成了长期的知识合作网络。对于长江经济带来说,仍然面临着创新生产与创新应用间的时空错位,创新的供给端和需求端有效衔接不足等问题。

与长江经济带相比,莱茵河流域各国间形成了各具特色的创新分工合作体系。地处莱茵河中下游的德国,拥有众多具有世界影响力的科技研究机构和大学,如马普研究所、弗劳恩霍夫学会和柏林工业大学等,并依托雄厚的工业基础和卓越的科技创新能力,将德国先进的自动化技术、生物技术、空间技术和环保技术等前沿技术布局在莱茵河畔。法国拥有许多世界级的科研机构

和大学,如巴黎高等师范学院、巴黎综合理工学院和里尔大学等,在航空航天、能源、材料科学、数学和信息技术等领域具有世界领先地位。位于莱茵河下游的荷兰,大力发展绿色低碳产业,最大限度地降低对生态环境的影响。尽管列支敦士登和卢森堡是小国,但其金融服务和科技创新都很发达,尤其在金融科技领域有着雄厚的基础,吸引了众多创新型企业。

## 第二节　长江经济带创新要素禀赋

本节重点从创新的自然经济社会基础、创新的科技基础、创新体制机制以及创新合作的成效与问题等 4 个方面展开分析。

### 一、创新的自然经济社会基础

1. 创新的自然基础

优越的自然基础条件为长江经济带的创新发展提供了坚实的基础。首先,长江是当今世界上距离最长、货运量最大的内河航道,在我国是仅次于东部沿海发展轴的第二大经济发展轴。2021 年,长江干线港口货物吞吐量高达 35.3 亿吨,分别为美国密西西比河、欧洲莱茵河年货运量的 7 倍和 9 倍。其次,长江经济带气候宜人,降水充沛,天然资源丰富,从气候和降水量看,拥有亚热带和暖温带为主的气候资源。干流两侧各 200 公里地域范围内,90% 以上面积都属于亚热带,降水丰沛,多年平均降水 1000~1200 毫米,长江入海处多年平均径流量高达 9660 亿米$^3$(相当于年平均流量 30000 米$^3$/s);在自然资源禀赋方面,中国在已探明的 130 种矿产中,长江流域有 110 多种,占全国的 80%,其中,长江经济带的钒、钛、汞、磷、萤石、芒硝、石棉等资源占全国比重超过 80%。依托优越的自然基础条件,长江经济带已成为高技能人才、高技术产业等创新资源的集聚高地。

2. 创新的经济基础

长江经济带正处于跨越中等收入陷阱的关键期,创新驱动发展愈加重要(图 7.1)。具体到四类经济发展指标,2013—2021 年期间,长江经济带的 GDP、人均 GDP、产业结构(二、三产业占比)均呈现上升趋势,而经济开放度(FDI 占 GDP 比重)呈现持续下降的态势。首先,长江经济带 GDP 在 2013—

2021 年间持续上升,从 2013 年的 26.40 万亿元上升至 2021 年的 53.02 万亿元,年平均增速 11.20%;人均 GDP 从 4.57 万元上升至 8.74 万元。中等收入陷阱理论表明当一个国家发展到中等收入阶段(人均 GDP 为 10000 美元 ~ 12000 美元左右),该国家不能向更高级别的经济模式所转型,会导致经济增速停滞的一种状态。因此,2021 年长江经济带总体上正处于跨越中等收入陷阱的关键期。与其他三类经济发展指标不同的是,长江经济带的经济开放度总体上呈持续下降趋势且在 2019 年之后下降趋势更加明显,FDI 占 GDP 的比重从 2013 年的 2.73% 下降至 2021 年的 1.64%。

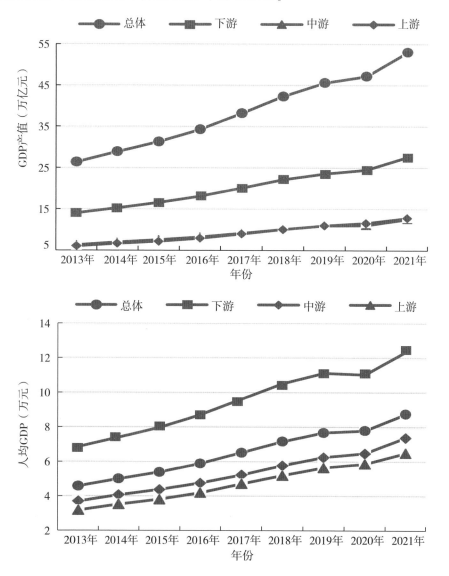

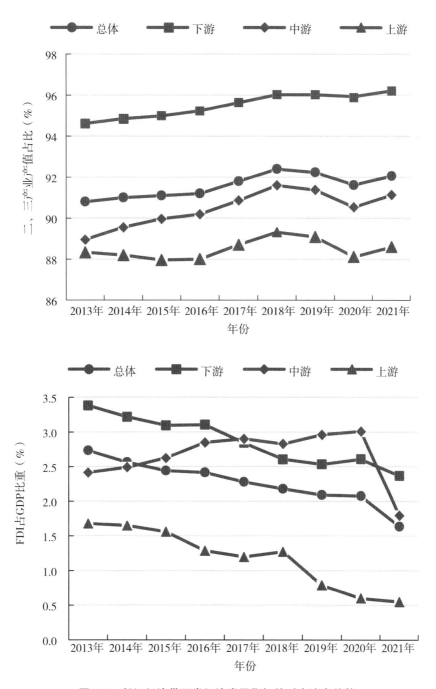

**图 7.1　长江经济带四类经济发展指标的时空演变趋势**

资料来源:2014—2022 年《中国统计年鉴》《中国科技统计年鉴》《中国火炬统计年鉴》及相关政府
官网

2013—2021 年期间,长江经济带下游、中游和上游地区①经济发展总体上具有一致的变化趋势,但存在发展阶段的差异性(图 7.1)。基于 GDP、人均 GDP 和产业结构(二、三产业占比)的分析可知,下游地区的经济发展水平明显高于中上游,2021 年,总体已经跨越中等收入陷阱,而中上游地区正处于跨越中等收入陷阱的关键期。就对外开放水平而言,虽然长江经济带三大区域在 2013—2021 年 FDI 占 GDP 比重持续下降,但下游地区仍然比中上游地区的开放水平更高。

3. 创新的社会基础

科技创新需要良好的社会环境支撑。本节选择 15～64 岁人口占比和社会总抚养比(少年儿童抚养比与老年人口抚养比构成)来分析长江经济带创新的人口结构和社会负担(图 7.2)。一方面,原因在于 15～64 岁人口占比越大,表明一个地区具有更多的就业劳动力和高端人才,另一方面,较轻的社会负担会增加科技创新资源的投入。

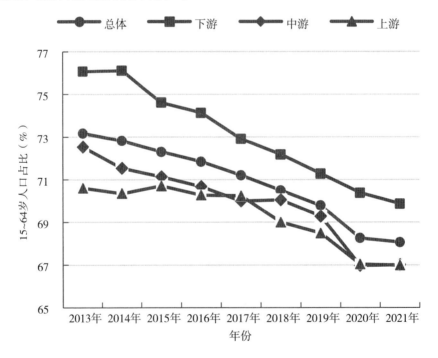

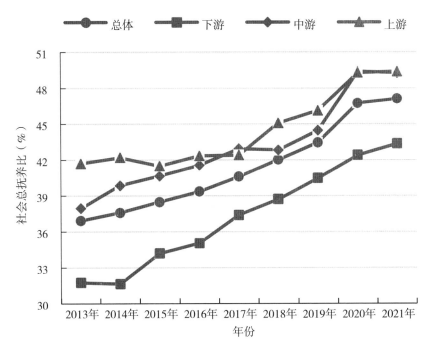

**图 7.2 长江经济带人口结构与社会总抚养比的时空演变趋势**

资料来源:2014—2022 年《中国统计年鉴》

长江经济带 15~64 岁人口占比持续下降,而社会总抚养比持续上升,但存在空间差异性(图 7.2)。就人口结构而言,长江经济带 15~64 岁人口占比从 2013 年的 73.18% 下降至 2021 年的 68.06%,人口老龄化现象逐渐凸显。具体到三大区域,下游地区 15~64 岁人口占比大于中上游,这得益于下游地区持续不断涌入的大规模外来就业人口;中游和上游地区的人口结构基本相似。就总抚养比而言,长江经济带总抚养比从 2013 年的 36.93% 增长至 2021 年的 47.1%,表明劳动力的抚养负担越来越严重。具体到三大区域,下游地区总抚养比比中上游小。

## 二、创新的科技基础

### 1. 创新平台

长江经济带下中上游创新平台布局依次递减,且主要集聚在下游地区(表 7.5)。2021 年,长江经济带下游地区分别拥有"双一流"大学数、国家自主创新示范区数量、国家级高新区数量和高技术企业数量 37 个、5 个、36 个和 9.6 万个高科技企业,分别占比长江经济带的比重为 60.66%、50%、42.85% 和

65.31%。从省域尺度看,上海、江苏、湖北和四川是高校资源集聚中心;浙江是唯一拥有两个国家自主创新示范区的省份,而江苏的国家级高新区数量最多;江苏、浙江和上海是高技术企业集聚的三大高地。

表 7.5 2021 年长江经济带创新平台资源分布的分析

| 区域 | 省份 | "双一流"大学数(个) | 国家自主创新示范区(个) | 国家级高新区(个) | 高技术企业数(个) |
|---|---|---|---|---|---|
| 下游地区 | 上海 | 15 | 1 | 2 | 19189 |
| | 江苏 | 16 | 1 | 18 | 37368 |
| | 浙江 | 3 | 2 | 8 | 28310 |
| | 安徽 | 3 | 1 | 8 | 11323 |
| 中游地区 | 江西 | 1 | 1 | 9 | 6513 |
| | 湖北 | 7 | 1 | 12 | 14311 |
| | 湖南 | 5 | 1 | 9 | 10933 |
| 上游地区 | 重庆 | 1 | 1 | 4 | 5061 |
| | 四川 | 8 | 1 | 8 | 10131 |
| | 贵州 | 1 | 0 | 3 | 1800 |
| | 云南 | 1 | 0 | 3 | 2045 |

资料来源:2022 年《中国科技统计年鉴》、2022 年《中国火炬统计年鉴》及相关政府官网

2.创新投入

长江经济带创新资源投入主要集聚在下游地区,占比超 60%(表 7.6)。2021 年,长江经济带下游地区科学技术支出、R&D 人员数量、R&D 经费在长江经济带的比重为 62.40%、62.38%、62.88%。从省域尺度看,上海、江苏、浙江是科学技术支出排名前三的区域;R&D 人员和 R&D 经费投入主要集聚在江苏、浙江、上海和湖北,虽然从规模上看,上海是 R&D 经费投入不是最多的,但从投入强度方面看,上海无疑是长江经济带研发经费投入强度最高的区域,2021 年达 4.21%,远超排名第二的江苏省。

表 7.6　2021 年长江经济带创新投入分析

| 区域 | 省份 | 科学技术支出（亿元） | R&D 人员（人） | R&D 经费（亿元） | R&D 经费投入强度 |
|---|---|---|---|---|---|
| 下游地区 | 上海 | 422.70 | 34.50 | 1819.8 | 4.21% |
| | 江苏 | 671.59 | 108.83 | 3438.6 | 2.95% |
| | 浙江 | 578.60 | 79.86 | 2157.7 | 2.94% |
| | 安徽 | 416.09 | 35.02 | 1006.1 | 2.34% |
| 中游地区 | 江西 | 210.95 | 18.84 | 502.2 | 1.70% |
| | 湖北 | 314.57 | 35.36 | 1160.2 | 2.32% |
| | 湖南 | 217.30 | 32.60 | 1028.9 | 2.23% |
| 上游地区 | 重庆 | 92.64 | 20.25 | 603.8 | 2.16% |
| | 四川 | 273.12 | 31.17 | 1214.5 | 2.26% |
| | 贵州 | 88.34 | 7.74 | 180.4 | 0.92% |
| | 云南 | 61.85 | 9.75 | 281.9 | 1.04% |

资料来源:2022 年《中国科技统计年鉴》、2022 年《中国火炬统计年鉴》及相关政府官网

3.创新产出

长江经济带创新产出差异明显主要集聚在下游地区,占比超 50%（表7.7）。2021 年,长江经济带下游地区的高等学校发表科技论文数、国内发明专利授权数、高技术产业营业收入和规模以上工业企业新产品销售收入在长江经济带中的比重为 52.88%、69.24%、59.54% 和 67.43%。尤其是与下游地区相比,上游地区的高等学校发表科技论文数、国内发明专利授权数、高技术产业营业收入和规模以上工业企业新产品销售收入仅为下游地区的43.49%、19.34%、36.08% 和 14.60%。从省域尺度来看,上海、江苏是高校发表科技论文最多的两个省市,江苏、浙江是产出发明专利最多的两个省份,均为下游地区省市;在高技术产业营业收入和规模以上工业企业新产品销售收入两个方面,江苏和浙江均位列前两名。

表7.7　2021年长江经济带创新产出分析

| 区域 | 省份 | 高等学校发表科技论文数（篇） | 国内发明专利授权数（件） | 高技术产业营业收入（亿元） | 规模以上工业企业新产品销售收入(亿元) |
|---|---|---|---|---|---|
| 下游地区 | 上海 | 119514 | 32860 | 8411.33 | 10574.88 |
| | 江苏 | 152963 | 68813 | 32196.18 | 42622.37 |
| | 浙江 | 67839 | 56796 | 13391.07 | 36890.12 |
| | 安徽 | 49971 | 23624 | 6190.83 | 15101.73 |
| 中游地区 | 江西 | 29249 | 6741 | 8055.24 | 9575.04 |
| | 湖北 | 87310 | 22376 | 6150.92 | 13695.56 |
| | 湖南 | 61478 | 16564 | 4974.16 | 12169.23 |
| 上游地区 | 重庆 | 39984 | 9413 | 7792.87 | 6995.18 |
| | 四川 | 85779 | 19337 | 11470.71 | 6138.75 |
| | 贵州 | 21646 | 2824 | 973.49 | 1020.77 |
| | 云南 | 22331 | 3643 | 1481.19 | 1205.58 |

资料来源:2022年《中国科技统计年鉴》、2022年《中国火炬统计年鉴》及相关政府官网

### 三、创新体制机制

自2013年长江经济带发展上升为国家战略以来,长江经济带科技创新体制机制建设取得了显著进展。2018年6月,长三角地区主要领导座谈会在上海举行,审议通过了《长三角一体化发展三年行动计划（2018—2020）》,进一步明确了强化创新驱动、建设长三角区域创新圈的共识。中共中央、国务院2019年12月印发的《长江三角洲区域一体化发展规划纲要》要求,应推动科技创新与产业发展深度融合,促进人才流动和科研资源共享,整合区域创新资源,联合开展卡脖子关键核心技术攻关,打造区域创新共同体,协同完善技术创新链,联合建设区域联动、分工协作、协同推进的技术创新体系。2020年12月,科技部印发的《长三角科技创新共同体建设发展规划》（国科发规〔2020〕352号）强调,努力将长三角建成具有全球影响力的长三角科技创新共同体。2021年6月,国务院推动长三角一体化发展领导小组办公室印发的《长三角一体化发展规划"十四五"实施方案》强调,"十四五"期间,长三角将全面实施科技创新共同体建设发展规划,依托上海张江、安徽合肥两大科学中心,加快

构建世界一流的重大科技基础设施集群,在量子技术、集成电路、生物医药、人工智能、新能源汽车等领域开展联合攻关。2022年2月,国家发改委发布的《长江中游城市群发展"十四五"实施方案》(发改规划〔2022〕266号)强调,"构建科技创新共同体""打造具有核心竞争力的科技创新高地"。建设长江中游城市群创新共同体,是新时代中央赋予长江中游地区的重要使命,也是中央给予的重大机遇。2023年2月,位于长江中游的武汉、长沙、南昌、合肥等四省会城市,共同签署了《长江中游城市群省会城市高质量协同发展行动方案》,计划围绕"构建协同创新大平台,打造重要创新策源地",开展深度合作。2023年4月,上海市科学技术委员会联合其他三省的科学技术厅联合制定的《长三角科技创新共同体联合攻关计划实施办法(试行)》(沪科规〔2023〕1号),进一步明确了长三角科技创新共同体的实施方案与路径。

虽然长江经济带的创新体制机制建设走在全国前列,但目前仍存在地方行政分割、体制机制衔接不畅等问题。具体来说,长江经济带仍然缺乏创新共同体建设的顶层方案设计,且创新体制机制建设多围绕下游地区,中游和上游地区的相关建设进程缓慢。因此,强化长江经济带下、中和上游协同创新的体制机制保障将是长江经济带创新共同体建设的重要目标。

### 四、创新合作的成效与问题

专利是技术创新的重要体现。根据世界知识产权组织(WIPO)报告显示专利产出能够体现全球90%~95%的研发产出,大量研究使用专利数据衡量区域技术创新能力。因此,基于合作发明专利申请数据,对创新合作主体所在城市进行归类汇总,绘制108个城市的创新网络,并根据发明专利合作申请主体所在城市,将城市合作创新划分为长江经济带内创新合作(合作的主体均属于长江经济带的城市)、带外合作创新(一个创新合作主体属于长江经济带,另一个创新合作主体属于长江经济带之外的城市)两种情况分别展开分析。

1. 城市创新合作的时序特征

2003—2019年,长江经济带的城市合作创新的总频次呈指数增长趋势,但主要集中在带外(图7.3a)。具体来看,跨城市的合作创新频次从2003年的492次合作增长到2019年的38730次,2011年以后数量增长速度提升迅速,创新合作的地理距离从2003年的860公里增长至1200公里。进一步从合作尺度分析,技术创新合作以带外合作为主导,占比达65%的比重(图

7.3b)。2003—2011 年,带内合作创新与带外合作创新均呈现缓慢增长趋势,但 2011 年以后,带外合作频次迅猛增长,但带内合作创新直到 2015 年之后,才开始快速增长。根据创新合作的演化进程,可以将长江经济带内城市合作创新划分为 2003—2011 年、2012—2019 年两个阶段。

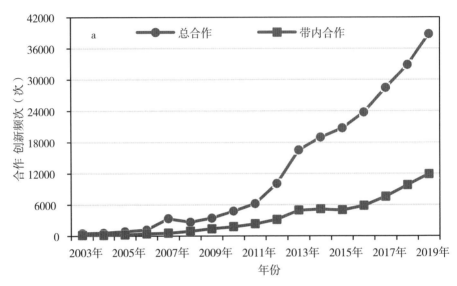

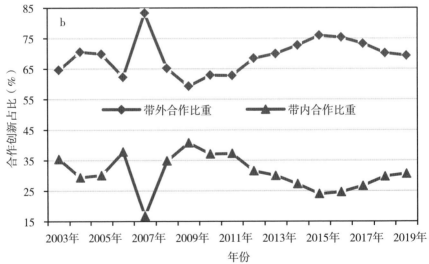

**图 7.3　2003—2019 年长江经济带城市间合作创新的时序演变分析**

资料来源:国家知识产权局(SIPO)专利信息服务平台

　　进一步从长江经济带下游、中游和上游地区分析,可发现三大区域城市合作均以带外合作为主,其次是三大区域内部(表 7.8)。首先,2003—2011 年,城市间合作创新规模整体上较小,其中下游地区与带外的合作创新频次最大,达到 12202 次,中游和上游地区的带外合作创新频次几近相同。从长江经济带三大区域内部的合作创新情况分析,三大区域均以内部创新合作为主。其中,下游地区 41 个城市间的合作次数达 5401 次,其次是上游地区,合作次数下降为 736 次,而中游地区的内部创新合作频次较少;下游地区是区域间的创新合作的核心区域,下游和中游、下游和上游之间的创新合作频次均超过 630 次,而中游和上游地区仅为 174 次。

表 7.8　2003—2019 年长江经济带下中上游地区间合作创新的异质性分析

| 2003—2011 年 | 下游 | 中游 | 上游 | 带外 | 2012—2019 年 | 下游 | 中游 | 上游 | 带外 |
|---|---|---|---|---|---|---|---|---|---|
| 下游 | 5401 | 631 | 674 | 12202 | 下游 | 33418 | 6511 | 5004 | 92377 |
| 中游 | — | 353 | 174 | 1538 | 中游 | — | 3575 | 1832 | 21918 |
| 上游 | — | — | 736 | 1553 | 上游 | — | — | 3056 | 20362 |

注:合作创新的单位为"次";"—"表示没有数值
资料来源:国家知识产权局(SIPO)专利信息服务平台

2012—2019 年,城市间合作创新规模迅速扩张,长江经济带三大区域均以带外合作创新为主,其中下游地区与带外的合作规模最大,达到 92377 次,其次是中游地区,但和上游地区的带外合作创新规模差异不大。从长江经济带三大区域内部和之间的创新联系规模分析,三大区域均以内部创新合作为主。其中,下游地区 41 个城市间的合作次数达 33418 次,其次是中游地区,合作次数下降为 3575 次;下游地区是城市间合作创新的核心区域,下游—中游、下游—上游之间的创新合作规模均超过 5000 次,而中游—上游地区仅为 1832 次。

2. 城市创新网络结构特征

2003—2011 年,长江经济带内城市创新合作频次较少,上海、杭州和南京处于城市创新网络的核心地位。表 7.9 结果显示,在排名前 20 对创新合作的城市中,除上游地区的成都—攀枝花,其他参与创新合作的城市均位于长三角地区。成都和攀枝花的创新合作得益于位于攀枝花的攀枝花新钢钒股份有限公司和位于成都的攀钢集团研究院有限公司开展了紧密的合作创新。其余城市间的创新均较少,中上游地区仍未形成高密集的创新合作。从加权度中心性来看,上海、杭州和南京位列前三,值均超过 1000 次,说明这三个城市在创新网络中占据枢纽地位;在加权度中心性值排名前 20 的城市中,中上游地区的城市有 6 个,除攀枝花外,均为省会城市。

表7.9　2003—2019 年长江经济带城市带内创新网络结构分析

| 2003—2011 年 | | 2012—2019 年 | |
|---|---|---|---|
| 城市创新合作对 | 合作频次 | 城市创新合作对 | 合作频次 |
| 杭州—台州 | 618 | 杭州—台州 | 2451 |
| 成都—攀枝花 | 425 | 上海—苏州 | 2019 |
| 上海—杭州 | 296 | 杭州—宁波 | 1733 |
| 上海—苏州 | 265 | 上海—南京 | 1269 |
| 杭州—绍兴 | 244 | 杭州—绍兴 | 1060 |
| 上海—南京 | 226 | 南京—苏州 | 1013 |
| 南京—常州 | 162 | 南京—常州 | 994 |
| 上海—无锡 | 151 | 上海—成都 | 953 |
| 杭州—宁波 | 124 | 上海—杭州 | 937 |
| 上海—南通 | 123 | 上海—南通 | 883 |
| 上海—台州 | 123 | 上海—嘉兴 | 845 |
| 南京—无锡 | 120 | 南京—南通 | 768 |
| 上海—绍兴 | 118 | 南京—无锡 | 750 |
| 上海—武汉 | 117 | 南京—杭州 | 749 |
| 上海—成都 | 115 | 南京—武汉 | 713 |
| 上海—常州 | 96 | 上海—重庆 | 653 |
| 上海—嘉兴 | 96 | 苏州—南昌 | 647 |
| 上海—宁波 | 94 | 南京—泰州 | 577 |
| 杭州—金华 | 94 | 南京—镇江 | 546 |
| 上海—连云港 | 89 | 嘉兴—上饶 | 528 |

注:根据合作频次,仅列出排名前 20 个城市创新合作对
资料来源:国家知识产权局(SIPO)专利信息服务平台

2012—2019 年,长江经济带内城市间创新合作频次快速增加,下游地区
与中上游地区的创新联系显著增强。根据表7.9,下游地区的创新联系进一步
强化,同时中上游地区的南昌、重庆和武汉地位凸显,成为长江经济带内中上
游地区创新联系的核心城市。从加权度中心性值来看(表7.10),上海、杭州
和南京仍位列前三,但相比于前一个时期,南京的地位提升 1 个名次;在加权
度中心度值排名前 20 的城市中,中上游地区的城市仍保持 6 个,攀枝花退出

前20榜单,南昌进入前20名,同时武汉和重庆的地位进一步提升。

表7.10　2003—2019年长江经济带城市带内加权度中心性分析

| 2003—2011 年 | | | | 2012—2019 年 | | | |
|---|---|---|---|---|---|---|---|
| 前 20 名 | 加权度中心性 | 后 20 名 | 加权度中心性 | 前 20 名 | 加权度中心性 | 后 20 名 | 加权度中心性 |
| 上海 | 2771 | 萍乡 | 0 | 上海 | 14256 | 张家界 | 14 |
| 杭州 | 1928 | 邵阳 | 0 | 南京 | 11891 | 萍乡 | 23 |
| 南京 | 1291 | 巴中 | 0 | 杭州 | 10842 | 昭通 | 28 |
| 成都 | 950 | 六盘水 | 0 | 苏州 | 5813 | 邵阳 | 30 |
| 台州 | 834 | 广安 | 1 | 武汉 | 5386 | 景德镇 | 31 |
| 无锡 | 626 | 达州 | 1 | 成都 | 4262 | 巴中 | 31 |
| 苏州 | 618 | 亳州 | 2 | 无锡 | 3113 | 达州 | 32 |
| 武汉 | 543 | 景德镇 | 2 | 台州 | 2954 | 广元 | 35 |
| 常州 | 492 | 永州 | 2 | 宁波 | 2885 | 内江 | 52 |
| 攀枝花 | 450 | 咸宁 | 3 | 重庆 | 2748 | 安顺 | 54 |
| 绍兴 | 438 | 吉安 | 4 | 南通 | 2691 | 临沧 | 55 |
| 宁波 | 336 | 张家界 | 4 | 嘉兴 | 2643 | 吉安 | 57 |
| 南通 | 294 | 广元 | 4 | 合肥 | 2557 | 随州 | 58 |
| 重庆 | 287 | 资阳 | 4 | 常州 | 2353 | 鹰潭 | 59 |
| 长沙 | 267 | 丽江 | 4 | 长沙 | 2097 | 六盘水 | 60 |
| 镇江 | 228 | 新余 | 5 | 南昌 | 1745 | 资阳 | 62 |
| 合肥 | 206 | 随州 | 5 | 绍兴 | 1668 | 丽江 | 63 |
| 嘉兴 | 205 | 南充 | 5 | 昆明 | 1418 | 亳州 | 64 |
| 昆明 | 205 | 昭通 | 5 | 镇江 | 1393 | 新余 | 66 |
| 盐城 | 204 | 阜阳 | 6 | 温州 | 1291 | 普洱 | 76 |

注:城市带内加权度中心性是根据长江经济带108个城市间的合作创新网络计算得出,仅列出加权度中心性值排名前20名和后20名的城市

数据来源:国家知识产权局(SIPO)专利信息服务平台

进一步可视化长江经济带内城市与带外城市合作创新的情况,可知创新合作呈现以城市群为载体的"菱形架构"。长江经济带的城市间创新合作需要同时考虑带内与带外合作创新。根据表7.11结果,2003—2011年,长江经济带城市主要是通过上海、南京、杭州、合肥和成都5个城市与带外城市建立创

新合作关系,此阶段成渝城市群与珠三角城市群的联系还不够紧密,"菱形架构"还未形成。从加权度中心性来看(表 7.12),上海的带外创新联系频次"一枝独秀",达到 7436,远超其他城市;南京和成都位列第二和第三,但加权度中心性值分别仅有 1056 和 775。在加权度中心性值排名前 20 名的城市中,中上游地区的城市有 8 个,按加权度中心性大小排序分别为成都、武汉、长沙、重庆、南昌、昆明、贵阳和绵阳。

表 7.11  2003—2019 年长江经济带城市带外创新网络结构分析

| 2003—2011 年 | | 2012—2019 年 | |
|---|---|---|---|
| 城市创新合作对 | 合作频次 | 城市创新合作对 | 合作频次 |
| 上海—北京 | 3213 | 上海—北京 | 14725 |
| 上海—深圳 | 1471 | 南京—北京 | 12963 |
| 上海—河源 | 1058 | 合肥—北京 | 7097 |
| 南京—北京 | 548 | 杭州—北京 | 6193 |
| 上海—广州 | 480 | 成都—北京 | 5802 |
| 成都—北京 | 402 | 武汉—北京 | 4186 |
| 苏州—北京 | 367 | 重庆—北京 | 3426 |
| 常州—深圳 | 284 | 长沙—北京 | 2732 |
| 杭州—北京 | 277 | 苏州—北京 | 2462 |
| 苏州—深圳 | 216 | 上海—深圳 | 2264 |
| 长沙—北京 | 189 | 合肥—佛山 | 1928 |
| 重庆—北京 | 189 | 苏州—深圳 | 1716 |
| 上海—天津 | 185 | 南昌—北京 | 1682 |
| 武汉—北京 | 177 | 宁波—北京 | 1240 |
| 常州—北京 | 155 | 芜湖—佛山 | 1199 |
| 宁波—北京 | 154 | 成都—深圳 | 1150 |
| 成都—深圳 | 131 | 重庆—深圳 | 1109 |
| 合肥—北京 | 109 | 无锡—北京 | 963 |
| 南京—深圳 | 103 | 上海—广州 | 930 |
| 南通—深圳 | 83 | 常州—北京 | 914 |

注:根据合作频次,仅列出排名前 20 个城市创新合作对
资料来源:国家知识产权局(SIPO)专利信息服务平台

2012—2019 年,长江经济带城市的带外合作创新规模进一步扩大,创新合作的"菱形架构"形成。根据表 7.11 结果,长三角城市群、京津冀城市群、珠三角城市群以及成渝城市群成为创新密集区。从加权度中心性度来看(表7.12),上海、南京仍位列前二,合肥的创新地位的地位从上一个时期(2003—2011 年)的第 9 名快速上升至第 3 名,说明合肥的创新辐射能力进一步提升。在加权度中心性排名前 20 名的城市中,中上游地区的城市减少至 7 个,但重庆和南昌的合作创新地位有所提升。

**表 7.12　2003—2019 年长江经济带城市带外加权度中心性分析**

| 2003—2011 年 | | | | 2012—2019 年 | | | |
|---|---|---|---|---|---|---|---|
| 前 20 名 | 加权度中心性 | 后 20 名 | 加权度中心性 | 前 20 名 | 加权度中心性 | 后 20 名 | 加权度中心性 |
| 上海 | 7436 | 张家界 | 0 | 上海 | 24684 | 丽江 | 2 |
| 南京 | 1050 | 昭通 | 0 | 南京 | 17888 | 昭通 | 6 |
| 成都 | 775 | 巴中 | 0 | 合肥 | 11048 | 保山 | 9 |
| 苏州 | 728 | 广元 | 0 | 成都 | 9824 | 张家界 | 10 |
| 武汉 | 597 | 临沧 | 0 | 武汉 | 9256 | 临沧 | 10 |
| 杭州 | 589 | 资阳 | 0 | 杭州 | 8485 | 怀化 | 14 |
| 常州 | 490 | 丽江 | 0 | 重庆 | 6222 | 普洱 | 24 |
| 长沙 | 369 | 抚州 | 0 | 苏州 | 6074 | 广元 | 25 |
| 合肥 | 333 | 遂宁 | 0 | 长沙 | 4475 | 鄂州 | 25 |
| 重庆 | 308 | 黄冈 | 0 | 南昌 | 2908 | 巴中 | 27 |
| 宁波 | 280 | 萍乡 | 1 | 无锡 | 2549 | 玉溪 | 28 |
| 无锡 | 239 | 邵阳 | 1 | 常州 | 2438 | 邵阳 | 29 |
| 镇江 | 136 | 随州 | 1 | 宁波 | 2438 | 广安 | 29 |
| 南通 | 133 | 鹰潭 | 1 | 芜湖 | 1709 | 永州 | 29 |
| 南昌 | 117 | 六盘水 | 1 | 南通 | 1327 | 六盘水 | 34 |
| 昆明 | 115 | 亳州 | 1 | 扬州 | 1262 | 鹰潭 | 36 |
| 贵阳 | 114 | 池州 | 1 | 贵阳 | 1177 | 遂宁 | 37 |
| 扬州 | 112 | 保山 | 1 | 徐州 | 1062 | 抚州 | 48 |
| 绵阳 | 98 | 广安 | 1 | 绍兴 | 1057 | 郴州 | 48 |
| 绍兴 | 98 | 黄山 | 1 | 昆明 | 1033 | 资阳 | 49 |

注:城市带外加权度中心性是根据长江经济带 108 个城市与长江经济带之外其他 190 个城市的合作创新网络计算得出,仅列出加权度中心性值排名前 20 名和后 20 名的城市

数据来源:国家知识产权局(SIPO)专利信息服务平台

总的来看,长江经济带的创新联系呈现择优连接性和空间依赖的特征,即城市度中心性高的城市倾向于同中心度较高的城市合作。其次,长江经济带创新活动的发生更多地需要与外界合作,上海更多的是下游地区的龙头,中上游地区更多的是与珠三角和京津冀地区城市开展创新合作,未来需要进一步提升上海对中上游地区的辐射带动能力。

3. 城市绿色创新网络结构特征

2003—2011 年,长江经济带内城市绿色创新合作频次较少,主要集中在下游地区。根据表 7.13 结果,长江经济带创新合作频次超过 200 次的城市对只有 6 个,分别是上海—南京、上海—杭州、上海—苏州、杭州—台州、杭州—绍兴以及成都—攀枝花。其余城市的创新均较少,中游地区仍未形成高密集的创新合作。从加权度中心性来看(表 7.14),上海、杭州和南京位列前三,值均超过 260 次,说明这三个城市在绿色创新网络中占据枢纽地位;在加权度中心性值排名前 20 名的城市中,中上游地区的城市有 6 个,除攀枝花外,均为省会城市。

表 7.13　2003—2019 年长江经济带城市带内绿色创新网络结构分析

| 2003—2011 年 | | 2012—2019 年 | |
|---|---|---|---|
| 城市创新合作对 | 合作频次 | 城市创新合作对 | 合作频次 |
| 杭州—台州 | 618 | 杭州—台州 | 2451 |
| 成都—攀枝花 | 425 | 上海—苏州 | 2019 |
| 上海—杭州 | 296 | 杭州—宁波 | 1733 |
| 上海—苏州 | 265 | 上海—南京 | 1269 |
| 杭州—绍兴 | 244 | 杭州—绍兴 | 1060 |
| 上海—南京 | 226 | 南京—苏州 | 1013 |
| 南京—常州 | 162 | 南京—常州 | 994 |
| 上海—无锡 | 151 | 上海—成都 | 953 |
| 杭州—宁波 | 124 | 上海—杭州 | 937 |
| 上海—南通 | 123 | 上海—南通 | 883 |
| 上海—台州 | 123 | 上海—嘉兴 | 845 |
| 南京—无锡 | 120 | 南京—南通 | 768 |
| 上海—绍兴 | 118 | 南京—无锡 | 750 |
| 上海—武汉 | 117 | 南京—杭州 | 749 |

续表

| 2003—2011 年 | | 2012—2019 年 | |
|---|---|---|---|
| 城市创新合作对 | 合作频次 | 城市创新合作对 | 合作频次 |
| 上海—成都 | 115 | 南京—武汉 | 713 |
| 上海—常州 | 96 | 上海—重庆 | 653 |
| 上海—嘉兴 | 96 | 苏州—南昌 | 647 |
| 上海—宁波 | 94 | 南京—泰州 | 577 |
| 杭州—金华 | 94 | 南京—镇江 | 546 |
| 上海—连云港 | 89 | 嘉兴—上饶 | 528 |

注:根据合作频次,仅列出排名前 20 个城市创新合作对

资料来源:国家知识产权局(SIPO)专利信息服务平台

2012—2019 年,长江经济带内城市间绿色创新合作频次快速扩大,尤其是下游地区与中上游地区的绿色创新联系明显增强(表 7.13)。首先,下游地区的绿色创新联系进一步强化,同时中上游地区的南昌、重庆和武汉地位凸显,成为长江经济带内中上游地区创新联系的核心城市。从加权度中心性值来看(表 7.14),上海、南京和杭州仍位列前三,但相比于前一个时期,南京的地位提升 2 个名次;加权度中心性值排名前 20 名的城市中,中上游地区的城市仍保持 6 个,攀枝花退出前 20 名榜单,南昌进入前 20 名,同时武汉和重庆的地位进一步提升。

**表 7.14　2003—2019 年长江经济带内城市绿色创新加权度中心性分析**

| 2003—2011 年 | | | | 2012—2019 年 | | | |
|---|---|---|---|---|---|---|---|
| 前 20 名 | 加权度中心性 | 后 20 名 | 加权度中心性 | 前 20 名 | 加权度中心性 | 后 20 名 | 加权度中心性 |
| 上海 | 339 | 张家界 | 0 | 南京 | 3946 | 广元 | 14 |
| 杭州 | 273 | 永州 | 0 | 杭州 | 2529 | 池州 | 13 |
| 南京 | 266 | 鹰潭 | 0 | 上海 | 2128 | 淮北 | 13 |
| 常州 | 106 | 宜宾 | 0 | 武汉 | 1324 | 资阳 | 13 |
| 无锡 | 96 | 遂宁 | 0 | 苏州 | 919 | 抚州 | 11 |
| 成都 | 90 | 随州 | 0 | 成都 | 800 | 内江 | 10 |
| 台州 | 85 | 邵阳 | 0 | 嘉兴 | 778 | 邵阳 | 10 |
| 武汉 | 83 | 萍乡 | 0 | 无锡 | 599 | 十堰 | 10 |

续表

| 2003—2011 年 | | | | 2012—2019 年 | | | |
|---|---|---|---|---|---|---|---|
| 前 20 名 | 加权度中心性 | 后 20 名 | 加权度中心性 | 前 20 名 | 加权度中心性 | 后 20 名 | 加权度中心性 |
| 绍兴 | 71 | 南充 | 0 | 合肥 | 596 | 丽江 | 9 |
| 苏州 | 64 | 六盘水 | 0 | 常州 | 536 | 吉安 | 8 |
| 攀枝花 | 52 | 丽江 | 0 | 宁波 | 533 | 景德镇 | 8 |
| 盐城 | 47 | 景德镇 | 0 | 上饶 | 465 | 萍乡 | 7 |
| 长沙 | 45 | 怀化 | 0 | 长沙 | 446 | 巴中 | 6 |
| 宁波 | 44 | 广元 | 0 | 重庆 | 440 | 达州 | 6 |
| 昆明 | 43 | 广安 | 0 | 南通 | 400 | 随州 | 6 |
| 南通 | 41 | 达州 | 0 | 昆明 | 387 | 永州 | 6 |
| 镇江 | 38 | 池州 | 0 | 绍兴 | 348 | 怀化 | 5 |
| 扬州 | 36 | 常德 | 0 | 盐城 | 328 | 张家界 | 5 |
| 合肥 | 31 | 亳州 | 0 | 台州 | 318 | 鹰潭 | 4 |
| 重庆 | 30 | 巴中 | 0 | 温州 | 282 | 昭通 | 3 |

注:城市带内度中心性是根据长江经济带 108 个城市间的合作创新网络计算得出,仅列出加权度中心性值排名前 20 名和后 20 名的城市

数据来源:国家知识产权局(SIPO)专利信息服务平台

长江经济带内城市与带外城市绿色合作创新呈现以城市群为载体的地域空间格局。表 7.15 显示,2003—2011 年,长江经济带城市主要是通过上海、南京、杭州等 3 个城市与带外城市建立绿色创新合作关系,此阶段成渝城市群与珠三角城市群的联系还不够紧密,"菱形架构"还未形成。2012—2019 年,长江经济带内城市间绿色创新合作频次快速扩大,"菱形架构"初步形成。

表 7.15 2003—2019 年长江经济带城市带外绿色创新网络结构分析

| 2003—2011 年 | | 2012—2019 年 | |
|---|---|---|---|
| 城市创新合作对 | 合作频次 | 城市创新合作对 | 合作频次 |
| 上海—北京 | 347 | 南京—北京 | 5360 |
| 南京—北京 | 130 | 上海—北京 | 2484 |
| 苏州—北京 | 108 | 杭州—北京 | 2377 |

续表

| 2003—2011 年 | | 2012—2019 年 | |
|---|---|---|---|
| 城市创新合作对 | 合作频次 | 城市创新合作对 | 合作频次 |
| 杭州—北京 | 60 | 武汉—北京 | 1755 |
| 长沙—北京 | 51 | 长沙—北京 | 1127 |
| 武汉—北京 | 43 | 合肥—北京 | 967 |
| 宁波—北京 | 39 | 成都—北京 | 962 |
| 常州—北京 | 38 | 重庆—北京 | 882 |
| 南京—广州 | 36 | 南昌—北京 | 835 |
| 苏州—深圳 | 36 | 苏州—北京 | 500 |
| 成都—北京 | 33 | 宁波—北京 | 413 |
| 上海—广州 | 24 | 苏州—深圳 | 280 |
| 上海—深圳 | 24 | 常州—北京 | 266 |
| 重庆—北京 | 19 | 无锡—北京 | 257 |
| 南昌—深圳 | 17 | 广州—南京 | 247 |
| 武汉—深圳 | 15 | 嘉兴—北京 | 232 |
| 南京—西安 | 14 | 武汉—广州 | 228 |
| 武汉—广州 | 13 | 湖州—北京 | 218 |
| 成都—石家庄 | 13 | 温州—北京 | 214 |
| 株洲—北京 | 12 | 南通—北京 | 211 |

注:根据合作频次,仅列出排名前 20 个城市创新合作对

资料来源:国家知识产权局(SIPO)专利信息服务平台

## 第三节　长江经济带创新前景与建议

"共抓大保护、不搞大开发"指导下的"生态优先、绿色发展"宏大实践,让长江经济带生态环境状况发生了全局性、根本性转折并持续向好。建设长江经济带创新共同体、建设国家创新示范带逐渐成为新十年长江经济带建设的战略重心。

## 一、长江经济带合作创新的体制机制优化

优化长江经济带合作创新的体制机制,需要从企业/机构、园区、城市、城市群、流域等不同尺度进行系统设计,形成各具特色、多层耦合、协同作用的经济带合作创新体系,着力打造充满生机活力、发展动能强劲的创新驱动高质量发展经济带。

1.打造以企业等创新主体为核心的开放式创新网络

企业是创新的主体,大企业是创新之锚,在合作创新、开放创新中具有锚定效应。建议激励行业内领军企业在流域内重点城市布局建设"大企业开放创新中心(GOI)",该模式集研发测试、产品展示、培训认证、活动路演、共创孵化等功能于一体,可为业务伙伴提供场地、技术、商业和服务等多方面赋能,共同开发新产品、新科研成果和新业务模式,可作为一体化业务发展平台与科技创新企业实现共创、共赢。建议激励长江经济带内已有"大企业开放创新中心"面向上、中、下游各地发展,联合重要创新型企业、大学与科研机构等开启联合赋能计划,做大做强流域协同创新"朋友圈",携手推进创新创业的生态环境,在激发创新、打破壁垒、降低成本、拓展市场以及解决大中小企业融通发展等方面发挥作用。

充分发挥"双一流"大学、国家重点实验室等国家战略科技力量的科技支撑作用,通过长江经济带"双一流"大学联盟、长江经济带一流学科建设联盟、长江经济带学科建设对口合作组群、异地研究机构等灵活方式,打造长江经济带创新策源新机制。

2.以高新区合作打造长江经济带创新融合集群网络

长江经济带拥有84个国家级高新区、28个"国家先进制造业集群",分别占全国总量的47%、62%,其中许多集群的地域范围跨越了特定省市边界,成为事实上的跨界集群网络,标志着地方集群的发展进入到一个新的阶段,同时也为上、中、下游同类地方集群的全流域内互动、合作、结网提供了日益坚实的基础。建议以国家高新区管委会/运营机构、集群促进机构为抓手,鼓励园区间、不同地方同类集群间、关联产业集群间的横向、纵向互动、交流与合作,充分发挥国家级制造业创新中心的辐射服务的空间范围,建设面向全流域的长江经济带创新融合集群网络,切实推进长江经济带世界级产业集群建设。

3. 以创新飞地等方式建设长江经济带城际创新合作群

推动长江经济带边缘中小城市到中心大城市设立"创新飞地"。"高能级地区研发孵化,低能级地区成果转化"是当前"创新飞地"的主要形式。以跨区域人才团队培育、孵化器建设、科技成果转化等为特征的"创新飞地"不断涌现。为此,建议通过提升城市政府主要领导认识水平、密切中心大城市与边缘对口中小城市合作关系等方式,推动长江经济带低能级城市积极逆向飞入科技实力、科技资本、高端人才等科创资源丰富的上海、杭州、南京、武汉、长沙、重庆等高能级城市,设立实验室、创新中心、孵化基地,建立、壮大以引智为主的"创新飞地",进而弥补边缘中小城市创新资源不足、降低本地创新能力低下带来的负面影响。与此同时,中心大城市也应主动作为,创造条件,吸引更多边缘中小城市设立"创新飞地",以发挥自身科创资源优势,扩大自身的科技服务辐射范围和影响力,推动跨域产学研一体化发展。

促进长江经济带内创新要素富集、创新能力突出的中心城市与广大中小城市开展广泛的科技结对、组群活动。着力增强南京、杭州、武汉、成都、合肥等节点城市的创新辐射与带动能力,进一步盘活上海张江、安徽合肥综合性国家科学中心大科学装置在基础研究、重大应用研究领域的科技支撑作用,促进在流域科创能力整体提升的基础上,建议在中游、上游(成渝联合)有序增设国家综合性国家科学中心,采取以重大科技基础设施为基础的创新集群建设布局及其在学科发展和产业辐射上的相互促进模式,实现重大科技基础设施建设从独立运作迈向平台生态化运作,从传统经验型治理迈向现代高科技型治理,全面提升重大科技基础设施对长江经济带科学研究和产业高质量发展的引领和支撑作用。

4. 推动长江经济带东中西部地区联合建设新兴战略产业集群

根据长江经济带建设引领全国转型发展的创新驱动带、具有全球影响力的内河经济带、东中西互动合作的协调发展带的目标要求,建议强化长三角地区企业在市场营销、企业管理、品牌建设、资本筹措优势与长江经济带中西部地区企业在生态服务、技术储备、人力资源优势的对接,推进跨域产业生态化、生态产业化,提高绿色技术、信息技术成果转化效率,合力推进节能环保、新一代信息、生物医药、新能源汽车、高端装备制造、新材料等新兴战略性产业快速发展,为长江经济带高质量发展提供坚实的产业支撑。

5. 以转化为抓手优化长江经济带创新体系

随着创新生产能力的持续提升,长江经济带流域创新体系的突出问题在于创新生产与创新应用间的时空错位,创新的供给端和需求端有效衔接不足,尤其是广大中上游中小城市的企业、农户等微观经济主体在经营过程中的实际科技需求往往只能通过经营者偶然的机会去获取科技服务或科技支持,缺乏高效率的信息搜寻、匹配机制,科技中介、科技转化工作由此成为迫切需求。建议建设常态化、制度化的长江经济带科技服务实体平台和网络平台,壮大长江经济带科技交易博览会,联合建设、运营长江经济带科技成果信息发布、转移、转让、结算的科技成果转移转化服务体系和科技成果交易中心,大幅提升联合攻关和技术服务能力,推动跨域设施服务网络、创新集群的健康发展,实现长江经济带全域创新资源、创新成果的共商共建共营共享。

## 二、长江经济带创新合作的社会参与

社会力量是创新合作重要的黏合剂,在长江经济带合作创新、创新共同体建设过程中发挥着不可替代的作用。从当前和今后一段时期来看,长江经济带创新合作的社会参与尤其体现在新型研发机构、民非组织、社会资本等方面。

1. 促进重大新型研发机构建设

支持国内外知名科研机构和研究型大学在长江经济带设立研究机构,汇集综合性国家战略科技力量,促进长江经济带合作创新发展、政产学研用一体化融合发展,争取在高端人才汇聚、战略性新兴产业发展、区域创新系统建设,发挥长江经济带的引领示范作用。具体而言,建议总结、推广上海交通大学李政道研究所、浙江大学上海高等研究院、上海清华国际创新中心和朱光亚战略科技研究院的成功经验,彰显长江经济带上海、武汉等中心城市在科技创新策源的关键作用。

第一,聚焦战略领军人才行业领导力,发挥重大新型研发机构"引资"与"引智"双重作用。建议主管部门充分发挥机构"引资"与"引智"双重作用。在签署机构引进资助协议中,进一步明确重大创新机构中战略性领军人才及团队的工作方式、实际工作时长等要求,在年度总结和绩效评价中,将战略性领军人才所发挥的贡献作为重要参考依据,充分激发机构高层次人才的创新活力,提升战略领军人才的前瞻性判断力、跨学科理解能力以及行业领导力。

第二，聚焦复合型创新人才的各类主体联合培养，发挥重大新型研发机构的人才平台作用。建议参考台湾工研院实行技术与人员向企业整体转移和人才流动机制，形成机构与高校、科研机构或企业合作建立一体化培养模式。

第三，聚焦"一家多制"的机制创新优势，发挥多层次复合型人才激励效应。建议机构充分发挥"三无事业编制"创新机制，在基础研究和共性技术研发方面，可在局部实施事业化运作，通过双聘制或者特定编制式、破格录取等方式打通科研人员的职业晋升通道；在技术成果转化及成熟产品开发方面，坚持企业化、市场化运作方式，通过股权、薪酬、绩效分红等方式给予激励。

第四，聚焦"科技政策要扎实落地"，进一步优化顶层设计。探索建立长周期、稳定、非竞争投入的支持方式，进一步开展重大新型研发机构管理办法制定出台工作，消除制约重大创新机构发展的制度性障碍。

2. 促进科技类非营利性社会团体稳健发展

科技类非营利性社会团体在科学研究与技术开发、科技成果转让、科技咨询与服务、科学技术知识普及等领域发挥着积极作用，是推动科技进步的重要力量。

第一，积极发挥好长江经济带内现有非营利性社会团体在流域协同创新中的重要促进者作用。随着长江经济带战略的实施，一大批非营利性社会组织纷纷成立，如央企投资协会地方国资联盟、长江经济带青年企业家组织联盟、长江经济带生态文明创新研究联盟、长江国际商会等等。这些组织在为企业家、投资者提供学习交流、凝心聚力、合作共赢、服务社会的机会和平台，集聚长江经济带沿线省市的创新创业力量、资源整合和共同发展等方面发挥了积极作用。建议进一步引导这些已有社会团体在协同创新领域发挥更大作用。

第二，引导成立新的科技类非营利性社会团体。借鉴中国区域科学协会、中国地理学会等学术组织的成功经验，引导国内外重要学术组织设立长江经济带研究专业委员会、长江分会，促进面向长江经济带建设实践需求的科学研究、学术交流、人才队伍建设等。鼓励长江经济带内各地领军企业牵头成立相关协会、创新联盟等，促进面向行业、经济带共性基础技术和前沿引领技术的协同开发。

3. 探索社会资本参与新模式

针对流域共性技术问题，可以由政府和企业共同出资、由政府引导设立专门的针对性基金，以财政资金为基础，按照一定比例吸收社会资本参与，通过基金的专业化团队、市场化运作调动社会资本。建立政府—企业—基金管理团队的利益联结机制,建立健全股东会及董事会现代企业治理架构,让投资企业共同决策,解除社会资本投资的后顾之忧,实行市场化、专业化的公司运作管理模式。

### 三、长江经济带创新共同体政策

长江经济带创新共同体建设,需要长江经济带创新示范带的支撑,秉承"科创+产业"的发展理念,充分发挥长江经济带现有科技创新中心、国家综合科学中心、国家创新型城市的龙头带动作用,强化上中下游创新联系,优化区域协同创新生态,扎实推进科技体制改革,深化创新开放合作,大幅提升长江经济带整体创新能力,打造全国自主创新驱动高质量发展示范区,建成具有世界影响力的长江经济带科技创新共同体。

1. 治理主体政策

充分发挥我国的制度优势,在推动长江经济带发展领导小组的统筹下,建立健全中央有关部门与九省二市的协同联动机制,协调解决协同创新过程中出现的新问题。建议设立由科技部牵头、国家发改委、工信部、教育部参与的长江经济带科技创新共同体建设办公室,明确具体工作任务,统筹协调并推进长江经济带创新共同体建设的各项任务具体落实见效。

建议进一步完善长江经济带科技创新专家咨询制度,围绕长江经济带科技创新重大战略制定、重大项目决策,发挥专家的专业优势,建言建策,为长江经济带创新发展、高质量发展提供科学支撑。

2. 支持激励政策

建立长江经济带科技创新会商机制,围绕长江经济带总体科技创新目标、重点任务、资源配置、区际合作等重大议题,凝聚共识,统筹行动。建议联合编制包含科技重点领域、重大项目、战略步骤等内容的长江经济带科创发展规划,明确政策重点,采取"揭榜挂帅"等方式,营造全社会广泛参与长江经济带创新发展的舆论氛围,充分调动长江经济带内外各种力量参与区域创新发展的积极性、创造性。

建议打造长江经济带创新政策试验田。在全国率先开展人才、技术、资本、信息等创新要素跨区域自由流动先行探索。根据"0至1""1至10"等不同层次、类型创新需求,进一步优化调整长江经济带高新技术企业认定制度,为高新技术企业提供更为广阔的发展空间。建议在长江经济带九省二市全域范围内,分步骤推广长三角科技创新券通用通兑经验,为跨域共用大型科学装置提供可供操作的政策工具。同时,建议建立科技创新人员柔性流动制度,大幅提升不同城市间人才交流互动的规模与频度。进一步优化科技金融制度创新,逐步破除跨域联合科技攻关的行政障碍,大幅提升科创资金的投入产出效率。

3. 创新资源配置政策

创新资源配置合理程度直接影响创新成效。建议打通上海、南京、武汉等城市科技创新资源数据中心之间的障碍壁垒,建立责任分担、利益分享新机制,联合建设长江经济带科技资源共享平台,促进长江经济带科创资源优势互补、互利。具体而言,建议建立长江经济带九省二市高校、科研机构、各类创新基地、专业化服务机构的联系网络、交流机制,共同打造国家级科技资源共建共营共享平台,创新跨地域的财政奖补机制,支持成立覆盖长江经济带全域的科技资源开放共享服务机构网络,推动重大科研基础设施、大型科研仪器、科技数据与信息、新型物质与材料的合理流动与开放共享。

在系统梳理各地现有人才政策的基础上,建立长江经济带内各省市人才政策的协调机制,逐步实行人才评价标准统一,逐步消除人才"互挖墙脚"的现象,为促进科技人才在各省市之间健康有序流动提供可靠的制度保障。

执笔人:曾刚为华东师范大学城市发展研究院院长、教授、教育部人文社科重点研究基地中国现代城市研究中心主任;滕堂伟为华东师范大学地理科学学院教授;此外,参与本章执笔的还有华东师范大学城市发展研究院的胡森林

**参考文献**

[1]陆大道.建设经济带是经济发展布局的最佳选择——长江经济带经济发展的巨大潜力[J].地理科学,2014,34(7):769-772.

[2]崔一松.区域性旅游开发视角下的鲁尔区工业遗产再开发研究[D].哈尔滨工业大学,2012.

[3]黄娟.协调发展理念下长江经济带绿色发展思考——借鉴莱茵河流域绿色协调发展经验[J].企业经济,2018,37(2):5-10.

[4]曾刚,曹贤忠,王丰龙.长江经济带城市协同发展格局及其优化策略初探[J].中国科学院院刊,2020,35(8):951－959.

[5]陆大道,孙东琪.黄河流域的综合治理与可持续发展[J].地理学报,2019,74(12):2431－2436.

[6]李正图.长江经济带理应率先迈向经济高质量发展阶段[J].区域经济评论,2018(6):7－10.

[7]方一平,朱冉.推进长江经济带上游地区高质量发展的战略思考[J].中国科学院院刊,2020,35(8):988－999.

[8]张军扩,罗雨泽,宋荟柯.突破"制度高墙"与跨越"中等收入陷阱"——经验分析与理论研究结合视角[J].管理世界,2019,35(11):1－7＋71＋230.

[9]古恒宇,劳昕,温锋华,等.2000—2020年中国省际人口迁移格局的演化特征及影响因素[J].地理学报,2022,77(12):3041－3054.

[10] Jaffe A B,Trajtenberg M. Patents,citations,and innovations:A window on the knowledge economy[M]. Cambridge:MIT Press,2002.

[11]曾刚,胡森林.技术创新对黄河流域城市绿色发展的影响研究[J].地理科学,2021,41(8):1314－1323.

[12]马海涛,王柯文.城市技术创新与合作对绿色发展的影响研究——以长江经济带三大城市群为例[J].地理研究,2022,41(12):3287－3304.

[13]段德忠,夏启繁,张杨,等.长江经济带环境创新的时空特征及其影响因素[J].地理学报,2021,41(7):1158－1167.

# 第八章　长江经济带数字经济
## 　　　　高质量发展研究

　　党的十八大以来,以习近平同志为核心的党中央高度重视科技发展与产业变革,精准把握全球数字化发展与数字化转型的历史机遇,赋予数字经济发展深刻内涵,逐步实施了网络强国战略和国家大数据战略。2021 年 3 月,《中华人民共和国国民经济和社会发展第十四个五年规划和 2035 年远景目标纲要》中指出:"迎接数字时代,激活数据要素潜能,推进网络强国建设,加快建设数字经济、数字社会、数字政府,以数字化转型整体驱动生产方式、生活方式和治理方式变革。"2021 年 12 月,国务院印发《"十四五"数字经济发展规划》,其中,围绕数字基础设施、数据要素、产业数字化转型、数字产业化、公共服务数字化、数字经济治理体系、安全体系、国际合作等方面提出了"十四五"时期的重点任务和重点工程,为进一步推动数字经济健康、高质量发展指明了政策方向。2022 年 10 月,党的二十大报告强调,要加快发展数字经济,促进数字经济和实体经济深度融合,打造具有国际竞争力的数字产业集群。2023 年 2 月,中共中央、国务院印发《数字中国建设整体布局规划》,其中明确,数字中国建设按照"2522"的整体框架进行布局,夯实数字基础设施和数据资源体系"两大基础",推进数字技术与经济、政治、文化、社会、生态文明建设"五位一体"深度融合,强化数字技术创新体系和数字安全屏障"两大能力",优化数字化发展国内国际"两个环境"。我国数字经济发展如火如荼,长江经济带 11 省市积极响应党中央的号召,高度重视数字经济高质量发展,相继出台了一系列的政策、发展规划与行动方案,准确把握本地数字经济发展现状、实事求是地制定数字经济中长期发展目标、客观提出数字经济发展当前重点任务及配套保障措施。

## 第一节 长江经济带数字经济发展总体特征

### 一、数字基础设施水平稳步提升

数字基础设施建设是数字经济活动开展的必要前提,是数字经济高质量发展的根本基石。长江经济带 11 省市数字基础设施水平逐步趋于完善,各项基础设施建设飞速发展、稳步推进,光缆线路长度与互联网宽带端口接入数均呈现出明显增长趋势(图 8.1、图 8.2)。江苏省网络强省建设成绩斐然,各年份数字基础设施建设成绩在长江经济带各省份中均遥遥领先,2022年,江苏省光缆线路长度排名全国第一,达到 431.7 万公里,连续十年江苏省光缆线路长度排名全国第一。截至 2022 年,江苏省固定互联网宽带接入端口数达到 7627.3 万个,与 2010 年相比,数量增长超 3 倍,同时移动互联网也实现飞跃进步,南京市、苏州市、无锡市、常州市等多个城市获批全国首批"双千兆示范城市"。

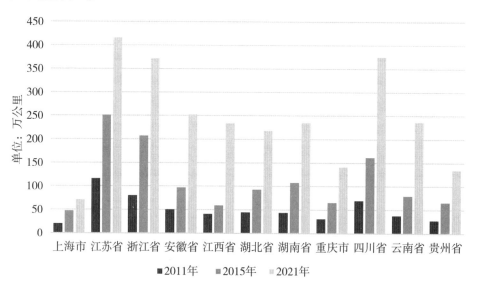

**图 8.1 长江经济带各省市光缆线路情况**

资料来源:长江经济带各省市统计年鉴

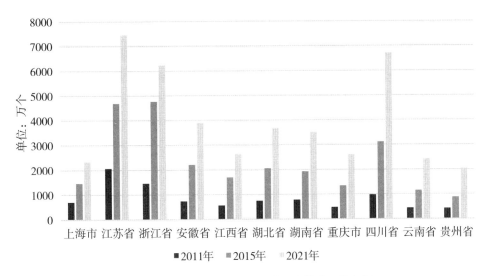

**图8.2　长江经济带各省市互联网宽带端口接入量**

资料来源:长江经济带各省市统计年鉴

　　移动互联网发展是数字基础设施的重要组成部分。我国移动互联网发展已逐步进入5G时代,长江经济带各省市高度重视5G基础设施的建设,在5G基础设施的布局与完善方面取得卓越成绩。江苏省、浙江省、湖北省等多地政府发布的《数字经济"十四五"规划方案》中,均将加快5G建设提到了重要地位。2022年年底,长江经济带5G基站建设总数达到109.04万座(表8.1),其中,江苏省建成5G基站18.7万个,基本实现全省各市县主城区和重点中心镇全覆盖;浙江省建成5G基站17.1万个,浙江省全省网络基础设施基本实现互联网协议第6版(IPv6)改造;江西省建成5G基站6.5万个,实现了各设区市主城区连续覆盖和全部县城核心区覆盖。5G正在成为各行业进行转型发展的重要抓手,随着长江经济带5G基站建设的不断深入推进,未来5G还将更好赋能长江经济带各省市各行业发展转型。

**表8.1　长江经济带各省市5G基站建设情况**

单位:万个

| 省份 | 2020 年 | 2021 年 | 2022 年 |
|------|---------|---------|---------|
| 上海市 | 2.0 | 5.4 | 7.1 |
| 江苏省 | 7.1 | 13.0 | 18.7 |
| 浙江省 | 6.3 | 11.6 | 17.1 |

续表

| 省份 | 2020 年 | 2021 年 | 2022 年 |
|------|---------|---------|---------|
| 安徽省 | 3.05 | 5.1 | 8.5 |
| 江西省 | 3.4 | 6.0 | 6.5 |
| 湖北省 | 3.1 | 5.5 | 8.24 |
| 湖南省 | 2.9 | 5.6 | 8.9 |
| 重庆市 | 4.9 | 7.0 | 8.0 |
| 四川省 | 3.9 | 6.6 | 11.0 |
| 云南省 | 1.9 | 3.0 | 6.6 |
| 贵州省 | 2.17 | 3.2 | 8.4 |

数据资料来源:长江经济带各省市政府公报及政府网站数据

## 二、数字经济成为长江经济带经济增长的重要引擎

长江经济带数字基础设施水平的不断提升为数字经济发展奠定了良好基础,数字技术的发展与推广应用使得各类社会生产活动能够通过数字化方式形成可记录、可存储、可交互的数据资源,数据资源在不同主体之间的流通与应用深刻影响着生产方式与生产关系,极大程度优化了生产关系与生产方式,重构产业体系,成为长江经济带国民经济发展的重要引擎。

数字经济一般涵盖数字产业化和产业数字化两大板块。从数字产业化发展方面来看,数据资料的供求关系为数据要素的产业化、商业化和市场化奠定了基础,是数字产业化的发生前提。长江经济带数字产业化发展势头猛烈,以软件业务收入为例,软件业务作为数字产业化发展中的一个重要产业,长江经济带各个省份的软件业务收入在 2011—2021 年间均获得了长足的增长,其中,以上海市、江苏省、浙江省为代表的省市,软件业务收入成绩优越,领先于长江经济带其他省份。上海市在领军企业方面,包括拼多多、携程、哔哩哔哩、米哈游等 17 家互联网企业入选 2022 年中国互联网百强企业。2022 年,上海智能汽车软件园在嘉定正式开园,力争到 2025 年园区软件总营收超过 500 亿元,建成全球智能汽车软件创新中心、全国智能汽车软件产业引领区、上海智能汽车软件应用示范区。2022 年,江苏省软件和信息技术服务业收入达 1.32万亿元,同比增长 10.27%,其中,工业软件产品收入 517.5 亿元,同比增长18.2%,工业互联网平台服务收入 55.2 亿元,同比增长 25.5%,嵌入式系统软

件 2238.9 亿元,同比增长 8.6%,江苏省软件业务起步相对较早,截至 2022 年年底,江苏省全省共有 7 个国家级软件园和 25 个省级软件园,初步形成 "特色发展、错位发展、优势互补"的格局,这进一步推动了江苏省软件产业 高质量发展。2022 年,浙江省软件产业龙头企业的带动效果明显,营收 10 亿元以上的企业实现软件业务收入 7873.7 亿元,占全行业软件收入的 83.9%,拉动全省软件业增长 2.6 个百分点。软件前三十强企业实现软件 业务收入 6899.0 亿元,同比增长 1.5%,拉动全省软件业增长 1.1 个百分 点,2023 年一季度,浙江省全省实现软件业务收入 2069.7 亿元,产业规模 位居全国第五。中上游地区中,四川省软件业务收入较高,作为中西部软件 与信息服务业重要聚集区、智能制造产业高地,四川省在发展软件与信息服 务业方面具有明显的基础及先行优势,2021 年,四川省推进数字经济发展 领导小组办公室印发了《四川省"十四五"软件与信息服务业发展规划》,确 立了创新突破关键软件产品、壮大发展信息服务业、加快发展新兴软件产 业、巩固提升安全软件领先优势 4 个重点发展方向,为四川省软件与信息服 务业下一步发展奠定了坚实基础。

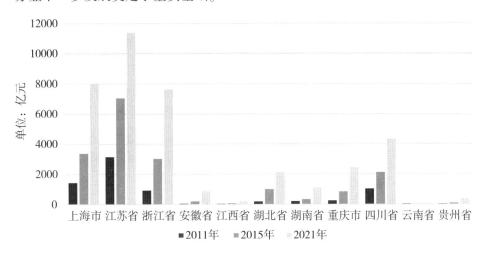

**图 8.3　长江经济带各省市软件业务收入变化情况**

资料来源:长江经济带各省市统计年鉴

数字产业化的快速发展同样为长江经济带就业增长引入新的动能。 2011—2021 年间,长江经济带上中下游地区信息传输、软件和信息技术服务 业城镇单位就业人口整体呈现出上升趋势(图 8.4)。2021 年,四川省从事信 息传输、软件和信息技术服务业的城镇就业人口数达到 23.7 万人,与 2011 年相比,增长幅度超过了200%。四川省紧盯人才培养,持续推进"四川省产教融合示范项目"建设,截至2023年,四川省境内,电子科技大学、四川大学、成都信息工程大学三所高校入选国家第一批特色化示范性软件学院,是四川省数字型人才培养的坚实后盾。

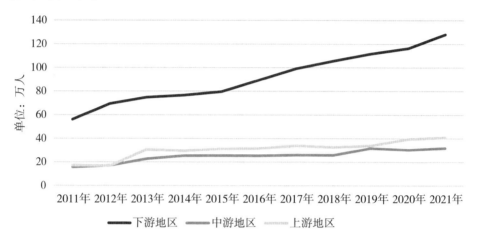

**图8.4　信息传输、软件和信息技术服务业城镇单位就业人口变化**

资料来源:长江经济带各省市统计年鉴

长江经济带各地区间相互关联,地区间数字产业彼此促进,地区数字产业化发展同样影响着其他省份相关产业的发展。位于长江中游地区的江西省上饶市深入研究长三角地区数字产业结构与发展趋势后,个性化打造了长三角数字产业转移示范区,精准承接了长三角数字产业转移。2022年,上饶市累计建成5G基站7408个,引进了华为数据中心、阿里巴巴灵犀互娱等一系列重大项目,建成了江西省首条国际互联网数据专用通道,为江西省数字经济发展增添巨大动能。

从产业数字化角度来看,长江经济带各省市数字经济与实体经济融合愈发密切,长江经济带产业数字化水平稳步攀升,越来越多的企业加入数字化行列当中,以工业机器人为代表的互联网技术被运用到传统产业当中,助推传统产业生产效率提高。长江经济带不同地区每百家企业拥有的网站数中,下游地区明显高于其他地区并逐渐趋于收敛(图8.5)。

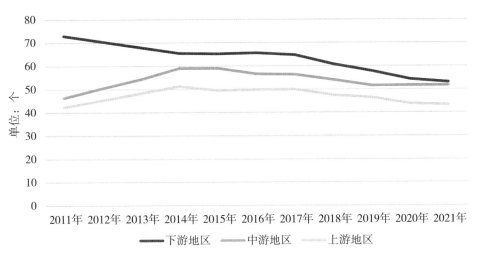

**图 8.5　长江经济带上中下游地区每百家企业拥有的互联网网站数**

资料来源:长江经济带各省市统计年鉴

　　长江经济带产业数字化水平始终走在全国前列,各省市产业数字化水平稳步提升。2020 年,上海市工业互联网相关企业总数达到 547 家,位列长江经济带所有省份第一、全国第三,2022 年,上海市数字化办正式印发《上海市制造业数字化转型实施方案》。其中,紧扣"整体性转变、全方位赋能、革命性重塑"内涵要求,主张全力打响"上海制造"品牌,为制造业数字化转型做出了卓越示范。江苏省在"十三五"期间共促成了 12 家全国农业农村信息化示范基地成功落地建成,并全面启动农业农村大数据建设,加强数字农业技术装备研发应用,积极推动农机进入田野,取得了农业数字化方面的进步[①]。2021 年,浙江省经济与信息化厅印发《中小企业数字化赋能行动方案(2021—2023 年)》,关注中小企业问题,以提升中小企业竞争力、夯实可持续发展基础为目标,分行业、分区域、分类型探索中小企业数字化转型升级路径,显著提升中小企业发展质效。2023 年,浙江省政府工作报告明确指出,2023 年培育超百亿元数字企业 40 家,新增智能工厂和数字化车间 150 家,力争数字经济核心产业增加值增长 10%。

　　作为数字经济发展的重要组成部分,长江经济带产业数字化与数字产业化互相促进、彼此依赖。一方面,数字产业化发展为产业数字化提供了数字技术、产品服务等重要抓手,顺利推进了各行各业的数字化转型升级;另一方面,

---

　　① 资料来自《江苏省"十四五"数字经济发展规划》(苏政办发〔2021〕44 号)。

产业数字化转型过程中又能够产生海量数据,这些数据是数字产业化发展的重要源泉。

数字经济发展催生电子商务新业态新模式涌现。长江经济带电子商务交额 2018—2021 年变化情况快(表 8.2),上海市、江苏省、浙江省电子商务交易体量较大,重庆市和四川省等地区电子商务交易额呈现出较强的赶超趋势。2021 年,重庆市商务委员会印发《重庆市"十四五"电子商务发展规划》,计划到 2025 年电子商务交易额达到16 000亿元。2023 年重庆 6.18 电商节活动期间,全市实现网络零售额391.6 亿元,同比增长 17.9%,其中,实物网络零售额283.4 亿元,同比增长 16.7%。2022 年,四川实现网络交易额41 520.4亿元,同比增长 2.0%。服务型网络零售额2794.0 亿元,同比下降 4.4%,农村网络零售额2047.8 亿元,同比增长 6.6%,农产品网络零售额 441.8 亿元,同比增长 14.5%,成都、乐山和绵阳位列四川省市(州)前三。伴随网民数量增长红利的逐步趋减,电子商务消费渗透率的不断提升,电子商务发展速度也逐年趋缓,电子商务平发展逐渐趋于规范,长江经济带数字经济发展方向与增长空间更多聚焦于发挥好电子商务精确连接消费需求优势,促进传统商务活动的数字化,同时更好服务供给侧的数字化转型、产品创新和品牌建设。

表 8.2 长江经济带电子商务交易额变化

单位:亿元

| | 2018 年 | 2019 年 | 2020 年 | 2021 年 |
|---|---|---|---|---|
| 上海市 | 17412.0 | 20462.4 | 23624.8 | 29122.5 |
| 江苏省 | 8659.9 | 9873.8 | 13189.1 | 13386.1 |
| 浙江省 | 8846.5 | 11482.0 | 12124.5 | 14913.5 |
| 安徽省 | 4864.4 | 5569.6 | 6281.1 | 7461.9 |
| 江西省 | 2817.9 | 2968.5 | 3294.2 | 3807.7 |
| 湖北省 | 4051.4 | 4734.4 | 5078.7 | 6126.9 |
| 湖南省 | 3127.5 | 3444.8 | 4185.8 | 5065.8 |
| 重庆市 | 4186.8 | 4762.9 | 5810.3 | 6723.4 |
| 四川省 | 4219.2 | 5368.0 | 5901.6 | 7364.4 |
| 云南省 | 1443.1 | 1959.6 | 2324.4 | 2461.7 |
| 贵州省 | 1612.1 | 1415.4 | 1628.1 | 1746.6 |

资料来源:长江经济带各省市统计年鉴

### 三、长江经济带数字政务治理水平和效能提升

数字经济发展对于政府治理提出了新的要求与发展机遇。政府治理数字化提高了政府办事效率，同时数字技术能够有效帮助政府相关部门调节经济发展、加强经济形式预测、经济运行周期检测与分析。2016 年以来，中央先后出台《政务信息资源共享管理暂行办法》《建立健全政务数据共享协调机制加快推进数据有序共享的意见》等系列政策文件，强调加强顶层设计，统筹推进政务数据共享和应用工作。

长江经济带 11 省市积极响应相关政策文件，积极提升数字政务服务与治理水平，提高网上办事效率，并积极推进政务数据的收集、分类、共享等工作。截至 2022 年年底，长江经济带 11 省市均已上线"互联网 + 政务服务"网上办事平台及相关软件。江苏省推出"苏服码"等面向企业跨部门实体证照免带的创新政务应用启动试点，同时有序开展"互联网 + 医疗健康"示范省建设工作，推动服务场景数字化应用普及工作[①]。湖北省经由疫情突发事件的冲击与考验，在健康医疗、市民服务等多领域积极创新、涌现出新模式，在政务服务"一网覆盖、一次办好"改革和政务数据资源开放共享中形成了有效探索经验[②]。重庆市不断加强政务数据交换体系建设，日均交换数据超过 300 万次，推出的"渝快办"政务服务平台已经融入了全市 20 个市级部门系统，涵盖了462 个事项，市级行政许可事项"最多跑一次"比例达到 99%[③]。

### 四、城市群正在成为数字经济发展的重要空间组织形式

长江经济带城市数量与规模不断增长，各类要素向优势空间聚集，形成了以城市群为主要形态的增长动力源，带动了长江经济带整体效率的提升，城市群数字经济发展逐渐成为长江经济带数字经济发展领域新的关注话题。长江经济带包含了成渝城市群、长江中游城市群和长三角城市群三大城市群，城市群数字经济发展水平与发展特征存在差异。长江经济带城市群数字经济高质量发展可大致分为三个阶段：在发展初期，城市群内核心城市发力，通过核心城市数字经济的高质量发展推动整个城市群数字经济的高位起步、效率提升；

---

① 资料来自《江苏省"十四五"数字经济发展规划》（苏政办发〔2021〕44 号）。
② 资料来自《湖北省数字经济发展"十四五"规划》。
③ 资料来自《重庆市数字经济"十四五"发展规划》（渝府发〔2021〕41 号）。

在发展中期,城市群内核心城市加强与周边城市的产业关联合作,发挥辐射作用带动城市群其他城市的数字经济高质量发展;在发展后期,在实现了核心城市与大部分城市的数字经济高质量发展后,城市群是进一步扩大数字经济高质量发展的重要区块载体,实现城市群内各个城市数字经济的蓬勃发展,这一阶段的发展重点在于各个城市之间的协同分工,实现一体化发展。

根据《2022 中国数字经济发展研究报告》公布的数字经济百强城市可知(表 8.3),长江经济带三大城市群中,长三角城市群中,有 25 座城市入围了全国百强数字经济城市名单,数字经济百强城市总占比达到 92.59%,这一比例高于珠三角城市群和京津冀城市群,长三角城市群在数字经济发展方面具有一定优势,而长江中游城市群和成渝城市群的数字经济百强城市占比仅为 20% ~ 30%,长江中游城市群和成渝城市群目前尚处于核心城市与部分周边城市数字经济高质量发展过程中,数字经济高质量发展有待进一步蔓延,核心城市的辐射带动作用有待进一步加强。

表 8.3 长江经济带三大城市群数字经济百强城市数量与占比情况表

| 城市群类别 | 项目 | 个数(个)/占比(%) |
|---|---|---|
| 珠三角城市群 | 城市群包含城市总数 | 9 |
| | 数字经济百强城市个数 | 8 |
| | 数字经济百强城市占比 | 88.89% |
| 京津冀城市群 | 城市群包含城市总数 | 11 |
| | 数字经济百强城市个数 | 8 |
| | 数字经济百强城市占比 | 72.73% |
| 长三角城市群 | 城市群包含城市总数 | 27 |
| | 数字经济百强城市个数 | 25 |
| | 数字经济百强城市占比 | 92.59% |
| 长江中游城市群 | 城市群包含城市总数 | 31 |
| | 数字经济百强城市个数 | 10 |
| | 数字经济百强城市占比 | 32.26% |
| 成渝城市群 | 城市群包含城市总数 | 14 |
| | 数字经济百强城市个数 | 4 |
| | 数字经济百强城市占比 | 28.57% |

资料来源:《2022 中国数字经济发展研究报告》

## 第二节　长江经济带数字经济发展质量测度

### 一、长江经济带数字经济质量测度指标体系构建

重点围绕数字经济组成要素、从高质量发展路径出发,选取五个方面指标来测度长江经济带数字经济发展质量(表 8.4)。遵循数据的完整性、准确性、可得性等原则,选择 2011—2020 年长江经济带 11 省市的国民经济统计数据,原始数据来源于相应年份的《中国统计年鉴》《中国信息产业年鉴》《中国政府网站绩效评估》及各省统计年鉴等。在收集得到的原始数据基础上,主要对数据做以下处理:一是对于极个别的缺失数据,结合当地经济发展规律,采用线性插补法进行补充;二是在原始数据的基础上,为了标准可比,对部分数据进行了比重测算。

表 8.4　长江经济带数字经济发展质量指标体系

| 目标层 | 准则层 | 指标层 | 单位 | 指标权重 |
|---|---|---|---|---|
| 长江经济带数字经济发展质量指标体系 | 数字基础设施 | 移动电话普及率 | 部/百人 | 0.0386 |
| | | 互联网普及率 | % | 0.0317 |
| | | 每百人使用计算机数 | 台 | 0.0357 |
| | 数字产业化 | 互联网宽带接入端口 | 万个 | 0.0684 |
| | | 软件业务收入 | 万元 | 0.1496 |
| | | 电信业务总量 | 亿元 | 0.1284 |
| | | 信息传输、软件和信息技术服务业城镇单位就业人员 | 万人 | 0.0877 |
| | 产业数字化 | 每百家企业拥有的网站数 | 个 | 0.0195 |
| | | 有电子商务交易活动企业占总企业数比重 | % | 0.0404 |
| | 治理数字化 | 政务信息公开指数 | — | 0.0149 |
| | | 政民在线互动指数 | — | 0.0117 |
| | | 在线办事指数 | — | 0.0219 |
| | 数字创新 | 规模以上工业企业 R&D 经费支出 | 亿元 | 0.0948 |
| | | 普通高校在校学生 | 人 | 0.0438 |
| | | 教育支出和科学支出占财政总支出比重 | % | 0.0272 |
| | | 国内发明专利申请授权数 | 个 | 0.1046 |

1. 数字基础设施。世界经济合作与发展组织（OECD）、美国商务部数字经济咨询委员会（DBEA）均将数字基础设施引入到数字经济概念中，数字基础设施水平由根本上决定了数字经济发展质量。根据数字经济发展基础逻辑，选择移动电话普及率、宽带普及率、每百人使用计算机数和互联网宽带接入端口四项指标，以上所选择指标基本涵盖了某地数字基础设施的各种表现形式，能够全面测度数字基础设施完善程度。

2. 数字产业化。数字产业化是数据资源经过产业化、商业化和市场化后的产物，既包含依赖数字技术与数据要素而产生的经济活动，又包含为了实现产业数字化而提供的各类数字技术、产品与服务等，数字产业化的目的就是为了最大化挖掘数据要素的商业价值潜力，不断催生新产业新业态新模式。本文选择软件业务收入、电信业务总量信息传输、软件和信息技术服务业城镇单位就业人员三项指标来进一步衡量数字产业化水平。

3. 产业数字化。产业数字化是指依托数字技术与数据资源实现传统产业部门的产出水平增加和产出效率提升，融合数字技术与实体经济，实现针对传统产业部门的数字化改造。选择每百家企业拥有的网站数、有电子商务活动交易的企业占总企业比重两项指标以反映数字经济在企业当中的渗透程度，从而估计当地产业数字化水平。

4. 治理数字化。治理数字化是提高政府公共事务处理效率，促进政府、个人和企业管理模式转变的重要方式。选择《中国政府网站绩效评估》中的相关指标，从政务信息公开、政民在线互动和在线办事三个方面对政府数字治理的水平进行了评估。

5. 数字创新。数字创新从技术层面为数字经济高质量发展提供原动力，稳定、充裕的创新投入能够助推数字经济持续、快速地发展。基于此，选择R&D全时人员、规模以上工业企业 R&D 经费支出、普通高校在校学生数、教育支出和科学支出占财政总支出比重和国内发明专利申请授权数五项指标构成数字创新水平测度指标，其中 R&D 全时人员、规模以上工业企业 R&D 经费支出与教育支出和科学支出占财政总支出比重能够反映各个层级对于数字创新的重视程度与数字创新目前的发展情况，普通高校在校学生与国内发明专利申请授权数则反映了数字创新未来的发展潜能。

## 二、长江经济带数字经济发展质量测度方法与结果

### 1. 测度方法

首先选择合适的权重对各指标进行赋权,在计算权重的过程中,选用熵权法来规避指标权重计算过程中容易产生的主观干扰,确保最终计算得到的测度结果能够足够客观地反映长江经济带数字经济发展质量。在确定了指标权重后,基于熵权法对长江经济带数字经济发展质量进行计算测度。主观赋权法由于较多地受到人为因素的影响,无法真实充分体现数字经济发展质量,熵权法较好地规避了主观干扰。

第一,对指标进行标准化处理,防止不同指标之间因量纲不同而无法比较,并进一步对于坐标进行平移处理,消除零与负值的影响。$x_{ij}$ 表示第 $i$ 个地区的第 $j$ 项指标,$x'_{ij}$ 表示标准化处理后的数值,$i = 1, 2, 3 \ldots, m$;$j = 1, 2, 3 \ldots, n$。

正向指标:

$$x'_{ij} = \frac{x_{ij} - min(x_{ij})}{max(x_{ij}) - min(x_{ij})} \tag{1}$$

负向指标:

$$x'_{ij} = \frac{max(x_{ij}) - x_{ij}}{max(x_{ij}) - min(x_{ij})} \tag{2}$$

第二,对标准化后指标进行平移处理,消除 0 与负值干扰,A 为正实数:

$$z_{ij} = x'_{ij} + A \tag{3}$$

计算第 i 个省份第 j 项指标比重:

$$p_{ij} = z_{ij} / \sum_{i=1}^{m} z_{ij} \tag{4}$$

进一步计算确定评价指标的熵 $e_j$:

$$e_j = -1/lnm \sum_{i=1}^{m} p_{ij} ln p_{ij} \tag{5}$$

第三,计算第 j 项指标的差异性系数 $g_j$,将评价指标的熵权定义为 $\alpha_j$:

$$g_j = 1 - e_j \tag{6}$$

$$\alpha_j = g_j / \sum_{j=1}^{n} g_j \tag{7}$$

第四,求出第 i 个评价对象的综合得分 $R_i$:

$$R_i = \sum_{j=1}^{n} \alpha_j x'_{ij} \tag{8}$$

2.测度结果

基于构建的指标体系对长江经济带数字经济发展质量进行计算（表8.5）。

表8.5 2011—2020年长江经济带数字经济各省市发展质量的测度结果

| | 2011年 | 2012年 | 2013年 | 2014年 | 2015年 | 2016年 | 2017年 | 2018年 | 2019年 | 2020年 | 均值 | 排名 |
|---|---|---|---|---|---|---|---|---|---|---|---|---|
| 上海市 | 0.400 | 0.422 | 0.433 | 0.443 | 0.464 | 0.476 | 0.491 | 0.519 | 0.555 | 0.521 | 0.472 | 3 |
| 江苏省 | 0.454 | 0.465 | 0.487 | 0.508 | 0.557 | 0.603 | 0.639 | 0.680 | 0.750 | 0.840 | 0.598 | 1 |
| 浙江省 | 0.403 | 0.420 | 0.431 | 0.444 | 0.480 | 0.499 | 0.511 | 0.542 | 0.584 | 0.673 | 0.499 | 2 |
| 安徽省 | 0.367 | 0.368 | 0.374 | 0.382 | 0.401 | 0.410 | 0.413 | 0.427 | 0.452 | 0.469 | 0.406 | 6 |
| 江西省 | 0.343 | 0.349 | 0.356 | 0.363 | 0.375 | 0.376 | 0.383 | 0.392 | 0.404 | 0.417 | 0.376 | 10 |
| 湖北省 | 0.372 | 0.378 | 0.383 | 0.389 | 0.400 | 0.415 | 0.419 | 0.429 | 0.445 | 0.459 | 0.409 | 5 |
| 湖南省 | 0.377 | 0.376 | 0.375 | 0.378 | 0.385 | 0.396 | 0.397 | 0.412 | 0.425 | 0.446 | 0.397 | 7 |
| 重庆市 | 0.348 | 0.354 | 0.360 | 0.366 | 0.375 | 0.385 | 0.391 | 0.405 | 0.413 | 0.427 | 0.382 | 8 |
| 四川省 | 0.368 | 0.376 | 0.388 | 0.398 | 0.418 | 0.436 | 0.446 | 0.463 | 0.492 | 0.538 | 0.432 | 4 |
| 云南省 | 0.341 | 0.346 | 0.353 | 0.360 | 0.367 | 0.381 | 0.381 | 0.389 | 0.400 | 0.416 | 0.373 | 11 |
| 贵州省 | 0.338 | 0.345 | 0.350 | 0.358 | 0.368 | 0.382 | 0.385 | 0.396 | 0.411 | 0.430 | 0.376 | 9 |

进一步对长江经济带数字经济发展质量时空演化规律进行分析。

从流域视角,分年度计算长江经济带上游地区、中游地区及下游地区数字经济发展质量均值,同时,为便于比较,计算长江经济带数字经济发展质量总体均值(表8.6),长江经济带的数字经济发展质量在研究的样本期内均有显著提升,其中,下游地区处于首要位置。2011—2020年,长江经济带数字经济发展质量呈现上升趋势(图8.6)。将上、中、下游地区数字经济发展质量分别与长江经济带数字经济总体发展质量均值进行比较后发现:下游地区的数字经济发展质量远高于总体均值水平,而中游地区与上游地区的数字经济发展质量则均低于总体均值水平,且两地区的数字经济发展质量较为趋同。进一步从增长趋势上来看,数字经济发展质量增长速度各有不同,下游地区数字经济发展速度明显高于中上游地区。从研究年限内各地区间数字经济的差异来看,在初始年度,长江经济带上中下游地区数字经济发展质量差距并不是非常明显的情况下(2011年),下游地区数字经济发展质量指数与中上游地区数字经济发展质量指数之间的差距在逐年增大。下游地区作为经济发达地区,经济基础较好、数字基础设施完善,具有更强的吸引力,这些因素均为数字经济发展创造了有利条件,上游及中游地区的资源禀赋与经济实力较下游地区优势不明显,虽然在研究期内,数字经济发展质量也有所上升,但是相较于下游地区,增速仍然较缓,随着时间推移,中上游地区与下游地区发展增速之间的差距进一步导致地区间数字经济发展质量的差距越来越大。

表 8.6　2011—2020 年长江经济带数字经济发展质量测度结果

| | 2011 年 | 2012 年 | 2013 年 | 2014 年 | 2015 年 | 2016 年 | 2017 年 | 2018 年 | 2019 年 | 2020 年 |
|---|---|---|---|---|---|---|---|---|---|---|
| 下游地区 | 0.406 | 0.419 | 0.431 | 0.444 | 0.475 | 0.497 | 0.514 | 0.542 | 0.585 | 0.626 |
| 中游地区 | 0.364 | 0.368 | 0.371 | 0.377 | 0.387 | 0.396 | 0.400 | 0.411 | 0.424 | 0.441 |
| 上游地区 | 0.349 | 0.355 | 0.363 | 0.370 | 0.382 | 0.396 | 0.401 | 0.413 | 0.429 | 0.453 |
| 总体均值 | 0.373 | 0.381 | 0.388 | 0.397 | 0.415 | 0.430 | 0.438 | 0.455 | 0.479 | 0.507 |

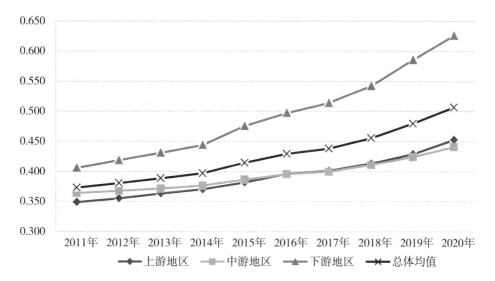

图 8.6　2011—2020 年长江经济带数字经济发展质量变化曲线图

分析各省市 2011—2020 年数字经济发展质量测度结果可知,长江经济带各省市的数字经济发展质量的差异较为明显。长江下游地区中,江苏、浙江、上海得分相对较高,处于前三位,安徽省排名则相对较落后,落后于四川省和湖北省。长江中上游地区数字经济发展质量相对落后,其中四川、湖北、湖南依次处于中间排名,重庆、贵州、江西、云南处于后四位排名。长江下游地区的江苏、浙江、上海等地区作为我国最早开放的地区,经济基础好、基础设施配置较为完善,具有一定的先发优势,具有丰厚的人才、技术等生产要素,数字创新潜力巨大,数字经济发展质量较高。作为长江中游地区重要省份,湖北省较早布局数字基础设施建设,所有县级行政区实现网络全覆盖。作为长江上游地区重要省份,四川省近年来数字经济发展势头迅猛,作为较早对数字经济核心产业开展研究的省份之一,"芯屏端软智网"等数字核心产业全产业链的发展为数字产业化及产业数字化奠定了坚实基础,整体来看,四川省数字应用较为广泛。此外,四川省始终致力于建成协同高效、治理精准、决策科学、人民满意的数字政府,其在数字治理方面卓有成效。

基于数字经济计算获得的测度结果,利用自然间断点分级法(Jenks)将数字经济发展质量划分为高水平、中高水平、中等水平、中低水平和低水平,并进一步归纳整理(表8.7)。

表8.7 不同时间点长江经济带数字经济发展质量空间分布特征

| | 2011 年 | 2014 年 | 2017 年 | 2020 年 |
|---|---|---|---|---|
| 高水平 | 上海、江苏 | 上海、江苏、浙江 | 上海、江苏、浙江 | 上海、江苏、浙江 |
| 中高水平 | 浙江 | 湖北、四川 | 安徽、湖北、四川 | 四川 |
| 中等水平 | 安徽、湖北、湖南、四川 | 安徽、湖南 | 湖南、重庆 | 安徽 |
| 中低水平 | 重庆 | 江西、重庆 | 江西 | 湖北、湖南 |
| 低水平 | 江西、云南、贵州 | 云南、贵州 | 云南、贵州 | 江西、重庆、云南、贵州 |

2011 年,长江经济带数字经济发展质量高水平区及中高水平区集中分布在上海市、江苏省和浙江省,中等水平区集中分布在安徽省、湖北省、湖南省、四川省,低水平区集中分布在江西省、云南省和贵州省;2014 年,位于高水平区和中高水平区的省份扩大到了上海市、江苏省、浙江省、湖北省和四川省,处于低水平区的省份有云南省和贵州省;2017 年,高水平区的省份继续集中于江苏省、上海市和浙江省,中高水平区的省份有安徽省、湖北省、四川省,低水平区的省份有云南省和贵州省;2020 年,高水平和中高水平区有上海市、江苏省与浙江省,四川省紧随其后,云南、贵州、江西和重庆则处于低水平区。整体来看,长江经济带数字经济发展质量自上游到中游再到下游依次呈现出"低水平—中等水平—高水平"逐级递进特征。

研究年限内,下游地区数字经济发展质量整体呈现领先态势,江苏、上海、浙江三省数字经济发展质量稳定居于高水平,安徽省数字经济发展质量较为迅猛,逐步从中低水平向中高水平推进;中游地区以湖北省和湖南省为代表的省份数字经济发展质量增速较快,从中等水平向中高等水平稳步推进;上游地区整体呈现出数字经济处于较低水平特征,上游地区省份中仅四川省数字经济发展表现出众,处于中等水平向中高等水平过渡进程中,云南、贵州等省份,由于数字基础设施相对落后、人才吸引力不足、数字创新原动力匮乏、数字产业链不完善等劣势,数字经济发展质量始终处于较低水平。

地理学第一定律认为,一切事物之间均存在一定的相关性,且距离越近,相关性就越强。为进一步验证长江经济带省份间数字经济发展质量是否同样存在相关性,采用全局 *Moran's I* 指数检验长江经济带临近省份数字经济发展质量的相似、相异关系。计算公式如下:

$$I = \frac{\sum_{i=1}^{n} \sum_{j=q}^{n} W_{ij}(R_i - \bar{R})(R_j - \bar{R})}{S^2 \sum_{i=1}^{n} \sum_{j=q}^{n} W_{ij}} \tag{9}$$

其中, $S^2 = \frac{1}{n} \sum_{i=1}^{n} (R_i - \bar{R})^2$ , $\bar{R} = \frac{1}{n} \sum_{i=1}^{n} R_i$ , $R_i$ 为长江经济带省份 $i$ 的数字经济发展质量测度结果, $n$ 为长江经济带省份总数。 $I$ 为 *Moran's I* ,表示数字经济发展质量的空间相关性,取值范围 $[-1, 1]$ , $I$ 大于 0 表示地区间数字经济发展质量正向相关,数字经济发展较高水平地区之间彼此邻近, $I$ 小于 0 则表示地区间数字经济发展质量负向相关,数字经济发展较高水平地区与数字经济发展较低水平地区之间相邻;若计算得到的 *Moran's I* 指数接近 0,则表示地区间数字经济空间分布不存在空间相关特征。 $W$ 为空间权重矩阵,可表示如下:

$$W_{ij} = \begin{cases} 1, i \text{ 与 } j \text{ 相邻} \\ 0, i \text{ 与 } j \text{ 不相邻} \end{cases} \tag{10}$$

分析 2011—2020 年长江经济带数字经济发展质量的全局 *Moran's I* 指数可知(表 8.8),2011—2020 年全局 *Moran's I* 值均大于 0,且均通过了 5% 的显著性检验,表明长江经济带数字经济发展存在明显的正向空间相关性,即对长江经济带 11 省市来说,其中任意一个数字经济发展质量较高或较低的省份,一定会存在另外的数字经济发展质量相当的省份与之相邻。纵向来看,2011—2020 年,随着时间推进, *Moran's I* 值的变化在波动中总体呈现出先下降后上升的演进趋势,表明 2011—2020 年,长江经济带各省市间的数字经济发展的空间趋同性经历了逐渐不明显后逐渐趋于明显的变化,相邻区域的空间示范效应先下降后逐渐增强。

表 8.8　数字经济发展质量的全局 *Moran's I*

| 年份 | *Moran's I* 值 | Z 值 | P 值 |
|------|------|------|------|
| 2011 年 | 0.3775 | 2.7261 | 0.0064 |
| 2012 年 | 0.4599 | 3.0334 | 0.0024 |
| 2013 年 | 0.4555 | 3.0914 | 0.0020 |
| 2014 年 | 0.4500 | 3.1219 | 0.0018 |
| 2015 年 | 0.4492 | 3.1535 | 0.0016 |
| 2016 年 | 0.3689 | 2.8574 | 0.0043 |
| 2017 年 | 0.3599 | 2.8812 | 0.0040 |
| 2018 年 | 0.3780 | 2.9368 | 0.0033 |
| 2019 年 | 0.3852 | 2.9758 | 0.0029 |
| 2020 年 | 0.2172 | 1.9766 | 0.0481 |

全局空间自相关较难刻画出聚集的位置及区域相关程度,因此选择局部空间自相关对区域数字经济发展进行具体情况分析。绘制 2011 年、2014 年、2017 年、2020 年的局部 *Moran's I* 考察区域单元对全局空间自相关的贡献并判断观测值的局部空间聚集情况,对于长江经济带数字经济发展集聚模式进行进一步归纳分析,公式如下:

$$I_i = \frac{(R_i - \bar{R})}{S^2} \sum_{j=1}^{n} W_{ij} (R_i - \bar{R}) \quad (11)$$

公式中,*I* 为局部 *Moran's I*,表示各相邻省份数字经济发展的相关性。分析 2011 年、2014 年、2017 年及 2020 年局部 *Moran's I* 区域分布情况可知(表 8.9),长江经济带数字经济发展呈现显著的空间相关性,集聚类型以高—高集聚(H–H)模式、低—低集聚(L–L)模式为主。

表 8.9　不同时间点长江经济带数字经济发展质量集聚类型

| 年份 | 2011 年 | 2014 年 | 2017 年 | 2020 年 |
|------|------|------|------|------|
| H–H 集聚 | 江苏、上海、浙江 | 江苏、上海、浙江 | 江苏、上海、浙江 | 江苏、上海、浙江 |
| L–H 集聚 | 安徽、江西 | 安徽、江西 | 安徽 | 安徽 |

| 年份 | 2011 年 | 2014 年 | 2017 年 | 2020 年 |
|---|---|---|---|---|
| L－L 集聚 | 湖南、湖北、江西、云南、贵州、重庆、四川 | 湖南、湖北、云南、贵州、重庆、四川 | 湖南、湖北、江西、云南、贵州、重庆 | 湖南、湖北、江西、云南、贵州、重庆 |
| H－L 集聚 | 湖南 | — | 四川 | 四川 |

在各种集聚类型中,高—高集聚(H－H)模式主要包括了江苏省、上海市和浙江省,同属长江经济带下游地区,数字创新所需要的人才、数据、资源等要素在这些省市之间能够高效快速地流通和共享,进一步促进了下游地区数字经济的高质量发展,地区间数字经济交流合作密切使得地区间数字经济发展呈现出示范引领、辐射带动的效果。低—低集聚(L－L)模式包括了云南、贵州、重庆等省市,这些地区多位于长江中上游,普遍面临着区位优势不强、产业结构薄弱等问题,这些地区数字技术创新水平较低,数字创新资源流动能力较弱,数字型人才较少,导致推动数字经济高质量发展的创新活动较少,由资源禀赋、区位优势等多方面原因共同堆叠最终导致了中上游地区部分省份低水平集聚的情况。研究时段内,长江经济带大部分省份始终处于低—低集聚(L－L)模式,且未发生跃迁,应当警惕数字鸿沟现象,防止由于数字经济发展不平衡造成的地区间经济发展差距越来越大,阻滞区域协调发展。

## 第三节　长江经济带数字经济高质量发展效应分析

### 一、数字经济促进长江经济带创新能力提升

从整体视角来看,数字经济发展推动了长江经济带创新能力的提升。《中共中央关于制定国民经济和社会发展第十四个五年规划和二〇三五年远景目标的建议》中指出"坚持创新驱动发展,全面塑造发展新优势",并且强调"强化企业创新主体地位,促进各类创新要素向企业集聚"。

从微观企业视角来看,数字经济发展一方面增加了企业创新的压力,另一方面也为企业创新活动提供了原动力。企业作为创新主体,在进行创新活动时需要面对高投入、高风险及创新外部性,这使得企业缺乏自主创新的原动力。数字经济的发展一方面使得市场透明,企业需要通过技术创新在市场上

获得生存空间,进一步增加了企业的创新压力,另一方面数字经济发展为企业创新提供了更广泛的信息来源,为企业创新提供更多机会与条件。数字普惠金融的进一步推广为中小企业进行创新活动提供了更多融资渠道,资金方面的支持使得企业创新意愿更强,创新活动开展更为顺畅;数字技术为企业科学生产提供了有力支持,电子商务购物模式使得客户需求具象化,有助于企业进行生产预测、预算规划、原材料采购规划等一系列生产前预期信息评估,大大降低了市场风险与交易成本,将沉没成本降至最低,企业科学生产、创新活动更具保障。

从中观产业层面来看,数字经济的扩散效应能够带动整个产业的创新。有别于资本、劳动力等传统要素,数据要素可重复使用、可共享,保障了创新成果能够在同行企业之间流转,创新应用普及速度大大提升。数字技术发展促进了研发资源集成共享,这使得企业知识存量运用率得以提升,同时为企业带来知识增量提升,系统内各种资源配置效率的提升更好地驱动了行业内的多元创新主体形成创新集群,既定方向下的创新成果转化率将得到提升,同时创新成果的溢出效应将渗透到产业链的上中下游各个环节,产业链上各企业之间协同创新水平大幅提升,产业创新能力得到整体提升。

从宏观尺度来看,数字经济发展带动了整个区域的创新能力。数据要素包含的巨大信息含量为政府进行创新资源有效配置提供了可靠参考,有效避免了创新资源错配等情况,减少了资源浪费。数字经济发展还推动了同一区域内创新主体之间、不同区域的创新主体之间的合作,使得区域内与区域间创新网络结构更加稳健,加速了技术交流、技术吸收与再创新速度,创新网络的外部性使得网络中各地区的创新能力得到提升。

## 二、数字经济助力长江经济带产业转型升级

产业数字化是数字经济的重要组成部分,传统产业与数字技术的深度融合能够有效带动产业转型升级,技术进步是产业结构升级的关键驱动因素,技术进步带来的经济范式的转变将能够催生出新的技术产业并推动传统产业变革实现产业结构升级。在农业生产与销售领域,数字技术的使用能够帮助农业经营主体实现数字化生产、便捷式物流与全球性的营销,高效对接市场需求,实现农产品科学种植、精准销售。同时,数字技术有助于搭建农村农户、科研机构、政府等多方主体的信息交流平台,实现农业生产的技术交流与实时反

馈,提高农户种植科学性,助力实现长江经济带农业转型升级。在制造业领域,新一代信息网络技术与制造业深度融合,传感技术、数字化设计制造的使用日益广泛,数字化穿插在制造业的企业管理、生产管理、设计制造的每个环节,精准管理着产品设计、生产与物流的每个环节,不仅助力制造业生产效率的提升,并能够通过精细管理与优化调控,实现生产材料的最优投入产出,有效降低能耗,实现绿色高效生产。在服务业领域,数字化进程在不断加快,以电子商务为主要代表的数字经济开启了数字化生产生活新方式,依托大数据、人工智能和算力等,服务业智能化程度越来越高,服务效率稳步提升。

数字产业化与产业数字化逐渐成为产业转型升级的关键路径。一方面,依托数字技术、数据要素催生出新业态新产业。长江经济带多个省市,如江苏省、浙江省等地,电子信息制造业、软件产业等均逐渐趋于成熟,人工智能、云计算、大数据产业在长江经济带飞速崛起与发展。同时,数字技术推动了以客户价值创造为中心的新商业模式,形成了新的信息匹配模式,较大程度上消除了供需信息不对称等问题,实现了长江经济带资源高效配置,激发了各地区商业新的活力,涌现出了电子商务、共享经济等典型代表。

另一方面,产业数字化定义了"数据驱动"的数字化生产方式,工业机器人的广泛使用从效率与长期成本两个方面都得到了优化,智能制造越发成为未来可能的发展重点。产业数字化同样塑造了灵活可变的产业组织模式,产业上中下游的有机关联使得人、机、物对话框架得以搭建实现联动,参与主体之间能够了解与自己有直接业务关系的合作者,并能够清晰识别预期存在间接关联的各类主体,依据产品需求与生产状况,做出精准战略决策。长江经济带已经逐步建立起门类齐全的工业体系,但产业整体数字化水平仍存在一定提升空间,仅有部分产业进入了 4.0 时代,仍存在大规模的产业需要数字技术赋能,实现传统产业的数字化升级并进一步改善长江经济带整体产业结构。

### 三、数字经济推动长江经济带区域协调发展

长期以来,如何实现区域协调发展是长江经济带发展过程中面临的困难之一,由于地理、气候、产业基础、历史发展等多方面的原因,长江经济带下游地区与上中游地区之间区域经济发展差异巨大,强者恒强、弱者恒弱的局面需要依靠数字经济来打破。数字经济跨越地理距离的特质为长江经济带区域协调发展提供了破题思路,依托"东数西算"工程的全面开展,长江下游地区云

计算产业的兴起同时为上游地区创造了大数据服务中心建立的大好机会,为上游地区弯道超车提供了宝贵机会。

以贵州省为例,受制于地理位置、产业基础等多方面限制,贵州省经济发展在改革开放后相当长的一段时间内较为落后,但受益于数字经济发展的日益高涨,贵州省积极探索以贵阳贵安为核心,省内地区错位互补、协同发展的数字经济产业发展布局,追求实现"一核引领、两带协同、多点支撑",打造集算力服务、数据服务及数据中心产业生态于一体的数据存算服务产业带①。作为全国首个大数据综合试验区,贵州省深入推进大数据战略行动,推动大数据与实体经济的深度融合,先后推出"千企改造""万企融合",助力大数据与实体经济融合带动6000余户企业开展融合,核心应用"上云"企业超过2万家,实现传统产业的网络化、数字化和智能化。根据《中国数字经济发展白皮书(2022)》显示,2021年,贵州数字经济增速达20.6%,已连续七年位居全国第一,数字经济成为贵州实现快速发展的重要引擎。"数字经济"东风为长江经济带协同发展提供了可行思路,数字经济产业关联能够将上中下游地区之间有机连接,下游地区的高昂用地价格、用人成本凸显出中上游地区的数据存储优势,同时下游地区数字经济的良好发展基础又进一步为中上游地区数字产业化发展背书,彼此促进,实现协调发展。

## 第四节　长江经济带数字经济高质量发展路径及优化

数字经济高质量发展是激发长江经济带创新活力、引领经济社会发展的重要动力。长江经济带数字经济高质量发展优化路径应从全方位、多方面、多视角展开,兼顾多方发展需求,既要推动数字经济全面发展,又要推动数字技术与实体经济的深度融合,推动经济高质量发展。

### 一、夯实数字经济发展基础,增加数字创新投入力度

长江经济带上、中、下游之间数字经济发展底层基础存在差异,中上游地区数字经济发展创新力度不足,数字经济创新发展受限。一是进一步完善布

---

① 资料来自《贵州省"十四五"数字经济发展规划》(黔数据领办〔2021〕21号)。

局数字基础设施建设。长江经济带各地区应加快 5G 网络、数据中心、工业互联网等新型数字基础设施建设,强化数字基础设施建设就是为数字经济高质量发展奠定坚实基础,是缩小上、中、下游地区数字经济发展水平差异的首要前提。二是积极培育数字创新型人才。各地政府还应增加财政支出在人才培养教育方面的投入力度,培育一批高素质的数字知识型人才,营造创新环境,鼓励数字创新,以数字创新推动数字经济高质量发展。三是群策群力,推动数字经济与科技创新融合。加大数字经济高质量发展对于经济发展的推动力度,加快数字经济与实体经济的深度融合,增加相关科学技术研发投入力度,汇集高校、科研机构等多方研发力量,推动长江经济带数字经济与科技创新的深度融合。

### 二、关注空间分布特征,差异化推进数字经济发展

长江经济带数字经济高质量发展存在空间集聚效应,需要合理利用数字经济在空间上的正向集聚效应,警惕数字鸿沟,各地区应差异化、特色化推进数字经济发展。一方面,对于长江经济带下游地区而言,长江经济带数字经济高质量发展应当充分利用下游地区间数字经济在空间上的正向促进效应,发挥本地数字经济发展对周边地区的带动作用,发挥"龙头"优势依托积极创新环境与高水平数字化产业集群形成数字经济发展创新高地。另一方面,针对长江经济带的中游及上游地区数字经济发展,一是要从各省市自身实际出发,认真分析与把握本地区的资源禀赋与产业结构特征,由浅入深地实现数字技术与既有产业的融合,如对于产业结构相对薄弱的云南省可首先推动互联网技术与旅游、医药、康养等优势产业的融合。二是中上游地区要积极承接来自下游地区数字经济发展的资源与产业转移,充分利用本地区在产业发展中所具有的低成本优势,优化营商环境,由政府主动牵头、参与并搭建合作与交流平台,吸引新企业的进入,积极布局并逐渐完善数字产业链条。

### 三、优化数字生态,开放协调发展数字经济

数字经济高质量发展需要开放优渥的土壤,长江经济带各地政府应当具备"下好一盘棋"的意识,以开放、协调、共赢的思路实现长江经济带全带的数字经济发展丰收。一是进一步推动各地政府实现数据开放共享。长江经济带各地政府应当在确保隐私安全的前提下,积极统筹数据开发利用,完善数据开

放共享制度,实现个人、企业、政务数据等各类数据良性交互,实现数字经济更好为人民服务;进一步推动"数字长江"信息管理平台建设,使长江经济带各省份、各部门间能够实现数据共享、助推资源最优配置。二是营造良好数字生态,给予中小企业数字化转型支持。各地政府应当鼓励中小企业积极推进数字化转型,研制轻量化、普适度高的应用,为中小企业数字化转型纾困,助力中小企业深入开展数字化转型。三是鼓励国内外合作交流。长江经济带上、中、下游地区之间紧密围绕"数字经济"积极开展相关交流合作,同时还应当具备国际视野,重视国际交流合作,鼓励数字企业与国外企业的深度交流合作,互通技术与经验,向国际领先水平看齐。

执笔人:邓宏兵为中国地质大学(武汉)经济管理学院教授、博士生导师、湖北省区域创新能力监测与分析软科学研究基地主任;此外,参与本章执笔的还有中国地质大学(武汉)经济管理学院的焦弘睿

## 参考文献

[1]中国信息通信研究院.中国数字经济发展研究报告(2023)[R].北京:中国信息通信研究院,2023.

[2]许宪春,张美慧.中国数字经济规模测算研究——基于国际比较的视角[J].中国工业经济,2020(05):23-41.

[3]张鹏.数字经济的本质及其发展逻辑[J].经济学家,2019(02):25-33.

[4]丰付,高雨晨,周灿.长江经济带数字产业空间格局演化及驱动因素[J].地理研究,2022,41(06):1593-1609.

[5]宋雪飞,张韦恺镝.共享数字文明的福祉——习近平关于发展数字经济重要论述研究[J].南京大学学报(哲学·人文科学·社会科学),2022,59(03):5-13.

[6]杨慧梅,江璐.数字经济、空间效应与全要素生产率[J].统计研究,2021,38(04):3-15.

[7]丁志帆.数字经济驱动经济高质量发展的机制研究:一个理论分析框架[J].现代经济探讨,2020(01):85-92.

[8]中共中央关于制定国民经济和社会发展第十四个五年规划和二○三五年远景目标的建议[N].人民日报,2020-11-04(001).

[9]熊励,蔡雪莲.数字经济对区域创新能力提升的影响效应——基于长三角城市群的实证研究[J].华东经济管理,2020,34(12):1-8.

[10]杜传忠,张远.数字经济发展对企业生产率增长的影响机制研究[J].证券市场导报,2021(02):41-51.

[11]温珺,阎志军,程愚.数字经济驱动创新效应研究——基于省际面板数据的回归[J].经济体制改革,2020(03):31-38.

[12]陈晓东,杨晓霞.数字经济发展对产业结构升级的影响——基于灰关联熵与耗散结构理论的研究[J].改革,2021(03):26-39.

[13]夏显力,陈哲,张慧利,等.农业高质量发展:数字赋能与实现路径[J].中国农村经济,2019(12):2-15.

[14]李治国,王杰.数字经济发展、数据要素配置与制造业生产率提升[J].经济学家,2021(10):41-50.

[15]赵宸宇,王文春,李雪松.数字化转型如何影响企业全要素生产率[J].财贸经济,2021,42(07):114-129.

[16]戚聿东,肖旭.数字经济时代的企业管理变革[J].管理世界,2020,36(06):135-152+250.

[17]王军,朱杰,罗茜.中国数字经济发展水平及演变测度[J].数量经济技术经济研究,2021,38(07):26-42.

[18]袁淳,肖土盛,耿春晓,等.数字化转型与企业分工:专业化还是纵向一体化[J].中国工业经济,2021(09):137-155.

[19]沈丽珍,强靖淇,汪侠,等.浙江省数字技术应用业空间集聚演化特征——基于微观企业数据[J].经济地理,2023,43(07):151-160.

[20]夏明,周文泳,谢智敏.城市数字经济高质量发展协同路径研究——基于技术经济范式的定性比较分析[J].科研管理,2023,44(03):65-74.

# 第九章　长江经济带创新流空间
网络演化特征研究

　　流空间已成为资源和要素实现高效链接和有效组合的空间组织形式，能有效突破空间距离限制，推动区域间创新资源流动共享，在更大范围、更远距离实现创新合作。科学研究与技术服务业是创新的重要基础和关键支撑，因此，选用科学研究与技术服务业作为研究范围探究长江经济带创新流空间网络的演化特征，能有效推动长江经济带基于创新链上、中、下游的分工合作，进而对推动其经济社会高质量发展具有重要的现实意义。本文采用 2013—2022 年长江经济带 110 个地级市的科学研究与技术服务业企业互投矢量数据，运用复杂网络模型构建长江经济带创新流空间网络，在此基础上，基于 Gephi 软件测度该空间网络的宏观结构特征和微观结构特征；运用面板回归分析方法，从经济发展水平、科技人才资源禀赋、产业结构水平、政策支持力度、交通运输水平等角度对长江经济带创新流空间的影响因素进行探究。研究发现，长江经济带初步形成了以上海为中心，杭州、苏州、成都、南京为关键节点的流空间格局；流空间网络的可达性和信息交流的便捷性持续提升，但大部分节点的中介地位下降，创新资源控制能力的空间分布趋于均衡化。基于此，本章提出完善各城市之间创新联系的合作机制、提升流空间网络的效率和可达性、培育和发展次中心城市、加强创新生态建设、推动创新网络发展等对策建议。

## 第一节　优化长江经济带创新流空间网络重要意义

### 一、创新驱动是实现长江经济带高质量发展的重要举措

　　"十四五"规划中强调了要全面推动长江经济带高质量发展。长江经济带包括黔中城市群、滇中城市群、成渝城市群、长江中游城市群、江淮城市群、长三角城市群六个城市群，面积占全国的 21%，人口和经济总量均超过全国的

40%，发展潜力巨大。习近平总书记曾多次沿长江视察调研，三次主持召开座谈会并发表重要讲话，亲自谋划、亲自部署、亲自实施了长江经济带重大国家战略。《长江经济带发展规划纲要》提出，要建设引领全国转型发展的创新驱动带。2020年，习近平总书记在南京召开长江经济带发展座谈会时强调，要推动长江经济带高质量发展，打造区域协调发展新样板，塑造创新驱动发展新优势，这反映了国家层面高度重视创新驱动在长江经济带高质量发展中的重要地位。

### 二、创新合作是推动长江经济带实现创新驱动的关键所在

2016年，中共中央、国务院印发的《国家创新驱动发展战略纲要》指出，要建设各类创新主体协同互动和创新要素顺畅流动、高效配置的创新生态系统。同年，国家发改委、科技部、工业和信息化部联合印发《长江经济带创新驱动产业转型升级方案》，强调要重点加强长江上中下游合作，统筹协调各区域的技术创新主体，建立共同参与、利益共享、风险共担的产学研用协同创新机制。创新主体合作已成为推动创新发展的关键举措，一方面创新主体合作可以凝聚创新资源和创新要素，推动区域内创新资源的集聚和共享，为区域创新体系注入新活力；另一方面创新主体间合作可以促进区域间创新互动，包括企业间、产学研、跨界等方面的创新互动，通过合作实现创新资源和技术的相互补充和共享，加快技术创新的传播和应用。

### 三、流空间已成为创新主体加强创新合作的重要组织形式

创新要素和创新资源是区域实现创新驱动发展战略的重要基础，区域间创新主体通过建立合作联系，能够加速创新资源和要素的流通和集聚。"流空间"逐步取代原有的场所空间，已成为城市间合作交流的新组织形态（Castells，1996），创新要素和创新资源在流空间内能以更低的成本和更灵活的形态自由穿梭，创新主体间实现了高效联结，最大限度地链接优质创新要素和资源，有助于更好地实现创新突破和提高创新效率（李妍，2023）。流空间的形成使得城市之间的创新联系得到强化，城市创新联系的载体和格局也开始发生改变，城市之间的创新关联通过实体流和虚拟流的形态形成更为紧密的创新联系（戴靓，2021）。

## 第二节　长江经济带创新流空间网络研究框架构建

本节采用 2013—2022 年长江经济带 110 个地级市的科学研究与技术服务业企业互投矢量数据,运用复杂网络模型构建长江经济带创新流空间网络,在此基础上,基于 Gephi 软件测度该空间网络的整体结构特征和微观结构特征;运用面板回归分析方法,从经济发展水平、科技人才资源禀赋、产业结构水平、政策支持力度、交通运输水平等角度对长江经济带创新流空间的影响因素进行探究。

### 一、长江经济带创新流空间网络的测度方法

1. 社会网络分析法

社会网络分析法是流空间研究中最普遍运用的研究方法,通过对个体之间的关系进行测量和分析,从而解释网络系统的运作和演化。社会网络分析法关注社会关系、节点和连接、中心性指标、群体结构等概念,它的核心是研究社会中个体之间的关系,将关系抽象为节点和连接,形成网络结构。通过分析节点的中心性指标,可以了解节点在网络中的重要程度,通过子群结构分析,可以了解群体内部联系和外部联系。近年来,社会网络分析方法逐渐被应用于区域经济、城市经济、经济地理等领域。本章中,长江经济带可以看作是由 110 个地级市组成的城市流空间网络,地级市作为流空间网络中的"节点",在流空间中形成了"关系",通过 Gephi 软件能够直观清楚地展现城市间流空间的结构特征,并对其节点特征进行分析。

第一,流空间的宏观结构特征分析,包括平均度、平均路径长度、网络密度、聚类系数。平均度是指网络中所有节点的连接数量的平均值,侧重于探究一个空间中各个节点的直接关联程度。平均路径长度是指网络中任意两个节点之间的平均最短路径长度,能体现出流空间中任意两个节点的联通特性,距离越小表明联系越紧密。网络密度是指网络中实际连接数量与可能的最大连接数量之比,侧重于测算整个流空间的结构密集度,网络中连接数越多,密度越大。聚类系数是指与某个节点相连的邻居节点之间的实际连接数量与可能连接数量之比的平均值,用于度量节点之间连接的紧密程度,较高的聚类系数表示节点邻居间联系紧密,形成紧密的社交圈子或群体。

第二,流空间的微观结构特征分析。包括特征向量中心度(Eigenvector

Centrality）、接近中心度（Closeness Centrality）、中介中心度（Betweenness Centrality）以及凝聚子群分析（Cohesion Subgroups Analysis）。特征向量中心度衡量了一个节点在网络中的影响力和控制力，同时考虑了它的直接邻居节点的重要性，计算公式是：$EC_i = x_i = c\sum_{j=1}^{n} a_{ij} x_j$，$x_i$ 表示节点 $i$ 的重要性，$c$ 为比例常数，记 $x = [x_1, x_2, x_3, \ldots, x_n]^T$，经过多次迭代达到稳态时，可以写成如下矩阵形式：$x = cAx$，这里 $x$ 表示的是矩阵 $A$ 的特征值 $c^{-1}$ 对应的特征向量。接近中心度反映某一节点的独立性特征，一个节点离其他的节点越近，那么该点越容易到达其他点，因此在网络中越处于核心地位，计算公式是：$CC_i = \dfrac{1}{d_i} = \dfrac{n-1}{\sum_{j\neq i} d_{ij}}$，其中 $d_i$ 表示节点 $i$ 到其余各点的平均距离，即 $d_i = \dfrac{1}{n-1}\sum_{j\neq i} d_{ij}$。中介中心度用于衡量节点对资源的控制力。若一个节点处于许多其他节点对的捷径（最短的路径）上，就表明该节点具有较高的中介中心度，计算公式是：$BC = \sum \dfrac{d_{st}()}{d_{st}}$，其中 $d_{st}$ 表示 $s$ 到 $t$ 的最短路径数量，$d_{st}()$ 表示从 $s$ 到 $t$ 的最短路径中经过节点的数量。凝聚子群揭示社会行动者之间实际存在的或者潜在的关系。当网络中某些主体之间的关系较为密切，并结合成一个次级团体时，社会网络分析就将这样的团体称为凝聚子群。当网络中存在凝聚子群，且凝聚子群密度较高时，说明处于凝聚子群内部的这些主体之间联系紧密，拥有更频繁的信息交互与合作。

2. 面板回归分析方法

本章通过构建固定效应回归模型对长江经济带创新流空间的影响因素进行探究。具体构建模型如下：

$$y_{it} = \beta_c + \beta_1 a_{it} + \beta_2 b_{it} + \beta_3 c_{it} + \beta_4 d_{it} + \beta_5 e_{it} + \mu_i + \varepsilon_{it} \qquad （1）$$

公式中，$y$ 为被解释变量，$i$ 为地区，$t$ 为年份，$a$、$b$、$c$、$d$、$e$ 表示不同的影响因素，$\beta_1$ 至 $\beta_5$ 为各个影响因素的影响系数，$\mu_i$ 为个体效应，$\varepsilon_{it}$ 为随机误差项。

## 二、长江经济带创新流空间网络指标选取及数据来源

科学研究与技术服务业涵盖了科学研究、技术探索和技术应用中的创新活动，是体现科学研究、技术创新水平和能力的基础性行业。因此，科学研究与技术服务业的发展状况能在一定程度上反映一个区域的创新程度。本章通过龙信大数据平台获取了长江经济带 110 个地级市之间的科学研究与技术服

务业企业的矢量互投数据,经过处理得到 $110 \times 110$ 的流数据矩阵,进而实现对长江经济带创新流空间网络的刻画。在影响因素探究方面,从经济发展水平、产业结构水平、科研人才资源禀赋、政策支持力度、交通运输水平五个方面进行探究。经济发展水平参考周媛媛(2023)和王守文(2023)的做法,选用人均生产总值来表示;产业结构水平参考方大春(2018)和李艳(2021)的做法,选用第三产业产值占地区生产总值的比重表示;科研人才资源禀赋选用每万元 GDP 科研、技术服务和地质勘查业从业人员数表示;政策支持力度参考王晓玲(2015)和周媛媛(2023)的做法,选用每万元 GDP 科学技术支出额表示;交通运输水平参考王晓玲(2015)和马晓蕾(2016)的做法,选用人均公路客运量表示。其中,地区生产总值、人均生产总值、科研技术服务和地质勘查业从业人员数、第三产业产值占地区生产总值的比重、人均科学技术支出额、人均公路客运量均来自中国城市统计年鉴。

## 第三节　长江经济带创新流空间网络演化特征分析

### 一、长江经济带创新流空间网络宏观结构特征分析

1. 形成了"一核多极"的空间格局、城市间创新联系日益密切

长江经济带创新流空间网络基本形成了以上海为中心,杭州、苏州、成都、南京为关键节点的"一核多极"的空间格局。2013 年,长江经济带创新流空间网络整体处于相对松散状态,城市间关联并不紧密,甚至部分城市与其他城市间处于"零链接"的孤立状态。上海市总度值为 94,位居长江经济带首位,已经与 60 个城市建立了创新联系;南京、成都、杭州的总度值依次为 65、64、62,已经分别与 42、43、42 个城市建立了创新联系,以上海为中心、南京成都杭州为次中心的流空间格局初步形成。2016 年,上海与其他节点城市的链接程度明显增加,建立创新关联的城市数量增长至 86 个,成都成为长江经济带创新流空间网络中仅次于上海的中心城市,与 67 个城市建立了创新关联。2019 年,长江经济带节点城市间的创新关联愈发紧密,上海位列首位,与 100 个城市建立了创新关联,杭州位列第二,与 78 个城市建立了创新关联,形成了以上海为中心,杭州、苏州、南京、成都为关键节点的流空间格局,武汉、重庆、长沙、宁波、合肥、无锡等多个节点城市在流空间网络中具有一定的地位与作用,而毕节、张家界、六盘水、巴中、

丽江、铜仁则处于网络边缘状态。2022 年,长江经济带节点城市间的创新关联愈发紧密,上海始终处于网络的中心,总度值达到195,与106 个城市建立了创新关联,成都、苏州、南京、杭州等节点城市向中心聚拢,成都、苏州、南京、杭州总度值仍位列前5,相对稳定地成为网络的关键节点。具体见图9.1、表9.1。

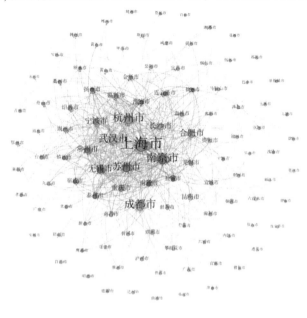

2013 年

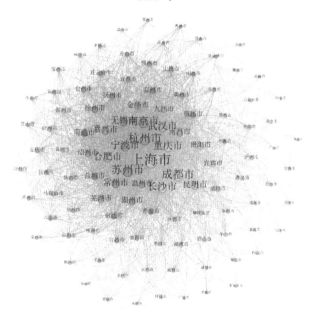

2016 年

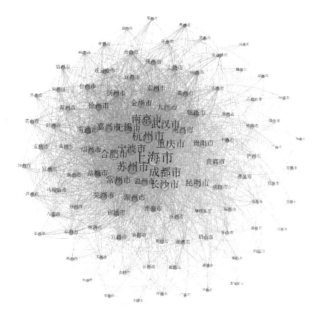

2019 年

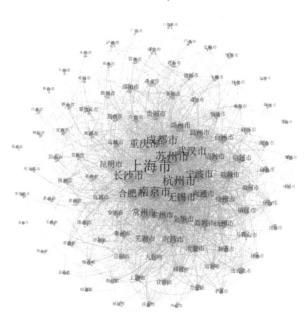

2022 年

**图 9.1 2013—2022 年长江经济带创新流空间网络演化情况**

资料来源:作者运用 Gephi 软件绘制

表 9.1  2013—2022 年长江经济带创新流空间网络节点城市度值变化情况

| 位序 | 2013 年 | | 2016 年 | | 2019 年 | | 2022 年 | |
|---|---|---|---|---|---|---|---|---|
| 1 | 上海 | 94 | 上海 | 153 | 上海 | 171 | 上海 | 195 |
| 2 | 南京 | 65 | 成都 | 108 | 杭州 | 127 | 成都 | 154 |
| 3 | 成都 | 64 | 杭州 | 97 | 苏州 | 127 | 苏州 | 154 |
| 4 | 杭州 | 62 | 南京 | 93 | 南京 | 120 | 杭州 | 152 |
| 5 | 武汉 | 56 | 武汉 | 89 | 成都 | 120 | 南京 | 144 |
| 6 | 苏州 | 52 | 苏州 | 88 | 武汉 | 109 | 长沙 | 133 |
| 7 | 合肥 | 44 | 无锡 | 80 | 长沙 | 108 | 重庆 | 133 |
| 8 | 无锡 | 41 | 长沙 | 80 | 重庆 | 103 | 武汉 | 130 |
| 9 | 长沙 | 37 | 合肥 | 79 | 无锡 | 98 | 宁波 | 128 |
| 10 | 宁波 | 36 | 宁波 | 71 | 宁波 | 94 | 合肥 | 125 |
| 11 | 常州 | 32 | 嘉兴 | 67 | 合肥 | 92 | 无锡 | 116 |
| 12 | 重庆 | 27 | 常州 | 60 | 常州 | 73 | 常州 | 109 |
| 13 | 昆明 | 24 | 重庆 | 55 | 昆明 | 69 | 昆明 | 100 |
| 14 | 南通 | 23 | 南通 | 51 | 南昌 | 66 | 嘉兴 | 98 |
| 15 | 嘉兴 | 22 | 湖州 | 43 | 泰州 | 65 | 金华 | 88 |
| 16 | 泰州 | 20 | 金华 | 42 | 南通 | 63 | 芜湖 | 86 |
| 17 | 淮安 | 19 | 昆明 | 41 | 嘉兴 | 62 | 南昌 | 84 |
| 18 | 绍兴 | 19 | 绍兴 | 38 | 金华 | 59 | 南通 | 84 |
| 19 | 芜湖 | 19 | 镇江 | 38 | 温州 | 57 | 湖州 | 83 |
| 20 | 扬州 | 19 | 台州 | 38 | 湖州 | 56 | 温州 | 81 |

资料来源:作者运用 Gephi 软件计算得出

注:表中为 2013—2022 年长江经济带创新流空间网络中总度值排名前 20 名的节点城市

2.创新流空间网络的凝聚力有所提高,但仍有进一步提升的空间

本文运用 Gephi 0.10.1 软件对长江经济带创新流空间网络进行了结构分析,计算了平均度、网络密度、聚类系数和平均路径长度等指标,发现长江经济带创新流空间网络的凝聚力明显提升。从平均度变化趋势来看,2013—2022年,长江经济带创新流空间网络的平均度依次为 6.294、9.773、9.873、12.209、15.173、16.491、17.582、20.118、23.3、25.545,呈逐年递增趋势,城市节点间的关联程度逐渐增强,各节点城市间的创新联系愈发密切。从平均路径长度变化趋势来看,2013—2022 年,长江经济带创新流空间网络的平均路

径长度依次为 2.51、2.283、2.267、2.127、2.054、2.004、1.975、1.904、1.835、1.802,呈逐年缩短态势,每个节点只需通过 1.802 个节点就可以与其他节点建立创新联系。

从网络密度的变化趋势来看,2013—2022 年,长江经济带创新流空间网络的密度依次为 0.058、0.09、0.091、0.112、0.139、0.151、0.161、0.185、0.214、0.234,呈逐年递增趋势,表明长江经济带创新流空间网络的结构变得更为复杂,城市节点之间的创新链接更频繁。从聚类系数的变化趋势来看,2013—2022 年,长江经济带创新流空间网络的聚类系数依次为 0.497、0.558、0.564、0.558、0.55、0.542、0.552、0.551、0.564、0.56,呈现递增态势,表明长江经济带创新流空间网络的节点间集聚程度在不断增强,存在着相对独立的小社区,为促成更多创新合作提供了有力支持。总体来看,整个流空间网络的平均聚类系数上升趋势并不显著,说明节点城市间的创新集聚程度和创新链接强度仍有较大提升空间,见图9.2。

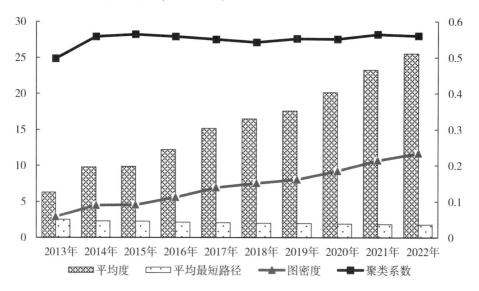

**图 9.2 2013—2022 年长江经济带创新流空间网络宏观特征演化趋势**

资料来源:作者运用 Gephi 软件整理所得

## 二、长江经济带创新流空间网络节点特征分析

### 1.上海是流空间网络中的关键节点,各节点城市的影响力呈上升趋势

特征向量中心度反映了一个节点在网络中与其他节点的关系密切程度,

即一个节点接近其他中心性较高的节点时,就拥有较高的影响力和控制力。从长江经济带创新流空间网络的特征向量中心度的现状来看,2022 年,上海特征向量中心度为 1,位列首位,紧密地连接到了其他拥有重要地位的节点,因此在整个网络中具有最高的影响力和控制力。苏州、成都、南京、长沙这几个节点城市的特征向量中心度均超过了 0.75,这些节点城市密切链接着其他具有关键地位的节点,在网络中同样具有较高的地位,能有效地传播创新信息和创新资源。从变化趋势来看,2013—2022 年,上海的特征向量中心度始终为 1,位居首位,在整个网络中拥有最高的重要程度和影响力,是网络中的核心节点。其余大部分节点城市的特征向量中心度均呈现上升态势,所有节点的特征向量中心度的平均值由 2013 年的 0.1766 上升至 2022 年的 0.3645。由此可见,长江经济带创新流空间网络的结构在不断优化,上海与其他节点城市的影响力差距逐渐缩小,原先影响力较低的节点城市开始与更多关键节点建立创新关联,使得长江经济带创新流空间网络的结构更具效率,具体见表 9.2。

表 9.2　2013—2022 年长江经济带创新流空间网络节点特征向量中心度

| 位序 | 2013 年 | | 2016 年 | | 2019 年 | | 2022 年 | |
|---|---|---|---|---|---|---|---|---|
| 1 | 上海 | 1.0000 | 上海 | 1.0000 | 上海 | 1.0000 | 上海 | 1.0000 |
| 2 | 南京 | 0.8959 | 杭州 | 0.7604 | 南京 | 0.8177 | 苏州 | 0.8018 |
| 3 | 成都 | 0.7013 | 成都 | 0.7516 | 苏州 | 0.8014 | 南京 | 0.7971 |
| 4 | 无锡 | 0.6931 | 苏州 | 0.7367 | 杭州 | 0.7881 | 成都 | 0.7889 |
| 5 | 杭州 | 0.6927 | 南京 | 0.7307 | 武汉 | 0.7646 | 长沙 | 0.7757 |
| 6 | 武汉 | 0.6912 | 合肥 | 0.6715 | 无锡 | 0.7383 | 杭州 | 0.7483 |
| 7 | 苏州 | 0.6668 | 无锡 | 0.6507 | 成都 | 0.7233 | 合肥 | 0.7150 |
| 8 | 常州 | 0.5625 | 武汉 | 0.6054 | 长沙 | 0.7153 | 重庆 | 0.6843 |
| 9 | 宁波 | 0.5166 | 长沙 | 0.5986 | 重庆 | 0.6642 | 武汉 | 0.6777 |
| 10 | 淮安 | 0.4493 | 常州 | 0.5480 | 合肥 | 0.6475 | 无锡 | 0.6396 |
| 11 | 盐城 | 0.4390 | 宁波 | 0.5462 | 宁波 | 0.5938 | 常州 | 0.5651 |
| 12 | 宿迁 | 0.4341 | 盐城 | 0.5058 | 泰州 | 0.5931 | 宁波 | 0.5609 |
| 13 | 长沙 | 0.4338 | 湖州 | 0.5051 | 徐州 | 0.5914 | 南通 | 0.5583 |
| 14 | 合肥 | 0.4322 | 嘉兴 | 0.4952 | 常州 | 0.5841 | 昆明 | 0.5466 |
| 15 | 泰州 | 0.4224 | 南通 | 0.4705 | 南通 | 0.5719 | 宜宾 | 0.5442 |
| 16 | 重庆 | 0.4004 | 绍兴 | 0.4514 | 盐城 | 0.5582 | 徐州 | 0.5150 |

| 位序 | 2013 年 | | 2016 年 | | 2019 年 | | 2022 年 | |
|---|---|---|---|---|---|---|---|---|
| 17 | 嘉兴 | 0.3994 | 镇江 | 0.4111 | 昆明 | 0.5505 | 盐城 | 0.5097 |
| 18 | 昆明 | 0.3639 | 徐州 | 0.4091 | 宿迁 | 0.4952 | 南昌 | 0.4989 |
| 19 | 南通 | 0.3543 | 金华 | 0.4084 | 南昌 | 0.4918 | 贵阳 | 0.4985 |
| 20 | 芜湖 | 0.3462 | 淮安 | 0.4065 | 嘉兴 | 0.4728 | 扬州 | 0.4909 |

资料来源:作者运用 Gephi 软件计算得出
注:表中为 2013—2022 年长江经济带创新流空间网络中特征向量中心度排名前 20 名的节点城市

2.上海在创新流空间的独立性日益凸显,网络效率大幅提升

接近中心度反映某一节点的独立性特征,若一个节点离其他的节点都很近,那么该节点越容易到达其他节点,并更不依赖其他节点就能达成信息、资源交换,因此在网络中越处于核心地位。从长江经济带创新流空间网络的接近中心度现状来看,2022 年,上海的接近中心度达到 0.9478,位居首位,表明上海与其他城市节点间不需要依赖其他节点就能直接建立创新联系,使得信息的传递效率更高,创新资源利用更加充分,因此在流空间网络中具有最高的独立性。杭州、苏州和成都三个节点城市的接近中心度均超过了 0.8,在流空间网络中拥有较高的独立性。从变化趋势来看,2013—2022 年,各个节点的接近中心度呈现较为稳定的上升趋势,上海保持领先地位,从 2013 年的 0.6429 上升至 2022 年的 0.9478;流空间网络中所有节点的接近中心度平均值从 0.3509 上升至 0.5621,其他节点城市的独立性逐渐增强,开始摆脱对上海和其他重要节点的依赖,实现了更多直接的创新信息互通,节点城市的自身发展也不再受限,极大地推动了信息利用效率的提升和创新流空间网络的演化,具体见表 9.3。

表 9.3    2013—2022 年长江经济带创新流空间网络节点接近中心度

| 位序 | 2013 年 | | 2016 年 | | 2019 年 | | 2022 年 | |
|---|---|---|---|---|---|---|---|---|
| 1 | 上海 | 0.6429 | 上海 | 0.7820 | 上海 | 0.8583 | 上海 | 0.9478 |
| 2 | 杭州 | 0.5928 | 杭州 | 0.6667 | 杭州 | 0.7569 | 杭州 | 0.8450 |
| 3 | 武汉 | 0.5723 | 成都 | 0.6667 | 苏州 | 0.7365 | 苏州 | 0.8195 |
| 4 | 成都 | 0.5625 | 南京 | 0.6541 | 成都 | 0.7124 | 成都 | 0.8134 |
| 5 | 南京 | 0.5500 | 武汉 | 0.6541 | 南京 | 0.7032 | 宁波 | 0.7899 |
| 6 | 苏州 | 0.5351 | 苏州 | 0.6341 | 宁波 | 0.6813 | 南京 | 0.7842 |
| 7 | 长沙 | 0.5351 | 无锡 | 0.6303 | 重庆 | 0.6770 | 重庆 | 0.7517 |

续表

| 位序 | 2013 年 | | 2016 年 | | 2019 年 | | 2022 年 | |
|---|---|---|---|---|---|---|---|---|
| 8 | 重庆 | 0.5183 | 嘉兴 | 0.6228 | 长沙 | 0.6687 | 武汉 | 0.7517 |
| 9 | 合肥 | 0.5130 | 长沙 | 0.6190 | 武汉 | 0.6566 | 合肥 | 0.7267 |
| 10 | 宁波 | 0.4975 | 宁波 | 0.6154 | 无锡 | 0.6566 | 长沙 | 0.7219 |
| 11 | 无锡 | 0.4806 | 合肥 | 0.6118 | 合肥 | 0.6488 | 嘉兴 | 0.7032 |
| 12 | 嘉兴 | 0.4760 | 重庆 | 0.6012 | 常州 | 0.6056 | 无锡 | 0.6987 |
| 13 | 南昌 | 0.4760 | 常州 | 0.5810 | 南昌 | 0.5989 | 常州 | 0.6813 |
| 14 | 绍兴 | 0.4760 | 南通 | 0.5746 | 嘉兴 | 0.5989 | 湖州 | 0.6687 |
| 15 | 常州 | 0.4737 | 金华 | 0.5561 | 芜湖 | 0.5892 | 金华 | 0.6566 |
| 16 | 绵阳 | 0.4670 | 台州 | 0.5561 | 温州 | 0.5860 | 芜湖 | 0.6488 |
| 17 | 昆明 | 0.4583 | 温州 | 0.5503 | 金华 | 0.5860 | 温州 | 0.6488 |
| 18 | 南通 | 0.4541 | 镇江 | 0.5445 | 湖州 | 0.5829 | 昆明 | 0.6374 |
| 19 | 泰州 | 0.4521 | 昆明 | 0.5445 | 绍兴 | 0.5829 | 南昌 | 0.6229 |
| 20 | 贵阳 | 0.4521 | 徐州 | 0.5361 | 泰州 | 0.5798 | 九江 | 0.6229 |

资料来源：作者运用 Gephi 软件计算得出

注：表中为 2013—2022 年长江经济带创新流空间网络中接近中心都排名前 20 的节点城市

3. 上海是流空间中的资源控制中心，大部分节点城市中介地位下降明显

中介中心度用于衡量节点对资源的控制力。若一个节点处于许多其他节点最短路径上，就表明该节点具有较高的中介中心度。从长江经济带创新流空间网络的中介中心度现状来看，2022 年，上海的中介中心度达到 1633.878，位居首位，表明上海在整个网络中起着关键的桥梁作用，是其他非核心节点之间实现创新链接的关键途径。杭州、成都、长沙和苏州等城市的中介中心度也位居前五名，在促进创新关联的建立、汇集创新资源效率方面发挥着重要的作用。从变化趋势来看，2013—2022 年，上海始终处于首位，但其增长趋势并不稳定，并在 2019 年后出现明显下降。成都、苏州、杭州、重庆、武汉、长沙、南京和合肥等多个节点城市的中介中心度也呈现明显下降趋势，网络中所有节点的中介中心度平均值从 2013 年的 124.8807 下降至 2022 年的 86.6364。可能的解释是，由于流空间网络的结构发生了变化，其他节点城市增强了相互之间的联系，导致原本在信息传输和资源流动中具有关键桥梁作用的节点城市的中介中心度减弱。也可能是由于某些新兴城市在网络中崭露头角，担当起更多的中介节点角色，从而使原有的中心城市的地位受到一定冲击，具体见

表9.4。

表9.4 2013—2022 年长江经济带创新流空间网络节点中介中心度

| 位序 | 2013 年 | | 2016 年 | | 2019 年 | | 2022 年 | |
| --- | --- | --- | --- | --- | --- | --- | --- | --- |
| 1 | 上海 | 2493.5995 | 上海 | 2986.3058 | 上海 | 2101.7509 | 上海 | 1633.878 |
| 2 | 成都 | 2327.0264 | 成都 | 2143.0633 | 成都 | 1294.8902 | 成都 | 1039.547 |
| 3 | 武汉 | 1417.5250 | 长沙 | 985.1930 | 苏州 | 845.1254 | 苏州 | 603.9192 |
| 4 | 合肥 | 985.6146 | 武汉 | 889.9963 | 杭州 | 796.0550 | 长沙 | 547.2278 |
| 5 | 南京 | 984.1855 | 杭州 | 609.4261 | 长沙 | 745.3521 | 杭州 | 569.7564 |
| 6 | 昆明 | 946.7058 | 南京 | 567.5528 | 武汉 | 690.2474 | 重庆 | 541.5924 |
| 7 | 长沙 | 866.1877 | 合肥 | 505.5084 | 昆明 | 640.0644 | 昆明 | 518.1028 |
| 8 | 杭州 | 775.5439 | 昆明 | 463.6888 | 南京 | 636.4072 | 南京 | 485.2994 |
| 9 | 苏州 | 578.4115 | 贵阳 | 410.5731 | 重庆 | 594.4171 | 武汉 | 466.6452 |
| 10 | 贵阳 | 249.2384 | 苏州 | 390.1052 | 宁波 | 384.2581 | 宁波 | 281.1630 |
| 11 | 重庆 | 239.9509 | 无锡 | 321.1785 | 合肥 | 382.4021 | 合肥 | 270.7497 |
| 12 | 宁波 | 220.2643 | 宁波 | 280.9833 | 无锡 | 307.8007 | 无锡 | 221.5746 |
| 13 | 无锡 | 215.9797 | 嘉兴 | 248.1944 | 贵阳 | 190.5843 | 常州 | 214.3547 |
| 14 | 常州 | 184.9230 | 重庆 | 247.2642 | 常州 | 149.5342 | 贵阳 | 159.8070 |
| 15 | 广元 | 98.0000 | 绵阳 | 152.8654 | 盐城 | 146.4453 | 芜湖 | 106.6150 |
| 16 | 昭通 | 98.0000 | 常州 | 144.0973 | 南昌 | 143.2986 | 嘉兴 | 97.6407 |
| 17 | 连云港 | 92.6331 | 金华 | 118.9495 | 南通 | 119.8176 | 南昌 | 95.6256 |
| 18 | 泸州 | 92.1250 | 南昌 | 107.8449 | 湖州 | 114.8864 | 宜宾 | 92.2590 |
| 19 | 攀枝花 | 89.4583 | 南充 | 103.0000 | 郴州 | 109.2550 | 金华 | 92.0179 |
| 20 | 嘉兴 | 72.5123 | 湖州 | 76.3588 | 泰州 | 98.8849 | 盐城 | 80.5696 |

资料来源:作者运用 Gephi 软件计算得出
注:表中为 2013—2022 年长江经济带创新流空间网络中中介中心度排名前 20 的节点城市

4. 上海杭州等重要节点城市位于同一子群,拥有最高的子群密度

凝聚子群分析可以体现网络中的社区结构特征,进一步揭示流空间网络中节点城市之间存在的实际联系和潜在联系。本文采用 UCINET6.0 中的 CONCOR 模块分析方法,设置最大分割深度为2、收敛标准为0.2,探究 2013—2022 年长江经济带创新流空间网络聚类特征的变化情况。

从凝聚子群的结构划分情况来看,处于重要枢纽地位的节点城市位于同一子群。2013—2022 年,长江经济带创新流空间网络中的 110 个节点城市被划分为了四个子群。2013 年,第一子群包括安庆、淮北、内江、蚌埠、黄山、徐州等共 38 个节点城市,第二子群包括 40 个城市,其中还涵盖了上海、成都、杭

州、重庆这些处于网络中心和次中心地位的节点。2016年,第一子群的城市数量从38个上升至48个,第二子群数量明显减少,上海、杭州、重庆、成都、武汉等中心度较高的城市节点位于第四子群中。2022年,上海、杭州、武汉等节点城市上升至第二子群。可以发现,上海、杭州等位于网络中心或次中心地位的城市往往位于同一子群当中,表明这些城市在某些方面具有相似的发展特征或影响力,在子群环境中相互支持和相互作用,形成了稳定的链接关系,并且在子群中扮演着重要的角色,具体见表9.5。

表9.5　2013—2022年长江经济带创新流空间网络凝聚子群分析结果

| 子群 | 城市(2013年) | 城市(2022年) |
|---|---|---|
| 第一子群 | 安庆市、淮北市、内江市、蚌埠市、黄山市、徐州市、亳州市、宣城市、衢州市、扬州市、荆州市、池州市、滁州市、武汉市、苏州市、南京市、抚州市、阜阳市、遂宁市、六安市、六盘水市、铜陵市、金华市、马鞍山市、衡阳市、湖州市、九江市、南充市、鹰潭市、淮南市、丽水市、宿州市、舟山市、吉安市、南昌市、镇江市、湘潭市、芜湖市 | 安庆市、鹰潭市、襄阳市、蚌埠市、荆州市、池州市、亳州市、曲靖市、淮安市、荆门市、抚州市、马鞍山市、滁州市、十堰市、宣城市、宜昌市、六安市、伊春市、景德镇市 |
| 第二子群 | 郴州市、十堰市、常德市、新余市、南通市、成都市、宁波市、岳阳市、台州市、泰州市、杭州市、重庆市、合肥市、宜昌市、绵阳市、昆明市、鄂州市、自贡市、黄冈市、襄阳市、孝感市、株洲市、黄石市、嘉兴市、普洱市、常州市、上海市、连云港市、无锡市、淮安市、长沙市、咸宁市、宿迁市、铜仁市、荆门市、赣州市、绍兴市、盐城市、贵阳市、温州市 | 赣州市、萍乡市、宿迁市、攀枝花市、连云港市、无锡市、杭州市、常州市、贵阳市、南京市、九江市、丽水市、黄山市、徐州市、泰州市、嘉兴市、金华市、上海市、成都市、湖州市、武汉市、南通市、苏州市、镇江市、重庆市、合肥市、宁波市、台州市、长沙市、绍兴市、吉安市、常德市、株洲市、上饶市、昆明市、南昌市、芜湖市、新余市、衢州市、扬州市、温州市、舟山市、盐城市 |
| 第三子群 | 毕节市、曲靖市、永州市、益阳市、怀化市、安顺市、临沧市、保山市、随州市、萍乡市、宜春市、邵阳市、遵义市、上饶市、玉溪市、景德镇市、张家界市、娄底市 | 巴中市、淮南市、临沧市、随州市、毕节市、黄冈市、安顺市、乐山市、鄂州市、淮北市、孝感市、丽江市、昭通市、益阳市、娄底市、玉溪市、衡阳市、张家界市、怀化市、黄石市、咸宁市、保山市、永州市、郴州市、邵阳市 |
| 第四子群 | 雅安市、巴中市、德阳市、攀枝花市、广元市、广安市、昭通市、丽江市、泸州市、宜宾市、眉山市、资阳市、达州市、乐山市 | 湘潭市、普洱市、雅安市、铜仁市、阜阳市、绵阳市、广元市、南充市、达州市、德阳市、内江市、宿州市、岳阳市、遂宁市、广安市、六盘水市、铜陵市、泸州市、宜宾市、眉山市、资阳市、自贡市、遵义市 |

资料来源:作者运用UCINET软件计算绘制

从凝聚子群的密度变化情况来看,中心城市所处的子群拥有最高的子群密度。2013 年,第二子群拥有最高的子群密度,为 4.262,表明第二子群内部的节点城市之间拥有最紧密的创新链接,子群内部的创新互动最为频繁;第三子群密度为 0,表明第三子群内部的创新互动较少。同时,子群之间也存在着一定创新关联,例如第二子群与第一、三、四子群之间的密度分别为 2.901、1.25、1.286,意味着第二子群与第一、三、四子群之间存在明显的互动关系。2016 年,第四子群的密度为 11.352,位居首位,意味着第四子群中的节点城市创新关联最紧密,交流最频繁;第二子群密度为 0,意味着第二子群内的节点城市几乎没有创新交流。2019 年,子群之间的创新互动愈发频繁,第四子群依旧位居首位,密度为 18.848。2022 年,第二子群位居首位,密度为 19.344,具体见表 9.6。

表 9.6 2013—2021 年长江经济带创新流空间网络凝聚子群密度变化

| | 2013 年 | | | | | 2016 年 | | | |
|---|---|---|---|---|---|---|---|---|---|
| | 1 | 2 | 3 | 4 | | 1 | 2 | 3 | 4 |
| 1 | 2.464 | 2.901 | 0 | 1 | 1 | 1.143 | 1 | 1.4 | 2.951 |
| 2 | 3.789 | 4.262 | 1.214 | 2.053 | 2 | 1 | 0 | 0 | 1.4 |
| 3 | 0 | 1.25 | 0 | 1 | 3 | 1.263 | 1 | 1.5 | 4.149 |
| 4 | 0 | 1.286 | 1 | 1 | 4 | 3.975 | 2.636 | 4.805 | 11.352 |
| | 2019 年 | | | | | 2022 年 | | | |
| | 1 | 2 | 3 | 4 | | 1 | 2 | 3 | 4 |
| 1 | 1.286 | 1.097 | 2.538 | 3.307 | 1 | 4.125 | 3.342 | 1.214 | 1.167 |
| 2 | 1.25 | 1.079 | 2.085 | 3.069 | 2 | 4.865 | 19.344 | 3.979 | 4.667 |
| 3 | 3.34 | 2.689 | 8.912 | 8.93 | 3 | 1.13 | 2.838 | 1.318 | 1.2 |
| 4 | 4.598 | 3.443 | 13.84 | 18.848 | 4 | 1.133 | 3.199 | 1.375 | 1.276 |

资料来源:作者运用 UCINET 软件计算绘制

## 第四节 长江经济带创新流空间网络影响因素分析

为深入探究长江经济带创新流空间网络的优化路径,推动长江经济带高质量发展,本文通过构建面板回归模型,从经济发展水平、科技人才资源禀赋、政策支持力度、产业结构水平、交通运输水平五个方面入手,进一步分析影响长江经济带流空间网络发展演化的关键因素。

## 一、长江经济带创新流空间网络影响因素的指标选取

在被解释变量选取方面,本文选用长江经济带创新流空间网络中某一节点城市向其他节点城市进行创新投资的科学研究与技术服务业企业数量表示该节点的创新辐射水平,选用某一节点城市接受其他节点城市创新投资的科学研究与技术服务业企业数量表示该节点的创新吸纳水平。在解释变量选取方面,经济发展水平较发达地区的企业和组织具备较高的技术水平和较丰富的创新资源,更容易开展本地区及跨区域的创新活动,因此参考周媛媛(2023)和王守文(2023)的做法,选用人均地区生产总值反映某一节点城市的经济发展水平。科技人才资源禀赋是创新水平提升的重要基础,不仅会对一个地区自身的创新发展带来直接影响,还会引发该地区实现创新外溢,从而带动周边地区的创新发展,因此选用每万元 GDP 科研技术服务和地质勘查业从业人员数反映某一节点城市的科技人才水平。政策支持是实现创新发展的关键要素,通过加大政府创新投入能够有效推动创新水平提升,并实现创新成果溢出,因此参考王晓玲(2015)和周媛媛(2023)的做法,选用每万元 GDP 科学技术支出额反映某一节点城市的政策支持水平。产业结构优化方面,参考方大春(2018)和李艳(2021)的做法,选取第三产业产值占地区生产总值的比重反映一个地区产业结构的发展情况。交通运输水平方面,良好的物流和运输条件可以使地区间更高效地进行资源传递和贸易往来,对地区创新发展具有较大影响,因此参考王晓玲(2015)和马晓蕾(2016)的做法,选用人均公路客运量反映某一节点城市的交通运输水平,变量说明见表9.7。

**表9.7 长江经济带创新流空间网络影响因素变量解释**

| 类别 | 变量名称 | 变量符号 | 变量定义 |
| --- | --- | --- | --- |
| 被解释变量 | 创新辐射水平 | *Outcome* | 对外创新投资企业数 |
| 被解释变量 | 创新吸纳水平 | *Income* | 吸收外地创新投资企业数 |
| 解释变量 | 经济发展水平 | *Per_capita_gdp* | 人均地区生产总值 |
| 解释变量 | 科技人才资源禀赋 | *Tech_workforce* | 每万元 GDP 科研、技术服务和地质勘查业从业人员数 |

续表

| 类别 | 变量名称 | 变量符号 | 变量定义 |
|------|----------|----------|----------|
| 解释变量 | 产业结构水平 | *Industry3gdp* | 第三产业产值占地区生产总值的比重 |
| 解释变量 | 政策支持力度 | *Scitech_expenditure* | 每万元 GDP 科学技术支出额 |
| 解释变量 | 交通运输水平 | *Traffic* | 人均公路客运量 |

资料来源:作者整理所得

本文选取的数据来自 2011—2022 年各城市统计年鉴、统计公报、《中国城市统计年鉴》以及龙信企业大数据平台,对于城市部分指标所缺失的数据,采用计算年均增长率的方法替代。

## 二、长江经济带创新流空间网络影响因素的模型构建

本文重点探究长江经济带创新流空间网络的关键影响因素,相关数据涉及横截面和时间序列两个维度,因此选取面板数据回归模型,分别以创新辐射水平和创新吸纳水平为被解释变量,构建以下回归方程:

$$lnOutcome_{it} = \beta_c + \beta_1 lnPer\_capita\_gdp_{it} + \beta_2 lnTech\_workforce_{it} +$$
$$\beta_3 lnIndustry3gdp_{it} + \beta_4 lnScitech\_expenditure_{it} +$$
$$\beta_5 lnTraffic_{it} + \mu_i + \varepsilon_{it} \qquad 公式 1$$

$$lnIncome_{it} = \beta_c + \beta_1 lnPer\_capita\_gdp_{it} + \beta_2 lnTech\_workforce_{it} +$$
$$\beta_3 lnIndustry3gdp_{it} + \beta_4 lnScitech\_expenditure_{it} +$$
$$\beta_5 lnTraffic_{it} + \mu_i + \varepsilon_{it} \qquad 公式 2$$

其中,$i$ 为地区,$t$ 为年份,$\beta_1$ 至 $\beta_5$ 为各个影响因素的影响系数,$\mu_i$ 表示 $i$ 地区不可观测的个体固定效应,$\varepsilon_{it}$ 为随机扰动项。为消除异方差的影响,将各个变量均进行对数处理。

## 三、长江经济带创新流空间网络影响因素的实证分析

在进行面板数据回归分析之前,需要先对各个变量进行多重共线性检验,结果显示创新企业输出水平和创新企业输入水平的 VIF 值均值如表所示,各个变量的 VIF 值均小于 10,说明不存在多重共线性的问题,可以进行面板数据回归(见表 9.8)。

表9.8　影响因素多重共线性分析

| 变量 | 创新辐射水平 | | 创新吸纳水平 | |
|---|---|---|---|---|
| | VIF | 1/VIF | VIF | 1/VIF |
| *lnPercapit ~ p* | 1. 62 | 0. 615731 | 1. 62 | 0. 616151 |
| *lnScitech_ ~ e* | 1. 49 | 0. 673200 | 1. 48 | 0. 675849 |
| *lnTech_work ~ e* | 1. 05 | 0. 956449 | 1. 40 | 0. 958490 |
| *lnIndustry ~ p* | 1. 40 | 0. 713862 | 1. 04 | 0. 712791 |
| *lnTraffic* | 1. 05 | 0. 956215 | 1. 04 | 0. 957962 |
| 均值 | 1. 32 | | 1. 32 | |

资料来源:根据 Stata15. 1 计算所得

选择正确的面板数据回归模型,可以显著降低实际情况与模型估计结果的偏差,使参数估计的结果更加真实有效。利用软件 Stata15. 1 得出长江经济带创新企业辐射水平和创新企业吸纳水平的 Hausman 检验结果,发现四个因变量的 $P$ 值均小于 0.05,因此应当拒绝随机效应模型的原假设,选择固定效应模型进行分析。从回归分析结果看,创新企业辐射水平和创新企业吸纳水平所对应的 $R^2$ 分别为 0.7632 和 0.7832,说明该模型具有较高的拟合优度,具体见表9.9。

表9.9　影响因素固定效应回归分析结果

| 变量名称 | 具体指标 | (1)lnout | (2)lnin |
|---|---|---|---|
| 经济发展水平 | 人均 GDP<br>(*lnPercapitagdp*) | 1. 8649*** <br>(0. 1297) | 2. 0979*** <br>(0. 1470) |
| 科技人才资源禀赋 | 每万元 GDP 科研、技术服务和地质勘查业从业人员数<br>(*lnTechworkforce*) | − 0. 0022<br>(0. 0596) | 0. 0078<br>(0. 0554) |
| 产业结构水平 | 第三产业产值占 GDP 比重<br>(*lnindustry3gdp*) | 1. 7519*** <br>(0. 2199) | 1. 9349*** <br>(0. 2261) |
| 政策支持力度 | 每万元 GDP 科学技术支出额<br>(*lnScitechexpenditure*) | 0. 3044*** <br>(0. 0700) | 0. 2458*** <br>(0. 0632) |
| 交通运输水平 | 人均公路客运量<br>(*lnTraffic*) | − 0. 1442** <br>(0. 0676) | − 0. 1325** <br>(0. 0628) |
| _cons | | − 15. 4278*** <br>(1. 3572) | − 17. 4031*** <br>(1. 5984) |
| N | | 1068 | 1059 |
| $R^2$ | | 0. 7632 | 0. 7832 |

注:Standard errors in parentheses, * 代表 $p < 0.10$, ** 代表 $p < 0.05$, *** 代表 $p < 0.01$
资料来源:根据 Stata15. 1 计算所得

从长江经济带各节点城市的创新辐射水平的回归结果来看,节点城市自身的经济发展水平、产业结构、政策支持力度是影响其对外建立创新合作的关键因素。长江经济带创新流空间节点城市的创新辐射水平在1%的显著性水平下受到人均GDP、第三产业占GDP比重和每万元GDP科学技术支出额的正向影响,系数分别为1.8649、1.7519和0.3044,这表明产业结构的改善、经济发展水平和政府政策的支持会显著提升节点城市企业对外进行创新合作的动力。创新辐射水平在5%的显著性水平下受到人均公路客运量的负向影响,系数为 – 0.1442,交通运输水平的相对较低的城市节点创新辐射水平反而较高,说明在流空间的作用下,节点城市不再依赖地理距离与周边城市建立链接,而是逐渐突破了空间距离的限制,再更大范围、更远距离实现创新合作。

从长江经济带节点城市的创新吸纳水平的回归结果来看,节点城市的经济发展水平、产业结构、政策支持力度是影响创新合作吸引力的关键因素。创新吸纳水平在1%的显著性水平下受到人均GDP、第三产业占GDP比重和每万元GDP科学技术支出额的正向影响,系数分别为 2.0979、1.9349 和 0.2458,这表明产业结构的改善、经济发展水平和政府政策的支持会显著提升节点城市的企业对外地创新的吸引力。创新吸纳水平在5%的显著性水平下受到人均公路客运量的负向影响,系数为 – 0.1325,交通运输水平的相对较低的城市节点创新吸纳水平反而较高,同样说明在流空间的作用下,节点城市逐渐突破了空间距离的限制,实现了对更大范围、更远距离节点城市的创新吸纳。

基于此,认为长江经济带创新流空间网络中的城市间创新关联主要受到经济发展水平、政策支持和产业结构的影响。经济发展水平的提高、政府对创新投资力度的加大和产业结构的改善在一定程度上有利于促进长江经济带节点城市间企业的创新交流与合作。

## 第五节　长江经济带创新流空间研究主要结论与对策建议

### 一、长江经济带创新流空间研究的主要结论

第一,形成了以上海为中心,杭州、苏州、成都、南京为关键节点的创新流空间网络格局。2013 年,长江经济带创新流空间网络结构较松散,城市节点

间关联不紧密,甚至有些城市处于"零链接"的孤立状态。2022 年,上海建立创新关联的城市数量几乎涵盖了长江经济带的全部城市,与其他城市的关联强度差距明显拉大。杭州、南京、长沙、重庆、武汉、宁波、合肥、无锡 8 个城市建立关联的城市数量均超过了 55 个,在流空间网络中也具有一定的地位与作用,而毕节、张家界、六盘水、巴中、丽江、铜仁仍处于网络边缘。

第二,流空间网络的可达性和信息交流的便捷性持续提升。2013—2022年,流空间网络的平均度逐年递增,说明城市节点与其他节点之间的链接程度不断增强。流空间网络的平均路径长度逐年缩短,每个节点只需要通过 1.802个节点就可以与其他节点建立联系,网络的整体传输性能和效率得到了显著提升,网络的可达性较高。流空间网络的密度和聚类系数逐年递增,表明网络结构变得越来越复杂,城市节点之间的创新互动更加密切,创新合作日益增多。但聚类系数仍然较小,说明区域间的创新合作仍有较大的拓展空间。

第三,流空间网络中节点城市的影响力和独立性不断提升,上海是最重要的节点。2022 年,上海的特征向量中心度为 1,接近中心度为 0.9478,位居网络首位。这表明上海与其他重要节点的距离都很近,能够高效地传递信息和资源,且不需要依赖其他节点就能建立创新关联,具有更高的网络影响力和独立性。苏州、成都等节点城市的特征向量中心度和接近中心度也较高,在网络中占据较为重要的地位。2013—2022 年,长江经济带创新流空间网络的特征向量中心度和接近中心度的平均值都呈上升趋势,说明大部分节点城市的影响力和独立性在不断增强,上海始终是最关键的节点。苏州、成都、杭州、重庆、南京、长沙、武汉、合肥等节点城市是网络的重要枢纽,具有较高的地位和影响力。

第四,大部分节点的中介地位下降,重要枢纽城市位于同一子群。2013—2022 年,上海和大部分城市均出现了中介中心度下降的趋势,这可能源于网络结构的变化,某些节点通过建立更紧密的内部联系,形成了更稳固的社区结构,而将原先扮演的中介角色转移到了其他节点身上。凝聚子群分析的结果显示,长江经济带创新流空间网络被划分为了四个子群,上海、杭州等重要城市往往位于同一子群中,且子群密度最高,拥有更为密切的链接。子群之间也存在间接的创新关联,且关联强度逐年递增。

第五,创新辐射和创新吸纳水平受经济发展水平、政策支持和产业结构的正向影响。回归结果表明,人均 GDP、每万元 GDP 科学技术支出额、第三产业产值占 GDP 的比重均对创新辐射水平和创新吸纳水平有正向作用。这意味着经济发展水平的提高、政府对创新投资支持力度的增强和产业结构的优化将显著提升节点城市对外建立创新联系的强度。然而,公路客运量对创新辐射和创新吸纳均有负向影响,交通水平相对较低的城市具有更高的创新辐射水平,这意味着流空间下节点城市间的创新关联不再受地理距离的限制。

### 二、优化长江经济带创新流空间的对策建议

第一,加强各城市网络之间的创新联系和合作机制。首先,通过举办高水平跨城市创新合作论坛或峰会来促进城市间的交流与合作,这些论坛可以成为城市间分享创新实践和经验的关键渠道,激发创新思维和跨界合作的动力,提高合作的深度和广度。其次,建议建立跨城市的创新基金,为有潜力的创新项目提供资金支持。通过政府和企业共同设立科技创新基金来资助具有前瞻性和潜力的科研项目,支持创新型企业和科研机构的发展;通过共同投资和资源整合,推动创新项目的落地和创新成果的转化。最后,应建立创新资源共享机制,为各城市提供资源和技术等相关支持,例如建立网络平台或科研交流平台,鼓励城市间分享创新成果、技术专长和最新研究进展,并随时发布科研需求或技术合作意向。

第二,进一步提升创新流空间网络的效率和可达性。首先,应当加大对网络基础设施的投资,包括宽带网络、数据中心、通信设备等,这是数字化时代支撑信息传输和数据处理的重要基础。政府可以加大资金投入力度,鼓励社会资本进入网络建设领域,加强对创新网络基础设施的建设力度。其次,加强城市之间的通信和物流连接是提升网络整体性能的关键。在通信方面,可以拓展光纤网络的覆盖范围,提高宽带带宽,加快数据传输速度等。在物流方面,可以建设现代化的物流设施和仓储中心,提高物流效率和配送速度。最后,引入大数据和人工智能等先进技术,对网络空间进行优化管理,也是提升网络整体性能的有效途径。数字技术可以提高智能化水平,实现自动化管理和运营,提升效率和安全性。人工智能技术可以应用于网络监测、故障排除等方面,提高稳定性和可靠性。

第三,重视加强次中心城市的发展。除上海外,苏州、杭州、成都等次中心城市在创新流空间网络发展中也扮演着重要的角色。这些城市具有良好的地理位置和基础设施条件,能够发展成为更具影响力和可达性的核心城市。首先,根据每个城市的特点和发展需求,制定符合其实际情况的发展政策,包括

税收优惠、财政补贴、土地供给等方面，以鼓励投资和创新活动。其次，建设高水平的科研机构和技术服务平台，为创新企业和科研项目提供支持和便利。这些机构和平台应具备先进的设备和专业的人才团队，能够提供全方位的科研支持和技术服务。最后，应鼓励其他城市的企业和机构与次中心城市建立合作，引进具有创新价值和市场潜力的项目，促进技术转移和产业升级。

第四，持续加强创新生态建设。首先，提供优惠的税收政策和创新补贴。针对创新企业和创业者，制定税收优惠政策，如减免企业所得税、个人所得税等。还可以设立专项资金，用于支持创新活动和技术研发，为创新企业提供创新补贴和奖励。其次，建设创新孵化器和科技园区。创新孵化器和科技园区提供了良好的创新创业环境和配套服务，是创新创业的重要场所。政府可以出资建设或支持民间投资兴建创新孵化器和科技园区，并提供场地租金优惠、硬件设施支持、创业指导等服务，加速创新项目的孵化和成长。最后，加强创新人才培养和引进。政府可以加大对高校和科研机构的支持力度，提供更多的研究经费和创新项目资助，培养更多高水平的科研人才；推出人才引进计划，吸引海内外优秀的科研人才和创业者在区域内展开创新活动。

第五，多方合作推动创新网络发展。政府、企业和高等院校等各方需要加强合作，建立跨部门、跨行业的联合创新机制。首先，政府可以促进不同部门和行业之间的合作，打破信息孤岛。通过设立专门的创新发展部门或委员会，协调各方资源，共同研究和解决创新发展中的难题；推动各部门、行业建立交流平台，定期召开座谈会、研讨会等，促进信息共享、经验交流和合作。其次，鼓励企业与高校、研究院所开展合作，通过提供一定资金支持和奖励，为企业与高校、研究院所的合作提供必要支撑。最后，政府还可以鼓励企业在长江经济带设立研发中心、创新基地等。

执笔人：叶堂林为首都经济贸易大学特大城市经济社会发展研究院（首都高端智库）执行副院长、特大城市经济社会发展研究省部协同创新中心（国家级研究平台）执行副主任、教授、博士生导师；此外，参与本章执笔的还有首都经济贸易大学的吴明桓、牛寒茵

本章内容为北京市自然科学基金面上项目"京津冀创新驱动发展战略的实施路径研究——基于社会资本、区域创新及创新效率的视角"（9212002）的阶段性成果

## 参考文献

[1]Doel M,Hubbard P. Taking world cities literally:Marketing the city in a global space of flows[J]. City,2002,6(3):351 - 368.

[2]李妍,李天柱.5G企业创新生态系统演化模型:华为公司的案例研究[J].科学学与科学技术管理,2023,44(01):141 - 162.

[3]戴靓,纪宇凡,张维阳等.长三角知识合作网络的空间格局及影响因素——以合著科研论文为例[J].长江流域资源与环境,2021,30(12):2833 - 2842.

[4]Castells M. The Rise of Network Society[M]. Oxford:Blackwell,1996.

[5]Flusser. Ende der Geschichte,Ende der Stadt? [M]. Germany:Picus Date Published,1991.

[6]王士君,廉超,赵梓渝. 从中心地到城市网络——中国城镇体系研究的理论转变[J]. 地理研究,2019,38(01):64 - 74.

[7]王玉珊. 流空间视角下区域协同创新网络研究[J]. 商业经济,2021(02):102 - 104.

[8]李艳,孙阳,陈雯. 反身性视角下信息流空间建构与网络韧性分析:以长三角百度用户热点搜索为例[J]. 中国科学院大学学报,2021,38(01):62 - 72.

[9]Graham,Marvin. Telecommunications and the City:Electronic Spaces,Urban Places[M]. London:Routledge,1996.

[10]Barthelemy,Marc,Lenormand,et al. Uncovering the spatial structure of mobility networks[J]. Nature Communications,2015,6(Jan).

[11]Roth C,Kang S M,Batty M,et al. Structure of urban movements:polycentric activity and entangled hierarchical flows[J].PLOS ONE,2010.

[12]刘大均,陈君子. 成渝城市群旅游流网络空间与区域差异研究[J]. 西南师范大学学报(自然科学版),2020,45(12):112 - 119.

[13]李苑君,吴旗韬,吴康敏,等. "流空间"视角的电子商务快递物流网络结构研究——以珠三角城市群为例[J]. 地域研究与开发,2021,40(02):20 - 26.

[14]胡昊宇,黄莘绒,李沛霖,等. 流空间视角下中国城市群网络结构特征比较——基于铁路客运班次的分析[J]. 地球信息科学学报,2022,24(08):1525 - 1540.

[15]刘军.社会网络分析导论[M].北京:社会科学文献出版社,2004:

100 – 286.

[16]周媛媛,董平,陆玉麒,等.基于上市高新技术企业的中国城市创新网络及其影响因素[J].经济地理,2023,43(06):145 – 155.

[17]王守文,赵敏,章杰嘉,等.长三角城市群科技创新合作的空间关联网络特征及影响因素分析[J].统计与决策,2023,39(09):91 – 96.

[18]王晓玲,陈浩,方杏村.交通运输、政府作用对服务业效率的影响及区域差异测算[J].统计与决策,2015(22):90 – 93.

[19]方大春,马为彪.我国区域创新空间关联的网络特征及其影响因素[J].西部论坛,2018,28(02):50 – 61.

[20]李艳,叶明确.浙江省城市间协同创新网络演化及影响因素研究——基于创新网络视角[J].兰州学刊,2021,337(10):49 – 64.

[21]王晓玲,陈浩,方杏村.交通运输、政府作用对服务业效率的影响及区域差异测算[J].统计与决策,2015(22):90 – 93.

[22]马晓蕾,马延吉.基于GIS的中国地级及以上城市交通可达性与经济发展水平关系分析[J].干旱区资源与环境,2016,30(04):8 – 13.

# 第三篇　地　区　篇

# 第十章　长三角一体化发展示范带动

长江三角洲(以下简称长三角)地区是我国经济发展最活跃、开放程度最高、创新能力最强的区域之一,对建设国家现代化经济体系和全方位开放格局意义重大。长三角地区由上海市、江苏省、浙江省、安徽省三省一市组成,以占全国1/26的国土面积创造了全国1/4的经济总量。推动长三角一体化发展是落实区域协调发展战略的内在要求,有利于强化长三角地区在新发展格局中的战略地位,更好地引领我国参与国际竞争与合作。本章以长三角一体化发展示范带动为主线,梳理长三角一体化发展历程、战略意义和内涵,梳理长三角一体化突破性进展,阐述长三角生态绿色一体化发展示范区的制度创新和重要阶段性成果,最后提出进一步发挥长三角一体化发展示范带动的重要举措。

## 第一节　长三角一体化发展:国家重大区域发展战略

### 一、长三角一体化发展:从区域实践到国家战略

随着经济全球化纵深发展,区域的角色与作用正在发生巨大变化。一些具有国际影响力、特色鲜明的区域不断崛起,成为参与全球竞争的重要力量。2019年12月1日,中共中央、国务院印发《长江三角洲区域一体化发展规划纲要》,提出"长江三角洲地区是我国经济发展最活跃、开放程度最高、创新能力最强的区域之一,在国家现代化建设大局和全方位开放格局中具有举足轻重的战略地位"。长三角,沪、苏、浙、皖三省一市,以占全国1/26的国土面积集聚了全国1/6的人口,创造了全国1/4的经济总量。2022年,长三角地区GDP总额达29.03万亿元,在全国占比约为24%;进出口总额达15.07万亿元,在全国占比约为35.85%。长三角地区空间相邻、文化相通、人员和经济交流密切,具有相互融合、协同发展的天然基础。同时,长三角地区综合实力全国领先、工业化水平高、经济发展速度快、城乡居民生活富裕,拥有推进区域

一体化发展的前提和基础。

2018 年 11 月 5 日,习近平总书记在首届中国国际进口博览会上宣布,"支持长江三角洲区域一体化发展并上升为国家战略"。这一重大战略决策意味着长三角一体化发展进入了新阶段。长三角一体化发展上升为国家战略,是基于长三角区域联动发展顺势而为提出并逐渐升级。纵观长三角一体化的发展历程,以新中国成立肇始,长三角一体化发展可以划分为以下 5 个阶段。

第一个阶段:一体化行政阶段。1949—1954 年,中央施行党政军一体化管理的"大行政区"体制。在这一体制架构上,长三角区域范围属于华东行政区管辖。1958 年,国家推行以大城市为中心协调周边省级政区经济发展的"经济协作区"体制,"华东经济协作区"成为长三角协调发展的平台。1960年,中共中央华东局恢复设立,成为长三角协调发展的体制机制架构。

第二个阶段:经济协商探索阶段。1982 年 12 月,国务院决定设立"上海经济区",最初范围包括上海和江苏、浙江两省的 10 个城市,并规定上海作为整个经济区的中心,之后范围不断扩大。1983 年 8 月,上海经济区规划工作会议召开,决定建立经济区省、市长联席会议制度。

第三个阶段:自发协同发展阶段。1990 年,国家宣布推进浦东开发,长三角协调发展迎来又一轮重大机遇。这一轮协同发展从城市之间自发经济协作开始。1992 年,通过江浙沪两省一市主要中心城市的友好协商,成立了长江三角洲协作办(委)主任联席会议。1997 年,升格为长江三角洲城市经济协调会。2001 年,上海、浙江、江苏两省一市政府领导经过共同磋商,发起建立沪苏浙经济合作与发展座谈会制度,为长三角省级政府之间的协同治理提供了更高的平台。

第四阶段:国家重点推动阶段。2007 年 5 月,国务院召开长三角经济社会发展专题座谈会,由此再次拉开了国家推动长三角协同发展的序幕。2008 年9 月 7 日,国务院发布《关于进一步推进长江三角洲地区改革开放和经济社会发展的指导意见》,在长三角政府层面实行"三级运作"的区域合作机制(决策层、协调层、执行层)。2010 年 6 月 7 日,国家发展改革委印发《长江三角洲地区区域规划》,提出"建设有较强国际竞争力的世界级城市群"。2016 年 5 月11 日,国务院常务会议通过《长江三角洲城市群发展规划》,提出"建设具有全球影响力的世界级城市群"。

第五个阶段:一体化国家战略阶段。2018 年 11 月 5 日,国家主席习近平在首届中国国际进口博览会开幕式上宣布,支持长江三角洲区域一体化发展并上升为国家战略,着力落实新发展理念,构建现代化经济体系,推进更高起点的深化改革和更高层次的对外开放。2019 年 12 月 1 日,中共中央、国务院印发《长江三角洲区域一体化发展规划纲要》,提出"到 2025 年,长三角一体化发展取得实质性进展""到 2035 年,长三角一体化发展达到较高水平"。

### 二、推动长三角一体化发展的战略意义

推动长三角一体化发展,是习近平总书记亲自谋划、亲自部署、亲自推动的重大国家战略,是着眼于实现"两个一百年"奋斗目标、推进新时代改革开放形成新格局而做出的重大决策。《长江三角洲区域一体化发展规划纲要》对长三角区域发展做出了全新战略定位:一极——全国发展强劲活跃增长极;三区——高质量发展样板区、率先基本实现现代化引领区、区域一体化发展示范区;一高地——新时代改革开放新高地。长三角区域应"加快打造改革开放新高地""率先形成新发展格局""勇当我国科技和产业创新的开路先锋"。

推进长三角一体化发展具有巨大的引领作用和区域辐射效应。根据《长江三角洲区域一体化发展规划纲要》,推动长三角一体化发展,有利于提高区域连接性,促进产业集聚,加快实现高质量发展;推动长三角一体化发展,是激发长三角经济活力,助力长三角成为我国经济强劲增长极的重要举措;推动长三角一体化发展,有利于强化长三角地区在新发展格局中的战略地位,更好地引领我国参与国际竞争与合作;推动长三角一体化发展,是落实区域协调发展战略的内在要求,有利于充分发挥长三角各地的独特优势,全面提升长三角地区的竞争力,为全国其他地区发展提供典型示范。

### 三、长三角一体化发展的内涵解析

区域一体化是全球化进程中区域经济发展和区域空间结构优化的重要趋势。关于区域经济一体化的内涵,Tinbergen 认为区域一体化是指通过国家或区域之间的协作与统一,消除阻碍经济活动有效运作的因素,从而构造最优的国际经济结构。区域一体化的概念最初用于描述多国经济区之间的合作和发展,后来被广泛应用于一国内部区域经济发展布局。国内关于区域一体化问题的研究日益丰富,一般认为,区域一体化是指两个或两个以上的地区,为谋求共同发展,通过构建合作框架和促使区内要素自由流动,缩小区域发展差异

从而形成一个区域发展联合体的过程。区域一体化发展可表示为在一个大经济区域中,各行政区之间不断克服和消除各种阻碍资源和要素流动的体制、机制、政策等障碍,实现市场竞相开放和充分竞争的过程。一体化的本质诉求是实现资源要素无障碍地自由流动和跨区域优化配置,这涉及行政边界、地理边界、社会文化边界、经济边界耦合问题。

现代意义上的区域经济一体化目标,不仅具有增长和发展的经济目标,而且涉及生态环境、安全、民生等非经济目标的协调。党的十九大报告指出:"我国经济已由高速增长阶段转向高质量发展阶段,正处在转变发展方式、优化经济结构、转换增长动力的攻关期。"长三角地区必须从要素驱动加快转向创新驱动,从单一的经济增长导向转向高质量发展,从竞争性增长意义上的一体化转向实现更高质量的一体化发展。不仅要集聚高质量发展的新要素、培育高质量发展的新动力,还应关注环境保护、生态安全、人民福祉等与可持续发展相关内容。

2020 年 8 月 20 日,习近平总书记在合肥主持召开扎实推进长三角一体化发展座谈会并发表重要讲话,强调"实施长三角一体化发展战略要紧扣一体化和高质量两个关键词,以一体化的思路和举措打破行政壁垒、提高政策协同,让要素在更大范围畅通流动,有利于发挥各地区比较优势,实现更合理分工,凝聚更强大的合力,促进高质量发展"。

## 第二节　长三角一体化突破性进展

2023 年是长三角一体化发展上升为国家战略的第五年。五年来,沪苏浙皖三省一市紧扣"一体化"和"高质量"两个关键词,在科技创新、产业协同、基础设施、公共服务、生态环保等重点领域不断增强政策协同、深化分工合作、凝聚强大合力,取得了诸多丰硕成果。

### 一、加强协同创新产业体系建设

产业发展是经济发展的重要支撑。产业协同创新是指不同产业之间相互合作,共同进行研发技术创新和生产流程优化,以此提高产业的综合效益。通过协同创新,不同产业之间建立更加紧密的联系,促进区域内的产业集聚和发展。在推进长三角一体化发展过程中,加强协同创新产业体系建设是激发长三角地区创新活力,助力长三角成为我国经济强劲增长极的重要举措。

重要阶段性成果:四省市促进企业、高校和科研院所等机构加强合作交流,加快形成长三角协同创新产业体系。沪苏浙皖 4 地共同打造长三角科技资源共享服务平台,现已集聚重大科研基础设施 23 个、大型科学仪器 4 万余台(套)、国家级科研基地 315 家、科技人才 20 余万。长三角科技创新券通用通兑平台支持 890 家企业申领科技创新券超过 4.6 亿元。

2020 年 12 月,科技部印发《长三角科技创新共同体建设发展规划》,从协同提升自主创新能力、构建开放融合的创新生态环境、聚力打造高质量发展先行区、共同推进开放创新等方面,提出推动长三角科技创新共同体建设的具体措施。2022 年 8 月,沪苏浙皖共同制定《三省一市共建长三角科技创新共同体行动方案(2022—2025 年)》,提出实施国家战略科技力量合力培育、产业链创新链深度融合协同推动、创新创业生态携手共建、全球创新网络协同构建、协同创新治理体系一体化推进五大行动,到 2025 年初步建成具有全球影响力的科技创新高地。2021 年 6 月 3 日,长三角国家技术创新中心在上海揭牌成立。长三角国家技术创新中心是长三角科技体制改革"试验田",定位于从科学到技术的转化,将国家战略部署与长三角区域创新需求进行有机结合,攻关重要领域关键技术,加速科技成果转移转化,为长三角地区产业发展提供技术支撑与转化服务,孵化、培育科技中小微企业。

## 二、提升基础设施互联互通水平

互联互通是释放经济发展潜力的重要途径。基础设施建设则是实现互联互通的关键手段。通过公路、铁路、机场、港口等重要交通运输设施建设,区域间的人员、要素、信息流通得以极大提升,加强了区域间的联系与合作。对于长三角地区,提升基础设施互联互通水平是提高区域连接性,推动一体化发展的重要保障。

重要阶段性成果:作为全国交通运输网络密度和服务水平领先的地区,长三角地区交通运输发展成就显著。在公路交通方面,长三角地区已构建连通三省一市的高速公路和高级别国道省道干线网络。在铁路交通方面,以轨道交通为骨干的一体化综合交通网络初步成型。2022 年,长三角高铁营业总里程超过 6700 公里,占全国比重接近 16%。上海、南京、杭州等城市间基本实现城际客运高频次 1—1.5 小时快速通达。在空运方面,长三角地区已基本形成以上海浦东机场和虹桥机场为国际和国内航空枢纽,以杭州萧山机场和南京禄口国际机场为区域航空枢纽的多层次航空运输网络。2022 年,长三角机场货邮吞吐量占全国比重约 35%,旅客吞吐量占比约 18%。在航运方面,以上海、宁波舟山港为核心,南京、杭州等 16 个港口为骨干,其他港口协同发展的港口群格局基本形成。2022 年,长三角港口集装箱吞吐量占全国比重约38%。在数字新基建方面,三大运营商在长三角地区累计落地投资超过 2000亿元,建成 5G 基站 38.2 万个,占全国比重达 24.9%。

2020 年 4 月,国家发展改革委和交通运输部联合颁布《长江三角洲地区交通运输更高质量一体化发展规划》,指出到 2025 年,一体化交通基础设施网络总体形成,基本建成"轨道上的长三角"。一体化运输服务能力大幅提升,中心城市之间享受 1—1.5 小时客运服务,上海大都市圈以及南京、杭州、合肥、苏锡常、宁波都市圈内享受 1 小时公交化通勤客运服务。2021 年 6 月,国家发展改革委印发《长江三角洲地区多层次轨道交通规划》,提出"长三角地区成为多层次轨道交通深度融合发展示范引领区,有效支撑基础设施互联互通和区域一体化发展"。

### 三、强化生态环境共保联治

生态环境是人类生存、生产与生活的基本条件,关乎经济社会的可持续发展。长三角地区河湖相通、山水相连,生态环境共保联治对于推动长三角一体化发展意义重大。所谓共保联治,即共同保护、联合治理。长三角地区生态环境共保联治是高质量发展的基础,也是绿色一体化的重要一环,有利于全面推动区域绿色转型。

重要阶段性成果:长三角地区已初步形成环境污染联防联治制度体系。2022 年,长三角地区 594 个地表水国考断面水质优良比例达 89.4%,全面消除劣 V 类断面,生活垃圾无害化处理率达到 100%。2022 年,长三角地区 41个城市 $PM_{2.5}$ 浓度为 31 微克/米$^3$,较 2018 年下降 26.2%。

2021 年 1 月,推进长三角一体化发展领导小组办公室印发了《长江三角洲区域生态环境共同保护规划》,聚焦上海、江苏、浙江、安徽共同面临的系统性、区域性、跨界性突出生态环境问题,提出加强生态空间共保,推动环境协同治理,夯实长三角地区绿色发展基础,共同建设绿色美丽长三角,着力打造美丽中国建设的先行示范区。2022年9月,国家发展改革委、江苏省政府和浙江省政府联合印发实施《宁杭生态经济带建设方案》,明确了宁杭生态经济带建设5个方面重点任务,包括共筑山清水秀生态本底、共创绿色产业发展高地、共推绿色低碳生产方式、共建美丽宜居绿色家园、共构绿色发展体制机制等。

#### 四、加快公共服务便利共享

公共服务包括教育、科技、医疗、文化、体育等,为公众提供了良好的物质条件和精神支柱,对社会发展起到了举足轻重的作用。公共服务便利共享有助于整合和优化社会资源、提升服务质量、提高公众互动与参与。

重要阶段性成果:长三角公共服务领域、项目、保障范围等跨省协同有序推进,国家区域医疗中心加快建设。三省一市分别通过了《推进长三角区域社会保障卡居民服务一卡通规定》,推动在交通出行、社会保障、金融服务等领域"多卡集成、多码融合、一码通用"。目前,长三角"一网通办"应用于140项政务服务事项或场景,共41个城市跨省市通办,实现身份证、驾驶证、行驶证等37类高频电子证照实现共享互认。在实现住院医疗费用直接结算基础上,长三角异地就医门诊费用直接结算已覆盖长三角41个城市和超万家医疗机构。

公共服务便利共享,是指长三角地区人民群众能够跨行政区划,更加便捷高效地享有教育、医疗、养老、文化和旅游等领域基本和非基本公共服务,逐步实现资格互认、数据互通、设施共建、成本共担和服务共享。《长江三角洲区域一体化发展规划纲要》提出,推动长三角地区公共服务便利共享,率先实现基本公共服务均等化,全面提升非基本公共服务供给能力和供给水平。2021年3月,推动长三角一体化发展领导小组办公室颁布了《长江三角洲区域公共服务便利共享规划》,对建立长三角基本公共服务标准体系、在长三角地区率先实现基本公共服务均等化、协同推进公共服务高质量发展、共建公平包容的社会环境、健全便利共享保障机制做出了具体安排。

#### 五、推进更高水平协同开放

高水平开放是实现高质量发展的重要保障,也是构建新发展格局的必然要求。自长三角一体化战略实施以来,长三角三省一市为我国外贸发展做出了重要贡献,高水平开放的窗口效应逐渐显现。要推进更高水平协同开放,充分发挥长三角各地的优势,强化长三角地区在新发展格局中的战略地位,更好地引领我国参与国际竞争与合作。

重要阶段性成果：上海自贸试验区临港新片区总体形成了以"五自由一便利"为主要内容的制度型开放体系。虹桥国际开放枢纽加快建设,虹桥国际中央商务区"一核"辐射带动北南向"两带"、"两带"支撑服务"一核"的协同开放格局加快构建。

2019年7月,国务院印发《中国(上海)自由贸易试验区临港新片区总体方案》,提出对标国际上公认的竞争力最强的自由贸易园区,实施具有较强国际市场竞争力的开放政策和制度。2021年2月,国家发展改革委印发《虹桥国际开放枢纽建设总体方案》,提出"着力建设国际化中央商务区,着力构建国际贸易中心新平台,着力提高综合交通管理水平,着力提升服务长三角和联通国际能力,以高水平协同开放引领长三角一体化发展"。

### 六、创新一体化发展体制机制

实施创新驱动发展战略,是立足我国国情做出的重大战略抉择。推动高质量发展,构建新发展格局,创新是第一动力。近年来,长三角地区扎实推进一体化战略,不断取得新成效,其中创新扮演着极其重要的角色。为推动长三角一体化迈上新台阶,必须加大创新力度,积极探索区域内的制度创新、服务创新和模式创新。

重要阶段性成果：目前,长三角已形成了以主要领导座谈会、长三角合作与发展联席会议、长三角城市经济协调会、长三角市长联席会议等构成的完备协商协调机制。2018年1月,长三角区域合作办公室成立,三省一市抽调人员集中办公。2019年11月1日,长三角生态绿色一体化发展示范区建设推进大会在位于示范区的上海青浦举行。

## 第三节　高水平建设长三角生态绿色一体化发展示范区

### 一、长三角一体化示范区空间范围和战略定位

2019年10月26日,国家发展改革委发布《长三角生态绿色一体化发展示范区总体方案》。该方案提出"长三角一体化示范区范围包括上海市青浦区、江苏省苏州市吴江区、浙江省嘉兴市嘉善县,面积约2300平方公里(含水域面

积约 350 平方公里）""选择青浦区金泽镇、朱家角镇,吴江区黎里镇,嘉善县
西塘镇、姚庄镇作为一体化示范区的先行启动区,面积约 660 平方公里"。长
三角一体化示范区的战略定位:"一体化制度创新试验田""绿色创新发展新
高地""生态优势转化新标杆""人与自然和谐宜居新典范"。

建设长三角生态绿色一体化发展示范区,是实施长三角一体化发展战略
的重要突破口。《长三角生态绿色一体化发展示范区总体方案》明确指出:
"建设长三角生态绿色一体化发展示范区,有利于率先探索形成新发展格局的
路径,率先探索将生态优势转化为经济社会发展优势,率先探索从区域项目协
同走向区域一体化制度创新。"走出一条跨行政区域经济社会发展与共建共
享、生态文明相得益彰、相辅相成的新道路,从而为全国生态绿色一体化,环境
高标准保护和高质量发展,提供可复制、可推广的模式和经验。

## 二、长三角一体化示范区制度创新重点领域和重要阶段性成果

长三角一体化示范区坚持制度创新和项目建设双轮驱动,建设引领、带动
长三角乃至全国区域一体化取得了明显的效果。在"不破行政隶属、打破行政
边界"的制度创新探索中,示范区聚焦跨域区域协同发展中的规划管理、项目
管理、公共服务、信用管理、生态保护等方面中最具共性的问题,进行了系统
化、开创性的改革创新。长三角一体化示范区成立三年以来,累计推出制度创
新成果 112 项,其中 38 项已面向全国复制推广。一体化为示范区发展注入了
强劲动力,示范区规模以上工业总产值年均增长 10.9%,地区生产总值年均增
长 7.4%。

1.组织机构运作:加强对一体化示范区建设的组织领导和统筹协调

制度创新领域:沪苏浙两省一市成立一体化示范区理事会,设立一体化示
范区执行委员会,成立一体化示范区发展公司。

重要阶段性成果:示范区搭建"理事会 + 执委会 + 发展公司"三层次管理
架构,形成"业界共治 + 机构法定 + 市场运作"三方治理格局。理事会是重要
事项的决策平台。理事长由两省一市常务副省(市)长轮值,理事会由苏州市
(包括吴江区)、嘉兴市(包括嘉善县)、青浦区,以及两省一市发展改革、生态
环境、交通、人力资源社会保障、市场监管、财政、教育、医疗、文化旅游等部门
组成,其目的是为了突出政府作用和属地责任。同时,邀请了知名企业家和智
库代表作为理事会特邀成员,为一体化示范区建设贡献智慧力量。执委会作

为理事会的执行机构,主要负责一体化示范区发展规划、重大项目、改革事项、制度创新、支持政策的具体实施,重点推动先行启动区相关功能建设。两省一市共同发起成立长三角一体化示范区新发展建设有限公司,作为示范区开发建设主体。

构建"理事会—执委会"与"开发者联盟"运行机制,形成了"业界共治、机构法定、市场运作"的跨域治理新格局。示范区开发者联盟目前已集聚 53 家高能级主体,为示范区建设注入了强大的要素资源和发展动能。

2. 规划管理领域:探索建立统一编制、联合报批、共同实施的规划管理体制

制度创新领域:建立统一的国土空间规划体系;实现"一个平台"管规划实施。

重要阶段性成果:统一的"1 + 1 + N"规划体系加快构建,"一张蓝图管全域"。两省一市共同编制国内首份跨省域共同编制、具有法定效力的国土空间规划草案,探索形成一套"统一编制、联合报批、共同实施"的管理机制。两省一市共同编制一体化示范区水利、生态环境、综合交通、供水、排水(雨污水)、燃气、产业发展、文化旅游专项规划。在规划编制中,示范区总结形成了跨省域国土空间规划编制指导手册,为实现跨域规划编制提供参考范例和技术借鉴。2023 年 2 月 4 日,国务院批复《长三角生态绿色一体化发展示范区国土空间总体规划(2021—2035 年)》,为示范区规划、建设和空间治理提供了基本依据。该规划是第一部经国务院批准的跨行政区国土空间规划,对完善国土空间规划体系具有重要的示范意义。

水乡客厅位于沪苏浙交界处,是依托长三角原点,由两省一市共同打造的功能样板区,践行城水共生、区域共享、活力共襄的发展理念。《长三角生态绿色一体化发展示范区水乡客厅国土空间详细规划(2021—2035 年)》是全国首个跨省域的国土空间详细规划,为水乡客厅开发建设、用途管制和规划许可提供法定依据,为打造长三角功能样板区提供高水平规划支撑。

3. 生态保护领域:探索统一的生态环境保护制度

制度创新领域:加快建立统一的主要水体生态管控和饮用水水源保护制度;加快建立生态环境"三统一"制度;探索生态治理新机制。

重要阶段性成果:两省一市建立"三统一"制度,即跨省域生态环境标准、环境监测监控体系和环境监管执法,制定示范区重点跨界水体联保专项方案。

建立一体化示范区环境评价制度,实施跨界水体功能提升和生态修复工程一体化标准。三年来,示范区地表水环境质量 III 类水质断面比例、空气质量指数优良率等指标不断提升,示范区"一河三湖"水环境质量已提前达到甚至优于 2025 年目标。重点跨界水体联合保护专项机制有序进行,环评制度集成改革取得显著效果。出台示范区碳达峰执行方案,积极探索"协同达峰、合作中和"实施路径。

4. 土地管理领域:探索跨区域统筹土地指标、盘活空间资源的土地管理机制

制度创新领域:建立统一的建设用地指标管理机制、建立建设用地出让和收储统一管理机制、建立统一的存量土地盘活机制。

重要阶段性成果:示范区推出了存量土地盘活工作方案,工作方案适用于示范区全域 2413 平方公里范围内的存量土地盘活工作,重点聚焦先行启动区 660 平方公里(金泽镇和朱家角镇)范围内的存量土地盘活工作。推出一体化示范区建设用地机动指标统筹使用机制、一体化示范区不动产登记"跨省通办"工作机制。

5. 项目管理领域:探索项目跨区域一体化管理服务机制

制度创新领域:统一项目准入标准、统一项目管理平台。

重要阶段性成果:示范区发布《示范区产业发展指导目录》和《示范区先行启动区产业项目准入标准》,这是全国首次实现跨省级行政区域执行统一的产业发展指导目录和产业项目准入标准。示范区出台一体化示范区重大建设项目三年行动计划(2021—2023 年)、一体化示范区跨区域企业投资项目管理办法、一体化示范区投资项目在线审批监管平台。示范区聚焦跨区域政府性项目审批难题,用好国家发改委支持示范区设立的投资项目在线审批监管平台,出台先行启动区跨区域政府性投资项目审批操作办法,规范和优化审批环节,加快助推跨域项目落地实施。

6. 要素流动领域:探索促进各类要素跨区域自由流动的制度安排

制度创新领域:统一企业登记标准;完善企业全生命周期服务体系;推行人才资质互认共享;推进要素资源跨区域交易。

重要阶段性成果:建立了统一的企业经营许可、资质互认制度;统一的企业登记条件、方式、程序等标准规范。推出一体化示范区外国人工作许可证(A 类)跨区域互认、一体化示范区海外人才居住证制度一体化机制、一体化示

范区继续教育学时互认和专业技术人才资格等机制,最大限度破除限制人才流动的门槛。探索实行金融同城化服务,完善金融监管创新体系,促进金融资本流动。加快落实数字经济发展、知识产权保护、科创金融、绿色保险等诸多措施,让资金、数据、人才等要素流动更加畅通。

7.财税分享领域:探索跨区域投入共担、利益共享的财税分享管理制度

制度创新领域:推动税收征管一体化;探索创新财税分享机制。

重要阶段性成果:正式启动"长三角电子税务局"建设,推动长三角税收一体化工作向纵深发展。逐步实现实名信息传递和用户互认,办税服务平台数据交互,长三角区域税务互通畅联,跨省(市)规范事项业务通办,成为长三角税收一体化强有力的信息支撑平台。其中,"企业跨省迁移业务""跨省涉税事项报验业务"以及"长三角一网通办"等多个办税事项,纳税人缴费人可直接在专栏内点击办理。示范区建立跨区域"共同账"管理工作机制。出台示范区跨域财税分享实施方案,按照"增量起步、资本纽带、要素分享、动态调整"原则,明确财税分享的具体路径。

8.公共服务领域:探索共建共享的公共服务政策

制度创新领域:加强区域基本公共服务标准和制度衔接、探索区域公共服务便捷共享的制度安排。

重要阶段性成果:建立示范区公共服务共建共享机制、示范区医疗保障同城化机制、示范区职业教育一体化工作机制、示范区旅游公共服务一体化机制、示范区卫生监督三地联动执法机制、跨区域古镇群落联动发展机制、跨省域公交联运机制、以社保卡为载体的居民服务"一卡通"、医保公共服务便利共享工作机制、医疗机构检验检查报告互联互通互认工作机制。根据长三角一体化示范区三周年建设成果新闻发布数据,示范区公交车跨省线路已增至8条,异地就医免备案政策惠及示范区246万名参保人员。示范区两区一县居民在交通出行、旅游观光、文化体验等方面可享受以社保卡为载体的"一卡通"服务。"出台示范区共同富裕实施方案,推动示范区从公共服务领域'分散式'跨域合作,走向更加系统全面的整体谋划和一体推进,为推进共同富裕提供跨省域实践范例。"

9.公共信用管理领域:建立统一的公共信用管理制度

制度创新领域:统一公共信用评价体系、建立区域信用联合奖惩机制。

重要阶段性成果:示范区实行统一的公共信用数据归集标准,实行统一

的公共信用报告制度。发布《长三角生态绿色一体化发展示范区企业公共信用综合评价实施意见》，构建示范区内企业信用综合评价结果互认机制，推动信用区域化向信用一体化转变。依据长三角环境保护、食品药品、旅游、质量等领域签署的信用联合奖惩备忘录以及相关法律法规，研究制定统一的联合奖惩对象认定标准，认定了一批联合惩戒对象，开展了统一的惩戒措施。

### 三、长三角一体化示范区制度创新成果复制推广

自成立三年以来，长三角一体化示范区形成了一批具有普遍参考价值的一体化制度创新成果和经验做法，在全国区域协调发展中充分发挥了制度创新试验田的作用。推动长三角一体化发展领导小组办公室提炼总结出两批次制度创新经验复制推广清单，面向全国复制推广。复制推广的主要内容是示范区聚焦"不破行政隶属、打破行政边界"的制度创新，包括：统一规划管理、统筹土地管理、联合环境保护、统一项目管理、创新财税分享机制、建立要素自由流动制度、协同公共服务政策、组织机构运作模式共八大类、38 项一体化制度创新成果（见表 10.1）。推广范围主要是长三角地区省级毗邻区域和省内地级市毗邻县（市、区），全国有条件的省级、市际毗邻区域参照执行。

表 10.1　长三角一体化示范区制度创新经验复制推广

| 类别 | 具体经验 |
| --- | --- |
| 统一规划管理 | ·"共编共研共推共议"的跨区域空间规划和转向规划编制办法<br>·跨省域规划技术标准统一机制<br>·控制性详细规划联编联审机制 |
| 联合生态环境保护 | ·生态环境标准、环境检测监控体系、环境监管执法"三统一"制度<br>·联合河湖长制度<br>·环评制度改革集成<br>·统一的河湖环境要素功能目标、污染防治及评估考核机制<br>·碳达峰碳中和工作联合推进机制 |
| 统筹土地管理 | ·建设用地指标统筹管理机制<br>·存量土地一体化盘活机制<br>·建设用地机动指标统筹使用机制 |

续表

| 类别 | 具体经验 |
|------|----------|
| 统一项目管理 | ·统一企业投资项目核准目录<br>·统一产业发展指导目录<br>·统一产业准入标准<br>·省际毗邻地区重大项目建设联合推进机制<br>·跨区域企业投资项目联合管理机制<br>·跨区域投资项目统一在线审批监管机制 |
| 建立要素自由流动制度 | ·外国人工作许可证(A类)跨区域互认制度<br>·海外人才居住证制度一体化机制<br>·专业技术人才资格和继续教育学时互认制度<br>·统一企业登记标准,实行企业经营许可、资质互认制度<br>·金融服务同城化体制机制<br>·协同创新机制<br>·人才联合发展机制<br>·统一的标准管理办法 |
| 创新财税分享机制 | ·一体化电子税务局建设<br>·涉税事项跨区域通办机制<br>·智慧税务联合推进机制 |
| 协同公共服务政策 | ·旅游公共服务一体化机制<br>·职业教育一体化工作机制<br>·跨省公交联运机制<br>·医疗保障同城化机制<br>·卫生监督三地联动执法机制<br>·统一公共信用数据归集和报告标准<br>·清单制推进公共服务共建共享机制<br>·教师一体化培养机制<br>·不动产登记"跨省通办"工作机制 |
| 组织机构运作模式 | ·建立理事会、执委会运行机制 |

资料来源:根据"推动长三角一体化发展领导小组办公室"发布政策文件整理

## 第四节 进一步发挥长三角一体化发展示范带动的重要举措

### 一、加快建设高效协同创新体系

一是要携手建设长三角科技创新共同体。制订长三角地区整体创新目标,充分发挥上海的科技资源优势,构建世界一流的重大科技基础设施集群。

加快构建由国家实验室、国家重点实验室、省实验室、省级重点实验室等组成的新型实验室体系。二是要协同推进科技成果转移转化。拓宽长三角地区科技成果转移转化融资渠道,完善科技成果转移转化引导基金体系,建立有效的激励与约束机制,加大对科技创新主体的支持力度,发挥科技创新主体的引领作用,提高创新主体成果转化的积极性。三是要加强跨地区跨部门之间的交流与合作。联合开展长三角产业链补链、固链、强链,着力加强重点产业跨区域协作,携手打造世界级新兴产业集群。四是要大力推进科创与产业融合发展。高水平建设长三角国家技术创新中心,建设长三角区域科技体制机制改革"试验田"。

### 二、进一步提升基础设施互联互通水平

一是要高效推进长三角轨道交通建设。加快建设沪苏湖铁路、通苏嘉甬铁路。二是要共同推动水上长三角建设。进一步加强港口资源整合,强化沿江上下游港口和沿海港口合作。三是要持续完善长三角综合交通体系。高标准建设客货运输服务供给体系,高质量建设长三角航空货运枢纽集群,协同推进港口航道建设,加快推进长三角现代物流中心建设,打造公铁水多式联运体系。四是要共同打造数字长三角。加快实施一批5G网络、数据中心、人工智能等重大工程,协同建设长三角工业互联网示范区,协同建设长三角数据中心。五是要统筹推进跨区域能源水利基础设施建设。研究建立华东电网抽水蓄能共建共享机制,加强区域电力安全互济互助。完善长三角地区现代水网体系,为整体基础设施建设提供坚实的水利保障。

### 三、进一步强化生态环境共保联治

一是要加快绿色生态屏障建设。加强生态环境分区管控力度,实施绿色工程计划,培育绿色制造先进企业。加快推进皖西大别山、皖南—浙西南生态屏障建设,推动长三角地区绿色低碳发展。二是要推进环境协同治理。全面部署水环境综合治理,强化长江、太湖、巢湖、洪泽湖、淀山湖等重点水域的专项治理与保护。推进长三角区域危险废物和固体废物联防联治,科学布局集中处置设施,严厉打击危险废物非法跨界转移、倾倒等违法犯罪行为。强化能源消费总量和强度"双控",进一步优化能源结构,协同推进大气污染防治。三是要建立健全生态产品价值实现机制。高水平建设新安江—千岛湖生态补

偿实验区,上下游地区要积极探索园区共建、产业协作、人才交流等多种合作方式,推动由单一资金激励补偿向涵盖水质、上下游产业人才合作等综合补偿升级。以构建长三角区域排污权交易市场为契机,建立长三角区域统一的排污权确权核定技术规范,针对大气重点污染物和水重点污染物制定跨区域排污权交易规则制度。

### 四、加快高品质公共服务共享

一是要加快推进基本公共服务均等化。建立健全沪苏浙皖基本公共服务标准体系,推进长三角地区服务水平和服务质量的基本均等化。加强完善基层服务设施,扩大基本公共服务的覆盖面。二是要共享优质教育医疗文化体育资源。推动长三角"双一流"建设高校在区域内开展教育合作。推动沪苏浙皖高水平医院合作,积极申报共建一批国家区域医疗中心试点项目。加快开展长三角区域居民服务"一卡通"试点工作,在文化教育、旅游观光、交通出行等方面实现"同城待遇"。三是要大力推进信用长三角建设。以生态环境、旅游、食品药品、产品质量等重点领域为突破口,加快沪苏浙皖公共信用信息平台对接,探索统一的信用信息归集目录、失信行为认定标准、联合奖惩措施清单等。

### 五、持续推进更高水平协同开放

一是要建设高能级开放平台。高标准建设中国(上海)自由贸易试验区临港新片区,着力推动规则、规制、管理、标准等制度型开放,围绕贸易自由、投资自由、运输自由、资金自由、人员从业自由及数据快捷联通,大力推进改革系统集成和政策协同创新。高标准打造虹桥国际开放枢纽,建设国际贸易中心新平台和中央商务区,推动虹桥地区交通功能与高端商务的有机融合。进一步完善上海虹桥机场和苏浙皖的交通体系建设,增加长三角地区联通国际的枢纽功能。着力建设长三角电子商务中心、城市展示中心、海外贸易中心等,大力发展创新经济、总部经济、商务会展等现代服务业。二是要以更大力度协同推进对外开放。沪苏浙皖要共同办好中国国际进口博览会,共同策划和开展贸易投资配套活动,持续放大进口博览会外溢带动效应。以长三角地区对外投资合作发展联盟积极加强国际合作,协同推进长三角对外投资高质量发展。发挥长三角在数字经济、高端制造等领域比较优势,推动本土企业"走出去",

基于产业链在"一带一路"沿线市场整合资源,实现补链、扩链、强链,提升本土企业在全球产业链地位。三是要协同优化国际营商环境。以对标高标准规则推动营商环境的国际化、法治化、市场化,为长三角地区经济的长期稳定发展提供支撑。加快推动长三角区域空港口岸外国人 144 小时过境免签政策落地实施。协同提升长三角海关特殊监管区域保税货物流转效能,对生产、流通、销售等各个环节进行全面、系统、有序的监管。

### 六、进一步提升区域发展平衡性协调性

一是要持续深化长三角生态绿色一体化发展示范区制度建设,推进实施生态环境、综合交通、产业发展、文化旅游等专项规划,加强改革举措集成创新,定期形成推广清单,加快复制一体化制度经验。二是要深化省际毗邻区域协同发展。积极推动上海与近沪区域同城化,在重点领域形成一批实质性合作成果。加快苏皖合作示范区建设,加快连云港国家东中西区域合作示范区建设,加快共建"一地六县"长三角产业集中合作区。三是要增强长三角欠发达地区高质量发展动能。加快苏北全面融入一体化发展,大力推进基础设施互联互通,积极推动产业升级转移。深入实施浙江"山海协作"工程,促进浙西南山区与东部沿海地区的交流与合作。深化江苏南北结对帮扶合作机制,推进优势主导产业对接、产业有序转移、科技创新生态联动,以更大力度推动南北共建园区高质量发展。加快皖江城市带承接产业转移示范区建设,充分激发科技和产业创新活力、优化提升产业承接载体、建设高品质现代化皖江城市。加快皖北承接产业转移集聚区建设,充分发挥皖北空间、资源、市场等优势,着力培育承接产业转移的新高地和区域经济高质量发展的增长极。扎实推进沪苏浙城市结对合作帮扶皖北城市工作,通过产业、技术、人才、资本、市场等相结合的结对合作帮扶方式,打造重点领域省际合作示范,加快皖北地区全面振兴。

执笔人:张学良为上海财经大学城市与区域科学学院院长、长三角与长江经济带发展研究院执行院长、中国区域科学协会副理事长;邓涛涛为上海财经大学城市与区域科学学院教授、长三角与长江经济带发展研究院研究员

## 参考文献

［1］Tinbergen J. International economic integration ［M］. Amsterdam：Elsevier，1954.

［2］胡彬. 长三角区域高质量一体化:背景、挑战与内涵[J]. 科学发展，2019(04):67－76.

［3］何立峰. 加快推进长江三角洲区域一体化发展[N]. 人民日报，2019－12－04.

［4］巨云鹏，长三角凝聚合力促发展[N]. 人民日报，2022－08－17.

［5］李郇，殷江滨. 国外区域一体化对产业影响研究综述[J]. 城市规划，2012，36(05):91－96.

［6］刘志彪，陈柳. 长三角区域一体化发展的示范价值与动力机制[J]. 改革，2018(12):65－71.

［7］孙久文. 区域经济一体化:理论、意义与"十三五"时期发展思路[J]. 区域经济评论，2015(6)：8－10.

［8］权衡. 长三角高质量一体化发展:发挥上海的龙头带动作用[J]. 上海城市管理，2018，27(04):2－3.

［9］王珏，陈雯. 全球化视角的区域主义与区域一体化理论阐释[J]. 地理科学进展，2013，32(07)：1082－1091.

［10］许涛，张学良，刘乃全. 2019—2020中国区域经济发展报告—长三角一体化与区域协同治理[M]. 人民出版社，2021.

［11］熊竞，长三角的前世今生[N]. 中国网，2019－04－25.

［12］曾刚，易臻真. 一体化迎五周年:有哪些成效? 未来怎么走? [N]. 澎湃，2023－06－08.

［13］张学良，杨羊. 新阶段长三角一体化发展须处理好几类关系[J]. 学术月刊，2019，51(10):39－45.

［14］张学良，吴胜男."双循环"新格局下长三角一体化发展的若干重要关系探讨[J]. 安徽大学学报(哲学社会科学版)，2021，45(03):132－141.

# 第十一章　长江中游城市群高质量发展研究

　　长江中游城市群包括湖北、湖南、江西三省 28 个地级市和 3 个省直辖县级市(仙桃市、潜江市、天门市),土地面积约 32.61 万平方公里,总人口约 1.25 亿,2022 年地区生产总值 11.28 万亿元,是一个人口、交通、经济活动、生态资源密集的巨型区域。自 2015 年《长江中游城市群发展规划》获批以来,长江中游城市群战略定位逐渐清晰、发展质效稳步提升,在省际协作、科技创新、协调发展、绿色转型、对外开放等重点领域取得显著成就。"十四五"时期,长江中游城市群发展定位转入优化提升阶段,全面贯彻新发展理念、扎实推进高质量发展成为长江中游城市群的首要任务。纵观长江中游城市群发展实际,经济、创新与开放实力不强,中心城市辐射引领能力较弱,区域一体化发展水平较低,产业转型升级、生态环境保护压力较大等制约经济社会高质量发展的问题仍然突出,亟待进一步解决。基于长江中游城市群高质量发展面临的突出问题,统筹考虑国家战略全局和区域发展前景,提出应坚持循序渐进和因地制宜原则,有效发挥政府调控和市场配置合力,完善城市群协调联动发展机制,打造多中心网络化的空间格局,构建多层次产业协同分工体系,推进科技创新合作和生态环境共建联治等,着力推动长江中游城市群一体化高质量可持续发展。

## 第一节　长江中游城市群发展的主要成效

　　在统筹落实国家重大战略及区域发展目标的具体实践中,长江中游城市群的战略定位与发展脉络逐渐清晰。近年来,长江中游城市群在建立跨省合作机制、增强创新发展动能、促进区域协调发展、推动绿色低碳转型、扩大开放合作发展等方面取得了明显成效,在推动中部地区崛起、促进长江经济带发展、巩固"两纵三横"城镇化战略格局中展现了新作为、彰显了新担当。

### 一、跨省协作机制逐步建立

1. 三省统筹规划引导

长江中游城市群概念的确立及布局建设离不开城市群发展规划的编制和实施。长江中游城市群最初是鄂湘赣三省联手谋求建设全国区域发展新增长极,以武汉城市圈、环长株潭城市群、环鄱阳湖城市群等合作打造的国家规划重点地区,其概念的形成和确立经历了 10 余年的过程。以《长江中游城市群发展规划》获批实施为标志节点,长江中游城市群的发展可以分为谋划建立的前期阶段、规划引导的建设阶段。

2006—2014 年是长江中游城市群谋划建立的前期阶段,此阶段三省政府积极响应"一带一路"、长江经济带发展、中部地区全面崛起和新型城镇化等重大战略,长江中游城市群的各子城市群规划相继完成,并形成了建立长江中游城市群、三省协同发展的共识。2006 年 4 月,《中共中央、国务院关于促进中部地区崛起的若干意见》提出支持鄱阳湖生态经济区、武汉城市圈、环长株潭城市群在内的重点区域发展,2007 年,湖北武汉城市圈、湖南长株潭城市群获批全国"两型社会"建设综合配套改革试验区,2009 年,江西《鄱阳湖生态经济区规划》获国务院批复,长江中游城市群的三个子城市群相继纳入区域协调发展的国家战略中。2010 年,《全国主体功能区规划》中提出,由武汉城市圈、长株潭城市群和鄱阳湖生态经济区为主体构成的"长江中游地区"等被列为"国家重点开发区域"。2012 年,《国务院关于大力实施促进中部地区崛起战略的若干意见》首次提出"鼓励和支持武汉城市圈、长株潭城市群和环鄱阳湖城市群开展战略合作,促进长江中游城市群一体化发展"。2013 年 3 月,湖北等省人民政府向国务院报送了《关于加快推进长江中游城市群一体化发展的请示》。同年 6 月,国家发改委发布的《2013 年促进中部地区崛起工作要点》首次明确提出,要做好长江中游城市群一体化发展规划编制前期研究工作。2014 年 5 月,《2013 年促进中部地区崛起工作总结和 2014 年工作要点》中再次提出要推进长江中游城市群一体化发展,加快建设长江经济带。

2015 年至今是规划引导的建设阶段,此阶段长江中游城市群的规划范围、发展思路、战略定位、重点任务等得到政策上的确立,为城市群协同发展指明了方向、制定了方案。《长江中游城市群发展规划》由国家有关部门和江西、湖北、湖南三省政府共同编制并于 2015 年 3 月获批,成为《国家新型城镇化规划(2014—2020 年)》出台后获批的第一个跨区域城市群规划。《长江中游城市群发展规划》将长江中游城市群确立为"长江经济带的重要组成部分和中部地区崛起战略的重点区域",立足实际融入国家重大发展战略,同时注重突破行政区划限制、打破地区封锁和市场垄断,体现三省地区间的合作联动,并明确了未来城市群协同高质量发展在城乡统筹发展、基础设施互联互通、产业协同发展、生态文明共建、公共服务共享、深化开放合作方面的重点任务。国家进入"十四五"发展的新时期后,2022 年,《长江中游城市群发展"十四五"实施方案》获批,该方案总结了《长江中游城市群发展规划》2015 年实施以来城市群发展态势并明确了"十四五"时期长江中游城市群协同发展的方向路径和任务举措,提出"打造长江经济带发展和中部地区崛起的重要支撑、全国高质量发展的重要增长极、具有国际影响力的重要城市群",城市群总体定位的提升体现了国家层面对长江中游城市群有更高的期许与展望。

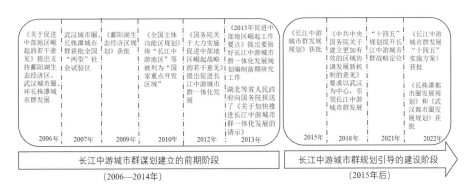

图 11.1 长江中游城市群规划发展阶段示意图

2.跨省协商广泛开展

长江中游城市群作为较早获批的跨区域城市群在破除行政区划障碍、创新协调区际利益关系等方面的探索鲜有成熟的先例可循,跨省协商合作具有一定的难度。历经多年的积极探索与不懈努力,鄂湘赣三省跨省协商合作为长江中游城市群协同发展规划的确立、区际利益协调机制的构建发挥了积极作用。

在体制机制改革层面,自长江中游城市群的谋划阶段,鄂湘赣三省省际协商工作机制不断完善,逐步开创长江中游城市群共谋共建共管的新局面。2012 年鄂湘赣三省政府在武汉会商并签订《加快构建长江中游城市集群战略合作框架协议》,开启了长江中游城市群省际协商合作的序幕,省际联席会议制度初步确立。同时,省会城市会商机制也不断健全,2012—2023 年,长江中游城市群省会城市会商会共举办 9 次,其间签订、发布了《长江中游城市群暨长沙、合肥、南昌、武汉战略合作协议(武汉共识)》《长沙宣言》《南昌行动》《长江中游城市群省会城市合作行动计划(2017—2020 年)》《长江中游城市群省会城市合作行动计划(2023—2025 年)》等重要合作文件,合作成果惠及周边兄弟城市,合作事项日益朝着多层次、宽领域推进。2023 年,长江中游城市群省会城市第九届会商会"四市"与十二家观察员城市共同签署《长江中游城市群 2023 年重点合作事项》共涉及 40 项具体事项,包含 28 项跨省合作事项,以及 12 项都市圈合作事项,体现了当前省域合作的最新成果。

在组织平台建设层面,率先设立长江中游城市群常态化协调合作组织机构,进一步完善了保障城市群协商合作的平台载体。2015 年的第三届省会城市会商会制定的《长江中游城市群省会城市第三届会商会合肥纲要》,正式构建起了城市群区域合作协调组织"省会城市合作协调会"并在武汉设立秘书处作为城市群合作机构,这一合作组织机构的建立为城市群地方政府合作提供了组织平台。在 2021 年长江中游三省协同推动高质量发展座谈会上,长江中游三省协同发展联合办公室揭牌成立,联合办公室工作人员由三省发改委协调相关部门统一选派、集中办公,用于负责三省联席会议的筹备协调、三省区域协同发展的重大问题研究、中长期规划制定及重点项目的统筹协调和督促检查在内的八大职责。同时会议还签署了《长江中游三省协同推动高质量发展行动计划》,提出了三省将建立和完善常态化工作交流协调机制和长江中游城市群高质量发展研讨会年会机制。现今城市群合作协商工作机制已经正式向常态化、制度化迈进。

## 二、创新发展动能持续增强

### 1.区域科技创新实力提升

自《长江中游城市群发展规划》实施以来,城市群科教实力与创新能力取得了较大的进步。长江中游城市群具有相当规模的高校数量和在校学生数,高等教育具有明显优势,并且在城市群发展规划实施期间得到了一定的提升,体现出城市群较为充足的高素质人才储备。2015—2021 年政府科学技术投入增长了 17.75%、专利授权数增长了 407.60%,城市群科技创新投入和产出的持续提升,科技创新具备强劲的动力。

表 11.1　长江中游城市群科技创新主要数据

| 科技创新指标 | 2015 年 | 2021 年 | 增长率 |
|---|---|---|---|
| 高等院校数(个) | 301 | 318 | 5.65% |
| 普通高等学校在校生数(人) | 3284980 | 4330365 | 31.82% |
| 政府科学技术支出(万元) | 2334576 | 2749035 | 17.75% |
| 专利授权数(个) | 59140 | 300193 | 407.60% |

数据来源:《中国城市统计年鉴》各省市统计年鉴及统计公报,部分缺失数据依据统计年鉴综合计算所得

2.综合科技服务平台逐步建立

近年来,长江中游城市群致力于搭建综合性科技服务平台,打造协同发展的科技创新服务体系,为区域内科技成果转化、创新主体培育、科技资源集成、科技项目服务、创新生态优化等提供了重要载体。2018 年,长江中游省会城市共同签署了《长江中游城市群省会城市共建科技服务资源共享平台合作协议》,以省会城市为突破口着手成立科技服务资源共享平台,征集 160 个科技服务机构作为科技服务资源共享平台的首批入驻机构。2019 年,"长江中游城市群综合科技服务平台研发与应用示范"项目由湖北、湖南、江西三省共同推动,该项目结合长江中游城市群产业特点,整合集聚 60 余家科技服务平台资源,助力研发具有长江中游城市群特色的区域综合科技服务平台。2021 年,鄂湘赣三省科技部门签订长江中游区域协同创新合作框架协议并成立长江中游城市群科技服务联盟,服务联盟已累计吸引 2200 余家科技服务机构入驻,促成科技服务交易 327 笔,交易额达 1.21 亿元,对完善三省合作交流路径和激活技术、人才和资本等科技创新要素的市场活力具有重要意义。2023 年,长江中游城市群综合科技服务平台共创云开通、鄂湘赣三省大学科技园联盟成立并汇聚发布 300 余项先进技术成果,进一步推动鄂湘赣三省科技创新合作和科技成果转化。在政府、高校、科技企业等主体的综合推动下,长江中游城市群综合科技服务平台已经初步建立,创新发展动能持续增强。

3.创新引领产业转型升级

长江中游城市群科技创新体系日益完善,有效推动了产业能级提升和转型发展。一方面,城市群产业结构持续优化。第二产业占比从 2015 年的 50.57% 降低至 2020 年的 41.02%,2021 年有略微回升,城市群第二产业占比呈下降趋势,但仍在整体产业结构中占据的重要地位;城市群第三产业占比从

2015 年的 39.62% 提升至 2021 年的 50.77%,并于 2018 年首次超过了第二产业占比,体现出城市群第三产业快速发展的态势。另一方面,先进制造业创新发展成效明显,长江中游城市群在电子信息、工程机构、轨道交通、汽车产业等传统优势领域以及航空航天、生物医药、新材料等新兴产业领域都具有较强的实力。分省来看,武汉都市圈已形成"光芯屏端网"、汽车制造、生物医疗等优势产业集群,长株潭都市圈拥有工程机械、轨道交通、中小航空发动机等产业集群,南昌都市圈有色金属、航空及装备制造、新能源新材料等产业优势突出,已成为国家重要的先进制造业基地。

同时,针对产业结构相似、产业协同困难的问题,长江中游城市群通过推进跨省区域合作、产业科创协同等,探索产业一体化和高质量发展路径。2012年 4 月,鄂湘赣三省签署《加强长江中游城市集群产业一体化战略合作协议》,重点推进产业融合发展,提升区域产业综合实力。2015 年,三省共同成立湘鄂赣农业科技创新战略联盟协议,共同促进区域重大农业科技成果产出和高效转化,为国家和长江中游现代农业发展提供强有力的科技支撑。2021 年 4月,三省为提振文旅消费,联合发行"文旅一卡通",并推出 8 条跨省精品旅游路线。2022 年 12 月,长江中游三省协同推动高质量发展座谈会上签署了《长江中游三省畅通产业链供应链合作协议》《长江中游三省畅通商品流通合作协议》《湘鄂赣经济强县产业合作框架协议》,着力促进产业协作配套与合作互补。

表 11.2　长江中游城市群三次产业结构变化

| 年份 | 长江中游城市群 | 武汉都市圈 | 长株潭城市群 | 环鄱阳湖城市群 |
|---|---|---|---|---|
| 2015 年 | 9.81：50.57：39.62 | 10.48：49.76：39.76 | 9.28：49.89：40.83 | 9.78：55.52：34.71 |
| 2016 年 | 9.70：48.07：42.23 | 10.14：48.41：41.45 | 9.23：46.80：43.96 | 9.58：49.39：41.03 |
| 2017 年 | 8.59：46.87：44.54 | 9.61：47.76：42.63 | 7.35：44.26：48.40 | 8.53：49.11：42.35 |
| 2018 年 | 7.79：45.38：46.83 | 8.27：47.23：44.51 | 7.02：41.29：51.67 | 8.07：47.97：44.02 |
| 2019 年 | 7.73：41.96：50.31 | 8.00：41.76：50.24 | 7.52：39.91：52.57 | 7.90：44.97：47.13 |
| 2020 年 | 8.63：40.99：50.39 | 8.96：39.71：51.33 | 8.44：40.51：51.04 | 8.29：43.99：47.73 |
| 2021 年 | 8.21：41.02：50.77 | 8.92：38.35：53.73 | 7.80：41.35：50.84 | 7.49：45.31：47.20 |

数据来源:《湖北统计年鉴》《湖南统计年鉴》《江西统计年鉴》、各市国民经济和社会发展统计公报

### 三、区域协调发展步伐加快

#### 1. 空间结构优化

城市群是一个多尺度联动的空间集合体,长江中游城市群初步形成了"中心城市—都市圈—城市群"多尺度城镇化空间形态。武汉都市圈、长株潭都市圈和南昌都市圈倾向于围绕中心城市武汉、长沙和南昌集聚式发展,其中武汉城市圈处于主导地位,长株潭都市圈加速发展,南昌都市圈还处于培育过程中,三大都市圈城镇规模和一体化水平得到长足发展,同时也存在梯度差异,为区域分工与合作创造了有利条件。此外,促进三大都市圈互联互通的京广、沪昆和沿江—京九3条城镇发展轴带逐步成型,对长江中游城市群的协同发展发挥重要作用。总体来看,三大都市圈已经成为加强圈内要素流动和区域协调的重要平台,三条城镇带成为增强都市圈之间的功能联系走廊,空间结构逐步优化,为实现长江中游城市群的区域协调发展提供了良好基础。

#### 2. 基础设施互联

长江中游城市群承东启西、连南接北,在国家重大基础设施布局中具有重要地位,建成投用了一批现代化港口群、区域枢纽机场以及铁路、公路交通干线,基本形成了密集的立体化交通网络体系。水运方面,依托长江黄金水道以及赣江、湘江、汉江水运资源,三省港口之间已稳定开行了"岳阳港—阳逻港—九江港"中三角集装箱航线,航线覆盖三地的沿江主要经济区域。2022年,《推进长江中游地区高水平开放高质量发展鄂、赣、湘三地海关协同工作机制框架协议》《长江中游三省融入共建"一带一路"新格局的协议》等合作协议的签署,积极打造长江中游城市群"组合港"。输电网络方面,南昌—长沙特高压、荆门—长沙特高压投产送电,南昌—武汉特高压开工建设,互济共享的特高压环网结构加快构建。铁路方面,安九铁路正式开通运营,长赣铁路建设正式启动,襄常铁路前期工作稳步推进,三省轨道交通网络规划方案正在形成。公路方面,咸宁至九江高速公路、桂新高速桂阳至新田段、沪昆高速昌傅至醴陵段改扩建工程、G357汝城至崇义公路开工建设,通城至铜鼓、兴国至桂东、株洲屏山至萍乡金鱼石高速公路和G240过江通道等一批项目前期工作有序推进。中心城市通过高铁干线连接,武汉、长沙和南昌等中心城市成为高速公路路网密集区,中心城市到外围的两小时出行交通圈基本覆盖了各自都市圈规划范围,并实现了都市圈间的相互衔接叠加,都市圈内部联系得到增强。基础设施互联互通水平的提高强化了城市群开放大通道建设并提升了交通基础设施网络的整体效能,能够有效服务长江中游城市群区域协调发展战略。

3. 城乡统筹发展

长江中游城市群在推进新型城镇化和区域协调发展进程中具有重要地位,并取得了积极进展。就人口城镇化率来看,自城市群发展规划实施以来,长江中游城市群城镇化率稳步提升,2015 年城市群城镇化率与国家整体水平有较大差距,之后逐渐缩小,截至 2020 年,城市群城镇化率已基本与国家城镇化率同步并行,体现了城市群城镇化短板逐渐补足、城市人口承载能力持续增强。此外,城市群内部各城市城乡差距保持在相对较低的水平。以城乡居民收入为例,2021 年,城市群内所有城市的城乡居民收入比均低于同年全国 2.5 的平均水平,同时湖北、湖南的大中城市城乡收入基本低于2,长江中游城市群在推进全体人民共同富裕和城乡融合发展上取得了积极成效。

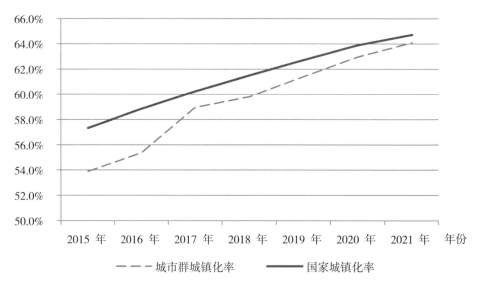

图 11.2 长江中游城市群城镇化率与全国城镇化率比较

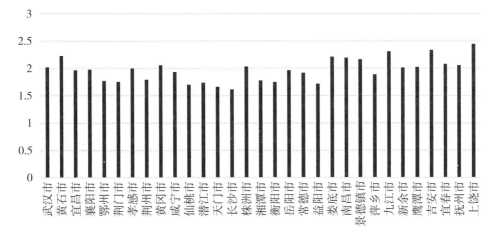

**图 11.3　2021 年长江中游城市群各城市城乡收入比**

数据来源:《中国统计年鉴》《湖北统计年鉴》《湖南统计年鉴》《江西统计年鉴》

### 四、绿色低碳转型成效渐显

1. 生态环境持续改善

长江中游城市群深入践行"两山"理念,加强生态环境共保联治,着力构筑生态安全屏障,在长江水环境治理、大气治理等方面取得显著成效。早在 2013 年,长江中游城市群省会城市在武汉共同签署《武汉共识》,提出湘鄂赣皖四省共同建设保护生态环境机制和把长江中游城市群打造成国家重要生态功能区。2016 年,鄂湘赣三省发布《长江中游湖泊湿地保护与生态修复联合宣言》,提出加强湖泊保护与生态修复方面在执法司法、污染联防联控、联合监测、信息共享等方面的合作。水环境治理方面,长江中游城市群水资源承载能力逐渐向好,水资源的可持续利用水平呈上升趋势,体现出城市群自然本底的优势和生态环境保护机制相对健全。大气污染治理方面,城市群整体工业颗粒物、工业二氧化硫、工业氮氧化物等典型污染物排放稳步下降,城市群细颗粒物平均浓度持续改善。水环境、大气环境持续改善,长江中游城市群生态环境治理和绿色低碳转型取得显著成效。

2. 环境污染联防联控

长江中游城市群积极建立三省环境联防联治的体制机制,着力推进生态环境共建联治。2015 年 3 月,国务院批复的《长江中游城市群发展规划》,明确指出三省要加快"两型"社会建设并建立跨区域生态建设和环境保护的联动机制,加快打造"具有重要影响力的生态型城市群"。2021年9月,长江中游三省协同推动高质量发展座谈会审议通过《深化协同发展加快绿色崛起——长江中游三省战略合作总体构想》,提出"共抓生态保护,建设中国绿心"的战略目标。2021年9月,三省签署《长江中游三省"通平修"绿色发展先行区建设框架协议》提出将三省交界处的通城、平江与修水三县打造成长江中游生态绿心、绿色发展先行区,使得三地在生态环境保护、基础设施建设等方面的协作更加深入。2022年12月,《长江中游三省大气污染防治联防联控合作协议》和《长江中游三省推进"一江两湖"系统治理合作协议》,联合开展跨省水环境、大气环境的保护治理工作。长江中游城市群积极探索城市群高质量发展与生态环境高水平保护相得益彰的新路径,加快构建生态环境联防联控联治机制,着力提升长江中游城市群可持续发展能力。

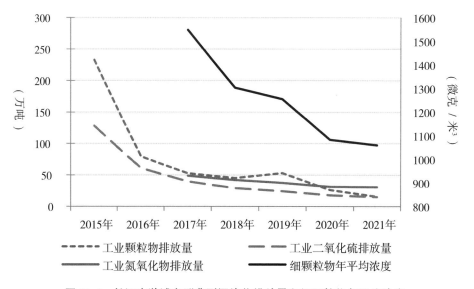

**图11.4 长江中游城市群典型污染物排放量和细颗粒物年平均浓度**

数据来源:《中国城市统计年鉴》、各省市统计年鉴及统计公报,部分缺失数据依据统计年鉴综合计算与线性插值所得

### 五、开放合作发展有序推进

#### 1.对外开放水平提升

城市群区域是国家参与全球竞争与协作的新地域单元,鄂赣湘三省形成打造对外开放高地的目标共识,协同推进高水平开放新通道建设,以城市

群更高水平的开放合作促进更高质量的建设发展。其一,自贸试验区建设取得重要进展。湖北自贸试验区、湖南自贸试验区相继设立,先行先试高水平对外开放,积累新形势下参与双边、多边、区域合作的经验,促进长江中游城市群全面融入世界经济体系。其二,国内外合作领域逐渐拓宽。2022年1月1日,《区域全面经济伙伴关系协定》(RCEP)正式生效,中国—东盟物流行业合作对接基地、东盟湖南产业联盟接连落户怀化,成为长江中游城市群的西部陆海新通道。2022年5月,鄂、赣、湘三地海关共同签署《推进长江中游地区高水平开放高质量发展鄂、赣、湘三地海关协同工作机制框架协议》,是中国中部地区海关首个跨省级协同工作机制协议,将重点在发挥长江黄金水道作用、贯通物流新通道、进出口商品检验等14个方面开展合作。其三,城市群开放发展水平提升。从2015年和2021年市场与开放主要数据来看,长江中游城市群进出口总额实现了跃升并且提升了在国家进出口总额中的占比,城市群实际利用外资和城市群内部市场培育得到一定增长。这体现出城市群对外开放水平得到了一定成效,在我国对外开放格局中占有重要地位,同时城市群已具有了较为广阔的市场空间,具备建设统一内部市场的巨大潜能。

表11.3　长江中游城市群对外开放和市场规模数据

| 类型 | 2015年 | 占全国比重(%) | 2021年 | 占全国比重(%) |
|---|---|---|---|---|
| 城市群进出口总额(亿美元) | 1055.84 | 2.67 | 2249.19 | 3.72 |
| 城市群实际利用外资(亿美元) | 271.46 | 21.50 | 306.05 | 17.64 |
| 社会消费品零售总额(亿元) | 26696.04 | 8.87 | 42608.53 | 9.67 |

数据来源:《中国统计年鉴》《湖北统计年鉴》《湖南统计年鉴》《江西统计年鉴》、各市国民经济和社会发展公报

2. 跨界合作稳步推进

长江中游城市群跨界合作已经成为城市群省级合作和协同发展的重要抓手,湘赣边区域合作、洞庭湖生态经济区、黄梅小池和九江等长江中游城市群跨界合作初见成效,发挥了良好的示范作用。鄂湘赣三省协同发展持续深入,"通平修"绿色发展先行区、武陵山龙山来凤经济协作示范区、湘赣边区域合作示范区、洞庭湖生态经济区等一批不同规格的合作示范区不断涌现且协作发展成效渐显。如鄂赣交界处的湖北省黄梅县小池滨江新区已集聚形成了先进制造、农副产品加工、仓储物流三大产业集群,年生产总值超百亿元、财政收

入过十亿元;位于湘赣边的湖南浏阳、醴陵和江西上栗、万载是四大花炮主产区,近年呈现"抱团发展"态势,打破区域壁垒,实现了健康有序发展。2021 年10 月,国家发展改革委发布《湘赣边区域合作示范区建设总体方案》,湘赣边区域合作示范区在湘赣边交通对接互联、特色产业协作、红色文化保护传承保护、公共服务"跨省通办"扩围提质、生态环境联防共治等方面取得了明显成效。2023 年,《新时代洞庭湖生态经济区规划》批准实施,为"四市一区"统筹谋划、共治共建打下了坚实的发展基础。现有的跨界协作发挥了良好的示范作用,为具备良好跨界协作基础的地区提供了有利借鉴。

## 第二节 长江中游城市群高质量发展面临的主要问题

新时代背景下,我国城市群发展战略迭代转型,各城市群的战略地位、发展能级持续变化。自 2015 年《长江中游城市群发展规划》实行以来,长江中游城市群得到了阶段性的构建和培育,城市群发展定位由"十三五"时期的"发展壮大"步入"十四五"时期的"优化提升"阶段,但城市群综合实力整体偏弱、中心城市辐射引领能力不强、区域一体化发展水平较低、产业同质化竞争依然突出、生态环境保护压力仍然较大等制约城市群高质量一体化发展的问题仍然凸显,需要予以重点关注并提出解决方案。

### 一、城市群综合实力相对偏弱

相比于世界级城市群和我国东部沿海地区城市群,目前长江中游城市群综合实力相对偏弱,主要表现为长江中游城市群经济社会实力、协同创新能力、对外开放水平等整体不强,推动城市群高质量发展的内聚力、竞争力与外源力不足。一是经济社会综合实力相对薄弱,长江中游城市群高质量发展缺乏强有力的内在支撑。具体来看,我国 5 大城市群中,长江中游城市群面积最大,常住人口排名第 2 位,GDP 总量排名第 2 位,但人均 GDP 分别仅为长三角和珠三角城市群的六成左右。长江中游城市群的人口密度与经济活力与长三角、珠三角、京津冀城市群仍有一定差距,对人才、资金、知识、信息、技术等资源等的集聚力和吸引力相对缺乏。二是协同创新发展能力仍有欠缺,推进城市群高质量发展的核心动力尚且不足。科技创新是推进城市群高质量发展的核心动力,由于城市群内部经济发展情况与区域创新环境异质性明显,长江中游城市群科技创新资源分布不均衡,城市群协同创新网络体系发展滞后。多元创新平台分布具有显著的非均衡性并呈现出"一主两次"的集聚特征,"一主"为武汉,"两次"为长沙和南昌。且长株潭都市圈、南昌都市圈等地的国家综合性科学中心的创新引领能力相对不强,科学研究成果进行产业转化的有效机制有待完善。三是对外开放合作水平总体不高,城市群高质量发展外源力量不足。不同于长三角城市群、粤港澳大湾区的沿海区位优势,长江中游城市群居于内陆,通江达海面临区际阻碍、行政限制、交通约束等,对外开放能力与水平受限,全方位开放格局尚未全面形成。

表 11.4 2022 年中国 5 大城市群发展概况

| 地区 | 城市个数<br>(个) | 面积<br>(万平方公里) | 常住人口<br>(亿) | GDP 总量<br>(万亿) | 人均 GDP<br>(万元) |
|---|---|---|---|---|---|
| 长三角城市群 | 26 | 21.17 | 16693.24 | 24.24 | 14.52 |
| 珠三角城市群 | 9 | 5.54 | 7829.43 | 10.47 | 13.37 |
| 京津冀城市群 | 13 | 21.8 | 10967.30 | 10.03 | 9.14 |
| 长江中游城市群 | 31 | 32.61 | 12485.46 | 11.28 | 9.03 |
| 成渝城市群 | 44 | 18.5 | 9785.19 | 7.76 | 7.93 |

数据来源:《长江三角洲城市群发展规划》《长江中游城市群发展规划》《成渝城市群发展规划》、各省市统计年鉴、各省市国民经济和社会发展统计公报

## 二、中心城市辐射能力有待提升

长江中游城市群包含 31 个城市,区内城镇发展能级差异较大,呈现出武汉、长沙、南昌多中心组团竞争的格局,城市群网络型空间结构体系尚未成型,对内部要素流动、功能优化及韧性提升等难以形成有力支撑。首先,中心城市辐射带动能力有限。近年来,长江中游城市群发展能级不断提升,2022 年,武汉、长沙、南昌 GDP 分别为 18866.43 亿元、13966.11 亿元、7203.5 亿元,常住人口为 1373.90 万人、1042.06 万人、653.81 万人,但 GDP 总量占全省 GDP 比重、常住人口占全省常住人口比重均明显低于成都,特别是南昌市的发展能级亟须提升。当前,武汉、长沙、南昌三大中心城市仍处于集聚大于辐射的阶段,且便捷的交通出行圈基本限于各中心城市及周边地区,对次级城市的虹吸效应较强、扩散效应较弱,外围节点城市发展相对缓慢。且受区位条件、合作基础与交通网络等影响,长沙、南昌、武汉三大中心城市协同发展水平相对不

高,难以汇聚形成带动城市群高质量发展的强大合力。其次,都市圈引领鼎托作用不强。高度同城化的都市圈是城市群高质量发展的关键引擎,武汉都市圈、长株潭都市圈、南昌都市圈呈"三足鼎立"格局,是长江中游城市群发展的重要支撑,但三大都市圈存在中心城市辐射能力不强、产业分工不协调、合作机制不健全、资源整合不理想、行政壁垒难打破等现实问题,尚未形成以圈鼎群和以群托圈相结合的新发展格局。最后,城镇带存在薄弱环节。京广通道、沿江—京九通道、沪昆通道三条城镇带贯通区域三大中心城市及重要节点城市,是长江中游城市群内联外达的主要方向,但目前三条城镇带仍在培育阶段,尚未形成以大中城市为引领,以三大都市圈为鼎托,以骨干交通、经济走廊、生态廊道串联的城镇带为主要支撑的城镇化空间格局,存在沿线城市协作能力不足、都市圈同城化进程缓慢等问题,城镇带作用尚未得到充分发挥。

表 11.5　2022 年长江经济带省会城市经济、人口指标对比

| 地区 | 省会 GDP（亿元） | 占全省 GDP 比重（%） | 省会常住人口（万人） | 省会常住人口占总常住人口比重（%） |
|---|---|---|---|---|
| 武汉 | 18866.43 | 35.11 | 1373.90 | 23.51 |
| 长沙 | 13966.11 | 28.70 | 1042.06 | 15.78 |
| 南昌 | 7203.5 | 22.46 | 653.81 | 14.44 |
| 南京 | 16907.85 | 13.76 | 949.11 | 11.15 |
| 杭州 | 18753 | 24.13 | 1237.60 | 18.82 |
| 成都 | 20817.5 | 36.68 | 2126.80 | 25.40 |
| 合肥 | 12013.1 | 26.67 | 963.40 | 15.72 |
| 贵阳 | 4921.17 | 24.41 | 622.04 | 16.13 |
| 昆明 | 7541.37 | 26.05 | 860.00 | 18.33 |

数据来源:各省市国民经济和社会发展统计公报

### 三、区域一体化发展水平相对较低

湖南与广东,江西与广东、福建等东部沿海地区的经济社会联系较为密切,湖北、湖南、江西三省间及城市间的区际联系与合作一定程度上被弱化,城市群内部基础设施一体化、公共服务一体化、市场一体化、城乡一体化进程较为缓慢。一是省际协商协作机制尚不健全。尽管目前长江中游城市群根据实际需要已建立相关协商平台,但由于缺乏系统性、制度化、法制化的信息共享

机制、纠纷解决机制及议事决策机制,难以对城市群规划、建设、管理等做出实质性的共同决策。二是区域协作能力有待提升。我国大尺度的区域协调发展实现较为困难,主要在于各省市发展目标与行动策略不同,区域之间"相互较劲"、争夺"话语权"的现象普遍存在,难以形成区域间利益共享、风险共担的调节分配机制。具体协作层面,长江中游地区机场、港口、铁路和能源管线等重要基础设施规划布局缺乏有效衔接;在交通出行、医疗卫生、社会保障等领域尚未实现城市间基本公共服务便利共享;长江中游城市群内部产业聚集、环境保护、创新协同等主要依靠政府推动,市场的自组织作用发挥有限,民营企业、社会组织跨区域合作的主动性、积极性不高,不利于资源要素在长江中游统一的大市场中自由流动配置。三是城乡差距比较明显。城市群是一个系统复杂的城乡融合体,城乡融合发展是实现城市群高质量发展的核心要义。不同于城镇化、乡村工业化水平较高的长三角和珠三角地区,长江中游城市群处于我国重要的传统农耕区和劳动力富集区,受发展基础、经济体制和产业结构等的影响,区域内城乡发展水平相对较低、乡村新业态发育不全、城乡发展不协调等问题较突出,长江中游城市群城乡居民收入差距绝对值呈不断扩大之势。

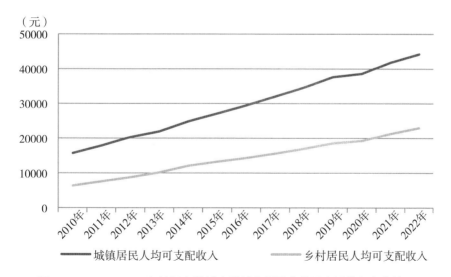

**图 11.5 2010—2022 年长江中游城市群城乡居民人均可支配收入变化情况**

数据来源:各市国民经济和社会发展统计公报

#### 四、产业同质化竞争问题依然突出

受政策导向、资源禀赋、发展基础等的影响,长江中游城市群产业同质化问题突出,区域间竞合机制尚不健全,一定程度上制约了城市群高质量一体化发展进程。一方面,长江中游城市群产业结构趋同导致区域协同优势难以发挥。长江中游城市群 2021 年第三产业增加值占比为 50.77% ,与长三角、珠三角相比,第三产业比重相对较低,会导致城市聚集和辐射效应难以发挥。长江中游城市群内部鄂湘赣三省产业重合度较高,均形成了以汽车、钢铁、建材、有色金属为主要产业的偏重型产业结构,导致城市群产业间的恶性冲突与相互蚕食,无法发挥协同创新和比较优势,难以形成产业互补与错位竞争的发展格局。同时,城市群内部产业布局缺乏系统性布局和战略性规划,难以形成区域间产业集群,恶性空间竞争和产业布局同构造成的资源浪费现象。空间布局与产业分工不合理,加剧产业间的分割和竞争,从而增加城市群内部知识溢出、技术交流和政府协调等的交易成本,制约城市群高质量发展。另一方面,关键技术攻关和创新成果转化能力不强阻碍产业转型升级进程。武汉、长沙等地的国家综合性科学中心的引领能力不强,科学研究成果进行产业转化的有效机制尚待完善。"产政学研用"没有形成闭环,在新一代信息技术、高端装备制造、生物医药等战略性产业领域,尤其在核心技术、关键部件和关键材料方面,仍存在创新资源重复配置和低效使用现象,导致产业核心竞争力提升困难,难以实现增强城市群产业发展能级的终极目标。

#### 五、生态环境保护压力仍然较大

在新时代生态文明理念引导下,长江中游城市群绿色发展趋势见效,但区域内污染治理、生态修复、资源保护等多重矛盾交织,绿色低碳转型任务依然较为繁重。首先,城市群资源环境承载压力较大。现行空间结构的核心极化作用强,一半以上的城镇建成区都集中在相对狭小的三大都市圈范围内,人口集中分布及建设开发活动对生态环境系统造成较大压力,如果由于生态负担过重而产生环境问题,将直接影响长江中下游诸多省市的生态安全。其次,长江中游城市群重化工业比重偏高、农村面源污染凸显。能源、电力、工程机械在内的工业制造业是长江中游城市群的支柱产业,重化工业在工业体系中处于主导地位,"三废"过度排放,容易对城市群生态环境造成负面影响。再次,

长江中游城市群农业主要以传统农业为主,农业面源污染形势严峻、农村生活污染局部增加,农村生态环境系统退化问题日益凸显。最后,长江中游城市群绿色发展内生机制尚不健全。城市群内生态补偿的法律基础与相关政策较完善,但是存在生态补偿范围、对象及标准不明确等问题,为生态补偿具体实施带来了障碍;武汉城市圈、环长株潭城市群和环鄱阳湖城市群各自的流域生态补偿工作相对独立,三者进度不一致、方向不相同、政策关联度低,没有形成统一的整体;具备生态环境优势的地区为经济发达地区的生态环境建设做出了巨大的贡献,但由于区域协调的生态补偿机制尚不完善,生态文明协同建设缺乏动力,难以达到协同的最佳状态。因此,如何兼顾经济效益和生态效益是长江中游城市群高质量发展需要持续关注的深层次问题。

## 第三节 长江中游城市群高质量发展的对策建议

长江中游城市群承东启西、联南接北,是长江经济带和中部地区的骨架部分和重要支撑,肩负着促进长江经济带发展和中部崛起的重要任务,也是融入世界发展格局的重要地域单元。因此,全面推动长江中游城市群高质量发展,一是要从国家战略全局出发,将长江中游城市群置于双循环发展格局下,统筹谋划城市群发展方向与路径,充分发挥其在全国"双循环"格局中的重要枢纽功能和战略支点作用;二是要着力破解制约长江中游城市群协同发展的现实问题,坚持循序渐进、因地制宜原则,多措并举,深入推进长江中游城市群一体化高质量可持续发展。

### 一、坚持循序渐进和因地制宜原则,推动区域梯次发展

推动长江中游城市群高质量发展,要深刻认识到长江中游城市群的发展是多维协同演进的动态过程,呈现系统性、阶段性和渐进性特征,与此同时,长江中游城市群的区域条件、战略定位、发展基础具有独特性特征,要遵循区域发展规律与因地制宜原则,采取差异化发展策略,助推长江中游城市群高质量发展。

第一,要科学认识城市群的形成机理和发展趋势,当前长江中游城市群处于提质增效促协同的发展阶段,城市群在形态和功能上正逐渐向多中心结构

演化,区域一体化、高质量发展仍处于初级阶段。在《长江中游城市群发展"十四五"实施方案》的指引下,明确近、中、远期发展目标与实践内容,有次序、有步骤地推进城市群高质量发展。同时,围绕长江中游城市群的发展基础和现实问题,顺势而为,持续在空间结构优化、基础设施建管、公共服务共享、创新能力提升、产业转型升级、生态保育共治等重点领域上协同发力,强化"三核三圈三带"的引领带动作用,分类引导节点城市和小城镇建设发展,形成分工协作、疏密有致、功能完善的城镇化空间格局。

第二,认识到区域发展的不平衡性,针对武汉都市圈、长株潭都市圈、南昌都市圈的发展现状实施差异化发展策略。在三大都市圈中,武汉都市圈一直起着主导作用,长株潭都市圈通过加速发展,成为又一重要核心,但南昌都市圈需要加强与周边地级城市的合作,实现协同发展。基于此,要针对各都市圈发展现状与发展要求制定针对性、差异化的发展策略。促进武汉都市圈和长株潭都市圈的高效发展,应该实施有序的区域开发政策,引导区内各城市采取城市更新、土地功能置换等措施,严格控制无序扩张占用生态用地的行为,以实现可持续发展,为实现南昌都市圈的快速发展,需要将南昌、九江及周边地区紧密联系起来,形成新的发展核心。在此基础上,在长江中游城市群中建立三个核心带动多个中心和多个组团共同发展的空间模式,推动整个区域高质量发展。通过实施差异化的区域政策,提升中心城市特别是大中心城市的跨区域的集聚力和辐射力,促进长江中游城市群错位竞争和梯次发展。

## 二、发挥政府调控和市场配置合力,促进多维协同发展

推动长江中游城市群高质量发展需要有效市场和有为政府共同参与、协同发力。既要遵循城镇化和城市群发展客观规律,合理发挥政府在公共资源配置中的规划调控作用,又要尊重市场运行规律,充分发挥市场在资源配置中的决定性作用,共同推动城市群基础设施一体化、公共服务均等化、市场体系一体化。

目前长江中游城市群的发展仍处于规划引导阶段,基础设施、公共服务的配置与保障需要更多依赖政府的宏观调控作用。在基础设施领域,要把交通一体化作为城市群协同发展的突破口,积极推动三省交通运输通道一体化建设,通过加快完善骨架公路网、完善内河航道网、构建铁路大通道,促进区域交通一体化进程快速发展。在基本公共服务领域,要逐渐放开居民在常住地或

就业地参与社会保险时的户籍限制,推进都市圈内户籍准入年限同城化累计互认、城市群内居住证互通互认,有序推进公共服务和市政公用设施向农村地区延伸,让城乡之间的要素双向流通渠道更加畅通,对城乡公共资源进行优化配置。支持三省在基础设施、产业协作、生态保护、公共服务等方面,构建出一套成本共担的利益共享机制,从而推动区域内公共服务保障均衡化、一体化发展。

长江中游城市群是支撑我国创新发展、经济增长的重要引擎,具备市场一体化建设的基础和优势。增强城市群发展活力与动能,首先,要清理妨碍区域市场一体化发展的各种行政壁垒和地域性垄断,建立健全地区间市场调节机制和利益分配机制,构建畅通高效的流通体系,提高市场的公平性和效率。其次,搭建综合交易平台和资源共享服务平台,充分发挥"看不见的手"在资源配置中的作用,推动劳动力、人才、产业用地、科创基金、数据等要素跨地区自由流动,提升开放条件下的市场开拓、产品开发、品牌培育等本领,建设良好的营商环境、高标准市场体系。最后,要探索构建三大都市圈市场一体化发展的梯级的格局。武汉都市圈通过增强城市间的相互联系、构建一体化交通体系提升市场一体化水平,长株潭都市圈应从政府效能建设和要素市场一体化两方面出发,逐步缩小与武汉都市圈市场一体化水平的差距,南昌都市圈着力增强政府效能同一度和产品市场一体化水平,实现区域要素协调发展,综合推动长江中游城市群市场一体化建设。

### 三、完善城市群协调联动发展机制,提升区域协作能力

目前长江中游城市群一体化发展面临着发展水平较低、城市群协调联动发展机制不完善的问题,需要充分发挥政府在破除制约一体化发展的体制机制障碍、建立合作协调机制中的主体作用、重视非政府组织的协调作用和法律制度的保障作用。政府层面需要建立更高层次合作机制,非政府组织层面要积极发挥咨询协调作用,联合建立完善的区域合作保障机制,保障区域有序高效的协作发展。

第一,要积极探索建立全局性的区域协作机构。长江中游城市群作为长江经济带发展和中部崛起战略的重要支撑,在推进高质量发展的过程中面临广泛的省际协调发展问题,为进一步破解行政管理的边界限制与区域经济活动一体化之间的矛盾,需要强化国家层次的协调组织功能,完善城市群政府间

的协调机制顶层设计和组织保障,以明确三省市功能定位和空间布局,将促进城市群协调发展的任务制度化、规范化。京津冀、长三角城市群在建立全局性的区域协调机构方面有先行经验可鉴,2014 年,京津冀协同发展领导小组在国务院的牵头下正式成立,成为解决跨区域跨部门的难点问题、督促各项政策落实的重要部门。2019 年,长三角一体化发展领导小组正式成立,成为确保长三角"三省一市"落实一体化战略部署的重要组织机构。长江中游城市群有必要吸收京津冀和长三角等先行地区经验,成立国家层次的组织协调机构,增强城市群协调发展的顶层谋划。

第二,要注重发挥民间组织的协商协作功能。民间组织包括社会团队、行业协会、公益组织、产业联盟等组织形式,在区域产业布局、经贸合作、技术交流及政策协商等方面发挥重要功能。一直以来,长江中游城市群一体化发展主要通过政府自上而下的力量推动,民间社会组织和市场主体话语权相对缺失。与长三角城市群相比,长江中游城市群面临民间组织合作机制尚不健全、民间企业合作基础较为薄弱、民间组织机构功能定位模糊与管理制度缺乏等现实困境。一方面,需要积极推进长江经济带沿岸民间组织交流与合作,以深化长江中游城市群合作基础、拓宽合作领域、规范竞争秩序,维护合作环境,并最终成为促进长江中游城市群高质量发展的重要力量;另一方面,需要探索构建政府、企业、民间组织共同参与的治理组织架构,提升城市群治理效能。区域协同治理的关键在于协调不同尺度、不同利益主体的发展诉求。长江中游城市群涉及跨区域治理问题,治理主体和对象多元化,治理过程和内容复杂化,需要完善自上而下和自下而上相结合的治理体系,以高水平的治理能力促进城市群高质量发展。

第三,要完善城市群区域合作保障机制。城市群协同发展不能缺少服务区域一体化的保障机制,长江中游城市群现行的区域协同发展机制缺乏完善的区域利益分享和补偿机制,尚未形成适应城市群一体化战略的政府绩效评价体系和法制实践体系。在这种情况下,有必要构建区域合作的激励和约束机制,消除对地区间合作不利的地方性法律体制壁垒,在产业发展、基础设施建设、信息共享、生态保护等方面制定相关法规和政策,为长江中游城市群一体化发展提供法律保障和政策支撑。同时,要构建利益共享和补偿机制,并为城市群内部跨行政区的基础设施建设、产业协调发展、人才培养、科技创新、环境治理和生态补偿等问题的解决提供可行方案。此外,需要完善政府间的协作绩效评价机制,共同推动一套适合于鄂湘赣三省各级政府的绩效评价指标体系,增加评价地方行为对整体城市群的影响与贡献的相关指标,监督保障长江中游城市群区域合作与协调发展。

### 四、打造多中心网络化的空间格局,优化区域空间结构

构筑长江中游城市群高质量发展格局,需要充分发挥中心城市和都市圈的引领作用及发展轴线对城市群的辐射带动作用,即增强武汉、长沙、南昌三大中心城市间的协作与联系,引领带动武汉都市圈、长株潭都市圈和南昌都市圈同城化发展,提升三条城镇带互通协作水平,从而形成城市群多中心、网络化、组团式发展格局。

首先,强化重点城市的辐射带动作用,打造城市群核心动力源。区域中心城市在经济社会活动中承担组织和主导功能,长江中游城市群以武汉,长沙,南昌三个省会城市为中心,在空间布局上表现出明显的"三角"特征。其中,三者发展能级相差较大,武汉是国家中心城市,经济社会发展水平最高,长沙次之,南昌的经济体量、人口规模明显偏小。但武汉一城之力辐射带动作用有限,不足以带动整个长江中游城市群发展能级跃迁。因此,需要充分发挥中心城市人口、产业、科创资源等集聚优势,围绕提升科技创新能力与对外开放水平、促进基础设施和公共服务一体化、健全市场一体化发展机制、推动产业转型升级和协同发展等内容,提升中心城市功能品质和发展能级,巩固武汉的中心城市战略定位。同时,通过武汉、长沙、南昌 3 大中心城市的功能疏解、产业转移、人口郊区化等,提升其对周边地区的支撑、服务、辐射及带动作用,促进城市群内部大中小城市和小城镇协调发展。

其次,创新都市圈协同发展路径,推动三大都市圈同城化发展。长江中游城市群正在形成由武汉都市圈、长株潭都市圈和南昌都市圈构成的"三足鼎立"的都市圈支撑格局,需要进一步发挥"三圈引领"作用,引领带动城市群一体化发展。《长江中游城市群发展"十四五"实施方案》提出要推动三大都市圈同城化发展,促进城市间要素流动与融合发展。具体来看,要以武汉都市圈,长株潭都市圈,南昌都市圈为空间载体,在实现基础设施一体化、公共服务一体化、市场体系一体化、产业布局一体化和污染治理一体化上聚焦发力,在推动新型城镇化、和美乡村建设、城乡融合发展和共同富裕中探索先进经验和典型模式,从而发挥高度同城化的都市圈对长江中游城市群的支撑能力,助推

长江经济带和中部地区高质量发展。

最后,提升三条城镇带互通协作水平,强化多个节点城市的联结作用。京广通道、沿江—京九通道、沪昆通道是长江中游城市群内部联系及对外联系的主要通道,需要进一步强化轴线功能,做强九江、黄石、咸宁、岳阳、萍乡等发展轴线上的城市,重点发展襄阳、上饶、衡阳等靠近城市群边界的次中心城市,积极培育其人流、物流、资金流枢纽功能,培育强有力的边界枢纽和桥头堡城市,从而推动武汉、长株潭、南昌都市圈协同发展,着力构建长江中游城市群多中心网络化发展格局。

### 五、构建多层次产业协同分工体系,打造优势产业集群

当前,长江中游城市群产业同质化竞争、布局不合理、协作水平低等问题突出,亟须构建多层次产业协同分工体系以推动产业转型升级和空间集聚,以高层次的产业体系、高素质的产业集群汇聚成推动长江中游城市群高质量发展的强劲动力。

产业结构分工协同是促进产业转型升级的前提条件。针对长江中游城市群产业替代性较高、互补性不足的问题,对内要完善城市群产业协调分工体系,在充分考察协调各区域资源禀赋、发展优势的基础上,建立分工有序、互利共赢的产业一体化体系。如武汉都市圈重点发展汽车制造、光电设备等优势产业与生产性服务业,长株潭都市圈重点发展高端装备制造业,南昌都市圈持续推动航空航天、新材料产业发展,同时适当承接武汉都市圈产业转移。同时,要建立起能够承担促进产业协同发展重任的产业合作平台,促进各区域互通有无、信息共享,为跨区域的信息流、物流、资金流、技术流等资源的流通提供开放平台。要以产业链分工和协作配套为重点,打破长江中游城市群产业发展同质化困境,加强区域统筹,减少产业间无序竞争。对外要适当承接东部沿海地区产业转移,要在全面梳理长江中游城市群产业链间的发展现状和需求的基础上,加快建设湖北荆州、湘西湘南国家级承接产业转移示范区,合力承接长三角城市群和粤港澳大湾区资金、技术、劳动密集型产业转移,以充分发挥长江中游城市群资源丰富、要素成本低、市场潜力大的优势。通过良好有序的梯次产业转移,持续优化资源要素配置,协调上下游产业配套和协作关系,促进传统产业转型升级并培育壮大新兴产业。

产业布局空间协同是打造优势产业集群的重要基底。产业协同集聚能够

通过提升科技创新水平和市场潜能促进地区经济增长,通过优化产业布局、促进优势产业集群发展,能够实现产业发展能级跃升,打造长江中游城市群高质量发展强引擎。首先,要打破由于行政分割导致的行政主导型经济特征造成的桎梏,建立利益协调机制,实施统一的市场准入制度,深化产业合作基础,完善产业协同机制。其次,要深入贯彻落实打造五大优势产业集群、六大战略性新兴产业集群的战略目标,推进低效工业用地连片整治和盘活利用,完善基础配套设施与服务,形成支持产业集群发展的政策体系,实现企业联动发展、产业协同发展、全产业链一体化发展。最后,依托武汉东湖、长株潭、鄱阳湖 3 个国家自主创新示范区,打造创新资源高度集聚的战略性新兴产业策源地,通过城市群各城市之间的科技自主创新与协同创新,实现武汉都市圈、长株潭都市圈、南昌都市圈三地融合联动发展,打造科技协同创新产业共同体,增强产业集群区的竞争力和可持续发展能力。

### 六、助推创新驱动和绿色低碳转型,着力提升发展质效

推动长江中游城市群高质量发展,需要高水平的协同创新与高品质的生态环境作为支撑。一方面,高质量发展需要关注科技要素的比较优势,要实施区域创新驱动战略,提高自主创新能力,促进产业结构转型升级和经济发展提质增效,打造智慧型城市群。另一方面,也要坚持绿色发展理念,综合优化长江流域生态环境保育功能,着力推行绿色低碳的生产生活方式,提升长江中游城市群可持续发展能力,建设生态型城市群。

在创新驱动方面,长江中游城市群已经有良好的合作发展基础,但目前主要存在的问题是缺乏健全高效的科学研究成果产业转化机制。为此需要从以下几个方面着手。一是要健全科技成果转化的体制机制,完善落实有关科研成果转移转化的政策法规,搭建城市群层面科技成果转化协调工作平台,完善长江中游城市群科技成果转化促进联盟、协同创新联盟、新型研发机构战略联盟机制,打造面向市场的区域性一体化新型"研发 + 转化 + 应用"平台,促进技术创新、成果转化和产业发展。二是要推动重点创新成果产业化,为传统产业创新升级提供有力科技支撑。深化新一代信息技术、人工智能、高端装备、绿色环保技术等的应用,引导长江中游城市群传统制造业数字化、绿色化转型,增强产业竞争优势和辐射带动作用。三是加强协同创新,实现科创资源、人才、成果和信息等互融互通、共用共享。支持光谷科技创新大走廊、湘江西

岸科技创新走廊、赣江两岸科创大走廊协作共赢,共同发展,以高水平的协同创新助推长江中游城市群高质量发展。

在绿色低碳转型方面,长江中游城市群对于整个长江经济带的绿色健康发展起着重要作用,但目前面临着生态环境破坏、生物多样性下降、环境污染等问题。为此应从以下几方面着手,为长江中游城市群发展提质增效保驾护航。首先,要促进生态环境协同治理,建立跨区域生态环境保护联防联控体制机制,统一各区域规划实施机制,建立跨区域的生态环境监测、预警、治理体系,改善长江中游城市群生态环境。其次,要大力发展绿色产业集群,共同助推生产方式"绿色化"、产业结构"绿色化",大力发展循环经济,培养新的经济增长点。最后,要明确长江中游城市群流域生态补偿仍处在初期研究与实践探索阶段,要建立长江中游城市群生态补偿协商机制,进一步落实地方主体责任,强化绩效管理。通过促进长江中游城市群绿色低碳转型,提升长江中游城市群可持续发展能力,以高品质的生态环境支撑长江中游城市群高质量发展。

执笔人:周国华为湖南师范大学地理科学学院二级教授、博导、院长;此外,参与本章执笔的还有湖南师范大学的于雪霞、李秋泓、焦天慧、梅洪源

## 参考文献

[1]郑文升,杜南乔,杨瑶,等.长江中游城市群空间结构的多分形特征[J].地理学报,2022,77(04):947-959.

[2]李思远,白田田,余贤红.协同发展乘势出发[N].新华每日电讯,2023-01-05(006).

[3]FANG C L,YU D L. Urban agglomeration:an evolving concept of an emerging phenomenon[J]. Landscape and Urban Planning,2017(162):126-136.

[4]汪德根,范子祺,赵美风.长江经济带主要城市群2h出行交通圈格局特征[J].地理研究,2022,41(05):1388-1406.

[5]田培,王瑾钰,花威,等.长江中游城市群水资源承载力时空格局及耦合协调性[J].湖泊科学,2021,33(06):1871-1884.

[6]张婉玲,邹磊,夏军,等.长江中游城市群水资源生态足迹时空演变及其驱动因素分析[J].长江流域资源与环境,2023,32(01):83-92.

[7]ZHANG X C,CHEN S Q,LUAN X F,et al. Understanding China's

city-regionalization：Spatial structure and relationships between functional and institutional spaces in the Pearl River Delta［J］. Urban Geography，2021，42（3）：312－339.

［8］李琳,彭璨.长江中游城市群协同创新空间关联网络结构时空演变研究［J］.人文地理,2020,35（05）:94－102.

［9］唐承丽,郭夏爽,周国华,等.长江中游城市群创新平台空间分布及其影响因素分析［J］.地理科学进展,2020,39（04）:531－541.

［10］方创琳.新发展格局下的中国城市群与都市圈建设［J］.经济地理,2021,41（04）:1－7.

［11］WU F L. China's Emergent City-Region Governance：A New form of State Spatial Selectivity through State-orchestrated Rescaling ［J］. International Journal of Urban and Regional Research,2016,40（6）:1134－1151.

［12］谷玉辉,吕霁航.长江中游城市群协调发展存在的问题及对策探析［J］.经济纵横,2017（12）:117－122.

［13］KAUFFMANN A. Is the "Central German Metropolitan Region" spatially integrated？ An empirical assessment of commuting relations［J］. Urban Studies,2016,53（9）:1853－1868.

［14］吴传清,黄磊.演进轨迹、绩效评估与长江中游城市群的绿色发展［J］.改革,2017（03）:65－77.

［15］李宁.长江中游城市群流域生态补偿机制研究［D］.武汉大学,2018.

［16］朱政,朱翔,李霜霜.长江中游城市群空间结构演变历程与特征［J］.地理学报,2021,76（04）:799－817.

［17］李琳.长江中游城市群一体化模式选择与机制研究——基于市场、产业、空间三维视角［M］.北京:社会科学文献出版社,2019.

［18］张学良,林永然,孟美侠.长三角区域一体化发展机制演进:经验总结与发展趋向［J］.安徽大学学报(哲学社会科学版),2019,43（01）:138－147.

［19］张衔春,周子航.城市区域主义下的粤港澳大湾区的尺度重构与协同治理［J］.世界建筑导报,2023,38（03）:61－64.

［20］龚胜生,张涛,丁明磊,等.长江中游城市群合作机制研究［J］.中国软科学,2014（01）:96－104.

［21］邓宏兵,刘晓桐.长江中游城市群发展质量提升模式与路径［J］.华

中师范大学学报(自然科学版),2019,53(05):622-630+642.

[22]谈佳洁,刘士林.长江经济带三大城市群经济产业比较研究[J].山东大学学报(哲学社会科学版),2018(01):138-146.

[23]刘媛,胡忆东.长江中游城市群产业研究进展及其发展趋势[J].城市发展研究,2016,23(10):21-26.

[24]王西贝,王群勇.产业协同集聚对区域经济增长的影响研究——基于规模效应与拥堵效应视角[J].经济评论,2023(02):43-58.

[25] KOGAN L, PAPANIKOLAOU D, SERU A, et al. Technological innovation, resource allocation, and growth [J]. The Quarterly Journal of Economics,2017,132(2):665-712.

# 第十二章　成渝地区双城经济圈建设

2020年1月3日，习近平总书记主持召开中央财经委员会第六次会议，做出推动成渝地区双城经济圈建设的重大决策部署，赋予成渝地区"打造带动全国高质量发展的重要增长极和新的动力源"的历史使命。三年来，川渝两地秉持"一家亲"理念，强化"一盘棋"意识，克服新冠疫情影响，强力推动各项部署落地落实，成渝地区双城经济圈建设全面提速、整体成势。本章基于过去、现在与未来的时间线，全面审视成渝地区的发展脉络、建设成效，并提出未来发展建议。

## 第一节　成渝地区发展历程及建设成效

### 一、成渝地区经历的三个发展阶段

1997年6月18日，重庆正式成为中国第四座直辖市，自此，四川省被一分为二。但20多年来，川渝"分治不分家"，双方的合作从未停止，1＋1＞2的效应不断凸显，区域一体化进程扎实推进。国家历来重视成渝地区发展，先后发布了《成渝经济区区域规划》（2011年）、《成渝城市群发展规划》（2016年）和《成渝地区双城经济圈建设规划纲要》（2021年）三个国家级规划，显示出党中央 国务院对成渝地区"因时制宜"的决策智慧和对成渝地区不同发展时期在全国经济版图中的期待。

1.成渝经济区：引领西部地区加快发展、提升内陆开放水平、增强国家综合实力的重要支撑

2011年5月，根据党的十七大精神，国务院批复、国家发展改革委印发了成渝地区的第一个国家级规划——《成渝经济区区域规划》，规划期为2011—2015年，规划范围覆盖重庆市的31个区（县）、四川省的15个地级市，面积20.6万平方公里。该规划将成渝经济区定位为"引领西部地区加快发展、提升内陆开放水平、增强国家综合实力的重要支撑"，并提出到2015年，将成渝

经济区建设成为"西部地区重要的经济中心"。

经济区体现的是城市外溢功能,强调地区间的联系往来,着眼于地区生产要素的聚集和经济联系的紧密。因此,在这一时期,成渝经济区的任务主要有两项:一是促使资源要素向成渝集聚以壮大经济区经济实力,并辐射带动西部地区发展,促进全国区域协调发展;二是加强成渝地区内部联系,推动区域一体化和城乡一体化发展。2010—2015 年,成渝地区生产总值占全国的比重从5.5%上升为 6.1%,人均地区生产总值从 2.35 万元上升为 4.49 万元,城镇化率从43.8%上升为52.35%,经济社会发展水平整体得到提升。2015 年年底,成渝地区第一条高速铁路——成渝客运专线正式通车运营,大大压缩了成渝两地及沿线地区的时空距离,进一步完善了成渝地区交通大动脉格局,为成渝经济区内部合作打下了坚实基础。

2. 成渝城市群:引领西部开发开放的国家级城市群

接续《成渝经济区区域规划》,依据《全国主体功能区规划》中对成渝地区的功能定位及相关战略安排,2016 年,国家发展改革委、住房和城乡建设部联合印发成渝地区第二个国家级规划——《成渝城市群发展规划》,规划期为2016—2020 年,规划范围包括重庆市的 27 个区(县)以及开州、云阳的部分地区、四川省的 15 个地级市,面积 18.5 万平方公里。该规划对成渝城市群的定位是"引领西部开发开放的国家级城市群",目标是到 2020 年,基本建成经济充满活力、生活品质优良、生态环境优美的国家级城市群。

城市群体现的是城市内生效应,强调城市群内部大中小城市间的分工合作,着眼于大中小城市的协同发展和区域城市体系的整体完善和重塑。因此,这一时期,成渝地区的主要任务是,依托"一轴两带、双核三区"的空间格局,强化核心城市辐射带动作用、做强区域中心城市、建设重要节点城市、培育发展一批小城市、有重点地发展小城镇,将成渝地区由联系紧密的经济区建设成为具有合理城市体系的国家级城市群,引领广大西部地区的开发开放。2016—2020 年,成渝城市群建设成效显著,城市平均常住人口规模从 221 万人上升为 351 万人,城市平均建设用地面积从 122.65 平方公里增加为 146.15平方公里(除万州、黔江),节点城市平均常住人口城镇化率从51.27%上升为54.25%,其中城镇化率最高的城市从永川区(66.65%)变为涪陵区(71.85%),城镇化率最低的城市从广安市(38.81%)变为资阳市(41.29%),要素集聚功能明显增强。

3. 成渝地区双城经济圈:带动全国高质量发展的重要增长极和新的动力源

2020 年 1 月 3 日,中央财经委员会第六次会议做出推动成渝地区双城经济圈建设的重大决策部署。接续《成渝城市群发展规划》的相关战略安排,2021 年 10 月,中共中央、国务院印发针对成渝地区的第三个国家级规划——《成渝地区双城经济圈建设规划纲要》,规划期为 2021—2025 年,规划总面积 18.5 万平方公里,规划范围与成渝城市群一致。该规划对成渝地区的总体要求是,将成渝地区双城经济圈打造成为"带动全国高质量发展的重要增长极和新的动力源"。

"经济圈"是"经济区"和"城市群"的升级加强版,强调成渝地区整体成为高质量发展的增长极。从全国区域板块来看,长期以来我国东中西部发展不平衡,西部地区长期处于"跟跑"状态,缺乏强有力的支点撬动,而成渝地区是我国西部经济实力最强、发展潜力最大的地区。因此,继续支持成渝地区发展,将成渝地区建设成为中国经济增长"第四极"十分必要。从成渝地区自身条件来看,经过"经济区"和"城市群"阶段的发展,成都、重庆两大核心城市的集聚功能得到显著提升、城市间的经济联系得到明显加强,但双核的辐射带动作用仍需进一步增强,成渝之间存在的"中部塌陷"和"毗邻区塌陷"问题也亟须解决。因此,"双城经济圈"强调了成渝地区"双城"的核心引领功能和"经济圈"的紧密联系作用,其中"双城"即要在"点"层面上强化成都和重庆在成渝地区经济社会发展中的核心引擎功能;"经济圈"即要在"面"层面上通过圈层梯度释放经济势能,解决"双塌陷"问题,鼎托成渝地区发展。

## 二、三个阶段取得的建设成效

1. 经济实力不断增强

成渝两地聚焦"一极一源,两中心两地"[①]目标定位,在各个重大领域开展深度合作,经济圈经济发展能级不断提升,产业结构不断优化。

第一,经济发展能级不断提升。2010—2022 年,成渝地区走过了整体规划缺位、经济区规划、城市群规划、双城经济圈规划四个历史节点,地区生产总值不断攀升(图 12.1),2022 年,GDP 达 77587.84 亿元,较 2010 年增长 2.42 倍,在全国的比重由 5.5% 上升到 6.4%。

---

① "一极一源,两中心两地"即打造带动全国高质量发展的重要增长极和新的动力源,建设成为具有全国影响力的重要经济中心、科技创新中心,建设改革开放新高地、高品质生活宜居地。

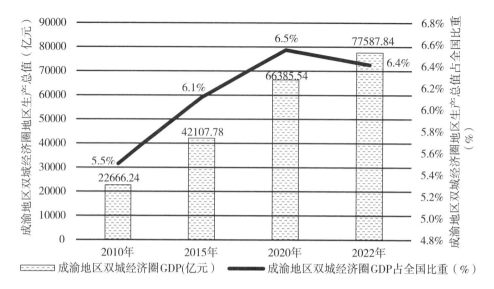

**图12.1 成渝地区双城经济圈地区生产总值及占比**

资料来源:根据重庆市和四川省统计年鉴作者自绘

第二,产业结构进一步优化。2010—2022 年,成渝地区一、二、三产业年均增长率分别达到 7.8%、8.3%、13.9%,产业结构由 11.6∶50.3∶38.1 演变为 8.4∶38.4∶53.2,已由"二三一"结构转变为"三二一"结构(图 12.2)。

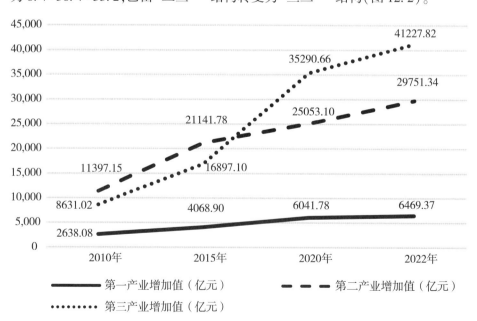

**图12.2 成渝地区双城经济圈三次产业增加值变迁**

资料来源:根据重庆市和四川省统计年鉴作者自绘

第三,工业提量增质。川渝两地立足汽车、电子信息等重点产业,整合优势产业,加快打造先进制造业集群,推动制造业高质量发展。重庆市机电产业持续壮大,其中微型计算机设备产量由 2010 年的 189.1 万台上升到 2021 年的 1.07 亿台,增长了 55.72 倍;四川省汽车产业也形成赶超之势,整车产量从 2010 年的 10.29 万辆提高到 2020 年的 72.70 万辆,年均增长 50.54%。

2. 科技创新能力持续增强

成渝两地以项目化方式开展技术联合研发,以西部(重庆)科学城和西部(成都)科学城为主要空间载体,走出了一条产业链与创新链相互缠绕、深度融合的一体化创新发展之路。

第一,创新投入加速增长。2010 年,川渝两地的 R&D 经费支出仅为 364.54 亿元,但之后的 10 年,支出增速均在 15% 以上,到 2020 年,R&D 经费支出总量已较 10 年前翻了 4 倍有余(图 12.3),特别是 2015 年以来的增速(16.1%)比之前 5 年(15.5%)有了明显提升。

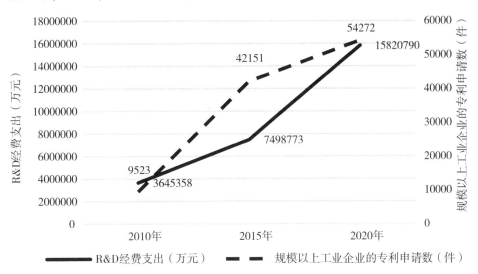

图 12.3　四川和重庆 R&D 经费支出及专利申请数

资料来源:根据重庆市和四川省统计年鉴作者自绘

第二,创新投入强度再创新高。2020 年,重庆和四川 R&D 投入强度达到 2.15%,相较 2010 年提高了 0.71 个百分点,增幅近 50%。同时,2010—2020 年,投入强度年均增速均在 4% 以上,2015 年以来的增速更是进一步达到 5.2%,科技创新高地正在加速形成。

第三,专利申请氛围活跃。2010—2020 年,成渝地区规上工业企业的专利申请数大幅增长,2020 年达到 54272 件,相较于 2010 年翻了近 6 倍,且 10 年间专利申请的年均增速为 19.0%,市场主体的创新红利不断释放,创新主动性不断被激发。

3. 协调发展能力和水平不断提升

成渝地区始终坚持"一盘棋"谋划、"一体化"建设的理念,加快形成各有优势、各具特色、相互促进的区域发展格局,增强区域协调发展能力。

第一,统筹城乡协调发展取得新突破。2007 年,国家发展改革委批准在重庆市和成都市设立全国统筹城乡综合配套改革试验区,成渝地区城乡一体化进程步入快车道。最直观的指标是城乡收入比持续缩小(图 12.4),2022 年,四川城乡居民收入比为 2.32,相较于 2010 年缩减了 0.69 个百分点,减少幅度超 20%;2022 年,重庆城乡居民收入比为 2.36,较 2010 年下降了 0.96 个百分点,差距缩小近 30%。

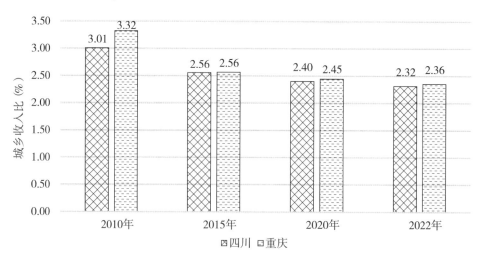

图 12.4 四川和重庆城乡收入比变动

资料来源:根据重庆市和四川省统计年鉴作者自绘

第二,重点产业合作成效明显。川渝两地在汽车、电子信息产业链的供需对接平台方面深入合作,累计上云企业超过 3500 家。2022 年,川渝两地的电子信息、汽车、装备制造和消费品产业规模分别达到 2.2、0.75、1、1.48 万亿元,共生产汽车 318 万辆,同比增长 17%,展现出产业链合作的强大韧性。

第三,大中小城市协调发展水平提升。2013 年,成渝地区城市网络层级按"1+1+2+9+3"结构分布,2016 年,发展为"1+1+2+6+6",2019 年,进阶为

"1+1+3+5+6"结构。其中,成都和重庆始终处于第一、第二层级,核心城市始终处于引领地位,低层级城市等级跃迁使得中层级城市数量增加,促使成渝地区城市体系趋于合理,大中小城市协调发展能力得到提升。

4. 高水平对外开放取得新进展

成渝地区依托西部陆海新通道、中欧班列(成渝)、长江黄金水道、沿江铁路,以及重庆江北、成都双流、成都天府的国际航空网络和多式联运示范工程,加强与世界的联系。

第一,对外开放能级不断提升。仅 2023 年上半年,西部陆海新通道班列累计发送货物 42.4 万标准箱,进出口货值约 3500 亿元,同比分别增长 10.5% 和 40%。目前,西部陆海新通道已辐射中国 17 个省 61 个市 115 个站点,货物通达全球 119 个国家和地区的 393 个港口。中欧班列(成渝)33 条线路覆盖欧亚超 40 个国家 100 个节点城市,2022 年,共开行 5298 列,同比增长 8.6%。

第二,外贸发展态势良好。2010—2022 年,成渝地区进口、出口以及进出口总额和经济外向度不断上升(表 12.1),进出口总额增长近 5 倍,经济外向度从 12.1% 上升到 21.23%。

表 12.1 成渝地区双城经济圈进出口总额相关数据

| 项目 | 2010 年 | 2015 年(经济区) | 2020 年(城市群) | 2022 年(经济圈) |
|---|---|---|---|---|
| 进口总额(亿元) | 1277.46 | 2332.23 | 5753.41 | 6774.63 |
| 出口总额(亿元) | 1782.67 | 5473.48 | 8841.81 | 11460.52 |
| 进出口总额(亿元) | 3060.12 | 7805.71 | 14595.22 | 18235.05 |
| 经济外向度(%) | 12.10 | 16.83 | 19.83 | 21.23 |

资料来源:根据重庆市和四川省统计年鉴整理

5. 生态宜居水平稳步提升

成渝地区不断强化生态环境保护协作机制,创新生态环境治理体系,共抓长江上游生态大保护,努力为建设高品质生活宜居地提供生态环境保障,建设人与自然和谐共生的美丽中国先行区。

第一,大气环境质量逐步改善。2021 年,成渝地区 $PM_{2.5}$ 平均浓度为 36 微克/米$^3$,相比 2015 年下降 28%;成渝地区 16 个地级及以上城市平均空气质量优良天数比例为 86.4%,相比 2015 年上升 6.0 个百分点。

第二,水环境质量明显好转。2021 年,长江干支流川渝段水质总体保持为优,175 个国控断面水质达到或优于 III 类断面的比例为 94.9%,无劣 V 类国控断面,两地跨界国考断面水质均达标,地级及以上城市集中式饮用水水源地水质均达到优良。

第三,生态状况持续向好。成渝地区生态环境质量指数从 2005 年的 0.57 上升为 2018 年的 0.64,生态环境质量逐渐向好,生态安全格局逐渐稳固。"十三五"期间,碳排放强度显著下降,重庆市和四川省单位 GDP 碳排放强度比 2015 年分别下降了 21.88%、29.9%。

6.公共服务共建共享,呈现新亮点

川渝两地在公共服务领域重点聚焦战略协同、政策融通、工作协调的同频共振发展模式,不断拓展川渝人社"跨省通办"服务和便捷生活行动等便民工程,实现跨区域的公共服务共同投入、共享产出。

第一,社会保障支出一直保持较高水平。成渝地区社会保障支出总额由 2010 年的 414.65 亿元上升到 2021 年的 1201.07 亿元(图 12.5),增长了 1.9 倍。同期社会保障支出占一般公共预算支出的比重由 10.24% 提高到 12.69%。

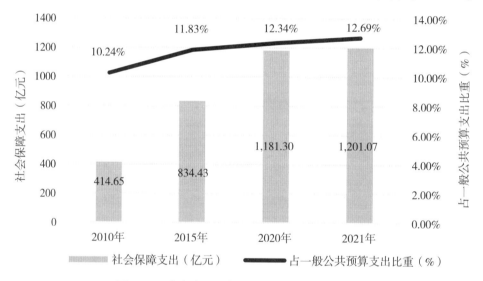

**图 12.5 成渝地区社会保障支出水平及占比状况**

资料来源:根据重庆市和四川省统计年鉴作者自绘

第二,基本公共服务均等化水平整体改善。从生存性需求(公共教育、医疗卫生、社会保障)和发展性需求(文化服务、环境保护、交通物流)两个角度来看,成渝地区基本公共服务均等化水平由 2010 年的 0.175 上升到 2018 年的 0.300,文化服务、环境保护与交通物流的基尼系数分别下降 25%、60%、24%,基本公共服务均等化水平得到了一定的改善。

第三,基本公共服务协同水平不断提升。川渝人社接续推出"五件大事""十件实事""六项举措"合作事项,40项川渝人社"跨省通办"互办业务累计76.5万件,在全国率先推行养老保险关系转移资金定期结算、川渝区域协同标准化试点,社保卡应用逐步向金融、文旅、交通等领域拓宽,两地企业群众满意度和获得感显著提升。

## 第二节　成渝地区双城经济圈建设取得的新进展

3年来,重庆、四川通力合作,以重大项目为抓手、以共建平台为引擎,以制度创新为核心,在协同发展、创新发展、绿色发展、改革开放等方面取得一系列可喜成绩,先后实施了成渝中线高铁等160个重大项目,打造了万达开川渝统筹发展示范区等10个毗邻地区功能平台,省市、部门、区县全方位推进跨省协同改革,推动经济圈建设开好局、起好步。

### 一、推进区域协同发展,构建现代化双城经济圈

以共建国际性综合交通枢纽实现城市交往的"快",以共建大数据中心实现城市链接的"新",以共建西部金融中心实现城市辐射的"强",以共建国际消费目的地实现城市名片的"靓",打造以交通链、数据链、金融链、消费链四条主链融通的现代化经济圈,齐力推动区域协同发展。

1.共建国际性综合交通枢纽:形成内联外通、便捷高效的交通运输体系

交通是唱好"双城记"、建设经济圈的核心与关键,是基础设施建设中的"快"和"硬",加快交通建设能有效应对内部联通不紧、对外通道不畅和辐射带动不足等挑战。航空方面,以打造国际航空门户枢纽为目标,建成成都天府国际机场,加速推进重庆江北国际机场T3B航站楼及第四跑道建设,开通重庆仙女山支线机场,现已形成"3+18"[①]的民用机场分布格局;铁路方面,以完善多层次轨道交通网络为目标,开工建设川藏铁路和成渝中线高铁等重大项

①　"3"是指成都双流、重庆江北、成都天府3座大型国际机场;"18"是指位于四川省的绵阳南郊、泸州云龙、南充高坪、西昌青山、宜宾五粮液、达州河市、攀枝花保安营、稻城亚丁、广元盘龙、巴中恩阳、甘孜康定、阿坝红原、九寨黄龙、甘孜格萨尔,以及位于重庆市的万州五桥、黔江武陵山、重庆巫山、重庆仙女山,共18座支线机场。

目,打造成渝地区双城经济圈 4 个"1 小时交通圈"①;公路方面,以畅通高速公路通道为目标,启动了包括自贡至永川高速公路等在内的 43 个重点项目;航运方面,以建设长江上游航运枢纽为目标,加快推进涪江双江航电枢纽等航运项目建设。系列措施旨在通过多种交通运输运营融合,形成区域贯通、市域互通、要素畅通的综合交通枢纽集群,不断加强经济圈内城际联系,释放地区发展潜能。

2. 共建国家算力枢纽节点:提升数字经济能级、打造数字产业高地

大数据中心作为基础设施建设中的"新"和"软",为大数据应用、云计算等新兴领域的发展提供平台,对成渝地区数字经济发展起到了关键支撑作用。2022 年 2 月,根据国家统一部署,成渝启动建设国家算力枢纽节点,拉开了我国"东数西算"工程的帷幕。早在 2021 年 8 月,四川省大数据中心与重庆市大数据应用发展管理局就签署了《深化成渝地区双城经济圈大数据协同发展合作备忘录》,拟从跨省通办、数字基建、企业交流、大数据立法、大数据标准化体系等方面形成大数据合力,同时还建立了大数据协同发展长效工作机制,形成联席会议和情况通报制度,定期研究推动重点工作,协同解决突出问题,力争将成渝地区建设成为西部数据高地、全国具有影响力的大数据发展中心。2023 年 9 月 5 日,重庆人工智能创新中心正式投用,将携手成都智算中心构建区域一体化算力调度体系,为实现"市内—都市圈—成渝"算力资源整体优化和按需调度打下基础,共同推动人工智能赋能产业发展。同时,积极开展城际间合作,依托川南渝西七市区大数据产业联盟、"万达开"数字经济协同发展联盟、区块链应用创新联盟,推动数字产业竞争合力进一步增强。

3. 共建西部金融中心:以区域金融强辐射力提升资源配置能力和影响力

金融是实体经济的血脉,共建西部金融中心是推动双城经济圈实现经济增长的重要支撑。2021 年 12 月,《成渝共建西部金融中心规划》印发,同月,依托现有地方征信平台资源,两地共同推出"川渝金融信用信息综合服务专区",构建"信用 + 信贷 + 政策"的全流程金融服务生态圈。2023 年 7 月,人民银行川渝两地分支机构从深化重点领域金融创新、提升金融协同服务水平、推进金融市场一体化发展、联合向上争取政策等 4 个方面部署了 20 项重点工作,协同推进西部金融中心建设。同时,川渝两地还大力推进特色金融服务创新,率先开

---

① 4 个"1 小时交通圈"是指成渝双核超大特大城市之间 1 小时通达、成渝双核至周边主要城市 1 小时通达、成渝地区相邻城市 1 小时通达、成渝都市圈 1 小时通勤。

展全国首个跨地区外债便利化试点,允许符合条件的企业在成渝地区跨区域办理跨境融资、跨国公司跨境资金集中运营业务,推动成渝地区企业深度融入国际国内两个市场,吸引符合条件的跨国公司在成渝两地设立资金中心、融资中心和结算中心,为西部金融中心建设提供有效支撑。截至 2023 年 4 月末,川渝两地金融机构累计对川渝合作共建重大项目授信 9953 亿元,累计发放贷款 765 亿元。

4. 共建国际消费旅游目的地:做靓"重庆名片"、打响"成都品牌"

消费对国民经济增长的拉动作用持续提升,国际消费目的地的建设有助于激活成渝地区消费活力,助力形成中国经济增长的"第四极"。2021 年,川渝两地消费市场规模达 3.4 万亿元,同比增长 17%,增速高于全国 4.5 个百分点,辐射周边近 5 亿人口。2022 年 8 月,川渝两地联合推出《建设富有巴蜀特色的国际消费目的地实施方案》,通过共同举办成渝地区双城消费节、中国川渝火锅产业大会、国际消费品博览会等大型展会,推动两地成为云集国际国内精品、引领时尚消费潮流、吸引全球消费客群的国际消费目的地核心承载区。2022 年 5 月,《巴蜀文化旅游走廊建设规划》公布,提出"建成具有国际影响力的文化旅游走廊"的建设目标。规划实施以来,两地共同举办了"巴蜀区域合作文旅推广活动""巴蜀文化旅游走廊自由行""川渝一家亲——景区惠民游"等重大活动,共同构建了推动巴蜀文化旅游走廊建设的多层次工作机制[1],共同打响"巴蜀文旅"品牌。

## 二、推进区域创新发展,建设现代科技创新中心

以成渝综合性科学中心平台形成强大的创新网络、以科技创新合作计划与关键核心技术攻关凝聚科研力量并形成协同创新的合力,构建成渝地区创新生态,打造西部科学创新高地,助力现代科技创新中心建设。

1. 共建成渝综合性科学中心:以"一城多园"打造西部科技创新策源地

成渝是继张江、合肥、怀柔、粤港澳大湾区之后的第五个综合性国家科学中心,围绕共同建设具有全国影响力的科技创新中心目标,川渝两地采取"一城多园"[2]模式合作共建西部科学城,通过成都和重庆两个科学城与串联起来的两江

---

[1] 即共推巴蜀文化旅游走廊建设专项工作组、联合办公、协调会议和信息报送四项工作机制。

[2] "一城多园"中的"一城"是指西部(成都)科学城和西部(重庆)科学城,"多园"指两地的国家高新区、国家级和省级新区等创新资源集聚载体。

协同创新区、重庆高新区、成都高新区等重点区域建设,提升成渝地区在全国创新版图中的战略地位。西部(重庆)科学城现已引进北京大学重庆大数据研究院等重大科创平台 33 个,集聚吴宜灿等 20 多名院士,国家级人才超 300 名,研发人员高达 2.5 万人,科学城金凤实验室 2023 年 5 月发布的多项科技创新成果为世界首次发现或全国首创,科技创新能力不断提升。西部(成都)科学城集中了中国科学院成都生物研究所、中国科学院成都文献情报中心、天府兴隆湖实验室等一大批高能级创新平台,先后揭牌运行 4 个天府实验室①,基本搭建起"国家实验室 + 省级实验室 + 重点实验室"的高水平实验室体系。系列措施进一步提升了成渝地区创新力和竞争力,共筑科技创新"一座城",支撑成渝地区建设具有全国影响力的科技创新中心,助力形成政府引导、企业主导、全社会参与、各类机构齐发力的创新发展格局。

2.实施科技创新合作计划:共筑开放共享的区域创新生态

实施科技创新合作计划是促使成渝地区双城经济圈打造成为引领西部、辐射全国、面向全球的"科学高峰"和"科技高地"的重要支撑。目前,双城经济圈依托项目、协议等合作方式,聚焦人才、高校等合作主体,以成渝科技创新合作激发成渝地区科技创新活力,助力开放共享的区域创新生态建设。一是推动科技创新资源开放共享。川渝两地已实现总价值约 122 亿元的大型仪器设备开放共享,2023 年上半年,成都与重庆在先进制造、电子信息等领域共完成技术合同交易额 17.36 亿元,并不断推动"一带一路"科技创新合作区与国际技术转移中心建设。二是加强科技人才互通互用。川渝两地已签订《川渝专家资源共享协议》,成立成渝地区双城经济圈建设专家服务团,交换共享第一批 8000 余名专家信息,并印发《关于川渝职称互认工作有关事项的通知》,为两地高级职称的专业技术人才跨地区、跨单位流动提供便利,以人才支撑两地科技协同发展。三是共建合作平台。2021 年 4 月,由重庆市科技局和四川省科技厅联合推动,38 家高新区联合成立"成渝地区双城经济圈高新技术产业开发区协同创新战略联盟",以协同、创新、绿色、发展为宗旨推动两地高新区在更大范围、更高层次上开展经济、科技合作。通过畅通科技创新资源流通与打造创新合作平台等方式,不断增强成渝地区双城经济圈的科技创新能力。

---

① 即天府兴隆湖实验室、天府永兴实验室、天府绛溪实验室、天府锦城实验室 4 个天府实验室。

3. 联合攻关关键核心技术:攻克产业升级"卡脖子"技术

以成渝两地共同凝练发布的技术需求为导向,通过企业、高校和研究机构等科技创新主体共同攻克产业升级中的关键技术难题。一是着力提高科技自主创新能力。重庆在基础研究和关键核心技术领域培育打造高能级创新平台,取得了高速重载传动系统与智能装备、沙漠土壤化等一批标志性科研成果,创新动能得到有效提升;成都借力信创产品的自主安全性,解决网络设备制造的"卡脖子"难题,为成都乃至全国的网络安全做出优质保障,抢跑新赛道、培育新优势,助推电子信息产业、数字经济、智能科技等领域的发展。二是加速科技成果转化。双城经济圈发挥成渝地区高新区联盟、大学科技园联盟、技术转移联盟、科普研学联盟等桥梁纽带作用,推动两地孵化器协会共同组织创业孵化载体对接交流活动,通过重庆开展的"双百双进"系列活动与成都形成的"校企双进"平台,把科技创新与市场需求连接起来,加快构建"创新策源+成果转化"协同机制,提升科技成果转化能力。三是加强协同创新。川渝两地共同设立了成渝科技创新合作专项,支持两地企业、高校和科研院所联合在电子信息、装备制造、生物医药等领域开展"卡脖子"关键核心技术攻关,聚焦国家新一代人工智能创新发展试验区建设,加快协同创新。

### 三、推进区域可持续发展,打造生态宜居城市

成渝两地以绿色低碳转型实现经济高质量发展,以污染同防共治改善区域环境质量,以共筑长江生态屏障守好生态安全底线,统筹生态环境保护与经济社会高质量发展,打造生态宜居城市。

1. 绿色低碳转型:推动产业绿色化,加速低碳经济发展

在"碳达峰碳中和"战略目标指引下,产业结构绿色转型是实现可持续发展的必要条件,也是推动低碳经济发展的必由之路。一是推动绿色产业发展。重庆九龙坡区作为"成渝氢走廊"的起点之一,正在积极打造"西部氢谷",现已汇集德国博世、庆铃汽车、国鸿氢能等龙头企业,涉及氢能源商用整车和燃料电池等八大关键核心产品,构建了比较完整的氢燃料电池汽车配套体系,以点带面推进"成渝氢走廊"建设。此外,2023 年 6 月西部(重庆)科学城科学谷一期全面完工,零碳示范园区已于 8 月落成,下一步将聚焦新能源、智能制造等重点领域,推进智能化改造,探索"双碳"战略下的科学城方案。二是积极推进绿色生活方式革新。川渝联合实施"电动川渝"行动计划,推动两地新能源汽车与动力

电池、驱动电机、电控系统等配套产业协同发展。截至2022年年底,重庆已经成功建立了138个高速公路充电站,其服务区的覆盖率已经超过了90%。重庆市的新能源汽车与充电基础设施平台已经接入了307家车桩和换电企业,基本上满足了重庆市民驾驶电动汽车的跨区域、跨省份的绿色出行需求。三是推进碳排放权交易市场联建联维。重庆市政府修订并颁布实施了《重庆市碳排放权交易管理办法(试行)》,截至2022年年底,重庆市的碳市场已经累计交易了各类产品共计3999万吨,交易额达到了8.35亿元。同时,成都市的"碳惠天府"绿色公益平台已经建成并投入使用,2022年,四川的国家温室气体自愿减排量交易规模在全国排名第三,大约占据了全国交易总量的23%。

2. 污染同防共治:推进跨界生态保护与环境治理

生态环境共保共治是成渝地区实现可持续发展、建设高品质生活宜居地的必要保障,其重点是加强跨界河流、大气的同防共治。在跨界河流同防共治方面,川渝两地在全国首创组建跨省河长制联合推进办公室并实行实体化办公,并签署《跨界河流联防联控合作协议》《川渝跨界河流管理保护联合宣言》,建立跨界河流联合巡查、联合执法等9项合作机制,有效保护了跨界河流的生态环境,2022年,川渝跨界河流25个国控断面水质达标率100%。在跨界大气同防共治方面,2023年,两省市生态环境部门签订了《川渝大气污染防治联动工作方案(2023—2025年)》,通过定期召开工作会议、动态通报相关情况、共同研究推进执法以及加强重污染天气应对联动合作等手段,有效改善区域环境空气质量,推动川渝大气污染防治工作再上新台阶。在危险废物跨省市转移方面,2020年4月,川渝两地生态环境部门签订首个《危险废物跨省市转移"白名单"合作机制》,将废铅蓄电池、废荧光灯管、废线路板等三类危险废物,川渝两地共15家经营单位纳入首批"白名单",以"白名单"形式畅通危险废物跨省转移"绿色通道",有效降低环境风险。

3. 共筑长江上游生态屏障:强化生态大保护,共建区域生态安全格局

成渝两地始终坚持把保护修复长江生态环境摆在压倒性位置,携手共筑"四屏六廊"①生态格局,筑牢长江上游重要生态屏障,守护巴山蜀水美丽画卷。一是推进联动督查机制。川渝两地在全国首创生态环保跨界联动督察机制,将

---

① 根据《成渝地区双城经济圈生态环境保护规划》,这是一个成渝两地共建的区域生态屏障体系,包括以岷山—邛崃山—凉山为主体的成渝地区西部生态屏障,以米仓山—大巴山为主体的东北部生态屏障,以大娄山为主体的东南部生态屏障和以武陵山为主体的东部生态屏障。

重庆市梁平区与四川省开江县的界河——新盛河作为联动督察试点,联合排查或核查流域内生活、工业、农业等污染问题,形成"19＋15"问题清单,并移交属地政府,依据属地属事和标本兼治的原则,实施协同整治。二是创新环保联合执法机制。2021年,川渝两地在已签订的《环境联合执法工作机制》基础上,专门制订了联合执法工作计划,并于2022年修订了自由裁量基准,统一执法尺度标准,开展联合执法稽查,毗邻区县开展了突发环境事件联合应急演练,通过种种措施推进跨省市环境联合执法工作机制在实践中落地生根,优化执法方式、提升执法效能。三是携手共建生态廊道。2021年4月,重庆五中院、四川泸州中院、江津法院、合江法院签订了川渝司法协作生态保护基地的框架协议,约定共建长江上游珍稀特有鱼类的国家级自然保护区川渝司法协作生态保护基地,以此增强生态环境司法协作力度,为美丽中国建设提供成渝经验。

### 四、推进内陆开放发展,积极融入国内国际"双循环"

推进内陆开放发展,积极融入国内国际"双循环",是推动内陆地区与国际市场深度融合的关键路径,有助于提升成渝地区竞争力和吸引力,为经济发展注入新的活力,助力成渝双城经济圈高质量发展。

1.共建出海出境大通道:以内陆国际物流枢纽培育内陆开放新优势

成渝紧扣"两中心两地"定位,共同打造陆海互济、四向拓展、综合立体的国际大通道。一是加强综合物流枢纽建设。在川渝两地的共同努力下,"空、铁、公、水、邮"国际枢纽建设取得了显著成效。双流国际机场和重庆江北机场共开通了130条以上的国际航线,构建了连接世界各地的"空中丝路";四川泸州作为港口型国家物流枢纽,有效辐射西南地区,实现了长江航线及韩国、日本近洋航线的稳定运行;积极开展川渝公水联运,成都经重庆公水联运至上海的集装箱货物效率大幅提高;川渝邮路正在合作打造西部国际邮件枢纽。二是大力推进运输通道建设。自2017年以来,西部陆海新通道经过6年的建设,已经形成了以国际铁路联运、铁海联运、跨境公路班车为主的运输模式。借助长江黄金水道的优势,2022年,"沪渝直达快线"的船舶成功运行1000多艘次,运载32.4万标箱集装箱,运输量同比增长17.4%。如今,"沪渝直达快线"已成为沪渝两地集装箱客户首选的水运航线。2021年1月1日,中欧班列(成渝)从重庆、成都两地首发,标志着全国首个由两座城市共同运营的中欧班列品牌由此诞生,截至2023年10月,已累计发运箱量超120万标箱,运输线路覆盖欧亚超100个节点城市。两地合作开行的中欧班列品牌实现了运输线路优化和运力资源的合理配置,将西部陆海新通道与中欧班列无缝衔接,打通了欧洲、中亚与东亚、东南亚的贸易通道。

2.共建高层次对外开放平台:发挥自贸试验区优势开展先行改革探索

开放平台合作是促进成渝两地优势互补、抱团发展的重要支撑,也是提升开放核心竞争力、培育开放新优势的重要载体。为提升贸易投资便利化水平,川渝两地自贸试验区在贸易监管方面推进协同创新,推广了"关银—KEY 通"川渝一体化模式和"综合保税区设备零配件便捷监管模式",从而简化贸易流程,提高监管效率,进一步促进川渝地区外贸发展;同时,推动"电子口岸卡"跨关区通办,提升综合保税区内企业生产设备运维保障进出区便利化水平,有效支持两地综合保税区内芯片、集成电路等高端制造企业降本增效。为提升自贸试验区贸易服务便利化,川渝共同推出川渝国际贸易"单一窗口",实现空运物流单证等信息互联互换、跨境电商无纸化申报等特色功能共享共用,开展"智慧海关、智能边境、智享联通"合作。为提升自贸试验区金融服务能力,拓展"电子口岸卡"金融属性,将其打造成为海关电子口岸密钥与银行企业网银证书的集合体,实现企业持"电子口岸卡"能够登录网上银行、跨境金融综合服务平台、企业手机银行等渠道办理金融业务,这种创新性的"一站式"服务模式,完美满足了企业在电子口岸入网和线上金融方面的综合业务需求,极大地提升了业务办理效率。截至 2022 年 11 月,川渝两地新入网企业 2113 家,办理业务 6800 余次,有力助推川渝两地自贸试验区协同开放,助力构建川渝两地统一开放、竞争有序的市场体系。

3.共同营造国际一流营商环境:激发市场活力并提升区域国际竞争力

营造市场化、法治化、国际化一流营商环境,是推动成渝地区双城经济圈高质量发展、打造中国经济新增长极的必由之路。在法制建设方面,四川天府新区成都片区法院(四川自贸试验区法院)与重庆两江新区法院(重庆自贸试验区法院)率先签订司法合作框架协议,构建立体深度成渝自贸试验区司法协作格局。在行政审批方面,对标世界银行营商环境评价指标体系,深化四川天府新区、重庆两江新区政务服务一体化合作,推动同等申报要件的同一事项在两地同标准受理、无差别办理、行政审批结果互认,设立"两江新区企业专窗",发出首张两江新区执照,成立成渝地区双城经济圈企业服务专业委员会,助力两地企业高质量发展。在知识产权保护方面,四川天府新区与重庆两江新区签署知识产权司法保护合作备忘录,确立两地知识产权司法保护信息共享,着力完善自贸试验区协作办案机制,优化跨域立案诉讼服务,加强跨域"云调解"和跨区域重大案件协作。通过共同营造一流、可预期的营商环境,吸引更多的国内外企业,提高企业的投资和创新能力,进一步激发市场活力,提升成渝双城经济圈的整体竞争力。

## 第三节　未来成渝地区双城经济圈改革发展的着力点

3 年来,成渝两地持续以"一盘棋"思维通力合作,成渝地区双城经济圈建设取得一系列重大阶段性成果。成渝两地不断加强战略协作和政策协调,区域协同发展取得显著成效,但是从打造全国高质量发展的重要增长极和新的动力源战略要求出发,成渝区域协同仍有较大的提升空间。特别是要素资源市场的分割现象明显、产业同质化现象严重、中部塌陷问题显著、政府与市场合力的区域分工协作机制尚未健全等一系列问题阻碍了成渝地区双城经济圈一体化发展。建设为要,改革为基。未来,成渝地区一方面要落实好、实施好、创造性地完成好《成渝地区双城经济圈建设规划纲要》提出的各项建设任务,更要在改革上下功夫,大胆闯、大胆试,形成可复制、可推广的制度供给,建成"改革开放新高地"。结合成渝地区当前形势和未来发展要求,提出以下四项改革发展任务。

### 一、加快要素市场化改革,推动要素有序流动、高效配置

加快要素市场化改革,推动要素有序流动、高效配置是推动市场一体化的必要路径,对于实现成渝双城经济圈的高质量发展具有重要意义。2020 年,中共中央、国务院发布了《关于构建更加完善的要素市场化配置体制机制的意见》,提出深化市场改革,提高资源配置效率。2022 年,《关于加快建设全国统一大市场的意见》再次强调了将打造统一要素市场作为建设全国统一市场的核心内容。成渝双城经济圈建设作为我国改革开放的新高地,实行要素市场化改革,推动要素市场一体化发展,对于优化成渝地区要素资源配置、发挥规模效应和集聚效应、降低市场交易成本具有重要的作用,有利于充分发挥市场力量,引导各类要素协同向先进生产力集聚,提升区域竞争力,实现要素整合与资源高效率配置下的区域高质量发展。具体而言,一方面,推行要素市场化改革能够

有效发挥市场对资源的配置作用,打破行政壁垒对于资源要素流动的限制,推动跨区域的资源整合,引导人才、资本等生产要素的跨区域自由流动,从而优化成渝地区要素资源配置;另一方面,可以有效打破区域市场分割,促进优质要素资源向优势地区集聚,从而发挥规模效应与集聚效应,在降低生产成本提高生产效率的同时形成区域优势产业的产业集群,进而推动成渝地区实现经济效益最大化和效率最大化,提升综合竞争力。

成渝地区双城经济圈在推进要素市场化配置、构建要素市场一体化机制方面进行了一系列的布局,为实现要素自主有序流动打下良好的基础。但是受制于地方政府的行政垄断、财政分权及基础设施联通短板等因素影响,成渝地区仍存在市场分割及地方保护较为严重、要素流动不畅、资源配置效率不高、市场交易成本较高等问题亟待改善。因此,成渝地区需要从畅通要素流动、推动市场体制接轨、推进多方合作治理方面推动要素市场化改革,构建区域要素市场一体化机制,着力做好以下三方面工作。

第一,畅通要素资源流动,建设统一要素和资源市场。明晰要素市场化改革的内容及方向,针对人才、资金、土地、数据等不同生产要素市场,分类完善要素市场化配置体制机制,促进要素资源向优势市场主体集聚。例如,在人才市场方面,实现成都都市圈和重庆都市圈、川南和渝西、川东北和渝东北等地区人才资源互通,推动优质人才的协同发展。在土地市场方面,推动川渝城乡建设用地增减挂钩节余指标跨省域调剂,积极盘活存量土地,逐步引导低质量、低效能企业的退出,建立建设用地指标统筹管理机制等。

第二,建设统一的市场制度规则。通过统一不同行政区间的市场制度规则,缩小市场间的制度差异,降低制度性交易成本,并进一步完善要素互通互认机制,促进区域间要素市场规则的接轨,从而畅通生产要素的跨区域流动。例如,完善成渝地区产权协同保护机制,构建统一的知识产权评估和交易规则;推行统一的市场准入制度,为各类经营主体提供稳定、透明的制度环境,共建良好的营商环境,释放成渝地区市场活力;维护统一的公平竞争制度,健全反垄断法律规则体系,实现反垄断监管跨区域联合执法等。

第三,构建跨区域要素市场监管机制,保障要素市场稳定运行。建立跨区域要素市场监管协作机制,搭建市场监管协作平台,加快实现成渝地区开展跨区域统一市场监管执法与信用监管合作,为要素市场化配置提供基础性的保障。

通过加快要素市场化改革，推动区域要素市场一体化发展，能有效打破区域行政壁垒，促进要素更加自由、高效的流动，从而实现资源要素高效配置，能更好发挥成渝地区双城经济圈要素资源的比较优势，缩小区域内部的经济差距，促进共同繁荣和地区协调发展。

**二、推动产业疏解转移，促进区域产业协同发展**

作为成渝地区的两大核心城市，成都和重庆具有显著的区位优势，通过"虹吸效应"从周边城市吸纳了大量资源，促使资本、劳动力、技术等向"极核"富集，一定程度上阻碍了成渝地区的产业协同发展。同时成渝地区资源禀赋相似，地区间的产业结构有着趋同化的特点。在"十四五"时期，重庆市重点发展的6大产业集群中有5个与成都重合，两个城市都将电子信息、装备制造、汽车制造、生物医药、新型材料、能源环保装备产业作为"十四五"时期的重点产业。此外，重庆与四川营收排名前15的头部行业中有13个是相同的，表明在产业细分领域，同质化竞争现象十分明显，基于主导产业的产业链分工尚未形成。成渝各城市应合理安排产业分工与转移，实现成渝地区双城经济圈产业协同发展，应从以下三方面着手。

第一，建立跨产业科技合作及技术转移体系，加快形成"新质生产力"。由政府提供专项资金支持和搭建科技创新平台，推动产业体系与数字化结合，充分利用数字经济打破空间限制、引导要素充分流动的新特性，加快发展跨产业合作的新模式新业态。同时，支持成渝地区企业进行产业升级和品牌建设，特别是支持大数据、人工智能、物联网等领域的研发和应用，加快形成"新质生产力"，开发出技术含量高、附加值大、市场份额大的新产品，提高企业的市场竞争力。

第二，联合布局战略性产业，加快产业分工和转移。成渝地区要提升整个经济圈的竞争力，需要合理布局产业分布，形成联动效应，推动产业结构的优化和升级是实现这一目标的关键。因此，政府应明确各城市的资源优势、发展定位以及城市职能，并基于比较优势和发展需求进行协同产业分工，充分发挥市场的基础性功能和政府的引导功能，以推动形成分工合理、优势互补、各具特色的产业合作模式。同时，依据成渝地区双城经济圈"强中心、弱区域"和"中心双核"的特点，承接产业转移的地区应紧抓机遇推动自身产业结构升级，积极与转出地政府合作，形成区域内的良性互动机制，通过产业分工、产业转移等方式促进成渝地区的协调发展。

第三,实施有利于产业协同发展的税收政策。按照区域比较优势,对特定区域的高新技术产业、战略性新兴产业等发展潜力大的产业进一步实行减税、免税、退税等优惠政策,助推区域产业合理布局,避免产业同质化竞争,推动成渝地区双城经济圈的产业集群化发展,形成规模效应。通过优化税收结构鼓励企业提高生产效率和技术创新能力,并促进企业间的协作,推动成渝地区实现经济效益最大化和效率最大化,提升区域综合竞争力。

综上所述,成渝地区应积极推进产业疏解转移与跨区共建产业链,优化产业布局,避免同质化竞争,实现资源的优化配置和互补共赢,同时发展"新质生产力"加快构建现代化的产业协同发展新格局,提升区域竞争力和影响力,有效推进成渝地区双城经济圈建设走实走深,为区域发展和国内统一大市场建设贡献成渝力量。

### 三、建设成渝主轴现代物流体系,加速成渝"中部"崛起

成渝主轴位于成渝地区腹心地带,具有显著的区位优势,其运输半径短,能够快速到达成渝双核和四川盆地其他主要城市,随着交通网络架构完善,人流、物流高效互融互通的基质不断优化,为产业的聚集和扩散提供了有利条件。同时,成渝主轴依托北线、中线和南线综合运输通道形成了支撑成渝地区双城经济圈建设的"脊梁",是推动成渝地区双城经济圈走深走实的关键区域。然而,成渝主轴在现代化综合交通运输体系、数字基础设施建设等方面的整体建设水平较为落后,使得该地带不仅无法支撑节点城市协同发展,还对双核高效互动造成不利影响,表现为"中部塌陷"现象。因此,为回应成渝地区双城经济圈发展的内在需求,应充分发挥成渝主轴在运输成本、仓储成本和劳动力成本方面的优势,以物流配送中心为突破口,变通道经济为枢纽经济,搭建经济圈沟通合作的基础"桥梁",实现基础设施一体化建设和"中部"崛起的双赢目标。重点要在打造成渝中部物流枢纽高地和建设成渝中部现代商贸物流基地方面发力。

在打造成渝地区物流枢纽高地方面,一是促进内江国际物流港、资阳保税物流中心和中国西部现代物流港的协同发展,实现物流资源的共享和优化配置。并通过与成都国际铁路港、重庆两路寸滩保税港区深度合作,推动铁公水空多式联运的有效衔接。二是在各区县布局货运物流园区,打造与蓉欧、渝新欧连接的"一带一路"货物集散中心,推动与周边地区的互联互通和经济交流。

三是对规划建设的城际铁路进行"客货并举"试点,弥补成渝主轴缺乏南北铁路货运通道短板。通过物流资源的集中整合及多种运输方式有机衔接等措施,进一步缩短区际沟通与合作的时空距离。

在建设成渝地区现代商贸物流基地方面,一是以"数字化"赋能物流,推动物流向智能化与智慧化方向转型升级。优先在交通节点、物流枢纽、重点产业园区覆盖 5G 网络、工业互联网、物联网等新兴基础设施建设,大力推进智能快件箱等共享终端的建设,以提升物流运输与配送的效率和便捷性。二是依托网络货运等新业态的出现,倒逼物流企业转型升级,鼓励传统物流信息平台向物流供应链平台转型,充分发挥数字交通促进运输业发展的重要作用,提高资源匹配效率,培育新的利润增长点,创造更多的关联产业就业机会,以此培育和壮大物流主体队伍。三是促进供应链与成渝双核及节点城市的特色产业协同联动。积极引进先进的供应链管理理念和技术,提高供应链的透明度和效率。建设集加工、仓储、运输和配送等功能于一体的商品贸易示范区作为连接供应链各个环节的重要枢纽,通过优化供应链运作,为成渝地区的特色产业提供更好的贸易和物流支持,并促进供应链与特色产业更加紧密的联动和协同发展,推动整个区域的贸易繁荣和经济发展。

综上所述,成渝主轴作为支撑双城经济圈建设的"脊梁",需要发挥主轴比较优势、借力双核、突出整体,紧抓双城经济圈现代化物流体系建设的机遇,通过打造成渝中部物流枢纽高地和建设成渝中部现代商贸物流基地建设两类措施,实现中部节点城市发展,推动成渝中部崛起,并有效支撑成渝地区双城经济圈发展。

## 四、深化经济区和行政区适度分离改革,推动成渝地区双城经济圈合作共赢

基于地方保护主义的惯性思维和画地为牢的政绩观,各级政府在制定政策或执行政策时,考虑更多的是自身利益最大化,由此会阻碍区域内资源要素的自由流通及其配置效率的提升,从而产生区域内协作需求与行政条块分割之间的矛盾,拖累区域一体化的实现进程。聚焦于弥合省界接壤区的行政阻隔,川渝两地共同组建了万达开川渝统筹发展示范区、川渝高竹新区、遂潼川渝毗邻地区一体化发展先行区,探索跨省投资、成本分担、利益共享等新模式并取得了显著成效。但高竹新区非一级预算单位,川渝又非同一级预算平台,资金下达

慢、税收缴返周期长、程序复杂,表明川渝两地跨省域合作事务的纵向协调机制仍然不畅。同时,除了成都和重庆的两个首位城市外,经济圈内部其余城市间,尤其是外围城市间在政策协同上的联系较少。因此,未来经济圈应兼顾区域整体利益与区域各方的利益诉求,深化经济区和行政区适度分离改革,从"经济区利益最大化"和"行政区利益最大化"之间找到帕累托最优点,横向完善跨区域利益协调机制、纵向推动区际合作机制创新,以此缓解并最终解决区域一体化发展中的利益冲突,实现高质量一体化发展。

第一,总结试点经验,探索利益共享机制。成渝地区双城经济圈应通过联席会议加强区际沟通,将税收、GDP 等利益与所在行政区建立共享关系,实现"利益共享、成本同担",让行政区能够主动围绕经济圈建设需要提供服务,以此免去地方政府在推动区域经济一体化发展中的"后顾之忧"。因此,为找寻适合双城经济圈一体化发展的利益协调机制,并强化经济区独立于行政区的运行能力,可以分层次、分批次给万达开川渝统筹发展示范区和川渝高竹新区等园区在项目审批方面让渡决策权,或是允许其探索适合相对独立运行需要的行政审批、财政、征地等制度创新,通过试点发展,将相关经验推广至整个双城经济圈,从而推动成渝两地实现协同共进。

第二,构建区际合作机构,弱化经济区与行政区间的矛盾。推动行政区与经济区适度分离改革,并非打破原有行政区划,而是要依据共同利益诉求,设立专门的区际合作机构,在区际合作机构中进行城市间的沟通、协商,以此弱化要求要素自由流动的经济区与为本辖区利益最大化而限制要素自由流动的行政区间的固有矛盾,从而实现区域间合作共赢的目标。成渝地区双城经济圈涵盖了成都都市圈和重庆都市圈两个都市圈,相较于双城经济圈,都市圈内部的城市经济联系更为密切、城市间共同利益诉求更大。因此,可以先在都市圈层面构建由中心城市牵头形成的合作机构,在此基础上,构建由都市圈牵头组成的双城经济圈合作机构。通过多层次区际合作机构的建构,既可以在双城经济圈层面明确区际协同合作领域,又可以在都市圈层面将协同合作内容进行具体落实,以此在更大程度上推动 1 + 1 > 2 的协同效应的实现。

综上所述,行政区划对经济发展存在体制机制约束,通过探索利益共享机制、构建区际合作机构,既可以让地方政府"愿意"围绕成渝一体化发展提供服务,又可以为双城经济圈内部各行政区提供府际沟通渠道,让地方政府"能够"为双城经济圈建设提供服务。通过不断深化行政区与经济区适度分离改革,可以促使资源要素在双城经济圈内突破省界阻隔,在更广阔的空间范围内实现自由流动,密切区域内各行政区的分工合作,最终实现成渝一体化发展,并为全国的一体化发展提供成渝经验。

执笔人:涂建军为西南大学经济管理学院,教授,博士生导师;此外,参与本章执笔的还有西南大学经济管理学院的肖林、孙文靓、李玥、杨洋

## 参考文献

[1]姚作林,涂建军,牛慧敏,等.成渝经济区城市群空间结构要素特征分析[J].经济地理,2017,37(01):82-89.

[2]杨继瑞,杜思远,冯一桃.成渝地区双城经济圈建设的战略定位与推进策略——"首届成渝地区双城经济圈发展论坛"会议综述[J].西部论坛,2020,30(06):62-70.

[3]宗会明,郝灵莎,戴技才.基于百度指数的成渝地区双城经济圈城市网络结构研究[J].西南大学学报(自然科学版),2022,44(01):36-45.

[4]杨亮洁,张小鸿,潘竟虎,等.成渝城市群城镇化与生态环境耦合协调及交互影响[J].应用生态学报,2021,32(03):993-1004.

[5]彭雅丽,孙平军,罗宁,等.成渝城市群基本公共服务均等化的时空特征与成因解析[J].地域研究与开发,2022,41(01):32-37.

[6]唐为.要素市场一体化与城市群经济的发展——基于微观企业数据的分析[J].经济学(季刊),2021,21(01):1-22.

[7]陈磊,胡立君,何芳.要素流动、市场一体化与经济发展——基于中国省级面板数据的实证研究[J].经济问题探索,2019(12):56-69.

[8]单学鹏,罗哲.成渝地区双城经济圈协同治理的结构特征与演进逻辑——基于制度性集体行动的社会网络分析[J].重庆大学学报(社会科学版),2021,27(02):55-66.

# 第十三章　滇中城市群国土空间
## 演化和优化配置研究

　　云南是"一带一路"与"长江经济带"的战略交汇点,承担着"建设我国民族团结进步示范区、生态文明建设排头兵、面向南亚东南亚辐射中心"三大使命。而滇中区域是云南省经济最为发达、人口最为集中的区域,是实现国家建设面向南亚东南亚辐射中心的重中之重。因此,滇中城市群作为云南省核心经济区正受到外界更多的关注。《滇中城市群发展规划(2019—2035 年)》中明确要构建"一主四副、通道对接、点轴联动"的空间发展格局,强调要建设我国面向南亚、东南亚交往的重要门户城市群。2021 年 5 月公开的《云南省国土空间规划征求意见稿(2021—2035 年)》,要求到 2025 年,滇中城市群功能区要基本划分完整,绿色生态格局逐步提升,城乡空间格局大幅度优化;到2035 年,要将滇中城市群打造成为全省高质量发展的核心支撑平台,强调要推进昆明、玉溪同城化发展,积极培育曲靖、红河、楚雄都市圈。

## 第一节　滇中城市群总体概况

　　以城市群的空间形态推动区域发展,首先,意味着一个更为广阔的视角和策略,地方政府能够在更大的空间范围内进行资源整合。传统的单一城市发展模式往往局限于一个城市的资源和市场,而城市群则可以整合多个城市的资源、市场和政策,构建一个更大的、更具有竞争力的经济体。其次,城市群的形成可以促进生产要素的自由流动。当多个城市形成一个紧密的网络时,人力、资本、信息和技术等生产要素可以在这些城市之间更为便捷地流动。这种流动可以降低生产成本,提高生产效率,从而增强整个城市群的竞争力。再次,城市群能够充分发挥"集聚"的正外部性。集聚效应是指当企业或产业聚集在一个区域时,它们可以共享资源,降低交易成本,增强创新能力,从而产生超出单一企业或产业所能产生的效益。城市群的形成可以加强这种集聚效应,因为多个城市的相互合作可以产生比单一城市更大的集聚效应。最后,城市群的形成还可以促进区域协调发展。在城市群的框架下,大城市和小城市、中心城市和周边城市可以共享资源和市场,形成一个互补的发展关系。这样可以防止大城市的过度膨胀和小城市的滞后发展,实现区域内的均衡和谐发展。

然而,复杂的国际国内形势也为滇中区域的发展带来了前所未有的挑战。国家"新型城镇化规划"的推行意味着城市不可能延续以往"以量取胜"的摊大饼式空间扩展模式,"以人为本"、"以质取胜"的集约化开发成为新的趋势。2020年,新冠疫情暴发对全球经济不啻形成冲击,为延续十几年的全球化发展趋势注入了新的不确定性。对此,国家提出"新基建"计划以振兴经济,大规模交通、通信基础设施建设无疑会对城市群空间结构产生重大影响。在此背景之下,研究和优化滇中区域国土空间格局,有利于充分发挥滇中城市群的集聚和增长极效应,对滇中城市群的空间演化趋势进行预判将有助于指导土地规划和政策实践,提升区域竞争力。

## 一、滇中城市群的地理位置和区位特点

### 1. 重要地理区位和范围

滇中城市群地处云南省中部,长江、珠江和红河上游,位于北纬24°58′—25°09′,东经100°43′—104°49′之间,是全国19个重点培育发展的城市群之一,在全国"两横三纵"城市化战略格局中具有十分重要的地位。根据最新《滇中城市群发展规划》划定的范围,滇中城市群包含昆明市、曲靖市、玉溪市、楚雄彝族自治州以及红河哈尼彝族自治州北部7县市(蒙自、建水、开远、个旧、弥勒、泸西、石屏),共49个县(市、区),土地总面积约11.14万平方公里。

### 2. 多样化的自然环境

研究区地形地貌多样化,以山地和山间盆地为主,总体地势呈东南低、西北高,海拔在116—4282米间,平均海拔约1848米。滇中属于纬度高原山地季风气候区,全年降水多,霜雪少,光热条件好,光能资源较为丰富。区内高山、湖泊、盆地相互交错,包括滇池、抚仙湖、星云湖、阳宗海和杞麓湖5大高原湖泊以及南盘江、牛栏江、普渡河、元江、盘龙河和金沙江在内构成的水系,水资源环境较好。城市群内的土壤种类丰富,包括垂直土壤种类分异以及水平

土壤种类分异,植被类型以常绿阔叶林为主,植物种类多样,自然资源条件优厚、生物多样性高,生态环境总体水平保持良好,森林覆盖率超过 50%。

3.经济增长和生态平衡的挑战

截至 2021 年年底,滇中城市群共有人口约 2147 万人,占全省人口的46%,地区生产总值约 1.64 万亿元,占全省的 60.3%,是云南省的经济增长极。滇中城市群是云南省人流、物流、资金流和信息流等汇集的中心,是云南省进一步扩大对内对外开放的最优区域,在云南省具有举足轻重的地位。然而,近些年来随着内部交通网络的完善、产业联系度的加强、城镇化水平的提高,经济条件得以快速发展,同时对自然资源的需求压力也逐渐上涨,经济建设的需求和生态环境保护之间的矛盾越来越突出。土地利用结构和布局存在缺陷,部分地区生态环境恶化,资源约束日趋紧张;人地矛盾突出,人均耕地面积逐年下降,耕地后备资源匮乏;建设用地开发受地貌、气候、自然灾害等多因素制约,整体土地利用开发程度较低,利用潜力大。在共抓大保护、不搞大开发、守住国家西南生态屏障的前提下,如何打造集约高效的城镇空间土地利用格局和构筑区域生态安全格局是当前迫切任务。

因此,探究当前和模拟预测未来一定时间内滇中城市群国土空间的演化模式,对优化土地利用格局、稳定生态屏障以及促进城市群经济大发展有着重要意义。

## 二、滇中城市群土地利用类型及其演变

土地是人类最基本的社会经济活动和生态环境建设的空间载体,探讨滇中城市群土地利用的类型、空间分布规律及结构调整,为充分发挥自然资源优势,实现资源科学高效利用及经济新常态下土地可持续发展提供科学依据。

根据欧洲航天局①(European Space Agency)土地覆盖数据(LC-CCI),参照国家土地利用现状分类标准,结合相关研究的土地利用分类方法和研究区现状,将土地利用类型重分类为耕地、林地、草地、未利用地、建设用地和水域六类(表 13.1)。进而利用地理信息系统软件(Arcgis)将滇中城市群土地利用类型进行统计分析,从而确定区域内土地利用动态变化的特征和规律。

---

① 数据来源:欧洲航天局网站 http://maps.elie.ucl.ac.be/CCI/viewer/。

表 13.1　土地利用类型重分类表

| 原始类型编码 | 原始类型 | 新编码 | 新类型 |
|:---:|:---:|:---:|:---:|
| 10 | 旱作农田 | 1 | 耕地 |
| 11 | 草本农田 | | |
| 20 | 灌溉农田 | | |
| 30 | 混合:农田大于植被 | | |
| 40 | 混合:植被大于农田 | 2 | 林地 |
| 50 | 树木:常青 | | |
| 60 | 树木:大叶、落叶(＞15%) | | |
| 61 | 树木:大叶、落叶(＞40%) | | |
| 70 | 树木:针叶、常青 | | |
| 100 | 混合:树木＞草木 | | |
| 110 | 混合:草木＞树木 | | |
| 120 | 灌木 | 3 | 草地 |
| 121 | 常青灌木 | | |
| 130 | 草地 | | |
| 170 | 树林盐碱地 | 4 | 未利用地 |
| 180 | 草本盐碱地 | | |
| 190 | 城镇用地 | 5 | 建设用地 |
| 210 | 水体 | 6 | 水域 |

资料来源:作者整理

从整体情况来看(表 13.2),滇中城市群呈现以耕地、林地和草地为主导的土地利用格局,面积占比超过90%。除建设用地以外,各类用地面积占比变化较为稳定。而建设用地逐年增加,由 2000 年的 348.3 平方公里扩张至 2020 年的 1606.14 平方公里,占全部土地利用面积的比例由 0.3%增长至 1.38%。

表 13.2　滇中城市群不同时期土地利用面积的变化

| 用地类型 | 2000 年 | | 2010 年 | | 2020 年 | |
|:---:|:---:|:---:|:---:|:---:|:---:|:---:|
| | 面积(平方公里) | 比例(%) | 面积(平方公里) | 比例(%) | 面积(平方公里) | 比例(%) |
| 耕地 | 23405.67 | 20.14 | 23068.98 | 19.85 | 22262.31 | 19.16 |
| 林地 | 81009.99 | 69.71 | 81570.15 | 70.19 | 82176.39 | 70.7 |

续表

| 用地类型 | 2000 年 | | 2010 年 | | 2020 年 | |
|---|---|---|---|---|---|---|
| | 面积(平方公里) | 比例(%) | 面积(平方公里) | 比例(%) | 面积(平方公里) | 比例(%) |
| 草地 | 10490.13 | 9.03 | 9690.57 | 8.34 | 9202.77 | 7.92 |
| 水域 | 925.83 | 0.80 | 916.11 | 0.79 | 905.13 | 0.78 |
| 建设用地 | 348.30 | 0.30 | 927.00 | 0.80 | 1606.14 | 1.38 |
| 未利用地 | 31.32 | 0.03 | 38.43 | 0.03 | 60.12 | 0.05 |

资料来源:欧空局全球陆地覆盖数据

从单一动态度看来(表13.3),耕地面积减少的速率越来越快;草地面积在各个时间段内的变化率也均为负值。相反,林地面积在各个时间段内都是增加的。建设用地增加的速率是最快的,在20年中城镇建设用地面积扩张了3.6倍。耕地和草地面积的动态减少,主要原因为自2000年实行西部大开发战略以来,滇中城市群经济发展迅速,城镇化进程加快,使得以建设用地为主的生产生活用地快速扩张,对耕地和草地的侵占加剧。根据学者预测,2020—2035年建设用地主要来源于对林地的侵占,城市扩张有明显的方向性。

**表13.3　滇中城市群不同时期土地利用面积的年度变化率**

| 用地类型 | 2000—2010 年(%) | 2010—2020 年(%) | 2000—2020 年(%) |
|---|---|---|---|
| 耕地 | −0.014 | −0.035 | −0.049 |
| 林地 | 0.007 | 0.007 | 0.014 |
| 草地 | −0.076 | −0.050 | −0.123 |
| 水域 | −0.010 | −0.012 | −0.022 |
| 建设用地 | 1.661 | 0.733 | 3.611 |
| 未利用地 | 0.227 | 0.564 | 0.920 |

资料来源:作者计算

从各县市土地利用情况来看(表13.4)。对建设用地而言,2000—2020年每个县(市、区)面积均为增长态势,绝对增长最多的是昆明市,20年间增长了近600平方公里,建设用地增长率最快的是楚雄市和曲靖市,分别扩张9倍和6.7倍。对于耕地而言,红河七县拥有最多的耕地面积,玉溪耕地面积最小,在2000—2020年,各个市区耕地面积都在减少,其中,昆明市耕地面积下降的最多。各个市的林地面积都有少量的增加。除了楚雄市外,其余市内的水域面积不断缩减。

综上,滇中城市群内,耕地和草地空间缩减较为突出,而城镇用地增加最为明显,水域空间不仅占比较小而且呈现缩减态势。

表 13.4　滇中各个城市不同时期土地利用面积的变化

单位:平方公里

| 年份 | | 昆明 | 曲靖 | 玉溪 | 楚雄 | 红河(北7县) |
|---|---|---|---|---|---|---|
| 2000 年 | 耕地 | 5047.38 | 5727.24 | 2763.54 | 3977.91 | 5889.60 |
| | 林地 | 14106.15 | 20480.31 | 11545.20 | 24387.57 | 10490.76 |
| | 草地 | 2303.64 | 4019.67 | 759.96 | 1323.72 | 2083.14 |
| | 水域 | 384.66 | 72.99 | 327.33 | 40.95 | 99.90 |
| | 建设用地 | 127.98 | 39.06 | 79.65 | 10.71 | 90.90 |
| | 未利用地 | 12.33 | 3.78 | 5.94 | 6.03 | 3.24 |
| 2010 年 | 耕地 | 4885.47 | 5666.49 | 2728.17 | 3953.07 | 5835.78 |
| | 林地 | 14129.82 | 20686.95 | 11666.61 | 24565.50 | 10521.27 |
| | 草地 | 2171.16 | 3753.54 | 611.55 | 1122.21 | 2032.11 |
| | 水域 | 381.15 | 72.99 | 324.00 | 40.95 | 97.02 |
| | 建设用地 | 399.33 | 158.58 | 144.54 | 57.24 | 167.31 |
| | 未利用地 | 15.21 | 4.50 | 6.75 | 7.92 | 4.05 |
| 2020 年 | 耕地 | 4616.82 | 5467.14 | 2637.54 | 3884.94 | 5655.87 |
| | 林地 | 14188.50 | 20906.46 | 11751.75 | 24618.87 | 10710.81 |
| | 草地 | 2058.12 | 3589.47 | 540.36 | 1081.17 | 1933.65 |
| | 水域 | 380.52 | 72.36 | 318.78 | 42.93 | 90.54 |
| | 建设用地 | 716.58 | 299.43 | 226.26 | 107.01 | 256.86 |
| | 未利用地 | 20.88 | 8.01 | 8.55 | 11.61 | 11.07 |

资料来源:欧空局全球陆地覆盖数据

## 三、滇中城市群社会经济概况

### 1. 经济发展强劲

区域经济发展状况是驱动城市土地利用扩张的重要因素。根据《云南省统计年鉴》数据显示,2021 年年底,滇中城市群社会消费品零售总额占全省的 62.26%,超过 1/2,公共财政年收入与支出分别占全省的 59.84%、33.90%,农业总产值超过全省总产值的 40%。在 2000—2021 年间,GDP 一直保持着正向增长(表 13.5),由 2000 年的 1361.05 亿元增加至 2021 年的 16354.7 亿元,增长了近 12 倍,其高速发展的产业不仅给城市群带来较好的经济,也带来了城市群人口的流动以及就业机会的增加。滇中城市群不仅是云南省经济发展的核心地区,也是云南省面向东南亚的经济发展桥头堡地区。

表 13.5　GDP 数值及其增长率

| 年份 | GDP(亿元) | GDP 增长率(%) | 年份 | GDP(亿元) | GDP 增长率(%) |
|---|---|---|---|---|---|
| 2000 年 | 1361.05 | — | 2011 年 | 5743.13 | 0.191 |
| 2001 年 | 1434.51 | 0.054 | 2012 年 | 6758.93 | 0.177 |
| 2002 年 | 1548.56 | 0.080 | 2013 年 | 7395.44 | 0.094 |
| 2003 年 | 1706.71 | 0.102 | 2014 年 | 7876.36 | 0.065 |
| 2004 年 | 1994.96 | 0.169 | 2015 年 | 8390.93 | 0.065 |
| 2005 年 | 2326.20 | 0.166 | 2016 年 | 9092.67 | 0.084 |
| 2006 年 | 2674.54 | 0.150 | 2017 年 | 10117.39 | 0.113 |
| 2007 年 | 3161.13 | 0.182 | 2018 年 | 10781.85 | 0.066 |
| 2008 年 | 3724.77 | 0.178 | 2019 年 | 13749.87 | 0.275 |
| 2009 年 | 4170.33 | 0.120 | 2020 年 | 14692.99 | 0.069 |
| 2010 年 | 4822.05 | 0.156 | 2021 年 | 16364.7 | 0.114 |

资料来源:《云南省统计年鉴》

　　值得注意的是,GDP 数值是衡量地区经济发展状况最重要的指标,然而以行政区划为基本单元的统计方式限制了 GDP 空间映射的精度。而夜间灯光图是实现 GDP 空间化、校正区域经济活力的重要工具。从滇中城市群 NPP-VIIRS 夜间灯光数据来看,滇中城市群分布格局以昆明市为核心,经济高度集聚,并大致形成了"昆明—曲靖""昆明—楚雄""昆明—玉溪—蒙自"三条城市发展轴线,城市群表现为"中心放射性"。

　　2. 人口蓬勃增长

　　人口是城市发展的重要因素之一,人口的数量决定了整个用地规模。滇中城市群人口除 2013 年和 2021 年外,在 2000—2020 年均呈现增加态势,人口密度也随之发生变化(表 13.6)。区域内各区县的人口增长速度差距较大且城镇化阶段不一,但是同时呈现快速推进的状态。部分区县城镇化已经进入后期发展阶段,部分还处于城镇化初级阶段,缺少中间规模城市,呈现高首位特征。1995—2000 年,城市群西北部南华、楚雄,中部晋宁、江川、宜良人口密度增加;2000—2005 年,城市群东北部会泽、富源、陆良,中部呈贡、安宁、澄江,南部个旧、蒙自、开远等地人口密度明显增加;2005—2010 年,城市群中心区域包括昆明、玉溪等地人口密度增加;2010—2015 年,城市群南部石屏、个旧,中部石林、呈贡、富民人口密度呈现增加的状态;2015—2021 年,麒麟、红塔、江川、通海、昆明、呈贡、安宁、陆良、个旧人口密度增加。

表 13.6 滇中区域 2000—2018 年人口数量

| 年份 | 总人口数(万人) | 人口增长率(%) | 年份 | 总人口数(万人) | 人口增长率(%) |
|---|---|---|---|---|---|
| 2000 年 | 1739.00 | —— | 2011 年 | 2039.93 | 0.007 |
| 2001 年 | 1754.10 | 0.009 | 2012 年 | 2052.63 | 0.006 |
| 2002 年 | 1770.80 | 0.010 | 2013 年 | 2024.88 | −0.014 |
| 2003 年 | 1786.30 | 0.009 | 2014 年 | 2036.06 | 0.006 |
| 2004 年 | 1817.60 | 0.018 | 2015 年 | 2048.08 | 0.006 |
| 2005 年 | 1947.60 | 0.072 | 2016 年 | 2060.97 | 0.006 |
| 2006 年 | 1965.10 | 0.009 | 2017 年 | 2073.04 | 0.006 |
| 2007 年 | 1977.00 | 0.006 | 2018 年 | 2085.64 | 0.006 |
| 2008 年 | 1990.10 | 0.007 | 2019 年 | 2102.30 | 0.008 |
| 2009 年 | 2001.70 | 0.006 | 2020 年 | 2154.90 | 0.025 |
| 2010 年 | 2026.60 | 0.012 | 2021 年 | 2147.40 | −0.003 |

资料来源:《云南省统计年鉴》

3. 城镇用地扩张

滇中城市群包含的 5 个城市的城镇用地面积均表现为增长态势(图13.1),但是不同城市,不同时间间隔城市扩张速度与扩张强度存在差异。昆明市城镇用地面积增长最为明显,并且与其他城市逐渐拉开差距;楚雄市城镇用地面积占比最小,并且增长最为平缓。

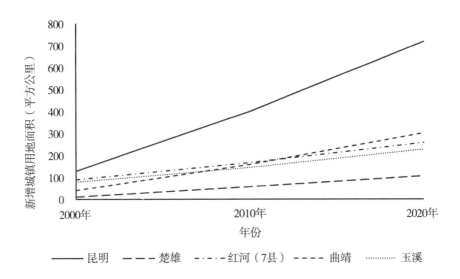

图 13.1 2000—2020 年滇中各地区城镇用地变化图

图片来源:欧空局全球陆地覆盖数据

4. 城镇用地效率提升、人口承载下降

根据 GDP、人口数量与城镇用地面积的对应关系,可以得出单位土地面积的经济产出与人口承载表(表 13.7)。从数据来看,滇中地区城镇用地单位面积经济产出从 2000 年的 3.908 亿元/平方公里增长到 2020 年的 9.148 亿元/平方公里,表明滇中地区城镇用地的经济效率有着显著的提高。平均经济效率从 21 世纪初的 3.329 提高到近五年的 8.091,显示了经济发展的增长速度之快。人口承载从 2000 年的 4.993 万人/平方公里下降到 2020 年的 1.342 万人/平方公里,人均城镇用地面积有所提升,2001—2005 年平均人口承载力为 3.430,而在 2016—2020 年间平均人口承载力为 1.474,即人口密度减少,这可能是城市发展、土地利用调整和人口结构变化的结果。

表 13.7 滇中地区城镇用地经济效率和人口承载表

| 年份 | 单位面积经济产出<br>(亿元/平方公里) | 单位面积人口承载<br>(万人/平方公里) | 平均经济效率 | 平均人口承载 |
|---|---|---|---|---|
| 2000 年 | 3.908 | 4.993 | | |
| 2001 年 | 3.414 | 4.174 | | |
| 2002 年 | 3.256 | 3.723 | 3.329 | 3.430 |
| 2003 年 | 3.145 | 3.292 | | |
| 2004 年 | 3.312 | 3.018 | | |
| 2005 年 | 3.517 | 2.944 | | |
| 2006 年 | 3.727 | 2.738 | | |
| 2007 年 | 4.076 | 2.549 | | |
| 2008 年 | 4.494 | 2.401 | 4.446 | 2.429 |
| 2009 年 | 4.731 | 2.271 | | |
| 2010 年 | 5.202 | 2.186 | | |
| 2011 年 | 5.928 | 2.106 | | |
| 2012 年 | 6.629 | 2.013 | | |
| 2013 年 | 6.705 | 1.836 | 6.630 | 1.889 |
| 2014 年 | 6.808 | 1.760 | | |
| 2015 年 | 7.081 | 1.728 | | |
| 2016 年 | 7.613 | 1.726 | | |
| 2017 年 | 7.348 | 1.506 | | |
| 2018 年 | 7.295 | 1.411 | 8.091 | 1.474 |
| 2019 年 | 9.049 | 1.384 | | |
| 2020 年 | 9.148 | 1.342 | | |

数据来源:作者计算

5. 内部交通良好,连接性仍待改善

交通对城市的发展影响巨大,直接影响城市经济的发展,从而影响建设用地的变化,道路与用地的互相发展。根据滇中区域交通可达性分析可知,昆明是滇中城市群内的交通枢纽,交通可达性最高,通过昆曲铁路和滇越铁路等,与曲靖、大理等城市相连,昆明长水国际机场连接了滇中城市群与其他城市和国家。滇中城市群的公路系统较为发达,高速公路的建设和改善使得城市之间的道路连接更加便利。

虽然滇中城市群内部的交通发展较好,但与其他地区的连接性仍然有待改善。与滇西、滇东以及其他省份的城市之间的交通线路相对较少,地区之间的交通便利性有待提高。并且,由于地理条件和山区地形的限制,一些偏远地区的公路交通仍然存在不足,道路质量和通行能力有待提高。

6. 区域公共服务差异明显

公共服务情况反映政府在固定资产上的投入力度,公共服务生成的指标包含教育、医疗、文体设施等,能体现由政府供给所驱动的国土空间演化。根据 Open Street Map 官网获取的公共服务相关的 POI(Point of Interest)数据进行核密度分析,发现昆明市的公共服务密度最高,尤其体现在五华区、盘龙区和呈贡区。其次,玉溪红塔区、红河蒙自市等地市区具有相对密度较高的公共服务,而滇中城市群的其他地区,尤其是县域的公共服务水平相对较低。

## 第二节　基于"双评价"的滇中城市群土地利用适宜性评价

基于"双评价"的滇中城市群土地利用适宜性评价,主要考察了滇中城市群在土地利用过程中如何平衡经济发展与生态环境保护的需求。这种评价方式整合了生态环境影响评价和土地利用总体规划环境影响评价的方法,提供了一个综合的、科学的评估框架。通过此评价,滇中城市群可以明确区域进行基础设施建设、工业或农业开发,以及生态保护区或绿化带等主体功能的空间分布。这不仅有助于指导土地资源的合理配置和优化利用,确保地区的可持续发展,同时也为地方政府制定相关政策、规划提供了重要的科学依据,使其更具针对性和前瞻性。

## 一、"双评价":优化滇中城市群国土空间的关键

### 1."双评价"工作

国土空间优化在于匹配自然资源本底。而"资源环境承载力和国土开发适宜性评价"(下称"双评价")是国土空间的承载基础和开发的供给侧约束,同时也是优化国土空间布局、推进生态文明建设的重要支撑战略。党的十八大以来,习近平总书记在近10次重要讲话中提及资源环境承载能力评价,并对相关工作提出了明确要求。2018年4月,在推进长江经济带发展座谈会上,习近平总书记要求"在开展资源环境承载能力和国土开发适宜性评价的基础上,抓紧完成长江经济带生态保护红线、永久基本农田、城镇开发边界三条控制线划定工作"。2019年,中共中央、国务院印发了《关于建立国土空间规划体系并监督实施的若干意见》,要求"坚持节约优先、保护优先、自然恢复为主的方针,在资源环境承载能力和国土开发适宜性评价的基础上,科学有序统筹空间布局"。"双评价"是全国、省、市、县四个层级总体规划编制的前提和基础,是明确资源环境底线、城市规模、划定"三区三线"的核心参照,是统筹优化生态、农业、城镇空间布局,转变生产生活方式促进高质量发展的重要支撑。2020年1月,自然资源部正式发布《资源环境承载能力和国土空间开发适宜性评价技术指南(试行版)》要求各省市开展相应工作。2020年5月初,云南省初步完成了"双评价"工作,取得了城镇开发适宜性、农业开发适宜性、生态保护重要性的评价结果。

### 2."双评价"评价标准

从"双评价"评价标准和参考因素(表13.8)来看,其重视自然资源本底,在23项评价子指标中20项与先天因素相关,可视为生态保护、粮食生产和城镇开发的土地指示器。其中,集成水土资源基础、水气环境容量和舒适度、区位优势度等因素的城镇建设适宜性评价,是城镇可开发土地供给端的指示器。国土空间格局与"双评价"结果越匹配,即可代表越高的国土空间利用和开发效率,实现第一层次的国土空间优化。

### 表 13.8 "双评价"评价标准与参考因素

| 集成评价 | 综合评价 | 单项评价 | 参考因素 | 是否为自然资源因素 |
|---|---|---|---|---|
| 生态保护重要性 | 生态系统服务功能重要性 | 生物多样性维护 | 物种分布、生态系统类型 | 是 |
| | | 水源涵养重要性 | 河流源区、气候、地表覆盖、地形等 | 是 |
| | | 水土保持重要性 | 气候、土壤、地形和植被等 | 是 |
| | | 防风固沙重要性 | 风速、湿度、土壤、地形和植被等气候、土壤、地形和植被等 | 是 |
| | | 海岸防护重要性 | 植被覆盖度、植被高度、潮间带宽度及坡度等 | 是 |
| | | 生态系统服务功能重要性 | 动植物物种类别及数量等 | 是 |
| | 生态敏感性 | 水土流失敏感性 | 降雨侵蚀力、土壤可蚀性、地形起伏度和植被覆盖等 | 是 |
| | | 沙化敏感性 | 生态系统类型、地形坡度和植被覆盖的敏感性分级 | 是 |
| | | 石漠化敏感性 | 干燥度指数、冬春季节风沙天数、土壤质地和植被盖度 | 是 |
| | | 海岸侵蚀敏感性 | 海岸类型及利用现状、风暴潮最大增水、平均波高等 | 是 |
| 农业生产适宜性 | 水土资源基础 | 农业耕作条件 | 坡度、土壤质地等 | 是 |
| | | 农业供水条件 | 降水量等 | 是 |
| | 光热条件 | 光热条件 | 日平均气温≥0℃活动积温反映光照、热量等 | 是 |
| | 土壤环境容量 | 土壤环境容量 | 土壤污染状况、污染物含量等 | 是 |
| | 灾害风险 | 灾害条件 | 基于盐渍化、土壤污染和气象灾害 | 是 |
| 城镇开发适宜性 | 水土资源基础 | 城镇建设条件 | 坡度、高程、地形起伏度 | 是 |
| | | 城镇供水条件 | 地表水资源量、地下水资源量等 | 是 |
| | 水、气环境容量 | 水环境容量 | 水体净化能力等 | 是 |
| | | 大气环境容量 | 大气环境容纳主要污染物的相对能力、静风天数等 | 是 |
| | 舒适度 | 舒适度 | 温度、湿度等 | 是 |
| | 区位优势度 | 区位条件 | 交通干线、中心城区、主要交通枢纽、周边中心城市等 | 否 |
| | | 交通网络密度 | 公路网 | 否 |

资料来源:根据《资源环境承载能力和国土空间开发适宜性评价技术指南(试行版)》整理

### 二、"双评价"结果:土地利用适宜性分布

云南省自然资源厅提供了省级范围内农业、生态、城镇适宜性评价结果,通过提取得到了滇中地区的城镇开发适宜性、农业生产适宜性与生态保护适宜性的评价结果(表 13.9)。

表 13.9 滇中城市群各地州"双评价"结果

| "双评价"类型 | 生态保护重要性评价 | | | 农业生产适宜性评价 | | 城镇开发适宜性评价 | |
|---|---|---|---|---|---|---|---|
| | 极重要地区面积(平方公里) | 重要地区面积(平方公里) | 一般重要地区面积(平方公里) | 农业生产不适宜区面积(平方公里) | 农业生产适宜区面积(平方公里) | 城镇开发不适宜区面积(平方公里) | 城镇开发适宜区面积(平方公里) |
| 昆明 | 6118.65 | 11252.52 | 3695.94 | 10402.74 | 4744.17 | 9246.78 | 3854.61 |
| 曲靖 | 8748.9 | 13469.22 | 6746.22 | 12314.07 | 5004 | 9882.18 | 5560.2 |
| 玉溪 | 3233.79 | 7283.16 | 4450.95 | 6240.42 | 2106.63 | 6245.64 | 1091.34 |
| 楚雄 | 5463.9 | 14389.92 | 8581.05 | 11136.78 | 3137.76 | 10780.2 | 2275.11 |
| 红河(北7县) | 4849.2 | 10203.75 | 3065.58 | 10395.81 | 2582.46 | 6086.7 | 4082.22 |

资料来源:根据云南省"双评价"结果整理

城镇开发适宜性评价结果显示城市开发适宜的地区以昆明市为中心,呈放射状,主要呈现三条轴线,东北方向延伸至宣威市,西北方向与牟定县相连,南部与蒙自市相连。滇中城市群的边缘地区,特别是西南地区和东部地区不适宜城市开发。从面积来看,曲靖、红河和昆明拥有更多的适宜开发的城镇用地,而玉溪和楚雄适宜开发的土地相对较少。

农业适宜性分布区域相对分散,其中滇中南部开远市、建水县、个旧市、蒙自市农业适宜生产区比较集中;宜良县、宣威市北部以及东川区不适宜农业生产。城镇适宜区大部分表现为生态保护不适宜区,特别是滇中中部、蒙自市西北部、建水县东部、嵩明县、昆明市、曲靖市沾益区、陆良县生态保护不适宜区较多;生态保护适宜区主要分布在滇中西南部以及东部罗平县地区。

## 第三节 滇中城市群发展问题的解析

作为云南省区域经济、文化、交通的核心区,滇中城市群经历了非常显著的发

展,经济快速增长,城市化进程加快,基础设施建设水平总体提升、文化和旅游持续繁荣。但也面临一系列发展问题,例如资源配置不均、环境污染和生态破坏问题突出、产业结构较为单一、区域合作机制不完善、土地利用和规划尚不够合理。

## 一、总体发展水平不高,区域内部发展差距较大

2020 年 8 月,云南省政府印发《滇中城市群发展规划》(下称《规划》)。按照最新《规划》,到 2025 年,经济密度进一步提高,地区生产总值占全省的68%;到 2035 年,滇中城市群将以云南省 28.3% 的国土面积,撑起全省 70%以上的地区生产总值,建设面向南亚东南亚开放的门户城市群。

根据以往滇中城市群 GDP 的数值(表 13.5),对滇中区域的 GDP 进行预测。通过设定经济发展的“高方案”和“低方案”,分别对滇中区域经济增长进行指数函数回归、logistic 回归、平均增长率回归等多种预测方法,综合取得2025 年、2030 年、2035 年滇中区域 GDP 高低两种方案(表 13.10)。

表 13.10　滇中区域经济增长的高低方案

| 时间 | 预计 GDP 产值(亿元) | |
|---|---|---|
| | 高方案 | 低方案 |
| 2025 年 | 18195.75 | 17600.27 |
| 2030 年 | 25520.48 | 19854.52 |
| 2035 年 | 34152.16 | 21051.60 |

数据来源:作者计算

《滇中城市群发展规划》对人口数量做出了较为积极的预测,规划认为到2025 年,滇中区域将集中全省常住人口总数比重 50%;2035 年滇中区域将集中全省常住人口总数比重 55%。根据以往滇中区域的人口数量(表 13.6),通过线性拟合取得滇中城市群人口增长的高低方案(表 13.11)。

表 13.11　滇中城市群人口增长的高低方案

| 时间 | 预计人口数量(万人) | |
|---|---|---|
| | 高方案 | 低方案 |
| 2025 年 | 2545 | 2406.807 |
| 2030 年 | 2800 | 2484.769 |
| 2035 年 | 3050 | 2563.14 |

数据来源:作者计算

根据滇中地区经济增长和人口增长的预测结果,要实现最新《规划》中经济增长和人口集聚的目标,对于整体经济实力在全国 19 个城市群中排在第 17 位的滇中城市群来说,并不是一件容易的事。

接着,以近五年单位土地的经济效率及人口承载数量为参考(表 13.7),根据 GDP 和人口预测值,预估 2025 年和 2030 年城镇用地需求量(GDP、人口两个指标预测均值),结果见表 13.12。

**表 13.12　城镇用地需求预测**

| 时间 | 预计城镇用地面积(平方公里) | |
|---|---|---|
| | 高方案 | 低方案 |
| 2025 年 | 1853.48 | 1777.18 |
| 增量 | 375.50 | 299.20 |
| 2030 年 | 2380.43 | 1939.21 |
| 增量 | 902.45 | 461.23 |
| 2035 年 | 2987.03 | 2035.78 |
| 增量 | 1509.05 | 557.80 |

数据来源:作者计算

经济的发展通常伴随着人口的增加和商业活动的扩大,这导致对建设用地的需求增加。实现滇中地区高速经济增长和人口的大量集聚,在 2025 年需要增加 375.5 平方公里的城镇用地面积,在 2030 年这一增量需求为 902.45 平方公里,到 2035 年,至少增加 1509.05 平方公里的建设用地面积。即使是经济低速增长和人口缓慢集聚,到 2035 年也需要扩张 557.8 平方公里的用地面积。目前来说,昆明市用地数量大幅增加,但是人口集聚能力不足,辐射带动作用不强,就经济效率和人口承载力而言,昆明和其他城市的差距逐渐扩大。这意味着整个滇中地区的城市发展不够协调和一体化,其他城市缺乏昆明市的辐射效应。如何合理配置滇中城市群国土利用面积,协调经济发展和用地需求之间的关系,最大限度地利用有限的土地资源,提高土地利用价值,发挥昆明市中心引领作用,优化城镇空间结构,实现滇中城市群的经济竞争力是亟须解决的问题。

## 二、以"双评价"为基础的国土空间规划忽略后天因素

城市的形成和发展存在双重动力机制:第一本源(First Nature)指地区的资源

禀赋,如矿产、水资源、区位等先天因素;第二本源(Second Nature)则指经济的自相关性:产业空间集中带来共享(sharing)、匹配(matching)和知识溢出(learning),这些都将提升经济效率,而超额利润又将进一步促进产业集聚,形成累积因果效应,而城市发展形成的第二本源也被称为产生集聚经济的后天因素,对于城市形成和发展的作用并不逊于第一本源或先天因素。世界主要国家和地区的经验也表明,经济发展通常伴随着不同空间尺度的大规模产业集聚,集聚经济才是国土空间演进的根本驱动力。而现存"双评价"标准过于强调资源本底,缺乏对公共服务、产业集聚等社会经济因素的分析。以城镇开发适宜性评价为例,其主要考虑水土资源基础、水气环境容量、舒适度与区位优势度因素,这些因素大多为"不可移动"的地理要素,是解释城市形成的外生因素,属于先天因素的范畴。而事实上,集聚经济带来的共享、匹配、技术外溢等外部性是城市形成的重要动力源,是城市产生的后天因素,其重要性并不亚于先天因素。事实上,空间经济有其自身的发展规律,人类生活和生产的空间分布所引致的土地需求,往往未必与一个地区基于自然本源的承载力和适应性的空间完全契合。相反,在人口和产业的循环累积因果效应作用下,后天因素所形成的经济集聚力会巩固核心区的优势地位。因此,讨论未来的国土空间演化模式不能脱离后天因素对环境资源的需求和压力,而双评价对此缺乏考虑。

此外,现有关于"双评价"的研究不仅对后天因素的关注不足,也缺乏区域发展战略和重大工程项目对资源环境承载能力和国土空间开发适宜性产生的影响和变化的评估。因此,单纯依靠"双评价"对未来国土空间演化趋势和土地供需展开研判不够准确,对集聚经济的重视亦不足。

## 第四节　滇中城市群国土空间格局优化的思路与建议

滇中兴则云南兴,滇中强则云南强。滇中地区是云南省高质量跨越式发展的"引擎"和重要增长极,正确评估滇中地区国土开发适宜性,有利于充分利用比较优势、因地制宜开展国土空间开发工作,促进滇中城市群的经济发展。并且基于修正的"双评价"结果,引入空间模拟等技术手段,展开情景分析可进一步实现对滇中城市群国土空间格局的精准优化,为滇中城市群的发展提供科学支撑和政策建议。

## 一、纳入后天因素，修正"双评价"标准

由于现有"双评价"强调自然资源禀赋，忽略了后天因素，其评价结果与现实存在偏离。本节以 2014 年为初始年份，随机抽取滇中地区土地利用图像中的栅格样本（训练集）用于训练转换适宜性概率，对 2018 年的土地利用图像进行模拟，并以 2018 年的土地利用图像为参考，进行模拟精度验证。为体现先天驱动（坡度等）和后天因素（社会经济驱动等）对国土空间演化的不同影响，分别基于二者对 2018 年土地利用图像进行模拟和比较。

模拟结果显示基于纳入后天因素的模拟结果明显比仅基于先天因素的模拟结果更接近于 2018 年的真实土地利用图像，尤其体现在曲靖市的主城区。在空间形态上，仅考虑先天因素的城镇建设用地更为分散，而纳入后天因素模拟结果能体现出建设用地更加集聚的特点，更符合空间经济演化规律。并且纳入后天因素的模拟精度均优于前者，在建设用地的生产者精度和 FOM（Figure of Merits）指标上有明显的改善，同时精度较高，保证了情景模拟的预测准确性（表 13.13）。

表 13.13　2018 年土地利用模拟精度验证

| 模拟精度指标 | 仅基于先天因素 | 包含后天因素 |
| --- | --- | --- |
| Kappa 系数 | 0.927987 | 0.936584 |
| 全局精度 | 0.956305 | 0.961506 |
| 城镇建设用地生产者精度 | 0.773723 | 0.844213 |
| FOM | 0.14162 | 0.282377 |

数据来源：作者计算

## 二、开展空间布局优化模拟

将基于先天因素和纳入后天因素的 2018 年土地利用图像，分别与 2018 年真实图像进行图像和精度双重对照，发现纳入后天因素的 2018 年土地利用模拟图像提高了对现实映射准确度。基于此，在不同区域战略和政策情景下对未来滇中城市群的国土空间结构演化展开情景分析，讨论滇中在不同发展战略下城镇用地的数量和空间格局的变动趋势，为新时代国土空间格局的优化提供科学支撑和政策建议。

具体来说，基于滇中城市群的区域概况（本章第一节），在充分考虑农业、

生态、城镇用地之间的竞争关系后,将不同的适宜性操作转化为土地的生态、
农业、城镇开发价值,以土地价值高低为依据,基于轮盘赌算法,在有限理性和
允许一定随机性的条件下,为滇中城市设置了五大特定情景,讨论滇中区域在
历史延续、生态优先、粮食安全、重大基础设施建设、经济发展的高低方案五种
发展情景下城镇用地的数量和空间格局的变化(表13.15)。

1. 历史延续情景

结合滇中区域 2013—2018 年滇中区域城镇用地变化规律,假定 2018—2025
年、2018—2030 年影响城镇用地拓展的因素没有发生明显变化,滇中地区将延
续以往的城市扩张趋势。通过此情景下的模拟发现滇中区域城镇用地增长明
显。到 2025 年,滇中地区城镇用地面积为 1975.41 平方公里,新增用地面积
497.52 平方公里,较基年增长 33.66%;到 2030 年,城镇用地面积为 2323.71 平
方公里,新增 845.82 平方公里,较基年增长 57.23%。就空间格局来看,新增城
镇用地主要集中于曲靖市和楚雄市,曲靖市城镇用地增长势头最强;玉溪市城镇
用地增量最少、发展势头最弱;滇中区域经济重心存在北移趋势。

2. 经济发展的高低方案

本章第三节已经对滇中区域的经济发展、人口数量、城镇用地数量做了高
低两种方案的预测。根据预测的城镇土地需求,以 2018 年土地利用数据为基
础,在充分考虑现实因素的限制下,对 2025 年、2030 年和 2035 年城镇用地格
局和数量变化进行预测,为未来滇中区域格局演化提供了两种可能性。在滇
中区域经济平稳增长的情况下,到 2025 年,滇中城镇用地将新增 376.74 平方
公里,到 2030 年,将新增 903.15 平方公里,对应年份城镇用地面积为基年的
1.26 倍和 1.61 倍;在滇中区域经济发展趋于收敛时,到 2025 年,滇中将新增
城镇用地 302.13 平方公里,到 2030 年,增加 462.87 平方公里,分别为基年的
1.20 倍和 1.31 倍。经济发展高低方案中,新增城镇用地依然主要分布在楚雄
和曲靖,玉溪发展势头依然是最弱的。

3. 生态优先情景

"建设生态文明排头兵"是云南省三大战略定位之一,《滇中城市群发展规
划》为滇中区域确定了实现"三区六湖"生态环境优良、集约开发模式成为主导、
区域环境得到有效保护、生态文明得到新支撑的发展目标。在此情景中,选取对
生态保护具有重要作用的林地作为保留地,生态保护适应性为 5 分的土地禁止
开发为城镇用地,1—4 分土地允许开发为城镇用地,但随着生态重要性升高,城

镇开发概率降低。以 2018 年土地利用数据为基础,对 2025 年和 2030 年城镇用地格局和数量变化进行预测。此情景下,对生态用地、农业用地的开发做出了严格限制,限制后城镇用地的增速较历史外推情景明显下降:生态保护情景 2025年、2030 年对应城镇用地的增长率分别为 12.41% 和 21.67%。

4.粮食安全情景

新冠疫情暴发对全球商品供应链形成巨大冲击,粮食储备成为国家安全的"稳压器","粮食安全"的重要性达到了新的高度。云南省经济发展对于农业的依赖性显著高于全国平均水平,这也意味着云南省在保障粮食安全的任务中势必要承担更多的责任。在此情景中,锁定已有农田用地类型不发生变化,农业开发适宜性为 5 分的土地作为农业用地的保留地,不再向城镇用地转化,1—4 分土地允许开发为城镇用地,但随着农业适宜性升高,城镇开发概率降低。以 2018 年土地利用数据为基础,对 2025 年和 2030 年城镇用地格局和数量变化进行预测。结果显示粮食安全情景 2025 年、2030 年对应城镇用地增长率分别为 12.78% 和 21.50%,远低于历史延续情景中的 33.67% 和 57.32%,说明此类政策对城市摊大饼式蔓延趋势起到了良好的调控作用。

将生态保护和粮食安全两种情景对比来看,耕地保护类政策对滇中地区城镇扩张的限制作用更强,说明云南省农业用地和城镇用地的"竞争"更为明显。云南省的经济结构侧面印证了这一点:云南经济对第一产业的依赖性显著高于全国水平,2018 年云南第一产业增加值占比 14%,是全国平均水平的两倍。考虑到云南的经济结构,禁止已有农田、农业适宜性高的土地利用类型转化将使城镇开发失去大量的潜在选择。

虽然在两种情景之下,各城市城镇用地增长速度均有放缓,但不同城市发展对生态、耕地保护情景的反应存在差异:玉溪、楚雄城市扩展显著受到生态保护政策的限制,而昆明、红河(北 7 县)、曲靖城市扩张则更多受耕地保护政策的影响,两种方式下城镇用地扩展空间分布差异十分明显。

5.重大基础设施建设情景

地区的大型基础设施建设将对区域空间结构和城市未来发展方向产生重大影响。国家"新基建"计划目前规划规模超 30 万亿元,其中云南达到 5 万亿元,位列 22 个公布省份首位,充分突显云南省基础设施建设在国家的战略地位。2020 年 2 月,云南省公布了基础设施"双十"重大工程项目,重点聚焦"五网"基础设施领域。考虑到对城市空间成长的影响,以滇中引水以及公路、铁路建设作为重大基础设施工程的情景。

（1）滇中引水工程

滇中区域是云南省经济最为发达的区域，然而此区域人均水资源量较低，经济发展与水资源供需矛盾十分突出。滇中区域水资源开发利用程度很高，滇池流域的水资源开发已远远超过40%的国际公认水资源合理开发上线，以水资源考量的环境承载能力已属于超载状态。

滇中引水工程完成后，将大大改善滇中区域的水资源供给状况，提升区域人口、经济承载能力。根据规划，滇中引水工程2030年将向滇中区域输水23.79亿米³，其中65%将作为城镇和工业用水。参考规划中最低人均用水值320米³/人和万元GDP用水量14.68米³/万元，合理预计滇中引水工程完成后，滇池流域水资源开发过载现象将得到根本缓解，滇中区域的人口和经济承载力将得到显著提升，滇中区域的城镇用地扩展模型更加接近于"经济发展高方案"。预计2025年滇中地区人口将达到2570.22万人，新增城镇用地370.08平方公里，2030年人口达到2771.57万人，新增城镇用地673.65平方公里，可载GDP21865.12亿元（表13.14）。

表13.14　滇中引水工程完成后城镇用地需求数量

| 时间 | 人口（万人） | GDP（亿元） | 城镇用地面积（平方公里） |
| --- | --- | --- | --- |
| 2025年 | 2570.22 | 17476.07 | 1847.97 |
| 2030年 | 2771.57 | 21865.12 | 2151.54 |

数据来源：作者模拟计算

（2）重大交通基础设施建设工程

"建设辐射南亚、东南亚中心"是云南省三大战略定位之一。《滇中城市群发展规划》提出滇中区域将加快国际交通枢纽建设，构建"铁路+公路+航空+管道"的立体交通网络，建成"一带一路国际通道"。交通路网建设无疑会提升此区域城镇开发适宜性。将新增交通价值按照合适比例叠加在城镇开发价值中，对城镇开发适宜性进行调整。

根据情景模拟结果，绘制不同情景下新增城镇用地面积柱形图（图13.2）。从图中发现：第一，滇中区域经济重心北移趋势明显。就新增城镇用地的空间格局来看，北部曲靖市城镇用地扩张势头最强，南部玉溪市增长势头最弱。第二，不同限制性政策下城市群空间格局差异明显。玉溪、楚雄显著受生态保护政策限制，而昆明、红河（北7县）、曲靖的扩张则更多受耕地保护政策的限制。第三,滇中引水工程将大大释放滇池流域发展潜能,使滇中城市群演化向"经济发展高方案"靠拢。

**表 13.15　不同情景下城镇用地数量及空间格局**

| 情景设计 | | 区域城镇用地面积(平方公里) | | | | | |
|---|---|---|---|---|---|---|---|
| | | 滇中城市群 | 昆明 | 曲靖 | 玉溪 | 楚雄 | 红河(北7县) |
| 基准 | 2018 年 | 1477.89 | 655.29 | 262.08 | 215.64 | 98.37 | 246.51 |
| 历史延续 | 2025 年 | 1975.41 | 745.83 | 391.68 | 278.37 | 229.41 | 330.12 |
| | 增量 | 497.52 | 90.54 | 129.60 | 62.73 | 131.04 | 83.61 |
| | 2030 年 | 2323.71 | 814.14 | 482.76 | 320.04 | 318.69 | 388.08 |
| | 增量 | 845.82 | 158.85 | 220.68 | 104.40 | 220.32 | 141.57 |
| | 2035 年 | 2669.85 | 878.04 | 572.94 | 360.90 | 408.33 | 449.64 |
| | 增量 | 1191.96 | 222.75 | 310.86 | 145.26 | 309.96 | 203.13 |
| 经济发展高低方案 | 低方案 2025 年 | 1780.02 | 711.81 | 345.96 | 249.57 | 176.49 | 296.19 |
| | 增量 | 302.13 | 56.52 | 83.88 | 33.93 | 78.12 | 49.68 |
| | 2030 年 | 1940.76 | 740.97 | 390.78 | 268.38 | 217.35 | 323.28 |
| | 增量 | 462.87 | 85.68 | 128.7 | 52.74 | 118.98 | 76.77 |
| | 2035 年 | 2042.55 | 759.06 | 416.34 | 280.80 | 244.80 | 341.55 |
| | 增量 | 564.66 | 103.77 | 154.26 | 65.16 | 146.43 | 95.04 |
| | 高方案 2025 年 | 1854.63 | 725.13 | 367.11 | 258.39 | 195.66 | 308.34 |
| | 增量 | 376.74 | 69.84 | 105.03 | 42.75 | 97.29 | 61.83 |
| | 2030 年 | 2381.04 | 825.75 | 507.87 | 321.21 | 327.78 | 398.43 |
| | 增量 | 903.15 | 170.46 | 245.79 | 105.57 | 229.41 | 151.92 |
| | 2035 年 | 2990.43 | 945.72 | 676.35 | 390.33 | 478.35 | 499.68 |
| | 增量 | 1512.54 | 290.43 | 414.27 | 174.69 | 379.98 | 253.17 |
| 生态优先情景 | 2025 年 | 1672.56 | 700.02 | 323.64 | 232.47 | 127.80 | 288.63 |
| | 增量 | 194.67 | 44.73 | 61.56 | 16.83 | 29.43 | 42.12 |
| | 2030 年 | 1810.35 | 730.71 | 364.86 | 247.23 | 149.85 | 317.70 |
| | 增量 | 332.46 | 75.42 | 102.78 | 31.59 | 51.48 | 71.19 |
| | 2035 年 | 1946.43 | 759.87 | 409.32 | 259.38 | 174.06 | 343.80 |
| | 增量 | 468.54 | 104.58 | 147.24 | 43.74 | 75.69 | 97.29 |

续表

| 情景设计 | | 区域城镇用地面积(平方公里) | | | | | |
|---|---|---|---|---|---|---|---|
| | | 滇中城市群 | 昆明 | 曲靖 | 玉溪 | 楚雄 | 红河(北7县) |
| 粮食安全情景 | 2025 年 | 1666.80 | 690.03 | 312.30 | 240.84 | 152.73 | 270.90 |
| | 增量 | 188.91 | 34.74 | 50.22 | 25.20 | 54.36 | 24.39 |
| | 2030 年 | 1795.68 | 712.98 | 345.60 | 258.66 | 192.24 | 286.20 |
| | 增量 | 317.79 | 57.69 | 83.52 | 43.02 | 93.87 | 39.69 |
| | 2035 年 | 1927.80 | 736.56 | 379.62 | 276.21 | 233.55 | 301.86 |
| | 增量 | 449.91 | 81.27 | 117.54 | 60.57 | 135.18 | 55.35 |
| 滇中引水 | 2025 年 | 1847.97 | 724.23 | 365.13 | 257.58 | 193.32 | 307.71 |
| | 增量 | 370.08 | 68.94 | 103.05 | 41.94 | 94.95 | 61.20 |
| | 2030 年 | 2151.54 | 781.47 | 444.42 | 294.12 | 271.89 | 359.64 |
| | 增量 | 673.65 | 126.18 | 182.34 | 78.48 | 173.52 | 113.13 |
| | 2035 年 | 2487.51 | 848.52 | 537.12 | 333.00 | 351.45 | 417.42 |
| | 增量 | 1009.62 | 193.23 | 275.04 | 117.36 | 253.08 | 170.91 |

数据来源:作者模拟计算

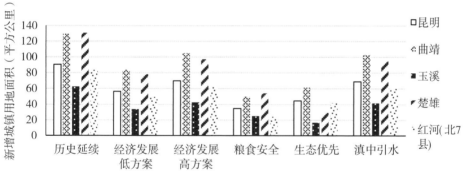

a. 2025 年不同情景下新增城镇用地数量

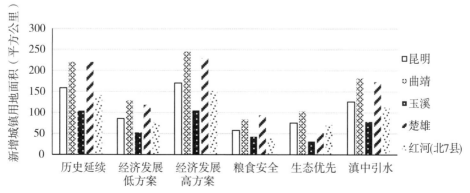

b. 2030 年不同情景下新增城镇用地数量

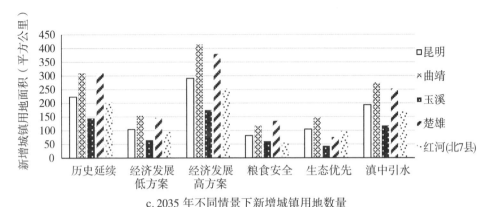

c. 2035 年不同情景下新增城镇用地数量

**图 13.2 不同时期不同情景下城镇用地数量分布**

图片来源:根据作者模拟计算结果绘制

### 三、修正城镇建设适宜性评价结果

在有限的土地资源内,为优化土地资源配置效率,充分落实云南省滇中城市群发展战略的总体思路,实现生态保护、农业发展、经济增长等目标协调发展的新格局,有必要站在全局的视角下审视未来错综复杂环境下滇中地区国土空间的演进方向。

本节对当前城建设适宜性评价的结果进行补充,各地区统计结果见表13.16。具体的模拟步骤如下:将综合统筹情景的建设用地和城镇建设适宜性评价适宜开发区相叠加的土地标为适宜建设区,是当前和中期内滇中城市群国土空间规划中优先重点开发的土地;城镇建设适宜性评价适宜开发区但不是模拟结果的建设用地划分为储备建设用地,表示这些地区符合开发的自然地理条件,但当前缺少形成建设用地的人口和产业需求,是长期内具有开发潜力的土地;生态保护重要地和不适宜建设地继续沿用城镇建设适宜性评价的结果。模拟结果显示出适宜建设用地主要分布在五华区、盘龙区、官渡区、呈贡区、红塔区东部、麒麟区北部、开远市西部、建水县中部以及蒙自市和个旧市的边界地区;储备建设用地分布在适宜建设用地的四周,不适宜建设地主要集中在滇中城市群的北部、西南以及东南地区;生态保护重要地遍布在滇中城市群的各个区县内。

表 13.16　滇中城市群修正后"双评价"结果统计

| | 不适宜建设面积<br>（平方公里） | 生态保护重要面积<br>（平方公里） | 储备建设用地面积<br>（平方公里） | 适宜建设用地面积<br>（平方公里） |
|---|---|---|---|---|
| 昆明 | 9170.73 | 7897.86 | 3156.21 | 842.31 |
| 曲靖 | 9814.14 | 13513.32 | 5280.21 | 356.67 |
| 玉溪 | 6191.82 | 7619.58 | 851.94 | 304.56 |
| 楚雄 | 10746.90 | 15401.88 | 2171.88 | 114.21 |
| 红河(北7县) | 6035.67 | 7969.14 | 3671.73 | 441.99 |

数据来源：作者模拟计算

## 四、评估修正"双评价"后的城镇用地效率

本节使用处理过的公共服务数据和经济发展数据对城镇适宜性进行修正，以表征后天因素对经济增长的作用。基础设施和公共服务是吸引人口和企业迁移的重要因素，对城镇化起到了正向促进作用。因此，以医院、学校和商场 POI[①] 作为表征地区公共服务的典型指标，并认为其影响满足距离衰减规律。区域经济发展状况是驱动城市土地利用扩张的重要因素。GDP 数值是衡量地区经济发展状况最重要的指标，然而以行政区划为基本单元的统计方式限制了 GDP 空间映射的精度。夜间灯光图[②]是实现 GDP 空间化、校正区域经济活力的重要工具，且以夜间灯光图作为表征经济活力的指标巧妙避免了经济指标与交通指标、公共服务指标之间的共线性问题。因此，借用夜间灯光数据表征地区的经济发展程度，衡量区域经济活力对城市用地扩张的驱动作用。以公共服务价值与经济活力价值表征"集聚经济"属性，按照先天因素与后天因素相同权重对"双评价"的评分进行修正，修正后结果按照自然断点重分类为1—5分。根据表 13.17 中的结果，最适宜城镇开发的地区占比仅为 2.92%，但是如果加上城镇开发一般适宜和比较适宜后，比例可达 73.05%。

表 13.17　滇中地区修正后"双评价"结果展示

| 适宜性评分(5 分最适宜) | 数量(个) | 城镇适宜性占比 | 综合分数 |
|---|---|---|---|
| 1 | 1242 | 7.56% | 0.0756 |
| 2 | 3182 | 19.38% | 0.3876 |
| 3 | 4933 | 30.04% | 0.9013 |

---

① 数据来源于高德地图。

② 数据来源于 NPP‑VIIRS 夜间灯光数据。

| 适宜性评分(5分最适宜) | 数量(个) | 城镇适宜性占比 | 综合分数 |
|---|---|---|---|
| 4 | 6582 | 40.09% | 1.6035 |
| 5 | 480 | 2.92% | 0.1462 |
| 合计 | 16419 | 平均分 | 3.1143 |

数据来源:作者模拟计算

进一步,分别按照5种情形,评估滇中地区2035年新增用地效率。根据模拟结果(表13.18)可知,在考虑生态优先的情景下,城镇开发最适宜性地区最多,占比为1.03%。当考虑新增城市用地效率一般情况及其以上后,仍然是生态优先情景下,城镇开发适宜性地区最多,占比为71.9%。粮食安全情景下,城镇开发适宜性地区最少,占比为36.44%;其他剩余情景的城镇开发适宜性地区占比相似。

**表13.18 2035年新增城镇用地效率评价(修正)**

| 情景 | 评分 | 数量(个) | 占比 | 平均分数 |
|---|---|---|---|---|
| 基准情景 | 1 | 4892 | 36.12% | 0.3612 |
| | 2 | 2719 | 20.08% | 0.4015 |
| | 3 | 5269 | 38.90% | 0.1671 |
| | 4 | 630 | 4.56% | 0.1861 |
| | 5 | 34 | 0.25% | 0.0126 |
| | 合计 | **13544** | 平均分 | **2.1284** |
| 经济发展低方案 | 1 | 2377 | 37.30% | 0.3730 |
| | 2 | 1214 | 19.05% | 0.3810 |
| | 3 | 2478 | 38.89% | 1.1667 |
| | 4 | 291 | 4.57% | 0.1827 |
| | 5 | 12 | 0.19% | 0.0094 |
| | 合计 | **6372** | 平均分 | **2.1128** |
| 经济发展高方案 | 1 | 6127 | 36.31% | 0.3631 |
| | 2 | 3260 | 19.32% | 0.3863 |
| | 3 | 6691 | 39.65% | 1.1894 |
| | 4 | 772 | 4.57% | 0.1830 |
| | 5 | 26 | 0.15% | 0.0077 |
| | 合计 | **16876** | 平均分 | **2.1295** |

续表

| 情景 | 评分 | 数量(个) | 占比 | 平均分数 |
|---|---|---|---|---|
| 粮食安全情景 | 1 | 2102 | 41.92% | 0.4192 |
| | 2 | 1085 | 21.64% | 0.4328 |
| | 3 | 1760 | 35.10% | 1.0531 |
| | 4 | 65 | 1.30% | 0.0519 |
| | 5 | 2 | 0.04% | 0.0020 |
| | 合计 | **5014** | 平均分 | **1.9589** |
| 生态优先情景 | 1 | 612 | 11.72% | 0.1172 |
| | 2 | 856 | 16.39% | 0.3277 |
| | 3 | 2988 | 57.20% | 1.7159 |
| | 4 | 714 | 13.67% | 0.5467 |
| | 5 | 54 | 1.03% | 0.0517 |
| | 合计 | **5224** | 平均分 | **2.7592** |
| 滇中引水 | 1 | 4131 | 36.53% | 0.3653 |
| | 2 | 2161 | 19.11% | 0.3822 |
| | 3 | 4479 | 39.61% | 1.1884 |
| | 4 | 518 | 4.58% | 0.1832 |
| | 5 | 18 | 0.16% | 0.0080 |
| | 合计 | **11307** | 平均分 | **2.1272** |

数据来源:作者模拟计算

## 第五节　滇中城市群国土空间优化配置研究的总结与启示

滇中城市群是全国"两横三纵"城镇化战略格局的重要组成部分,是西部大开发的重点区域,也是云南省面向南亚东南亚辐射中心的核心区,在国家开发格局中具有重要的战略地位。因此,需要合理利用土地资源,统筹配置滇中城市群新增建设用地面积,发挥各自地区优势,形成具有可持续发展的城市群,进一步强化滇中城市群在云南省的中心带动作用。

值得注意的是,国土空间优化在于匹配自然资源本底。"双评价"是国土空间的承载基础和开发的供给侧约束,在 23 项评价子指标中 20 项与先天因素相关,可视为生态保护、粮食生产和城镇开发的土地指示器。国土空间格局与"双评价"结果越匹配,即可代表越高的国土空间利用和开发效率,实现第一层次的国土空间优化。然而,"双评价"工作过多以静态的视角考察自然资源的本底和禀赋,而对集聚经济重视不够,造成两方面不足:一是集聚经济作用下,人口和产业的循环累积因果效应所产生的经济集聚力对城镇空间格局的影响被忽视。二是基于当前研究区的空间因素,仅能反映现阶段城镇土地的开发适宜性,无法预测未来重大战略方针、交通规划、经济发展的不确定性对城镇空间开发适宜性的影响。

纳入后天驱动因素的模拟结果要比仅考虑自然因素所驱动的国土空间格局,更能反映空间经济活动的规律,且有更高的模拟精度。因此,在对滇中城市群国土空间演化以及其他城市群发展过程中国土空间的配置研究中,如果采用"双评价"的方式,应该对现有"双评价"指标进行改进,纳入社会经济发展、交通状况等后天因素,以此修正"双评价"指标的不足。

基于历史延续、经济发展的高低方案、生态优先情景、粮食安全情景以及重大基础设施建设情景的模拟结果,将为未来滇中城市群国土空间配置提供参考。首先,在今后很长一段时间内,云南省的产业和人口都将处于向滇中城市群集聚的过程。对于昆明、玉溪等核心城市来说,要加强城镇空间的集约利用,以需求引导和宏观供给调节合理安排新增建设用地规模和空间结构,防止建设用地的低效、无序扩张,促进土地利用效率提高,以实现《规划》中滇中城市群经济增长和人口集聚等发展目标。其次,未来仍然要继续加大农业主产区适宜耕地土地的限制开发力度,尤其是重视对耕地的数量和质量进行保护,坚持基本农田不动摇的政策。同时,要推行连片化和规模化的农业土地利用模式,提升农业土地利用效率。再次,要加强交通基础设施建设,改善通行条件,加强昆明与玉溪、曲靖、红河、楚雄等城市的交通通达性,充分发挥昆明市的辐射作用,带动滇中区域其他市县的发展。最后,滇中区域未来的土地利用模式应因地制宜。在满足地区经济发展用地的前提下,控制建设用地增量,保护生态环境,促进土地资源可持续利用,优化生产、生活、生态空间布局,强化国土空间用途管控,促进各类生产要素有序流动和区域协调发展。

基于"双评价"的修正指出了滇中城市群中长期内国土空间适宜建设区、

储备建设区、生态保护极重要区和不适宜建设区,在补充现有"双评价"结果的同时,对滇中区域未来的土地利用模式按照因地制宜原则,更精细化推进生态、经济、农业等功能区划分,具有指导意义。

执笔人:薛领为北京大学政府管理学院教授、博士生导师;此外,参与本章执笔的还有北京大学政府管理学院的赵威、马业婷

## 参考文献

[1]方创琳.新发展格局下的中国城市群与都市圈建设[J].经济地理,2021,41(04):1-7.

[2]韩向娣,周艺,王世新,等.基于夜间灯光和土地利用数据的 GDP 空间化[J].遥感技术与应用,2012,27(03):396-405.

[3]李星,周京春,金婷婷,等.滇中城市群土地利用/覆盖变化(LUCC)空间模拟研究[J].生态与农村环境学报,2022,38(10):1318-1329.

[4]林之强,彭双云,洪亮,等.基于夜光数据的滇中城市建成区动态监测与时空格局演变[J].水土保持研究,2021,28(01):265-271.

[5]牛乐德,熊理然.滇中城市群工业经济与生态环境协调发展研究[J].资源开发与市场,2013,29(01):24-27+36.

[6]冉玉菊,雷冬梅,刘林,等.滇中城市群2000—2020年土地利用变化对生态系统服务价值的影响[J].水土保持通报,2021,41(04):310-322+2.

[7]谭少军,邵景安,邓华,等.三峡库区土地利用驱动力评价及机制分析[J].中国农业资源与区划,2017,38(11):122-129.

[8]吴健生,岳新欣,秦维.基于生态系统服务价值重构的生态安全格局构建——以重庆两江新区为例[J].地理研究,2017,36(03):429-440.

[9]薛领,杨开忠.中国式现代化背景下国土空间优化与调控:抗解性范式转型[J].经济纵横,2023(06):47-55.

[10]赵威,薛领.区域发展战略对国土空间格局演化的影响——以云南省为例[J].资源科学,2022,44(06):1252-1266.

[11]支林蛟,王锦,刘敏,等.滇中城市群绿色空间格局动态变化多尺度研究[J].西南林业大学学报(自然科学),2021,41(05):88-97.

[12]周琼,徐艳波.20世纪以来滇池生态修复路径初探[J].城市与环境

研究,2023(01):80 - 90.

[13]周汝佳,张永战,何华春.基于土地利用变化的盐城海岸带生态风险评价[J].地理研究,2016,35(06):1017 - 1028.

[14]BAGAN H,YAMAGATA Y. Analysis of urban growth and estimating population density using satellite images of nighttime lights and land-use and population data[J]. GIScience & Remote Sensing,2015,52(6): 765 - 780.

[15]CHEN W,ZENG Y,ZENG J. Impacts of traffic accessibility on ecosystem services:An integrated spatial approach[J]. Journal of Geographical Sciences,2021(31): 1816 - 1836.

[16]COMBES P P,GOBILLON L. The empirics of agglomeration economies[M]//Handbook of regional and urban economics. Elsevier,2015(5): 247 - 348.

[17]HENDERSON J V,STOREYGARD A,WEIL D N. Measuring economic growth from outer space[J]. American economic review,2012,102 (2): 994 - 1028.

[18]KIVELL P. Land and the City:Patterns and Processes of Urban Change[M]. Routledge,2002.

[19]XIONG Y,CHEN Y,PENG F,et al. Analog simulation of urban construction land supply and demand in Chang—Zhu—Tan Urban Agglomeration based on land intensive use[J]. Journal of Geographical Sciences,2019(29): 1346 - 1362.

[20]ZHAO M,CHENG W,ZZHOU C,et al. GDP spatialization and economic differences in South China based on NPP-VIIRS nighttime light imagery [J]. Remote Sensing,2017,9(7): 673.

# 第十四章　云南南向开放的功能
## 定位与布局优化

云南是长江经济带上面向南亚东南亚开放的重要省份。习近平总书记考察云南时明确了云南省建设面向南亚、东南亚辐射中心的战略定位。在新发展格局构建中,辐射中心的建设必须依托长江经济带的技术优势、产业链和市场规模,聚合成辐射南亚东南亚的动力源。优化云南省的开放空间布局,有效对接长江经济带,是辐射中心建设的重要路径。

## 第一节　云南省的国家级开放平台空间布局与功能定位

在国家支持下,云南省充分发挥沿边区位优势,推进开放平台建设,提升对外开放水平。主要开放平台有:中国(云南)自由贸易试验区包含昆明、红河、德宏 3 个片区;综合保税区分别是昆明综合保税区和红河综合保税区;重点开发开放试验区 2 个,分别是瑞丽国家重点开发开放试验区、勐腊(磨憨)重点开发开放试验区;国家级边境经济合作区 4 个,分别是畹町边境经济合作区、河口边境经济合作区、瑞丽边境经济合作区、临沧边境经济合作区;省级边境合作区 5 个,分别是保山(猴桥)边境经济合作区,麻栗坡(天保)边境经济合作区,孟连(勐阿)边境经济合作区,勐腊(磨憨)边境经济合作区,泸水(片马)边境经济合作区。逐步形成了以中国(云南)自由贸易试验区为引领、重点开发开放试验区为战略支点、边(跨)境经济合作区和综合保税区为前沿、沿边口岸为接点的对外开放平台格局。在空间布局上形成了点线面结合的开放空间格局,在功能定位上力图打造沿边开放新优势、新高地,开放效应不断增强。

### 一、中国(云南)自由贸易试验区

中国(云南)自贸试验区(以下简称云南自贸试验区)以制度创新为核心,

以可复制可推广为基本要求,着力打造"一带一路"和长江经济带有效对接的重要通道,建设连接南亚东南亚大通道的重要节点,推动形成中国面向南亚东南亚辐射中心、开放前沿。

1. 实施"一主两翼"的空间布局

云南自贸试验区是由昆明片区、德宏片区和红河片区构成的"一主两翼"空间布局。

(1)产业布局优化。昆明片区以高端服务业、总部经济和先进制造业为重点,努力推进创新驱动和现代服务业集聚。德宏片区以边境经济为特色,推进跨境贸易、旅游和金融业发展,积极推动中缅经济走廊建设,促进有序开展边境贸易活动,加强与缅甸的贸易合作,推动跨境物流便利化。红河片区以边境地区特色农产品加工和资源开发为重点,推动农业现代化和跨境合作;通过优势农产品的深加工,提高农产品附加值,促进农业现代化和农业产业链延伸;积极推进跨境资源合作,与越南合作推动矿产资源的合理开发利用。通过产业布局优化,提高各片区的竞争力和综合实力。通过跨境贸易合作和边境地区特色产业发展,促进与缅甸、越南等国家的经济合作和互利共赢。

(2)区域联动效应。云南自贸试验区"一主两翼"的空间布局促进了区域内外的联动效应。三个片区之间加强了交通和物流联通,资源共享,形成自贸区内部的互动与协作,延伸了产业链的深度和广度。

2. 推进制度型开放

经过 3 年的改革探索,云南自贸试验区对标国际规则,形成了一些有国际竞争力的制度创新成果。

(1)改革试点成功施行。云南自贸试验区坚持以制度创新为核心,以可复制可推广为基本要求,聚焦沿边跨境、内引外联的区位特色,探索差异化创新发展道路,共形成了 276 项制度创新成果。其中,"边境地区涉外矛盾纠纷多元处理机制"入选"全国自由贸易试验区第四批最佳实践案例",向全国复制推广;"面向南亚东南亚跨境电力交易平台"由国务院自由贸易试验区工作部际联席会议简报通报推广,为自贸区开放提供了云南经验。

(2)逐渐形成新发展格局。云南自贸试验区立足建设中国面向南亚东南亚辐射中心的战略定位,主动融入和服务"一带一路"建设,助力构建"大循环、双循环"新发展格局。开通了"昆明—孟定清水河口岸—仰光"中缅通道跨境电商专线、"昆明—万象"中老通道跨境公路班车、"新加坡—仰光—临沧"直达印度洋海公铁联运新通道、中老铁路。昆明空港型枢纽正在建设,以7个国家物流枢纽为核心,云南"七出省五出境"高速公路网络基本形成,"八出省五出境"铁路网不断延伸,"两网络一枢纽"航空网建设加快推进。云南自贸试验区依托全省区位、交通、物流优势,基本形成以跨境铁路运输为基础、跨境公路运输为支撑,公铁、铁海、海公铁等多种联运方式并行发展,内引"长江经济带"、外联"一带一路"南亚东南亚经济走廊的黄金通道。

(3)跨境电商创新发展。云南自贸试验区创新"一口岸多通道"监管模式,推动边境通道纳入口岸监管范围。云南自贸试验区优化边民互市贸易海关监管模式,"互联网+边民互市贸易监管模式"试点通过海关总署备案,跨境电商创新发展。云南自贸试验区三片区所在地均入选国家物流枢纽承载城市,一批国际物流园已签约落地。昆明、德宏、红河三个片区已获国务院批准设立跨境电商综合试验区,形成了链接南亚东南亚跨境电商的态势。

3.深化区域合作

(1)推进"一带一路"与长江经济带互通互联。云南自贸试验区通过公路、铁路、航空和水运等交通网络建设,提高云南与南亚、东南亚的互联互通水平。通过贸易便利化政策、降低贸易壁垒措施,吸引长江经济带各地的资金和企业来云南投资和开展贸易业务。云南自贸试验区通过区域间的政府合作和合作平台建立,与南亚、东南亚国家在政策、法规、标准等方面进行对接和协调,促进了"一带一路"和长江经济带的互通互联,增强了长江经济带与南亚东南亚的联系与合作机会。

(2)促进产业链的优势互补。长江经济带在制造业、高新技术产业等方面具有优势,而云南自贸试验区在农产品加工、旅游服务、矿业资源等领域有特色,云南自贸试验区开展主动融入产业链,联动长江经济带建设,形成了一批成功的合作项目,涵盖交通基础设施、产业发展、环境保护等领域。如云南自贸试验区与长江经济带联动的港口建设项目,提高了货物流通效率,增加了区域间贸易量,为当地经济发展注入了动力。

## 二、沿边重点开发开放试验区(瑞丽、勐腊)

2012年7月9日,国务院批准了《云南瑞丽重点开发开放试验区建设实施方案》;2015年7月23日,国务院批复同意设立云南勐腊(磨憨)重点开发开放试验区。两个沿边重点开发开放试验区成为我国沿边开发开放的重要平台。

1.云南瑞丽重点开发开放试验区

(1)空间布局。瑞丽试验区按"一核两翼"联动的思路发展,即以瑞丽市为核心,芒市遮放镇、风平镇和轩岗乡为东翼,陇川县章凤镇为西翼。瑞丽试验区建设是以破除体制机制障碍为突破口,实施瑞丽、畹町和姐告的同城化改革,理顺瑞丽、畹町两个国家级边境经济合作区的机构设置和工作机制,整合资源,实现扁平化一体化管理;推进芒瑞陇三城联动发展,实现优势互补、资源整合。

(2)功能定位。瑞丽试验区按照五个定位、六大功能区进行发展,五个定位是:中缅边境经济贸易中心、西南开放重要国际陆港、国际文化交流窗口、沿边统筹城乡发展示范区、睦邻安邻富邻示范区。六大功能区:边境经济合作区、国际物流仓储区、国际商贸旅游服务区、进出口产业加工区、国际特色农业示范区、生态屏障区。试图为我国沿边开发开放积累经验、提供示范。

(3)联动长江经济带。在联动长江经济带方面,可以发挥瑞丽试验区的沿边口岸优势、资源环境优势,与长江经济带联动,能够形成中缅开放的主通道,贸易中心的平台,推动与南亚东南亚的合作与交流,形成孟中印缅经济走廊的重要节点,国际文化交流的窗口。瑞丽试验区能够充分利用长江经济带的对外辐射作用,与周边国家互联互通,形成示范区。但目前瑞丽试验区在联动长江经济带方面还面临一些深层次的困难与挑战:一是中缅合作机亟待制完善,地方政府授权有限;二是交通基础薄弱,大通道建设面临诸多挑战,境外通道建设推进缓慢;三是产业基础依然薄弱,产业辐射能量有限;四是边境社会治理压力较大,禁毒禁赌、边境走私、电信诈骗等问题亟待解决。

2.云南勐腊(磨憨)重点开发开放试验区

(1)空间布局。勐腊试验区依托澜沧江—湄公河黄金水道、昆明—曼谷国际大通道,构建"两带"(勐仑—磨憨通道经济带、景洪—关累沿江经济带)、"两核"(磨憨经济合作区、勐腊现代服务集聚区)、"五区"(水港经济功能区、进出口加工功能区、文化旅游功能区、特色农业功能区、生态屏障功能区)空间格局。"两带"的设立有利于构建内外联动的格局,促进产业的均衡发展,优化资源配置。"两核"的设立有利于依托国内口岸,利用国内外两种资源,打造国际交流平台。"五区"的设立有利于资源要素的合理分配以及产业的协同发展。

（2）功能定位。勐腊试验区的建设目标是建设成为中老战略合作的重要平台、联通与中南半岛各国的综合性交通枢纽、沿边地区重要的经济增长极、生态文明建设的排头兵、睦邻安邻富邻的示范区。利用口岸优势，大抓口岸经济，打造口岸城市，把勐满通道建设成为全国肉牛保供基地、国际进口肉牛加工中心、天然橡胶全产业链创新区示范点，把关累港建设成为大湄公河流域综合性国际港口和物流集散中心。

（3）联动长江经济带。勐腊试验区位于长江经济带走向中南半岛的重要陆路通道，区内有面向老挝开放的国家级口岸——磨憨口岸和澜沧江—湄公河航道的国家级口岸——景洪港关累码头以及勐满、曼庄、新民等多条重要陆路通道，澜沧江—湄公河黄金水道、昆明—曼谷国际大通道和正在建设中的泛亚铁路（中线）纵贯试验区全境，从试验区出境可通往老挝、泰国，直达新加坡。勐腊试验区在联动长江经济带方面也面临着与长江经济带各省份的地理位置距离远，航空运输成本高，运输物流成本高、辐射带动作用较弱的困难。

### 三、滇中新区

滇中新区是我国经国务院批准建设的 19 个国家级城市新区之一。2015年 9 月，经国务院批复同意设立。滇中新区是滇中产业聚集区的核心区域，其目标是建成实施"一带一路"、长江经济带等国家重大战略和区域发展总体战略的重要举措，也是打造我国面向南亚东南亚辐射中心的重要支点，提升面向南亚东南亚开放的通道和门户功能，形成内外联动、互为支撑的开放合作新格局的重要措施。

#### 1."一核两翼"空间布局

滇中新区位于昆明市主城区东西两侧，交通运输网络完备，沪昆铁路、成昆铁路以及京昆、沪昆、渝昆、杭瑞等国家高速公路和多条国道贯穿新区，拥有国家门户枢纽机场昆明长水国际机场，与珠三角、长三角、京津冀等地区，以及南亚、东南亚国家人员货物往来便利。新区初期规划范围包括安宁市、嵩明县和官渡区部分区域，面积约 482 平方公里，截至 2022 年年底，常住人口约 104万人。2022 年，滇中新区划定了直管区和共管区，直管区为空港经济区（原大板桥街道范围）、经开区阿拉街道在空港经济区的飞地、现东盟产业城涉及嵩明县杨林镇的部分区域，总面积约 425 平方公里。原大板桥街道析置为长水街道(航空现代服务业区)、大板桥街道(临空先进制造业区)、小哨街道(滇中科学城);共管区为规划范围内安宁市、嵩明县区域。空间布局上,滇中新区是以空港经济区为核心,嵩明县、安宁市为东西两翼的"一核两翼"发展格局。

2. 功能定位实现程度

新区主动融入和服务"以国内大循环为主体,国内国际双循环相互促进"的新发展格局构建,抢抓中老铁路开通、RCEP 全面生效等重大机遇。加强与中国(云南)自由贸易试验区昆明片区、昆明综合保税区的协调联动、融合发展,开通运营"9610"和"1210"跨境电商"双模式",鼓励电商企业利用全货机货运、腹舱货运,累计业务单量突破 600 万单,进入全国综保区跨境电商业务前列。2022 年,新区进出口贸易总额为 669.56 亿元,较 2020 年 324.06 亿元增长 106%,进出口额占昆明市进出口额的 33.5%,占云南省进出口额的 20%。

新区强化要素聚集和资源配置,积极搭建产业承接平台,着力推动与南亚东南亚国家的投资贸易合作,吸引东、中部地区优质企业落户,累计承接亿元以上产业转移项目 160 余个,总投资高达 1400 亿元,实际完成投资约 750 亿元。云南省对滇中新区全面放权赋能,新区拥有省级审批权限和财政体制,营商环境更加便捷高效。通过构建"1 + N"招商政策体系,新区已成为扶持力度全省最优和利于企业成长的高地。2020 年至 2022 年,滇中新区招商引资累计引进项目 471 个,实际到位资金 1319.81 亿元,其中,亿元以上项目 292 个。

3. 联动长江经济带的建设成效

云南滇中新区位于国家"一带一路"和长江经济带战略结合点。滇中新区借助区位优势、开放优势,积极联动长江经济带,增强招商引资的吸引力、竞争力,学习借鉴上海浦东、四川天府、重庆两江等新区建设,面向全国主动承接和顺应长三角、成渝双城经济圈等地区的产业梯次向外转移机遇,不断提升开放合作交流水平。

滇中新区推动昆明长水机场由航空网络"末端"向"南亚东南亚辐射中心"转变,加快优化沪昆客专、渝昆高铁、贵昆铁路,强化新区与长三角、长株潭等城市群的高速交通联系。2016 年以来,新区积极推进长水机场改扩建、渝昆高铁、长龙高速等重大项目建设,同步开展小哨核心区"三纵三横"骨干路网、东盟产业园 17 条市政道路建设,内通外联交通体系基本建立,配套服务功能不断完善。目前,昆明长水国际机场 T2 航站楼建设项目已启动,项目建成后滇中新区将成为国内外企业发展的"最佳目的地"。

### 四、综合保税区(昆明、红河)

2013 年 12 月 16 日,国务院批准设立红河综合保税区,2015 年 5 月 8 日,保税区正式封关运行。2016 年 2 月 3 日,国务院正式批准设立昆明综合保税区,2017 年 5 月 12 日,保税区正式封关运行。

1. 功能定位实现程度

近 10 年来,云南综合保税区(下称"综保区")实现从无到有,开始逐步发挥功能作用。但距离形成具有全球影响力和竞争力的"加工制造中心""研发设计中心""物流分拨中心""维修检测中心""销售服务中心"的目标还有较大差距。作为国家级开放平台,综保区对昆明市、云南省的外贸带动作用不明显,五大功能定位的影响力和竞争力都较弱,尚未有效发挥出长江经济带面向南亚东南亚开放的重要窗口作用。

(1)作为加工制造中心的功能定位。保税加工是云南综保区重点发展的保税业态之一。近年来,红河综保区突出保税优势,加大粮食加工免配额政策宣传和招商引资力度,粮食和白糖等农产品保税加工产业发展较快,2021 年,首个进境粮食保税加工项目落地红河综保区。昆明综保区积极建流程、疏堵点,破解"国际标准金"外发加工、进口粮食加工归类预裁定、液体糖加工检测出区等难题,建立、健全监管流程。2022 年,昆明保税区黄金、粮食等保税加工贸易额达 24.74 亿元,加工贸易占比达 18.27%。保税加工发展仍处于规模小、结构失衡的阶段,存在加工种类单一、加工水平低的问题。

(2)作为研发设计中心的功能定位。云南综保区中关于研发设计产业的发展还处于准备阶段和初始阶段。昆明综合保税区未来将重点发展生物医药研发,红河综保区将建成研发中心。

(3)作为物流分拨中心的功能定位。昆明综保区开展了中老铁路公铁跨境多式联运,开拓替代种植仓储业务以及夯实电子元件、烟草、精密仪器、航材等保税仓储业务。2022 年,昆明综保区仓储转口 96.93 亿元,占全区外贸总量的 71.61%。保税物流外贸的增长主要来自保税仓储,对园区高质量发展贡献不大。且从枢纽功能来看,云南保税区未充分发挥货物集拼功能,国际货流不够,作为国际货物保税物流枢纽的功能发挥不充分。

(4)作为维修检测中心的功能定位。云南综保区中保税检测和保税维修业态发展还处于起步阶段,距离成为维修检测中心的定位目标还有较大差距。其中,昆明综保区推动航空维修,云翙航空技术(云南)有限公司航材维修服务项目落地,并取得民航局颁发的 CCAR - 145 维修资质。

(5)作为销售服务中心的功能定位。云南综合保税区销售服务业态发展主要以跨境电子商务为主。其中,红河综保区建成跨境电商综合服务平台,完成与省跨境电商公共服务平台对接,跨境电商保税监管仓投入使用,开通了"1210""9710"式保税进口跨境电商业务;昆明保税区"9610""1210""9710""9810"四种跨境电商业务模式落地投运,单量从 2019 年不足 100 万单增至 2022 年的 1121 万单。2022 年,昆明综保区全区跨境电商贸易额 7.48 亿元,跨境电商进出口结构由 99.7∶0.3 优化为 91.65∶8.35,进口占比提高了 8.1 个百分点,结构逐步优化。但除了跨境电子商务外,综合保税区中租赁业务、期货交割等其余服务业态都还在探索中,外贸综合服务发展种类单一、发展程度低。

2.联动长江经济带的建设成效

(1)物流协同联动,实现国内国际市场相通。借助中国(云南)自由贸易试验区昆明片区与成都青白江片区签署跨省自贸联动协同合作协议,昆明综保区与长江经济带加强了物流协同联动,促进了国内市场和国际市场更好联通。昆明片区与成都青白江铁路港片区在平行车进出口、多式联运等方面开展合作,在通道建设上建立铁路物流一体化联动,链接中欧班列和中老班列,促进四川、重庆、江苏、上海等省市货物在昆明集拼,这些货物的保税仓储、物流和保税加工业务就可以在昆明综保区进行,缩短了产品通往南亚、东南亚的时间,从而更好地联动长江经济带,也促进昆明综保区运贸一体化发展。2022 年,进驻昆明综保区的铁定大达国际物流有限公司进出口贸易额达 2.6 亿美元,中老铁路发货量达 1835 个集装箱。

(2)依托通办合作机制,实现贸易便利创新相促。依托云南自由贸易试验区与成都、上海、广东等自贸试验区签署合作协议,双方协同推进制度创新,在政务服务、贸易便利化等领域开展合作。各自贸试验区片区属地海关通力合作,推动企业信用、通关、报税、物流、仓储等信息共享,实现跨区跨省互认通办,利用智慧化通关模式,提高了通关时效。云南综保区(昆明、红河)作为海关特殊监管区,充分利用海关信息的共享、海关的联合执法以及标准的互认通行等区域政策,借鉴学习上海、广东等自贸区、保税港区的成熟经验和做法,缩短了长江经济带各省份进出口产品在保税区的整个清关流程时间,也提高了云南保税区发往内地产品的通关便利度。

（3）承接产业转移，联动合作共赢。红河综合保税区围绕主导产业及上下游配套企业，紧盯珠三角、长三角等有意向转移的目标企业，进一步加大外出招商工作力度。截至 2023 年 7 月，红河综保区与上海杨浦科技创新公司签订了合作框架协议，签约韶山市汇达控股集团有限责任公司等一批项目相继入驻保税区。昆明综保区通过积极参加中国昆明泛亚国际农业博览会、中国—南亚博览会等国际型博览会；主办深圳专场招商推介活动、三区招商引资推介会等，大力开展招商引资。深圳友合道通集团、南山集团、深圳市鹰之航航空科技有限公司等企业与昆明综保区签订合作协议，在物流贸易、园区建设与运营等多方面展开合作，带动园区高质量发展。对于引进企业以及企业母公司所在地区来说，云南保税区具有的多区政策叠加优势及依托中老铁路的运输优势，有效助力企业扩大南亚、东南亚的市场，也建立了企业母公司地区拓展西南市场并联通南亚、东南亚的重要通道，实现共同发展。

## 第二节　云南省在长江经济带中的功能定位

云南省作为长江上游的省份，既承担着为中下游涵养水源、保护生态的功能，又承担着面向南亚东南亚开放前沿的功能。

### 一、保护生态环境和生物多样性

"共抓大保护、不搞大开发"是习近平总书记关于长江经济带建设的一系列重要指示与讲话精神的主线和实践要求。在推动长江经济带高质量发展中，云南不断强化上游生态环境保护意识，承担起长江上游的生态保护功能、西南生态安全生态屏障功能、生物多样性保护功能。

1. 长江上游的生态保护功能

云南生态地位和区位条件独特，在长江流域生态环境保护上责任重大。云南处在长江上游，地貌以高原为主，高原生态系统不稳定，当地生态脆弱性极高，生态恢复重建难度极大。长江流域在云南主要是金沙江流域，金沙江干流在云南境内途经 7 个州（市），是"一带一路"建设和长江经济带发展的重要交汇点。

作为长江上游生态系统的重要环节,云南不断加强生态保护与修复,推进生态文明建设,管住水、护好岸,全方位、多层次、立体化推动长江生态环境保护,深化生态文明体制改革,把生态文明建设纳入法治化、制度化、常态化轨道,完善长江流域治理合作机制,加强生态环境保护综合执法。目前云南划定生态保护红线面积11.86万平方公里,占全省面积的30.96%,在长江经济带11个省份中,云南划定比例最高,为生态文明建设排头兵创建提供空间保障。其中,金沙江流域(云南部分)3.6万平方公里划入生态保护红线,占云南省生态保护红线面积的30.5%。

2. 西南生态安全屏障功能

云南作为西南生态安全屏障,一是保护核心区和防范前沿区。云南是我国生物多样性的核心区域之一,同时也是生物多样性保护的核心战场。由于特殊的地理位置,使得云南成为我国外来生物入侵的脆弱区,是我国防范生物入侵的第一线,更是通过生态系统多样性和稳定性应对生物入侵、通过生物和生态系统多样性构建生态安全屏障的典型试验场。二是系统多样性和文化多元性高度耦合。云南是多民族省份,民族文化呈现民族性、地域性和独特性特征,这其中蕴含着的传统生态观和生态智慧,彰显着人与自然和谐共生的理念。三是内向防御与外向连通高度统一。不仅在于阻断和防范外来生物对生态系统的入侵,更在于沟通不同的生态系统,从而保障生态和谐稳定必需的物种及能量交换。

3. 生物多样性保护功能

云南是我国生物多样性最丰富的省份,是我国重要的生物多样性宝库,有着"植物王国""动物王国""世界花园"的美誉,也是全球36个生物多样性热点地区中"中国西南山地""东喜马拉雅地区"及"印度—缅甸"三大区域的核心和交汇区域,是全球生物物种最丰富且受到威胁最大的地区之一。

云南在全国率先出台《云南生物多样性保护条例》,这是我国第一部地方性生物多样性保护法规。云南先后颁布了生物多样性保护工程、生物物种资源保护与利用、极小种群物种拯救保护、生态文明排头兵建设、重要生态系统保护和修复重大工程等系列规划,科学构建自然保护地体系,积极创建亚洲象、香格里拉等国家公园,建设中国西南野生生物种质资源库,一大批珍稀、濒危、极小种群物种得到保护和恢复。同时,生物多样性保护重要区域划入生态保护红线,占云南全省红线面积的55.2%,全省90%的典型生态系统和85%的重要物种得到有效保护,构建了云南"三屏两带多点"的生物生态安全格局。

## 二、构造西部增长极

在 2014 年 9 月 25 日国务院印发的《关于依托黄金水道推动长江经济带发展的指导意见》中,明确了滇中城市群在长江经济带中的西部增长极功能定位,明确提出"提升昆明面向东南亚、南亚开放的中心城市功能,重点建设曲靖—昆明—楚雄、玉溪—昆明—武定发展轴,推动滇中产业集聚区发展,建设特色资源深加工基地和文化旅游基地,打造面向西南开放重要桥头堡的核心区和高原生态宜居城市群"。

1. 西部经济增长新引擎

滇中城市群作为西部增长极在长江经济带中具有重要的经济引擎作用,其与长江经济带的关系密切,共同构建了区域经济协同发展的新格局。

首先,滇中城市群作为长江经济带的重要组成部分,区位优势明显。滇中城市群位于长江经济带的西南端,地理位置紧邻长江经济带的核心区域。这种区位优势使得滇中城市群成为长江经济带与西部地区的桥梁,连接了长江经济带和西南地区,形成了一条重要的经济联系和合作通道。

其次,滇中城市群在长江经济带中拥有独特的产业优势和发展潜力。该地区具备丰富的自然资源和生态环境,优势产业涵盖农业、旅游、现代制造业、科技创新等多个领域。特别是在生态旅游和高原生态宜居城市建设方面,滇中城市群已经取得成效,吸引了大量游客和投资。这些优势产业的发展为滇中城市群成为长江经济带的经济引擎提供了坚实的基础。

最后,滇中城市群通过加快现代产业体系的建设,推动产业结构的优化升级,不断培育新的经济增长点,将为长江经济带注入强劲的发展动力。作为西部增长极之一,滇中城市群将在现代产业发展中发挥重要的辐射带动作用,推动长江经济带其他地区的产业升级和转型。同时,滇中城市群在创新驱动方面也将扮演重要角色,可通过不断推进科技创新和成果转化,为长江经济带的高质量发展提供强有力的支撑。

2. 在联动对外开放中实现集聚

首先,滇中城市群地处长江经济带的西南端,紧邻南亚东南亚地区。这使得滇中城市群成为长江经济带通往南亚东南亚的重要门户。通过加强与南亚、东南亚国家的经贸合作,滇中城市群能够为长江经济带的企业拓展国际市场、开展国际贸易提供便利和支持。同时,滇中城市群还可以成为南亚、东南亚国家进入中国内地市场的桥梁和窗口,促进贸易往来和经济合作,推动本地区产业的国际化发展。

其次,滇中城市群在与长江经济带其他地区的合作中,加快内陆开放型经济高地建设,推动区域互动合作和产业集聚发展。特别是昆明市作为滇中城市群核心城市,成为重要的开放支撑点,与长江经济带其他核心城市形成紧密联系,有助于长江经济带积极构建开放型经济新体制,推动外向型经济的快速发展,形成长江经济带向西部地区辐射带动的经济增长极。

最后,滇中城市群作为西南地区的对外开放门户,具备便利南亚东南亚地区与中国内地的贸易和投资通道。滇中城市群依托云南省构建连接南亚、东南亚的经济走廊,推动国际陆海贸易新通道建设,加强与南亚、东南亚国家的互联互通。这不仅为长江经济带与南亚、东南亚国家的合作提供了更多便利,也加深了地区之间的互利合作和共同发展。同时,滇中城市群可通过发展现代物流、加强经济走廊建设和探索面向南亚、东南亚开放的新合作模式,打造长江经济带进出口贸易和跨境投资的重要通道,推动着区域经济的融通和互联互通。

### 三、建设中国—中南半岛经济走廊

中国—中南半岛经济走廊是"一带一路"愿景规划的6条走廊之一,云南省是主要的参与建设省份。中国—中南半岛经济走廊建设是长江经济带加速南向开放的重要依托。

1. 面向南亚、东南亚开放的交通辐射中心

中国—中南半岛经济走廊以中国广西南宁和云南昆明为起点,以新加坡为终点,纵贯中南半岛的越南、老挝、柬埔寨、泰国、缅甸、马来西亚等国家,是中国连接中南半岛的大陆桥,也是中国与东盟合作的跨国经济走廊。交通是经济的脉络和文明的纽带,中老铁路作为老挝真正意义上的第一条现代化铁路,为其"陆锁国"变"陆联国"战略的实现提供了可靠支撑,中老铁路的开通进一步加速了云南作为面向南亚东南亚开放的交通辐射中心的形成。

中国通过老挝连接中国—中南半岛经济走廊各国,推动了沿线互联互通建设。中老铁路北起中国昆明,南至老挝万象,全长1035公里。中老铁路的开通运营,是中国在不断加快面向南亚东南亚地区交通基础建设的一项重大成果,拓宽了中国—中南半岛经济走廊甚至整个东盟的交通网络连接,间接拓宽了中国地缘政治空间。

2. 国内国际双循环相互促进的重要枢纽

境外经贸合作区是共建"一带一路"的重要抓手。云南主动服务和融入"一带一路"建设和长江经济带,重点建设中国—中南半岛经济走廊,成为国内国际双循环的重要枢纽。中国—中南半岛经济走廊在境外经贸合作区建设方面取得积极进展,在矿业、工程机械、农业、建筑等领域展开了密切合作。2018 年,20家境外合作区通过商务部确认考核,其中 1/3 的合作区位于东南亚,主要集中在泰国、柬埔寨、越南等国。截至 2019 年年底,中国在"一带一路"沿线各地区建设的 86 个主要的境外经贸合作区,其中 32 个合作区位于南亚东南亚国家,占比超 1/3。未来,云南应充分挖掘中国—中南半岛经济走廊沿线合作园区的影响带动作用,全方位深化沿线国家间经济及产业合作,形成国际资源配置的链条体系,将园区建设成为经济走廊合作的重要平台载体,推动合作全面升级与区域经济一体化发展。

### 四、建设孟中印缅经济走廊

云南省是参与孟中印缅经济走廊建设的重点省份,孟中印缅经济走廊是"一带一路"愿景规划中的 6 条走廊之一,所涉省份有云南、广西、四川、重庆,在长江经济带发展中具有重要地位,是有衔接东亚、南亚、东南亚的枢纽,具有发展绿色产业,承接产业转移,缩小东西发展差距的重要功能。

1. 衔接东亚、南亚、东南亚的枢纽

长江经济带规划纲要指出要全方位与"'一带一路'深度融合形成陆海统筹、双向开放的新发展格局",培育国际经济合作竞争新优势。孟中印缅经济走廊连接印度西孟加拉邦和印度东北部、孟加拉国、缅甸北部和中部,以及中国西南的云南、广西、四川、重庆 4 个省份,具有成渝城市群、滇中城市群、广西北部湾城市群三大中心,是促进区域国家和地区经济发展的国际经济带。它作为我国西南地区与东亚、南亚、东南亚连接的经济走廊,以铁路、公路、航空、水运、电力、通信、油气管道等国际大通道为纽带,以人流、物流、资金流、信息流为基础,通过共同打造优势产业集群、城镇体系、产业园区、口岸体系、边境经济合作区,形成优势互补、分工协作、联动开发、共同发展的经济带。特别是作为"一带一路"孟中印缅经济走廊重要组成部分的中缅经济走廊,取得了重大进展。中缅油气管道项目源自优质原油和与缅甸近海的天然气,穿越缅甸四个省邦,跨越中缅边境,供应滇黔桂等省份,管道每天输送 1700 万米$^3$的天然气,极大缓解了我国西南的企业和居民用气需求。2020 年,中缅双方建设皎漂经济特区合作取得实质性进展,中方中标皎漂深水港项目,该港口可以停靠目前世界上最大的集装箱货轮,更重要的是该港口可以大大缩短我国向南亚、东南亚、东亚进出口货物的运送时间,促进我国西南省份发展外向型经济。

2. 承接产业转移

《长江经济带发展规划纲要》明确提出要加强长江经济带顶层设计,推动产业转移,加快建设先进制造业集聚区和若干产业集聚群,整合各类开发区和工业园区引导生产要素向更具竞争力的地区流动,下游地区积极引导资源加工型、劳动密集型产业和以内需为主的资金、技术密集型产业加快向中上游地区转移。中上游地区要立足当地资源环境承载能力,因地制宜承接相关产业,促进产业价值链的整体提升。具体来看四川省承接了仪器、电器机械和机械制造等产业,重庆承接了计算机、通信、电子设备、造纸和纸制品业等产业,云南主要承接了食品制造业。中上游地区承接的产业转移,其制造的产品可以通过孟中印缅经济走廊向东亚、南亚、东南亚输出。据资料显示,2021 年,中孟贸易额达到 251.5 亿元,中国出口至孟加拉国的纺织品占出口总额的 35.09%,在电子信息行业领域,孟加拉国吸引了大量中国企业投资,加强了两国产业链联系,中国也在孟加拉国大量投资能源行业。中印双方由于历史文化原因,投资合作较弱,但印度对我国进口机械、电子产品、化工产品还在持续增长。缅甸与我国在农产品、纺织业方面贸易合作紧密。

## 第三节 云南在长江经济带中的南向开放空间布局优化

南向开放的最大障碍是交通,交通先行一直是面向南亚东南亚开放的重点任务,围绕着新发展阶段云南谋划"3815"发展战略目标,在通道经济、口岸经济、园区经济、资源经济建设中优化与长江经济带的联动。

### 一、着力强化南向开放前沿定位

1. 着力扩大制度型开放

云南省作为面向南亚、东南亚开放的前沿,为有效对接国际高标准经贸规则,应率先扩大规则、规制、管理、标准等制度型开放。

（1）建立实施 RCEP 先行示范区。全面推进与《区域全面经济伙伴关系协定》（RCEP）成员国战略、规划、机制对接，加强政策、规则、标准联通。围绕 RCEP 关税减让、投资、原产地规则、服务贸易、跨境电商、知识产权保护等规则，加大跨境制度创新和开放环境压力测试力度，探索将原产地声明制度实施范围逐步扩大到所有出口商和生产商，先行先试服务贸易负面清单承诺表。研究制定 RCEP 成员国商务访问者、跨国企业内部流动人员等自然人临时入境便利化措施。推进与周边国家签署跨境人力资源合作协议，推动开展职业资格国际互认。

（2）在制度型开放对标南亚、东南亚国家的标准上，必须不断跟踪南亚、东南亚国家在制度方面最前沿和最前端的规则变化，在此基础上，对相关规则、规则、管理、标准等不断进行制度创新，以尽快适应和引领规则的发展和变化。

（3）接受国际规则、规制、管理、标准等制度型开放的相关要求，对相关制度进行"合规性"调整，包容性的"合规性"调整是云南面向南亚、东南亚开放的关键；围绕"合规性"调整应建立统一健全可操作的"容错激励机制"，鼓励制度型开放大胆试、大胆闯和自主改，从而有效推动云南省高水平制度型开放的发展。

2. 着力扩大贸易和投资

云南要继续发挥贸易显性比较优势，扬长避短，因地制宜，巩固面向"两亚"开放优势。彰显内引外联的区位优势，增强辐射能力，打造长江经济带连接"两亚"开发开放发展的新支点。

（1）依托中国（云南）自由贸易试验区和中国—东盟自贸区建设为契机，充分发挥好云南的区位优势，立足"沿边""跨境"两大特色，统筹重点开发开放试验区、边境经济合作区、跨境经济合作区协同联动发展，做好跨境物流、边境旅游、沿边金融等文章，深化服务贸易和双向投资合作，打造高水平开放合作平台，持续提升便利化水平，构建昆明—红河—德宏对外辐射黄金三角，形成面向南亚东南亚开放的重要窗口，不断增强面向南亚东南亚的辐射能力。

（2）依托云南作为长江经济带与南亚东南亚重要交汇点的区位优势，加快实施对接 RCEP 行动计划，提升沿边地区服务能力、开放水平；利用好长江黄金水道的通道功能，进一步加强滇沪、滇浙、滇黔等省际合作，拓展云南与成渝双城经济圈、中原城市群、长三角城市群区域合作，将云南打造成长江经济带沿线其他省市走向南亚东南亚和环印度洋周边经济圈、周边国家更好进入我国市场进行相互贸易和投资的重要前沿。

### 3. 着力扩大科技服务

云南应该主动参与和实施国家"一带一路"科技创新行动计划,开展更加开放包容、互惠共享的国际科技合作。打造"科技入滇"升级版,加强与南亚、东南亚国家的科技合作。

(1)共建创新合作平台促进硬联通。充分发挥区位优势,完善面向南亚、东南亚的创新平台网络,加快面向南亚东南亚科技创新中心建设,提升合作层次,加强资源共享,促进与南亚、东南亚国家"科技相通",有效提升对南亚、东南亚国家的创新辐射和创新联通能力。

(2)推动技术转移促进软联通。加强中国—南亚技术转移中心、中国—东盟创新中心和金砖国家技术转移中心等国家级国际科技合作平台建设。围绕南亚、东南亚国家科技合作需求,支持云南省在加工制造、农业、新能源、生物医药等领域具有优势的科技成果"走出去",促进我国科技成果向周边国家转化应用。

(3)开展科技人文交流和联合研发促进心相通。通过举办腾冲科学家论坛、中国—南亚技术转移与创新合作大会等活动,促进与南亚、东南亚国家科学家深入交流。围绕建设面向南亚、东南亚的国际交通枢纽、国际能源枢纽、国际数字枢纽和国际物流枢纽等重大科技需求,开展联合攻关。在农产品质量安全检测、粮经作物种植、生物育种、疫病防控、生态环保、生物安全、电力技术等领域共建联合实验室。积极寻求与南亚、东南亚国家在加工制造业、基础设施、生物医药、信息网络等领域的科技合作。

### 4. 着力扩大人文交流

云南应围绕多元文化包容共生、异域文化文明互鉴、跨境民族文化互动下的民心相通等特点采取措施进一步推动云南与南亚、东南亚国家之间的人文交流。

(1)依托异域文化文明互鉴促进人文交流。一方面,云南地处我国与南亚、东南亚国家的毗邻的前沿地带,更容易突破地域限制,使得双边的文化相互影响渗透,产生异域文化的直接交流、碰撞、模仿与融合,形成文明互鉴的直接场所;另一方面,云南又是连接我国内陆区域与南亚、东南亚国家人文交流的桥梁和纽带。进一步通过跨境人员流动、跨境经济合作、跨境文化沟通等方式,内陆的文化、技术通过云南传播到邻国,邻国的文化也经由云南传播至内陆,云南可以成为我国内陆地区与南亚、东南亚国家文明互鉴的沟通与传播通道,形成异域文明互鉴的间接场所。

（2）依托跨境民族文化互动下的民心相通促进人文交流。跨境民族虽然分属不同的国家，具有不同的政治认同，但却拥有共同的血缘文化联系，"同宗同源"，形成了在边境地区才独有的跨境民族文化。相比于其他的民族文化互动，跨境民族地区因其具共同语言、共同族源、共同文化、血缘联系及姻亲关系等内在根基，民心相通使得人文交流更易实现。而云南地处边境，可以通过开展共庆节日、跨境联姻、宗教交流等非正式交往，以及由于语言相通带来的更便捷、更频繁的官方交流、学习、座谈等正式交往，形成以跨境民族为引领的多层次、深领域的人文交流。

## 二、壮大云南通道经济

云南应积极融入长江经济带，加强与周边省份和长江中下游省份的合作，在保护长江生态环境、构建综合立体交通走廊、创新驱动产业转型升级、推进新型城镇化和城乡一体化、促进区域协调发展中走向开放前沿。

1. 突出开放重点，联动经济带重点区域发展

突出缅、老、越3个对外开放战略方向，以瑞丽、勐腊（磨憨）、河口为重点，依托跨境经济合作区、重点开发开放试验区、边境城市（镇），完善提升开放发展平台功能，在经济带建设中发挥开放门户和引领带动作用。构建联动协作发展空间格局，根据区位优势、发展基础、承载能力和发展潜力，依托对外通道和边境干线公路，推动形成瑞丽、勐腊（磨憨）、河口3个重点地区引领带动，边境城市（镇）联动协同的空间格局。

（1）以瑞丽为重点，联动芒市、陇川、腾冲、耿马，发挥口岸集中、通道选择多、合作基础好、自然资源丰富、人文交流密切、腹地支撑有力等优势，加快推进保山—瑞丽、芒市—猴桥、临翔—清水河铁路建设，加快建设中缅瑞丽—木姐跨境经济合作区、瑞丽重点开发开放试验区、临沧边境经济合作区、腾冲（猴桥）边境经济合作区，深入开展国际产能和装备制造合作，积极推进与缅农业开发合作，重点发展生物产业、汽车及装备制造业、食品与消费品制造业以及旅游文化、物流、商贸、金融为重点的现代服务业，建设国际产能合作基地、区域性物流枢纽、科教人文交流窗口，形成孟中印缅经济走廊前沿战略支点。

（2）以勐腊（磨憨）为重点，联动景洪、江城，发挥通道畅达、生物生态与旅游资源丰富、人文渊源深厚的优势，推进中老铁路等跨境基础设施建设，推动畅

通泛亚铁路中线、昆曼大通道及澜沧江—湄公河黄金水道,加快建设中老磨憨—磨丁经济合作区、勐腊(磨憨)重点开发开放试验区、景洪国际陆港,加强跨境经济、经贸合作,重点发展以农林产品深加工、生物产业、跨境旅游、现代物流、商贸服务为主的产业集群,建设生态农业示范基地、区域性物流集散中心和国际知名文化旅游胜地,打造云南参与中国—中南半岛经济走廊建设的重要战略支点。

(3)以河口为重点,联动马关、金平,发挥口岸功能完善、加工及过货能力较强、现代农业发达、矿产资源丰富的优势,推动畅通泛亚铁路东线,加快建设中越河口老街经济合作区、河口国际陆港,大力发展跨境陆海联运,重点发展外向型加工制造、高原特色农业、现代物流、对外贸易,扩大互市贸易规模,建设昆河经济走廊的中心节点、区域性物流枢纽、进出口加工基地和商贸服务基地,打造我省对接"两廊一圈"的重要战略支点。

2. 贯通交通节点,推动沿边地区联动协同发展

(1)贯通边境干线公路,强化国防通道支撑,促进人口、产业、要素向沿线重要节点聚集;依托边境公路干线,强化3个重点地区与其他边境县、市间的联系互动,推动沿边地区联动协同发展。

(2)贯通边境公路干线。加快推进边境干线公路建设,规划实施边境县、市铁路贯通工程,推进重点口岸与边境干线通道连接,实现从贡山—富宁等25个边境县、市间连接、畅通,构筑经济带发展的交通骨架,为沿边地区间密切经济联系、完善国防动员快速通道奠定坚实基础。依托边境干线公路通道,推动人口、产业、生产要素向边境城市、口岸城镇、重点县城等重要节点聚集,因地制宜建设一批特色产业园区、商贸物流基地、旅游景区,借助通道优势壮大外向型特色优势产业,积极推进产城融合发展,在经济带发展中发挥带动和辐射作用。

(3)促进多点联动协同。重点地区积极发挥各自优势,深化与缅、老、越及对内交流合作,提升外向型经济发展水平,增强对周边毗邻地区与邻近县市的辐射带动,强化对外开放门户窗口和综合平台功能。富宁、麻栗坡、马关、泸水、福贡、贡山等地主动对接邻近省区和边境县,发挥好接口作用,促进经济带与周边省区合作发展,更好服务周边省区借由云南沿边走向南亚、东南亚。推动金平、绿春、江城、勐海、孟连、澜沧、西盟、盈江等地加快发展,主动加强内外连接、协作对接,立足自身优势与周边需求,在协同发展中增强自我发展能力、提高开放发展水平,做强沿边贯通、协调发展的支撑节点。

3.完善网络枢纽,提高基础设施保障能力

(1)统筹推进交通、能源、水利、信息等基础设施建设,促进重大基础设施成网成型成体系,加快构建适度超前、功能配套、安全高效、保障有力、衔接顺畅的现代基础设施网络,增强沿边地区开发开放的支撑能力。实施边境干线公路、铁路贯通工程,形成沿边交通干线,加快连接周边国家互联互通国际通道境内铁路、公路建设,完善沿边地区水运通道和航空网络,形成纵横交织、内联外通的综合交通网络,边境干线公路与铁路贯通工程。

(2)建设腾冲猴桥—富宁沿边铁路,横贯边境州市,连接西南出海(广西)通道(广西沿海铁路)。配合推进国际大通道铁路公路境外段规划建设,促进与周边国家的互联互通。推动重点口岸与边境干线公路、出境通道的融合衔接,在瑞丽、磨憨、河口、清水河、猴桥、天保等地布局一批口岸交通枢纽。

## 三、壮大云南口岸经济

口岸经济指国家或边境地区以口岸为依托,围绕口岸物流、人流、资金流、信息流等形式的多行业、多部门、多层次、多环节、多功能分工协作的综合经济体系。云南省有8个边境州市、25个边境县市,边境线长达4060公里,共有27个口岸,其中国家一类口岸21个,二类口岸6个,具有发展口岸经济的优势。口岸经济在区域发展中具有重要地位和作用,是云南重要的经济增长点。

1.积极推进空港、口岸重点建设

(1)提升口岸基础设施水平。加快口岸建设,要以补齐基础设施建设短板为突破,一方面,加快公路、铁路、空港、水运的硬件基础设施建设,促进基础设施互联互通;另一方面,要完善通关机制,优化通关审批流程,提升口岸通关能力,提高通关效率。围绕智慧赋能、设施现代、监管高效、服务一流、融合发展、彰显人文等建设重点,大力推进口岸数字化转型和配套基础设施建设。

(2)加快国际口岸城市建设。加快河口、磨憨、瑞丽国际城市建设,加快腾冲、孟定等其他边境口岸城市发展。首先要提高城市影响力和知名度。其次要完善城市功能,打造形成功能完整、结构合理、辐射周边的示范性片区单元,以点带面突出城市核心功能、基本功能、特色功能联动互促,提升城市辐射能级。最后要完善口岸城市和腹地城市之间的通道建设,改善现有口岸、边境城市和腹地城市路网建设,提升公路等级与层次,以灵活的进出口、通关、结算、物流等贸易政策促进"岸城融合"。

（3）进一步优化营商环境。要持续优化口岸营商环境，提升跨境贸易便利化水平。要强化通关信息一体化，以"单一窗口"、电子口岸为载体平台，积极促进外贸进出口企业、海关检疫检验等信息一体化，统筹口岸监管资源、口岸监管流程再造、关检业务全面融合。要深化口岸机构服务机制改革，推进口岸机构服务功能向进出口货物集散地延伸，从单一的"国门安全"向经济安全转变，构建服务外延、就地办单、多式联运、无缝对接的口岸服务新格局。

2. 充分发挥在长江经济带中的作用

（1）建设综合交通立体网络，建立长江经济带走向南亚东南亚的前沿口岸枢纽。要着力推进长江上游干线建设，联合长江经济带各省份统筹推进泛亚铁路、中缅陆水联运等铁路、公路、航空交通运输发展，大力发展铁水联运、江海联运、铁空联运等多式联运，构建起长江经济带各中心城市快捷联通云南边境口岸的运输网络，与渝新欧铁路大通道对接，构建直达欧洲的国际大通道和向东直抵太平洋的国际大通道。

（2）对内联动，打造承接产业转移新高地。推进内向开放全面合作，主动对接和融入长江经济带，加强与上海、武汉、长沙等长江中下游重点区域的合作，深化与重庆、四川等周边省份合作，为建设面向南亚、东南亚辐射中心提供强大国内市场。在生物医药与大健康、新材料、文化旅游、能源、高原特色现代农业、现代服务业、科技教育等领域积极融入长江经济带，形成区域产业链价值链，在产业优势互补、分工协作中实现产品国际竞争力提升。努力承接长三角、长江中下游重点区域的产业转移，促进经济带内产业集群式发展。

## 四、壮大云南园区经济

2020 年之前，云南省共有各类开发区 158 个，其中，国务院批准的开发区 18 个，国家部委批准的开发区 4 个，省政府及省级部门批准的开发区 100 个，州（市）政府及所属部门批准的省级以下开发区 36 个，存在着较为突出的小、散、乱问题，产业集聚不强，创新驱动不足。2020 年，云南省委省政府对全省开发区进行了优化提升和整合，明确保留 64 个省级以上开发区。目前，云南省正在通过实施《云南省开发区振兴三年行动（2023—2025）》，努力把这 64 个开发区打造成为支撑云南经济高质量发展的产业集聚区和增长引擎。

1. 加强与长江经济带中下游产业园区的衔接

加强云南省园区产业与经济带中下游产业的良好衔接是一个复杂的系统

性过程,不仅需要省内产业的优化改进,也需要中下游园区的积极配合。为了加强合作,首先,应该根据不同区域的发展基础、经济基础及比较优势来构建合理的分工模式,各区域加强合作而非盲目竞争,产生协同效应,产生更大的经济效益。其次,云南地处长江上游,经济基础比起中下游较为薄弱,技术研发能力方面也相对不足。可以引进中下游优势企业与本地优势产业进行融合,破除区域之间的交易壁垒,以此形成利益统一体。最后,利用好云南的自然资源优势,以及交通区位优势,向下游的优势企业提供特色资源,并将东部地区的产品向南亚和东南亚市场上输送,充分利用好长江经济带发展战略,延长产业链,增加产业链环节,扩大国际市场份额。

2. 引进长江中下游产业园区到云南发展"飞地"园区

(1)打造空港"飞地"先行示范区。以空港新区的基础设施、产业基础、物流配套等优势为基础,以空港为平台,着力引进长江中下游的产业园区来昆明空港新区设立"空港飞地产业园区",促进数字经济、服务贸易、跨境电商等产业向空港新区集聚。

(2)建设"飞地"项目库。联合经济带内飞地设置双方城市及投资促进部门,共同打造"飞地"项目库。多方面多渠道有力保障"飞地"项目用地。按照产业链发展、企业投资意愿和土地要素保障情况,吸引长江中下游的产业园区到云南实施"飞地"项目建设。"飞入地"应安排一定规模的工业用地用于"飞地"项目和招商流转项目的落地实施。

(3)完善"飞地经济"体制机制。构建"飞地经济"激励机制。提升"飞地经济"利益相关方在投资项目决策、投资规模选择等方面的利益协同和政策引领,促进区际合作。构建"飞地经济"利益共享权责共担机制。着力解决飞入地与飞出地之间难以构建有效的利益分配与风险分担的问题,推动飞出地与飞入地在"飞地经济"共治模式下共建、共享。优化"飞地经济"市场化发展机制,在尊重市场力量基础上构建形成内生经济合力。


执笔人:梁双陆为云南大学经济学院教授


**参考文献**

[1]刘洪愧."一带一路"境外经贸合作区赋能新发展格局的逻辑与思路[J].改革,2022(02):48-60.

[2]王垚."一带一路"基础设施建设夯实边疆高质量发展基石[J].云南社会科学,2023(03):41-52.

[3]陈利君.建设孟中印缅经济走廊的前景与对策[J].云南社会科学,2014(01):1-6.

[4]刘馨蔚.南博会迎十周年,见证"一带一路"辉煌成就[J].中国对外贸易,2023(09):48-50.

[5]田丰.中国式现代化保持活力与秩序的关键[J].国家治理,2023,(08):38-42.DOI:10.16619/j.cnki.cn10-1264/d.2023.08.008.

[6]陈建兵,郭小铭.论中华民族伟大复兴进入不可逆转的历史进程[J].北京工业大学学报(社会科学版),2023,23(01):14-22.

[7]霍强,刘鸿.云南融入"一带一路"与长江经济带的路径及对策[J].对外经贸,2017,(11):90-92.

[8]云南行政学院课题组,欧黎明.改革开放40年云南经济社会发展成就与展望[J].中共云南省委党校学报,2018,19(03):10-15.DOI:10.13410/j.cnki.ypcscpc.2018.03.002.

[9]刘建利.我国沿边口岸经济研究述评[J].内蒙古财经学院学报,2011,(01):5-8.DOI:10.13894/j.cnki.jfet.2011.01.017.

[10]西部论坛."新常态"下长江经济带发展略论——"长江经济带高峰论坛"主旨演讲摘要[J].西部论坛,2015,25(01):23-41.

# 第十五章　长江上游民族地区
　　　　区域协调发展

　　长江上游涉及西藏自治区、青海省、云南省、四川省、贵州省、重庆市、湖北省,有多个民族自治地方和享受民族自治地方相关政策的区域,这些是长江上游民族地区,它不仅是长江经济带的天然生态屏障,资源储备富足,文化特色鲜明,也是长江经济带的欠发达地区,在经济发展方面,与发达地区存在较大的差距,且还在扩大之中。对接国家区域战略,实现协调发展,推进长江上游民族地区共同现代化,对于铸牢中华民族共同体意识,缩小全国的区域差距,实现共同富裕,有重要的战略意义。

## 第一节　长江上游民族地区在区域协调发展中的地位

　　长江源头至湖北宜昌的长江上游,涉及西藏自治区、青海省、云南省、四川省、贵州省、重庆市、湖北省等省级行政区,这些地区分布着多个民族自治地方,如湖北省的恩施土家族苗族自治州、长阳土家族自治县、五峰土家族自治县,重庆市的石柱土家族自治县、秀山土家族苗族自治县、酉阳土家族自治县、彭水苗族土家族自治县,四川省的凉山彝族自治州、甘孜藏族自治州、阿坝藏族羌族自治州及北川羌族自治县、马边彝族自治县、峨边彝族自治县,贵州省、云南省、西藏自治区和青海省本身就是多民族聚居地区。湖北省、重庆市、四川省的民族自治地方及西藏自治区、青海省、云南省和贵州省的长江流域,可称之为长江上游民族地区。

　　考虑到本课题有专门涉及湖北、重庆、贵州、云南等省市的研究,本文主要讨论长江流域上游所在的四川的民族自治地方[称之为长江流域上游民族地区(四川)],就行政建制而言,包括三个自治州(甘孜藏族自治州、阿坝藏族羌族自治州和凉山彝族自治州)和四个自治县(峨边彝族自治县、马边彝族自治县,北川羌族自治县和木里藏族自治县),辖区面积300 772平方公里,占四川省总面积的 61.88%。2020 年年末,常住人口为 727.27 万人,占四川省的 8.69%(表 15.1)。

表 15.1    长江流域上游民族地区(四川)(2020 年年底)

| 指标 | 合计 | | 其中 | | | | | |
|---|---|---|---|---|---|---|---|---|
| | 合计 | 占全省(%) | 阿坝州 | 甘孜州 | 凉山州 | 北川县 | 峨边县 | 马边县 |
| 辖区面积(平方公里) | 300 772 | 61.88 | 83 016.3 | 149 599.3 | 60 294.4 | 3084 | 2395 | 2383 |
| 年末常住人口(万人) | 727.27 | 8.69 | 82.26 | 110.8 | 485.8 | 17.41 | 12.2 | 18.8 |
| 城镇人口(万人) | 265.59 | 5.59 | 34.13 | 34.36 | 179.6 | 6 | 4.6 | 6.9 |
| 乡村人口(万人) | 461.79 | 12.75 | 48.13 | 76.44 | 306.3 | 11.42 | 7.6 | 11.9 |
| 城镇化率(%) | 36.52 | 64.38 | 41.4 | 31.01 | 36.96 | 34.44 | 37.74 | 36.76 |
| 就业人员(万人) | 409.99 | 8.64 | 48.16 | 63.78 | 271.38 | 9.53 | 6.73 | 10.41 |
| 第一产业(万人) | 229.18 | 14.86 | 25.17 | 45.18 | 147.11 | 3.56 | 2.82 | 5.34 |
| 第二产业(万人) | 46.16 | 4.20 | 3.5 | 1.91 | 35.47 | 2.26 | 1.49 | 1.53 |
| 第三产业(万人) | 134.65 | 6.40 | 19.49 | 16.69 | 88.8 | 3.71 | 2.42 | 3.54 |
| 地区生产总值(当年价)(亿元) | 2746.16 | 5.65 | 411.75 | 410.61 | 1733.15 | 79.12 | 57.56 | 53.97 |
| 第一产业增加值(亿元) | 606.24 | 10.91 | 82.07 | 80.67 | 406.74 | 14.66 | 9.04 | 13.06 |
| 第二产业增加值(亿元) | 827.97 | 4.71 | 96.45 | 105.34 | 559.55 | 19.89 | 26.83 | 19.9 |
| 第三产业增加值(亿元) | 1311.94 | 5.15 | 233.23 | 224.6 | 766.86 | 44.56 | 21.69 | 21 |
| 人均地区生产总值(当年价)(元) | 37 727 | 64.91 | 49 668 | 36 993 | 35 720 | 39 548 | 46 798 | 28 707 |

资料来源:北川县、峨边县和马边县辖区面积来自《四川统计年鉴》(2011),其余来自《四川统计年鉴》(2021)

## 一、政治地理位置

长江流域上游民族地区(四川)独特的空间区位和地形地势,为中国中、东部地区提供了重要的战略屏障和战略依托。历史上有"治藏必先安康",当代有"稳藏必先安康"(江泽民)、"安康必先兴康,兴康必先通康"(朱镕基)、"治国必治边,治边先稳藏"(习近平)。从边疆安全与发展态势来看,相对于边疆省区(西藏和云南),长江流域上游民族地区(四川)拱卫西藏,是西藏与内地沟通交流的中间地带,是我国反对民族分裂斗争的重要前沿。

长江流域上游民族地区(四川)是多民族和谐共处共生的典型区域,地处内地与西藏之间的过渡区域,有着多民族交往交流交融的良好历史基础与社会氛围,甘孜、阿坝、凉山都是全国民族团结进步示范州。促进长江上游民族地区经济社会的全面发展,对于维护国家稳定和民族团结,具有十分重要的战略意义(郑长德、钟海燕、廖桂蓉,2016)。

长江流域上游民族地区(四川)属于西部川、藏、青、甘、滇五个多民族省区的交接地带,地处各省区的边缘区,距离我国经济核心区和政治中心较远,是全国的省际交界最复杂、最典型的区域。

## 二、经济地理位置

从全国宏观区域格局看,长江流域上游民族地区(四川)北联丝绸之路经济带,南接长江经济带和孟中印缅经济走廊,著名的南方丝绸之路(茶马古道)横贯全境。促进长江上游民族地区的发展,加强基础设施建设,强化与丝绸之路经济带和长江经济带的互联互通,对外可以沟通中亚与东南亚、南亚,对内联通西北、西南,对于中国宏观经济地理格局有重要意义。

长江流域上游民族地区(四川)由于特殊的地表结构和偏远的区位条件,致使这里成为经济低洼地带。区域内丰富的民族文化资源、物种资源、水能资源、矿产资源,一方面,为国家发展提供了重要的战略资源储备,另一方面,也是本区域发展特色经济的资源基础。

## 三、文化地理位置

长江流域上游民族地区(四川)因有怒江、澜沧江、金沙江、雅砻江、大渡河、岷江六条大江自北向南流过,形成若干南北走向的天然河谷通道,既是国内民族文化交流的重要通道,又处于我国与东南亚各国文化经济交流的前沿,是沟通中亚与东南亚、南亚的国际走廊。该地区地处汉文化与青藏高原藏文化、彝族文化、羌族文化的过渡区域,西南山地农耕文化与西北游牧文化的交接地,是我国汉族、藏族、彝族、羌族、纳西族、白族等多民族文化经济交流的核心区,同时处于多种文化交汇的地区,在地缘文化上是中国文化多样性的传承与创新区,是原生态民族文化发源地和传承地,其民族文化的保护和发展对于中国民族文化的多样性有着极为重要的战略意义(郑长德、钟海燕、廖桂蓉,2016)。

### 四、生态地理位置

长江流域上游民族地区(四川)是青藏高原生态安全屏障的重要组成部分,在中国的生态安全中具有重要的战略地位。同时,长江流域上游民族地区(四川)南端基本上与横断山脉区域重合,北段接河西走廊,地表破碎,处于多个生态系统的结合部和交接地带,生态脆弱区面积大、脆弱生态类型多、生态脆弱性表现最明显。这样的生态位,决定了生态保护和生态建设在长江上游民族地区发展中的核心地位。

## 第二节　长江上游民族地区禀赋结构与发展

一个地区的禀赋是塑造其经济景观的基础。从经济发展的角度讲,一个地区的禀赋结构定义为这个地区的自然资源、劳动力、人力资本和物质资本的相对丰裕度。由地质和自然地理因素所决定的一个地区的自然资源和自然区位,是这个地区禀赋结构的第一天性(first nature);一个地区发展的历史基础,包括已经形成的物质资本(特别是软硬基础设施)、人力资本等,构成了该地区禀赋结构中的第二天性(second nature)。第一天性与第二天性所产生的集聚力与分散力相互作用,形成了该地区经济活动的空间结构。同样,一个地区的发展就是建立在这个地区的第一天性和第二天性及它们间的互动基础上的(图15.1)。

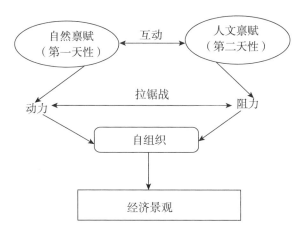

图 15.1　禀赋与发展：基本框架

## 一、地理区位

长江流域上游民族地区(四川)在全球和全国的地理区位如上节所述。可以看出,长江流域上游民族地区(四川)在地理区位上的典型特点是边远性和过渡性。从自然地理角度看,这里地处横断山脉高山峡谷地区,地势第一级阶梯与第二级阶梯的过渡地带,属于农耕区和畜牧区的天然分界区,气候、地形、水文等都具有过渡性特点。

在生态位上,长江流域上游民族地区(四川)地处我国众多大江大河的上游区和源头区,素有"亚洲的水塔"之称,对亚洲和中国的生态安全具有重要的战略地位,其生态环境的变化将对长江流域、伊洛瓦底江流域、雅鲁藏布江流域产生巨大的影响。这样的生态位,一方面,限制了某些经济活动,特别是那些益增型(pro-growth)经济活动,从而限制了这些地区财政收入的来源,另一方面,要保持环境质量的稳定和提升,就要大规模进行生态保护和生态建设,生态保护和生态建设具有公共品性质,需要公共资本投入。

在地缘经济上,这里资源丰裕,生物多样性特色鲜明。从空间经济角度看,这里远离经济核心区,处于经济边缘;资源富足,区域内丰富的民族文化资源、物种资源、水能资源、矿产资源,一方面,为国家发展提供了重要的战略资源储备,另一方面,也是本区域发展特色经济的资源基础,但其价值随经济发展程度而变化。从经济发展状态看,这里属于欠发达的边缘地区(表 15.2)。

表 15.2　长江上游民族地区(四川)的集聚力与分散力

| | 集聚力 | 分散力 |
|---|---|---|
| 第一天性 | 丰裕的自然资源:旅游资源,碳汇资源,康养资源 | 面积大,区内距离大<br>破碎的地表,地质灾害频发,区域开发成本高<br>距核心区远,交易成本高 |
| 第二天性 | 民族多样性:民族文化资源 | 人口密度低,收入低,本地市场小<br>人口文化水平低,集聚动力不足<br>城镇化水平低,集聚力弱<br>经济基础薄弱,基础设施滞后,交易成本高 |
| 分散力大于集聚力,抑制经济发展<br>从供给方面看,要素集聚能力弱,表现为劳动力外流和资金外流(资金的二元困境)<br>从需求方面看,市场集聚能力弱,人口密度低,人均收入低,本地市场小;交易成本高,商品和服务的流入和流出有限;市场范围小,分工程度低,发展面临双重弱集聚,工业化程度低,城镇化水平低 | | |

资料来源:笔者绘制

## 二、自然环境

### 1. 地貌结构

长江流域上游民族地区(四川)所在的横断山脉和怒江、澜沧江、金沙江、雅砻江、大渡河、岷江等河流呈现独特的南北走向。从最西面的怒江到最东面的岷江,直线距离不过1000余公里,竟然分布有六条并流的大江,其中,怒江和澜沧江最近的距离不到19公里。六条大江将长江上游民族地区切割为许多南北走向的山系,形成典型的高山峡谷地形,自西向东依次为伯舒拉岭—高黎贡山、他念他翁山—怒山、宁静山—云岭、雀儿山—沙鲁里山、大雪山—折多山—锦屏山、邛崃山—大凉山(郑长德、钟海燕、廖桂蓉,2016)。

这里海拔自北向南逐步降低,北部山岭平均海拔约5000米,南部约4000米,北部以宽阔的青藏高原为主,南部分水岭狭窄,高原地貌零星。长江上游民族地区(四川)是高原集中分布的川西北高原,海拔4000—5000米,90%以上是高山峡谷和高原,略偏南的秦巴山区和乌蒙山区位于四川盆地边缘地区,以海拔1500—3000米的中低山地为主。长江上游民族地区西面是位于我国一级梯度、高海拔的西藏高原,北面是广阔的甘南草原和青海高原,南面是海拔急剧下降和地貌更破碎的滇西,东面是海拔仅500米的川西平原。因此,长江上游民族地区东西南北呈现迥然有别、各具特色的地形地貌。此外,长江上游民族地区高山与河谷地带落差极大,在北纬 26°—30°之间形成典型的高山深谷区,三江并流地区河谷到山顶的相对高差一般在 2000 米以上,这就使得青藏高原区域一些河谷也能保持 2000—3000 米以下的海拔(石硕,2009)。

2. 生态结构

长江流域上游民族地区(四川)具有重要的生态功能,是中国最重要的生态平衡与保障区之一。一方面,它们地处一、二级阶梯交汇地带,长江、黄河等河流以及湄公河、伊洛瓦底江等东南亚国际性河流均发源于此,从这个角度来说,这些地区不仅是中国重要的生态平衡和生态保障区,也事关亚洲部分地区的生态平衡与生态保障。另一方面,长江流域上游民族地区(四川)大多地处"生态环境脆弱带",如四川藏族、彝族和羌族等少数民族集中分布的川西高原,是地势台阶的交汇区,具有生态上的脆弱性,稳定性差,抗干扰的能力弱,可以恢复原状的机会小。

从主体功能区角度看,根据《全国主体功能区规划(2009—2020)》,长江流域上游民族地区(四川)主体为限制开发区和禁止开发区,生态脆弱、经济发展的资源环境承载能力不强,同时又有大量相对贫困人口集中分布。因此,根据这些地区的生态功能定位,要坚持保护优先、适度开发、点状发展,因地制宜发展资源环境可承载的特色产业,加强生态修复和环境保护。

### 三、自然资源

长江流域上游民族地区(四川)特殊的高原峡谷地形和复杂多样的地形环境,造就了多样性、垂直变化的气候,自北向南呈现寒带—亚寒带—温带—暖温带—亚热带不同的气候,高山与峡谷地带气候垂直变化,孕育了不同类型的、垂直分布的动植物资源。长江流域上游民族地区(四川)动植物资源富集,世界文化自然遗产和自然保护区比较集中,保存了许多珍稀的动植物种类,是一座宝贵的基因库。区域内保存了大熊猫、川金丝猴、扭角羚、白唇鹿、金钱豹、滇金丝猴、藏羚羊、野牦牛、白唇鹿、黑颈鹤等珍稀野生动物,麝香、鹿茸、熊胆、虫草、贝母、天麻和松茸等名贵药材,高寒沼泽湿地、高山针叶林、亚热带森林、高寒草甸、云杉林、断层湖泊、古代冰川遗迹、苍山冷杉、杜鹃林等形态各异的生态系统。

作为长江、黄河流域的重要生态屏障,这里土地面积大,资源富集,开发潜力巨大。该区域森林面积和草原面积广阔,是全国三大林区之西南林区的主体,既拥有全国五大牧区中的西藏、青海牧区,又有川西北高原牧区,是全国重要的牧业基地,牛、羊、马等草饲牲畜和畜产品在全国占有重要地位,是西部牛、羊肉供应的主要基地。典型的地理环境适合农作物生长,该区域是西部主要的产粮区之一和经济林木基地。由于地形、地质、气候复杂,具有明显的立体气候、立体生态、立体农业的特点,因此土地利用也具有明显的垂直和水平分布规律。河谷地带多已垦殖为农耕地,是种植业和苹果、雪梨、花椒等经济林木适生区;在海拔 2800—3900 米的中山和高山地带,分布着成片的森林;3500 米以上分布着亚高山和高山草甸植被,是半农半牧的牧业基地。

这里地处长江、黄河源头区,六条大江自北向南奔腾而过,江河纵横,河流众多,水势湍急,流量大而稳定,自然落差大而集中,水能资源异常丰富,是水能开发的理想之地。同时受太平洋的东南季风和印度洋西南季风影响,是我国内陆雨量丰沛的地区,水能蕴藏量居全国首位。仅四川涉藏地区水资源总量约 1900 亿立方米,水能蕴藏量约 6158 万千瓦,占全国的 1/4,是中国最大的水电开发和西电东送基地。

长江流域上游民族地区(四川)的有色金属和非金属矿等资源蕴藏丰富,是中国重要的战略资源储备与保障区。该区域矿产丰富,矿藏种类多,储量大。金、银、锡、锂、铅、锌、铜、泥炭、褐煤、云母、铂、镍、铀等矿种在全国都有一定的优势。据统计,川西北地区稀贵金属(锤、铰、金、银)和能源矿产特色明显,是潜在的尖端技术产品的原料供应地;川西南的黑色、有色金属和稀土资源优势突出,仅攀西地区就蕴藏有全国 13.3% 的铁、93% 的钛、69% 的钒和 83% 的钴。西藏昌都地区含有丰富的铜矿资源,已测铜金属储量 800 多万吨,预测总量达 4000 多万吨。玉龙铜矿储量 650 万吨,是我国第二大斑岩铜矿。除了常规资源外,长江上游民族地区还蕴藏着极为丰富的太阳能、风能、小水电等新(低碳)能源资源(郑长德、钟海燕、廖桂蓉,2016)。

长江流域上游民族地区(四川)旅游资源极其丰富,自然和民族人文景观交相辉映,相得益彰,拥有苍莽的森林,皑皑的雪山,晶莹的冰川,深邃的峡谷,无垠的草原,构成瑰丽迷人的自然景观和民族风情。在这片神奇而辽阔的土地上,有被联合国列入"世界自然和文化遗产"保护的"童话世界"九寨沟、"人间瑶池"黄龙、四川大熊猫栖息地等,有"亚洲水塔"之称的三江源自然保护区,有世界上海拔最低的冰川公园——泸定海螺沟,有"蜀山之王"贡嘎山、"蜀山之后"四姑娘山,有中国最大红叶区理县米亚罗自然风景区,还有世界上第一个大熊猫研究中心汶川卧龙自然保护区,泸定铁索桥,康定跑马山、木格错,香格里拉稻城亚丁,红军长征走过的雪山草地。还有热情奔放、多姿多彩的民族风情,有充满神秘、庄严的大小藏传佛教寺宇。

### 四、人口与民族

2020 年,第七次人口普查表明,长江流域上游民族地区(四川)总人口为7272314 人,占四川省总人口的 8.69%,占全国总人口的 0.52%。在长江流域上游民族地区(四川)总人口中,男性人口占比为 51.28%,女性人口占比48.72%;从人口年龄结构看,0 ~ 14 岁人口占 25.56%,15 ~ 64 岁人口占64.66%,65 岁及以上人口占比为 9.78%;6 岁及以上人口平均受教育年限比全国平均水平低两年多;城镇化率为 36.51%,比全国平均水平低近 30 个百分点,如表 15.3 所示。

表 15.3　长江流域上游民族地区(四川)人口状况(2020 年)

| 地区 | 各年龄组人口占总人口比重(%) | | | | 平均受教育年限(年) | 文盲人口占 15 岁及以上人口比重(%) | 城镇化率(%) | 少数民族人口占比(%) |
|---|---|---|---|---|---|---|---|---|
| | 0 ~ 14 岁 | 15 ~ 64 岁 | 65 岁及以上 | 15 ~ 49 岁育龄妇女 | | | | |
| 全国 | 17.97 | 68.51 | 13.52 | 22.86 | 9.50 | 3.26 | 63.84 | 8.89 |
| 四川省 | 16.10 | 66.97 | 16.93 | 22.30 | 8.95 | 4.74 | 56.73 | 6.80 |
| 阿坝 | 18.87 | 70.32 | 10.81 | 25.20 | 7.75 | 16.37 | 41.49 | 77.90 |
| 甘孜 | 22.99 | 68.65 | 8.36 | 25.71 | 6.74 | 23.66 | 31.01 | 82.90 |
| 凉山 | 27.64 | 62.87 | 9.49 | 23.00 | 7.16 | 14.89 | 36.96 | 55.38 |
| 北川 | 14.27 | 66.00 | 19.73 | 19.82 | 7.75 | 9.39 | 34.44 | 36.48 |
| 峨边 | 24.02 | 63.03 | 12.95 | 21.46 | 7.11 | 15.89 | 37.74 | 49.78 |
| 马边 | 27.84 | 62.33 | 9.83 | 22.92 | 7.00 | 15.17 | 36.76 | 56.35 |

资料来源:根据《2020 年中国人口普查分县资料》相关数据计算绘制

从人口分布看,该区域地域辽阔,人口密度小,是我国比较稀少的地区之一。人口地域分布极不平衡,基本特点是:藏族聚居区人口密度低于藏族与其他民族杂居区,并且人口分布随着海拔高度的递增而递减,随气温的降低而减少,大多集中于河谷平原。从人口密度看,2020 年,人口密度平均为 24.17人/平方公里,远小于全国平均 146.85 人/平方公里的人口密度。区域内人口密度差异较大,凉山彝族自治州人口密度超过 80 人/平方公里,而甘孜藏族自治州人口密度只有 7.4 人/平方公里,阿坝藏族羌族自治州不足 10 人/平方公里。长江流域上游民族地区人口分布的一个典型特点是受自然地理环境的制约,人口分布的垂直地带性显著,即人口密度随着海拔高度的递增而递减,随气温的降低而减少,大多集中于河谷平原。

长江流域上游民族地区(四川)是多民族聚居区,除汉族外,在这里聚居的少数民族主要有藏族、彝族、羌族等。2020 年,第七次人口普查表明,甘孜藏族自治州少数民族人口占比超过 80% ,阿坝藏族羌族自治州接近 78% ,凉山彝族自治州超过 55% (表 15.3)。

## 五、历史与文化

### 1. 社会形态更替

新中国成立前,长江流域上游民族地区(四川)政治制度处于多元、落后与混乱状态,有原彝族社会的奴隶制,原藏族社会的封建农奴制,一些地方正由农奴制向封建地主经济转化,甚至还有一些地方处于原始社会末期,不同程度地保存着原始公社制或正向阶级社会过渡的社会形态。新中国成立后,通过民主改革和社会主义改造,根本改变了长江上游民族地区的生产关系,实现了长江上游民族地区社会形态更替(郑长德、钟海燕、廖桂蓉,2016)。

20 世纪 50 年代中后期,中国共产党采取协商方式,领导部分少数民族民众及民族上层人士,采取和平协商方式,对长江上游民族地区实施以土地改革、解放奴隶农奴和废除劳役及高利贷为主要内容的全面社会改造。民主改革包括"民主协商"及"直接过渡"两部分,是中国共产党依据我国民族地区实际的独特创造,也是中国共产党民族政策的成功实践。通过民主改革,少数民族跨越了历史的发展阶段而直接跨入社会主义社会,完成了统一的、多民族的现代国家社会制度的建构;实现了土地改革,废除了剥削,改变了传统的所有制形态;建立起民族区域自治制度;消除了不平等的民族关系,增进了民族团结,掀开了民族平等、民族团结、共同进步的新篇章(郑长德、周兴维,2008)。

此外,长江流域上游民族地区(四川)作为一个民族迁徙的走廊,至今仍沉积了一些古老的社会文化形态,例如泸沽湖畔的摩梭人,鲜水河流域的扎巴人,还保持母系社会形态。

### 2. 经济发展基础

长江流域上游民族地区(四川)经济活动源远流长。考古学家认为,旧石器时代,华北地区的原始人群向西迁徙,并由甘青高原南下,将小石器和细石器传统导入长江上游民族地区,其主要生计方式为狩猎、采集,人类活动较为零星。新石器时代,黄河中上游地区人群向南迁徙进入长江上游民族地区,该区域经济活动出现了制陶、种粟、种稻等。继新石器时代以后,长江流域上游民族地区(四川)藏缅语各部落人群之间的交流更加频繁,主要从事山地或谷地耕作和畜牧业(袁晓文,2010)。隋唐以前长江上游民族地区远离中原王朝管辖,属于部落首领统治的自主发展阶段。自唐代以来,一方面来自西面的藏传佛教为核心的藏族文化力量向该区域渗透,另一方面来自东面的中原政权统治不断加强。而长江流域上游民族地区(四川)中藏缅语族南下与壮侗语族、苗瑶语族北上,互相经济交融。

民主改革前,长江流域上游民族地区(四川)大部分地区实行土司头人统治地区的农奴制经济。在封建农奴制统治下,土司头人、喇嘛寺占有大量土地、草场、牲畜等农牧业生产资料,并利用差役、贡赋、高利贷等手段,对广大农奴进行剥削;国民党政府也以国家的名义,用差役和税赋等手段压榨和剥削农民和农奴。民主改革胜利以来,建立起社会主义计划经济体制,长江上游民族地区经济社会发展所取得的成就,超过了在封建农奴制度下几个世纪的总和。1978 年,中国共产党第十一届三中全会召开,工作重心转移到经济建设上来,该地区经济和社会发展进入了一个新的时期,逐步建立起社会主义市场经济。

3. 汉藏经济交往的"茶马互市"

"茶马互市"是藏汉民族之间基于自然分工条件下互通有无的物资交换,宋元明时期较为盛行。长江上游民族地区"茶马互市"的通道称为"茶马古道"(因为唐宋以后在这条古道上贸易的代表性商品是茶和马)。这条古道上的茶马贸易始于唐,兴于宋,盛于明,衰于清,规模大、影响深的茶马互市,持续了近千年之久。除了茶叶,大量内地商品销往藏区,藏汉交易的商品种类不断丰富,促进了长江上游民族地区的贸易和运输业发展。茶马古道的基干路线主要位于长江上游民族地区四川、云南、西藏三省区境内,其外延可以辐射到广西、贵州、甘肃、青海、新疆,这个庞大的交通网在中国境内形成了三个贸易中心,即四川的康定、云南的丽江和西藏的昌都。历史上长江流域上游民族地区(四川)因"茶马古道"和"藏彝文化走廊"有机联系在一起,商业成为汉藏人民间紧密联系的经济纽带,它加强了彼此之间的经济文化交流,增进了彼此的团结和友谊。

新中国成立后,对少数民族地区采取了随军贸易的形式。随着人民政权的建立与逐步巩固,在随军贸易的基础上,逐步建立起全民所有制的国营民族贸易公司和专业公司,并吸收民族干部参加民贸工作。改革开放以来,逐步建立起多种所有制经营的更加繁荣的商业贸易,在国家相关政策扶持引导下,区内各民族间关系更加团结而稳定,为区域经济合作和互助交流提供良好的社会环境(郑长德、周兴维,2008)。

4.国际经济联系

长江流域上游民族地区地处我国西南边疆省区交接地带,历史上与内地的经济联系并不十分活跃,但其内部各地之间及其与国外,如南亚、东南亚地区间密切的经济联系却是古已有之。尤其到近代,中国西南边疆经济社会有一个时代性很强的发展特征,那就是以中国的云南、西藏、四川交接区域为一方,以英属印度和缅甸为另两方,发展形成了一个川滇藏三省区与印、缅之间的"大三角国际贸易圈"。该贸易圈辐射影响范围甚至远至中国内地的青海、贵州、湖南、湖北和四川腹地(郑长德,2008)。

古代西南丝绸之路,亦称南方丝绸之路,是长江流域上游民族地区国际经济联系的重要通道。该通道从成都出发经四川西南、云南,经过东南亚、南亚、西亚通往欧洲,该路线国内部分主要在长江上游民族地区,也是"茶马互市"的茶马古道。自秦汉时期开始,蜀中的丝绸、布匹、铁器由该通道销往东南亚,印度和中亚的珠宝、琉璃由此道传入中国。南方丝绸之路不仅促进了中国同印度、缅甸、越南等东南亚国家及西方国家的经济交往,同时也带动了古蜀文化与西南民族的整合。

## 第三节　长江上游民族地区经济发展及其区域差距

### 一、经济增长

进入21世纪以来,受益于国家西部大开发战略、扶贫开发战略的实施,长江上游民族地区的经济社会发展取得显著成效。从经济总量看,2000年,长江流域上游民族地区(四川)实现地区生产总值230.87亿元,2021年,实现地区生产总值3006.76亿元,名义值增长了12倍多。2000年,人均地区生产总值为3733元,2021年增加到41322元,名义值增长在10倍以上,如表15.4所示。

表 15.4　长江流域上游民族地区 ( 四川 ) 的经济增长

| 项目 | 年份 | 合计 | 阿坝州 | 甘孜州 | 凉山州 | 北川县* | 峨边县 | 马边县 |
|---|---|---|---|---|---|---|---|---|
| 地区生产总值（亿元） | 2000 年 | 213.10 | 35.28 | 24.69 | 144.55 | — | 5.20 | 3.38 |
| | 2005 年 | 453.56 | 75.19 | 50.06 | 300.23 | 9.44 | 11.20 | 7.44 |
| | 2010 年 | 1102.59 | 132.76 | 122.83 | 784.19 | 23.44 | 20.94 | 18.43 |
| | 2015 年 | 1900.55 | 265.04 | 213.04 | 1314.84 | 40.19 | 35.36 | 32.08 |
| | 2020 年 | 2746.16 | 411.75 | 410.61 | 1733.15 | 79.12 | 57.56 | 53.97 |
| | 2021 年 | 3006.76 | 449.63 | 447.04 | 1901.18 | 88.11 | 62.77 | 58.03 |
| 人均地区生产总值（元） | 2000 年 | 3516 | 4256 | 2777 | 3592 | — | 3575 | 1945 |
| | 2005 年 | 6938 | 8837 | 5468 | 7005 | 5901 | 7815 | 4081 |
| | 2010 年 | 15 129 | 14 662 | 11 659 | 17 560 | 11 316 | 14 913 | 10 171 |
| | 2015 年 | 26 171 | 28 647 | 18 423 | 28 276 | 19 011 | 25 943 | 17 547 |
| | 2020 年 | 37 727 | 49 668 | 36 993 | 35 720 | 39 548 | 46 798 | 28 707 |
| | 2021 年 | 41 322 | 54 900 | 40 347 | 39 063 | 49 921 | 51 665 | 30 783 |

*2003 年 7 月 6 日,国务院批准设立北川羌族自治县

资料来源:《四川统计年鉴》(各年)

## 二、结构变迁

西部大开发战略实施以来,长江流域上游民族地区( 四川 )产业结构发生了较大的变化(见表 15.5),2000 年以来,地区生产总值构成中第一产业占比在稳定下降,第二产业占比在增加,第三产业占比基本稳定。第一产业占比的下降是产业结构演变的一般规律,第二产业占比的增加归因于在这个地区进行的水能资源和矿产资源的开发,第三产业占比的稳定归因于旅游业的发展。

表 15.5　长江流域上游民族地区产业结构的变化

单位:%

| 地区 | 2000 年 | | | 2021 年 | | |
|---|---|---|---|---|---|---|
| | 第一产业 | 第二产业 | 第三产业 | 第一产业 | 第二产业 | 第三产业 |
| 合计 | 36.14 | 30.33 | 33.53 | 21.17 | 31.60 | 47.23 |
| 阿坝州 | 28.71 | 35.63 | 35.66 | 19.64 | 24.05 | 56.31 |
| 甘孜州 | 29.46 | 28.29 | 42.25 | 17.75 | 26.16 | 56.09 |
| 凉山州 | 39.05 | 29.02 | 31.93 | 22.70 | 34.24 | 43.06 |

续表

| 地区 | 2000 年 | | | 2021 年 | | |
|---|---|---|---|---|---|---|
| | 第一产业 | 第二产业 | 第三产业 | 第一产业 | 第二产业 | 第三产业 |
| 北川县* | 47.47 | 25.78 | 26.75 | 16.88 | 25.35 | 57.77 |
| 峨边县 | 26.07 | 47.95 | 25.98 | 14.67 | 47.13 | 38.20 |
| 马边县 | 53.71 | 18.84 | 27.45 | 22.52 | 38.39 | 39.09 |

*2003 年 7 月 6 日,国务院批准设立北川羌族自治县

资料来源:《四川统计年鉴》(2001 年、2022 年)

表 15.6　长江流域上游民族地区(四川)就业结构的变化

单位:%

| 地区 | 2000 年 | | | 2021 年 | | |
|---|---|---|---|---|---|---|
| | 第一产业 | 第二产业 | 第三产业 | 第一产业 | 第二产业 | 第三产业 |
| 合计 | 79.24 | 5.30 | 15.46 | 55.17 | 11.70 | 33.13 |
| 阿坝州 | 74.54 | 5.99 | 19.47 | 51.61 | 7.81 | 40.58 |
| 甘孜州 | 82.41 | 2.93 | 14.66 | 70.18 | 3.46 | 26.36 |
| 凉山州 | 83.03 | 4.32 | 12.65 | 53.65 | 13.41 | 32.94 |
| 北川县* | 81.42 | 7.59 | 10.99 | 35.06 | 23.78 | 41.16 |
| 峨边县 | 68.63 | 12.16 | 19.21 | 40.77 | 22.01 | 37.22 |
| 马边县 | 78.84 | 5.98 | 15.18 | 49.57 | 15.24 | 35.19 |

*2003 年 7 月 6 日,国务院批准设立北川羌族自治县

资料来源:《四川统计年鉴》(2001 年、2022 年)

从就业结构看,2000 年到 2021 年第一产业就业比重有所下降,第三产业就业比重有较大幅度上升,而第二产业就业比重有所上升。各地市州就业结构变化的基本趋势相同,但也存在一些差异(表 15.6)。

比较地区生产总值的产业结构和劳动力的就业结构,发现产业结构变化远比就业结构变化大,第二产业产值比重远高于吸收的就业比重,而非农就业主要为第三产业吸收,主要原因在于该地区第二产业主要是资源开发型产业,而现有的资源开发制度中虽要求开发企业要雇佣资源所在地居民,但并未强制性执行,而且当地居民文化程度低,技术水平不高,与资源的机械化开发所需劳动力技能不匹配,因此虽然第二产业产值比重大,但吸收的当地就业很低。结果导致劳动力的产业转移慢,且主要向技能要求低的传统第三产业转移。

### 三、人民生活

随着经济发展水平的逐步提高,长江流域上游民族地区(四川)各族人民生活得到了很大改善。从人均可支配收入看,城镇居民从 2015 年的 24 430 元增加到 2021 年的 38 090 元,年均增长率 7.68%;农村居民从 9250 元增加到 16 541 元,年均增长率 10.17%,超过了城镇居民人均可支配收入的增长率,因此城乡收入比从 2.64 下降为 2.30,如表 15.7 所示。

表 15.7　长江流域上游民族地区(四川)居民收入增长

| 项目 | 年份 | 合计 | 阿坝州 | 甘孜州 | 凉山州 | 北川县 | 峨边县 | 马边县 |
|---|---|---|---|---|---|---|---|---|
| 城镇居民人均可支配收入(元) | 2015 年 | 24 430 | 25 939 | 24 978 | 24 084 | 22 824 | 23 661 | 24 268 |
| | 2021 年 | 38 090 | 40 132 | 39 497 | 37 452 | 37 405 | 37 920 | 38 815 |
| 农村居民人均可支配收入(元) | 2015 年 | 9250 | 9711 | 8408 | 9422 | 9644 | 8405 | 8595 |
| | 2021 年 | 16 541 | 17 161 | 15 379 | 16 808 | 17 495 | 15 021 | 15 349 |
| 年均增长率(2015—2021 年,%) | 城镇 | 7.68 | 7.54 | 7.94 | 7.64 | 8.58 | 8.18 | 8.14 |
| | 农村 | 10.17 | 9.95 | 10.59 | 10.13 | 10.44 | 10.16 | 10.15 |
| 城乡收入比 | 2015 年 | 2.64 | 2.67 | 2.97 | 2.56 | 2.37 | 2.82 | 2.82 |
| | 2021 年 | 2.30 | 2.34 | 2.57 | 2.23 | 2.14 | 2.52 | 2.53 |

资料来源:《四川统计年鉴》(2016 年、2022 年)

### 四、基础设施

目前为止,公路交通依然是长江流域上游民族地区(四川)最主要的交通方式。2000 年以来,通过较大规模的道路基础设施建设,该地区公路交通情况改善较大,在路网长度增加的同时,路网质量也有所提高(表 15.8)。另一方面,由于基础设施建设历史欠账多,发展总体上滞后,已有的许多重要基础设施建设,往往都是连接"欠发达地区—发达地区",以降低该地区和发达地区间的交易成本为主。比如修建连接成都与四川涉藏地区的高速公路网和高速铁路,极大地降低了两个地区间联系的时间成本,使得企业更愿选择位于发达地区的区位,因为那里有规模报酬的利益,而由于区域间交易成本下降,企业在涉藏地区销售其产品的成本会下降。因而此类政策扩大了发达地区企业的市场范围,加速了产业向发达地区的集聚。

经过精准扶贫精准脱贫期间农牧区大规模设施建设,目前该地区内部交通通信得到根本性改进,但相对于发达地区,内部基础设施依然还很落后,阻碍了区内的联系,这不利于本地市场扩大。

表 15.8  长江流域上游民族地区(四川)的公路网

| 地区 | 2005 年 | | 2021 年 | |
|---|---|---|---|---|
| | 等级公路比重(%) | 公路网密度(公里/平方公里) | 等级公路比重(%) | 公路密度(公里/平方公里) |
| 合计 | 53.72 | 0.12 | 96.57 | 0.28 |
| 阿坝州 | 56.2 | 0.1 | 96.08 | 0.19 |
| 甘孜州 | 62.82 | 0.07 | 97.78 | 0.22 |
| 凉山州 | 46.32 | 0.25 | 95.18 | 0.48 |
| 北川县 | 52.01 | 0.19 | 96.51 | 0.97 |
| 峨边县 | 53.94 | 0.32 | 99.6 | 0.63 |
| 马边县 | 40.06 | 0.27 | 98.51 | 0.75 |

资料来源:《四川统计年鉴》(2016 年、2022 年)

### 五、区域差距

长江流域上游民族地区(四川)总体上是经济欠发达地区,面临多重发展差距,与全国和四川省存在着重大的发展差距,区域内也存在城乡间、区域间的发展差距。

1. 与全国和四川省的差距

经济的欠发达的重要方面就是人均地区生产总值与全国和四川省的差距。2021 年,长江流域上游民族地区(四川)的人均地区生产总值为41 322元,是四川省人均地区生产总值的 64.24%,是全国人均 GDP 的 52.26%,如表 15.9 所示。

**表 15.9　长江流域上游民族地区（四川）相对人均地区生产总值**

单位:%

| 年份 | 合计 | 阿坝州 | 甘孜州 | 凉山州 | 北川县 | 峨边县 | 马边县 |
|---|---|---|---|---|---|---|---|
| 相对于全国平均水平 | | | | | | | |
| 2000 年 | 44.27 | 53.59 | 34.97 | 45.23 | — | 45.01 | 24.49 |
| 2005 年 | 48.29 | 61.50 | 38.06 | 48.75 | 41.07 | 54.39 | 28.40 |
| 2010 年 | 49.11 | 47.59 | 37.84 | 57.00 | 36.73 | 48.41 | 33.01 |
| 2015 年 | 52.42 | 57.38 | 36.90 | 56.64 | 38.08 | 51.97 | 35.15 |
| 2020 年 | 52.52 | 69.15 | 51.50 | 49.73 | 55.06 | 65.15 | 39.97 |
| 2021 年 | 51.03 | 67.80 | 49.83 | 48.24 | 61.65 | 63.80 | 38.02 |
| 相对于四川省的平均水平 | | | | | | | |
| 2000 年 | 70.94 | 85.88 | 56.03 | 72.48 | — | 72.13 | 39.25 |
| 2005 年 | 78.59 | 100.10 | 61.94 | 79.35 | 66.84 | 88.53 | 46.23 |
| 2010 年 | 71.26 | 69.06 | 54.92 | 82.71 | 53.30 | 70.24 | 47.91 |
| 2015 年 | 70.45 | 77.11 | 49.59 | 76.11 | 51.17 | 69.83 | 47.23 |
| 2020 年 | 65.04 | 85.62 | 63.77 | 61.58 | 68.18 | 80.67 | 49.49 |
| 2021 年 | 64.24 | 85.35 | 62.72 | 60.73 | 77.61 | 80.32 | 47.85 |

资料来源:《四川统计年鉴》《中国统计年鉴》

　　为了综合反映长江流域上游民族地区（四川）经济发展水平的差距,这里计算了人均地区生产总值缺口指数,选择四川省人均地区生产总值作为参照,该指数是各自治地方相对于参照水平的算术平均,该指数越大,表明发展缺口越大,计算结果如图 15.2 所示,可以看出长江流域上游民族地区（四川）经济发展缺口的变化。

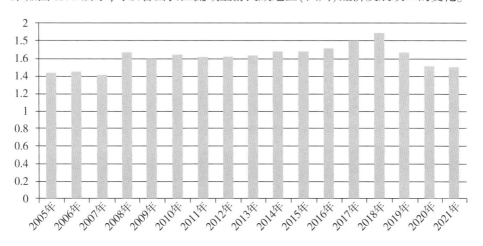

**图 15.2　长江流域上游民族地区（四川）的人均地区生产总值缺口指数**

资料来源:根据《四川统计年鉴》计算

2. 经济密度

表 15.10 给出了经济活动集聚的几个简单指标:城镇化率、经济密度和就业密度。可以看出,与全国和四川省比较,长江流域上游民族地区(四川)经济集聚程度低,既有的城镇的集聚力弱。

表 15.10 长江流域上游民族地区(四川)的密度(2021年)

| | 合计 | 阿坝州 | 甘孜州 | 凉山州 | 北川县 | 峨边县 | 马边县 |
|---|---|---|---|---|---|---|---|
| 人均 GDP(元) | 41322 | 54900 | 40347 | 39063 | 49921 | 51665 | 30783 |
| 城镇化率(%) | 37.94 | 42.09 | 31.52 | 38.66 | 37.44 | 38.84 | 38.62 |
| 经济密度(万元/平方公里) | 99.97 | 54.16 | 29.88 | 315.32 | 285.70 | 262.10 | 243.50 |
| 就业密度(人/平方公里) | 13.50 | 5.53 | 4.12 | 45.06 | 31.36 | 28.27 | 44.36 |

资料来源:根据《四川统计年鉴》计算

3. 区域协调差距

新时代区域协调发展战略的目标方向是:要实现基本公共服务均等化、基础设施通达程度比较均衡、人民生活水平大体相当。为了综合测度长江上游民族地区(四川)在这三个方面的发展差距,根据数据的可得性,本文选择6岁及以上人口平均受教育年限、每千人卫生技术人员数作为基本公共服务的代理变量,综合公路运输网密度①作为基础设施通达程度的代理变量,城镇居民人均收入和农村居民人均收入作为人民生活水平的代理变量,以全国平均水平作为参照,构建区域协调缺口指数如下:

$$区域协调缺口指数 = \frac{1}{N}\sum_{i=1}^{N}\frac{\bar{x}}{x_i}$$

其中 N 代表变量的维度或区域数,本文考察了三个维度,四个代理变量,因此 N = 5,$\bar{x}$ 代表参考指标,本文以全国平均值为参考,$x_i$ 代表某地区的变量。该指数越大,说明相当于全国平均水平,协调的缺口越大。利用第六次和第七次人口普查数据和相关年份《中国统计年鉴》《四川统计年鉴》数据,计算了2020年长江流域上游民族地区(四川)区域协调缺口指数,如图15.3所示。可以看出,相对于全国水平,北川羌族自治县协调程度最高,其余地区区域协调缺口都较大,区域协调缺口指数均大于1。

---

① 定义为运输线路长度/(面积×人口)$^{1/2}$。

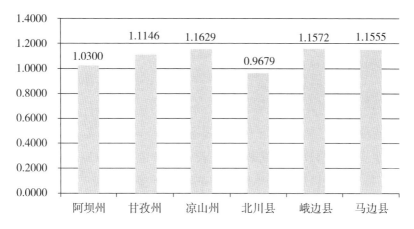

图 15.3　四川民族自治地方区域协调缺口指数（2020 年）

资料来源:笔者计算

## 第四节　对接国家区域发展战略,推动长江上游民族地区区域协调发展

### 一、国家区域发展战略中的长江上游民族地区

党的十八大以来,我国进入了国家级区域战略引领区域经济协调发展的新阶段,各地区社会经济发展都不同程度地纳入其中。谋划推动民族地区共同现代化,在区域社会经济发展方面,必须顺应这一发展大势。按照战略所涵盖的空间范围来看,这些国家级战略,大体上可以划分为三个层次。

第一个层次是国家级总体战略,包括"一带一路"倡议、双循环新发展格局战略、乡村振兴与全国统一大市场建设。这些都是覆盖全国的国家战略。

第二个层次是国家级区域战略。即是中央批准并参与的涵盖特定地域的经济发展战略。最重要的国家级区域战略,可概括为"4321"战略。

"4"即四大板块,包括推动西部大开发形成新格局,推动东北全面振兴取得新突破,促进中部地区加快崛起,鼓励东部地区加快推进现代化。

"3"即三区,即京津冀协同发展战略、粤港澳大湾区战略和长三角一体化战略。

"2"即两流域,即长江经济带发展和黄河流域生态保护与高质量发展战略。

"1"即一圈,即成渝地区双城经济圈建设战略。

第三个层次是国家区域援助战略,包括"支持革命老区、民族地区加快发展,加强边疆地区建设,推进兴边富民、稳边固边"。例如《推进资源型地区高质量发展"十四五"实施方案》《国务院关于"十四五"特殊类型地区振兴发展规划的批复》。

长江流域上游民族地区处于多个国家区域战略的政策叠加区,特别处于黄河流域生态保护与高质量发展战略、长江经济带和青藏高原生态安全屏障的交汇区,是成渝地区双城经济圈建设战略的直接辐射区。城市群建设是国家区域协调发展战略的重要组成部分,也是区域协调发展的支撑,在《中华人民共和国国民经济和社会发展第十四个五年规划和2035年远景目标纲要》规划确立的19个城市群中,与长江流域上游民族地区直接相关的有成渝、黔中、滇中等。

## 二、主动对接和融入国家区域战略,不断提升长江流域上游民族地区区域协调发展水平

1. 加强连通,提高对接和融入国家区域发展战略的能力

继续加强基础设施建设,提高基础设施供给的稳定性、安全性和普惠性,进一步降低各民族交往交流交融的各种成本。长江流域上游民族地区的基础设施建设方面已经取得了历史性成就,但尚有相当部分县不通高速,大部分地级行政单位不通高速铁路。因此,需要继续加大基础设施建设,着力于提质量,增速度,进一步降低阻碍发展的各种交易成本。通过西部陆海通道的建设加快民族地区与其他地区的一体化;延伸沿(长)江快速通道(高速公路、高速铁路),连接相关地级城市,形成快速通道网;提升县际道路等级,通过乡村村组道路网络化,实现区内的一体化。同时进一步加快其他基础设施的建设,实现各类基础设施的质量效率同步提升。

投资于技术溢出的新型基础设施,助推数字化转型。研究表明,降低区际和区内运输成本的基础设施政策都具有不良副作用,要么导致较低的增长,要么导致较高的名义收入不平等,要么导致更多的产业集聚。而促进区域间技术溢出效应的公共政策增加了整个经济的增长,减少了区域之间的名义收入不平等,并降低了空间集中度。例如,改善电信基础设施,改善互联网接入,加强以5G、人工智能、工业互联网、物联网为代表的新型基础设施的建设,有助

于新技术从一个地区扩散到另一个地区,促进了通常需要面对面交流的思想的"运输"。降低了创新成本,促进了增长,减少了地区之间的收入差距,并导致企业向欠发达地区迁移。近年来,各地区特别注意数字经济产业布局,而新型基础设施主要是基于数字经济的,从普惠性角度考虑,近期的优先事项应该是进一步加强信息高速公路建设,在保障互联网地域全覆盖的基础上,提高网络的稳定性和速度,降低网络使用成本。

2. 建设金沙江经济带,形成长江上游民族地区开发开放的新增长极

金沙江是长江的上游,从青海省玉树巴塘河口至四川省宜宾岷江口,全长2308公里,流经青海、西藏、四川、云南四省的多民族地区,其中包括四川省的宜宾市、攀枝花市、凉山彝族自治州和甘孜藏族自治州,云南省的昭通市、丽江市、楚雄彝族自治州、大理白族自治州、迪庆藏族自治州,西藏自治区昌都市和林芝市,青海省玉树藏族自治州等市州,一共涉及6个地级市和6个自治州。流域面积34万平方公里。金沙江流域是我国生态环境最重要的区域之一,也是我国最大的水电基地,富集程度居世界之最。向家坝、溪洛渡、白鹤滩、乌东德四座巨型电站库库相连,形成800公里湖面。金沙江流域镶嵌有攀枝花、凉山、昭通、水富、宜宾、泸州、乐山、六盘水、毕节、楚雄、东川等数十座传统和现代大中小城镇,养育了四千万之众的人民;她为国家和东部提供了两倍于三峡的能源,保障了三峡大坝的安全,维系着整个长江上中下游的生态。在中国式现代化建设的新时代,开发金沙江,建设金沙江经济带,加快经济带开放合作发展,有利于长江上游民族地区主动服务和融入"一带一路"建设、长江经济带建设和成渝双城经济圈建设;有利于处理好保护和开发的关系,加强该区域的生态保护和生态安全,保护好"一江清水";有利于整合金沙江流域的水电资源,打造我国的战略储备区或战略备份区;有利于进一步优化区域发展的空间格局,统筹区域协同发展;有利于改善沿江地区生产生活条件,加快少数民族地区和欠发达地区的发展。

实际上,早在2014年刘世庆等学者提出建设"金沙江经济区"的构想(刘世庆等,2014),2016年,云南省制定了《金沙江开放合作经济带发展规划(2016—2020年)》。在新发展阶段,加快金沙江经济带开放合作发展,建设金沙江经济带,并升级为国家区域战略,对于"一带一路"建设、长江经济带建设、西部大开发形成新格局、成渝双城经济圈建设等国家发展战略的纵深推进,促进全国区域协调发展,推动长江上游民族地区共同现代化,铸牢中华民

族共同体意识具有十分重要的战略意义。

3.完善飞地经济体制机制,提升对接国家区域战略的水平

考虑到长江上游民族地区的生态位,经济发展受到生态约束,同时这些地区又是资源富集地和经济欠发达地区。在这种面临生态与发展权衡的地区,充分利用我国对口发展援助与合作的制度优势,在援助地区建立受援地工业园(飞地经济)是把供给侧支持与需求侧支持结合起来的对口支援与合作的理想方式。飞地经济模式优化了区域资源配置,实现了区域资源的有效整合,为区域经济发展找了新的源泉;找到了区域经济合作平台建设的有效方式和机制,增强了不同地区协同发展经济的意识,提升了区域发展的整体水平;朝着缩小区域差距、实现区域经济一体化的目标实现新迈进。

目前长江流域上游民族地区已经对发展飞地经济进行了有益的探索,例如,阿坝州在成都建设的“成阿工业园”、甘孜州的“甘眉工业园”等。但已有的飞地工业园,规模还比较小,体制机制还有待大幅度完善。首先,需要加强顶层设计。飞地经济模式涉及跨区域的两地合作发展,为实现飞地经济的可持续发展,中央和地方政府应不断加强顶层设计,为合作双方提供纲领性支持。其次,提升飞地运营效率。再次,完善飞地园区产业空间布局,提升产业转移承接能力。最后,完善利益分配。充分发挥合作双方的比较优势,促进土地、技术、管理等资源优势互补和优化配置,建立合理的成本分担和利益共享风险共担机制,促进形成良性互动、互利共赢。

4.确保环境质量的稳定和提升,在经济社会生态协同发展中实现协调发展

长江流域上游民族地区在全国生态安全格局中具有十分重要的战略地位,而且区域内为典型的生态脆弱区,生态环境保护是其主体功能。因此,经济社会发展必须树立尊重自然、顺应自然、保护自然的生态文明理念,把建设生态经济走廊,增强提供生态产品能力,走绿色发展之路作为首要任务。

强化国土空间管控。依法管控国土空间开发格局是大力推进生态文明建设的重要途径。根据长江流域上游民族地区的主体功能区划分,贯彻落实主体功能区战略,按照点状开发、面上保护的要求,科学划定“生态线”“生存线”和“发展线”,形成科学合理的国土开发利用格局,优化国土空间结构。

建设青藏高原生态安全屏障。长江流域上游民族地区是青藏高原生态安全屏障的重要组成部分。加强生态保护与建设,确保生态环境良好。加强环

境污染防治,解决损害人民群众健康的突出环境问题,切实维护群众环境权益。提高生态环境监管和科研能力。发展环境友好型产业,引导自然资源科学合理有序开发,促进经济发展方式转变。

加强生态保护和恢复。根据《主体功能区规划》,加大生态建设与保护力度。加强森林生态建设和管理,持续推进高寒草原退牧还草工程,逐步实现草畜平衡,加强湿地生态保护和管理,实施综合治理,加强生态环境恢复。

大力发展绿色生态经济。以稀缺的生态资源为基础,以市场需求为导向、以现代商业模式为载体、以社会资本为驱动力,大力发展绿色生态产业(生态农业、生态旅游、生态工业),使生态经济成为各族人民增收的重要来源。

建立和完善生态与资源补偿政策,推动资源共享。建立和完善生态补偿机制,加大重点生态功能区生态补偿力度。积极开展流域、矿产资源、森林和自然保护区的四大生态补偿。综合采用政府补偿和市场补偿的途径和方式。提高探矿权、采矿权使用费征收标准和矿产资源补偿费率。

5. 在全方位更高水平绿色开放中实现区域协调发展

长江流域上游民族地区整体对外开放水平低,"一带一路"建设给长江流域上游民族地区的对外开放带来了重要的开放发展的历史机遇。要进一步以一带一路建设为着力点,坚持开放引领发展的原则,以推进"一带一路"建设为统领,提升对外开放水平,构建全方位开放新格局。充分认识和发挥长江流域上游民族地区的国际比较优势,扩大特色优势产业的对外开放;营造优良的营商环境,充分发挥长江流域上游民族地区具有国际声誉的国际生态旅游资源、绿色有机农畜产品资源和民族文化产业资源优势,建设国际生态旅游目的地、绿色有机农畜产品基地和民族文化产业基地。同时,构建包容性绿色开放模式,确保开放利益的共享和普惠。

执笔人:郑长德为西南民族大学经济学院教授、博士生导师

**参考文献**

[1]郑长德,钟海燕,廖桂蓉.藏彝走廊包容性绿色发展研究[M].经济科学出版社,2016.

[2]石硕.藏彝走廊:文明起源与民族源流[M].四川人民出版社,2009.

[3]郑长德、周兴维.民主改革与四川藏族地区经济发展研究[M].民族

出版社,2008.

[4]袁晓文.藏彝走廊:文化多样性、族际互动与发展(上)[M].民族出版社,2010.

[5]张永国.茶马古道与茶马贸易的历史与价值[J].西藏大学学报:社会科学版,2006,21(2):7.

[6]郑长德.民主改革与四川彝族地区经济发展研究[M].民族出版社,2008.

[7]刘世庆,林凌,齐天乐等.金沙江经济区的构想与现实:长江经济带建设从三段规划走向四段部署新阶段[J],经济与管理评论,2014(04).

# 第四篇　借　鉴　篇

# 第十六章 京津冀协同发展经验与借鉴

京津冀协同发展是习近平总书记亲自谋划、亲自部署、亲自推动的一项重大国家战略。2014年2月26日，习近平总书记在北京主持召开座谈会，专题听取了京津冀协同发展的工作汇报，明确将实现京津冀协同发展作为重大国家战略，强调"要坚持优势互补、互利共赢、扎实推进，加快走出一条科学持续的协同发展路子"。随着京津冀协同发展向纵深推进，一种人口经济密集地区优化开发的新模式、一条内涵集约发展的新路子正在形成，传统区域发展和开放型经济新体制的理论与实践也正在被赋予全新内涵。2023年5月12日，习近平总书记主持召开深入推进京津冀协同发展座谈会，为京津冀擘画出"努力使京津冀成为中国式现代化建设的先行区、示范区"的新目标，既为中国式现代化探路，又为增进人民福祉、促进共同富裕注入动力、提供支撑。本章通过回顾京津冀协同发展9年来的主要成效和发展经验，为长江经济带区域协调与高质量发展提供经验与启示。

## 第一节 京津冀协同发展取得显著成效

自京津冀协同发展战略上升到国家战略的地位以来，区域发展指数大幅度提高，京津冀三地在产业一体化、创新协同、交通一体化、生态环境联防联控、公共服务共建共享、空间结构优化方面取得显著成果，协同发展战略对区域发展发挥了积极的带动作用。

**一、调整存量与做优增量并举，推动产业一体化发展**

产业协同发展是京津冀协同发展战略三个率先突破的领域之一，对于疏解北京非首都功能、推动区域高质量发展具有重要意义，京津冀建设9年来，建设过程确保产业链、供应链稳定畅通，工业经济保持平稳运行，产业协同发展取得标志性成果。

1. 三地工业经济成果稳中有进

2022 年,京津冀地区工业增加值实现 25114.4 亿元(如图 16.1 所示),年均增长 4.5%,是 2013 年的 150%,为全国工业增加值贡献 6.3%,其中,规模以上工业企业数量累积达到 25160 家,增加了 15.8%。京津冀产业结构表现持续优化,三次产业构成由 2013 年的 6.2∶35.7∶58.1 调整为 2022 年的 4.8∶29.6∶65.6,2014 年以来,科学研究和技术服务业产出达 69.8 亿美元,高技术产业和战略性新兴产业占比均在 1/4 左右。京津冀产业集群效应不断增强,三地累计创建 45 家国家级新型工业化产业基地,初步形成"2+4+N"的产业格局,天津建设有综合承接与专业承接相结合的"1+16"承接体系,河北省有针对性地打造了"1+5+4+33"的重点承接平台,三地持续推进产业对接协作,京津冀三地形成了中关村海淀园秦皇岛分院"4∶4∶2"的利益分配模式,保定中关村创新中心的整体托管模式,北京·沧州渤海新区生物医药产业园的异地监管模式,秦皇岛固安孵化基地的产学研合作模式,北京亦庄·永清高新技术产业区的全产业链合作模式。对接活动按照三地功能定位,围绕各自产业发展需求,分地域、行业、主题进行精准对接,2022 年,促成共 57 个津冀合作项目在河北签约落地,总投资 399.78 亿元,天津市落地京津冀协同项目 170 个,协议投资额约 881.99 亿元,注册资本金约 853.27 亿元。京津冀三地在工业经济成果、产业结构,产业集群效应方面表现出巨大的潜力,助力京津冀地区成为产业集聚发展和产业合作的重要区域。

图 16.1　京津冀工业增加值(单位:亿元)

资料来源:作者自绘

2. 产业融合加速发展

京津冀三地传统产业与新一代信息基础设施建设深入融合,产业协同平台不断完善,高精尖产业领域利润率逐年上升,平均用工规模呈下降趋势(如图 16.2 所示)。新一代信息基础设施建设方面,截至 2022 年,三地共建成 5G 基站 20.5 万个,京津冀全域实现 5G 覆盖,天津(西青)国家级车联网协同发展示范区和北京、天津(滨海新区)2 个国家级人工智能创新应用先导区成为工业互联网协同发展示范区,不断推进产业数字化融合并拓宽产业数字化应用场景。与此同时,产业协同平台不断完善,京津冀生命健康集群、保定市电力装备集群入围国家级先进制造业集群行列,北京(曹妃甸)现代产业发展试验区、大兴国际机场临空经济区、北京·沧州渤海新区生物医药园、张(家口)承(德)生态功能区、滨海新区等"4＋N"平台突显出产业协同和承载优势。高精尖产业领域,北京高技术产业和战略性新兴产业增加值占 GDP 的比重超过 20%,工业机器人同比增长 56%。天津市高技术产业和战略新兴产业增加值增长 7.3%,服务机器人、新能源汽车、集成电路产量增长 70%、54.3%、53.2%。河北省规模以上工业高新技术产业增加值增速提高 2.1 个百分点,高端装备制造产业生物医药、先进钢铁、绿色化工、健康食品、新材料、高端装备和新一代信息技术均实现增长,分别增长 22.0%、9.1%、8.3%、8.2%、4.8%、4.1% 和 1.8%。

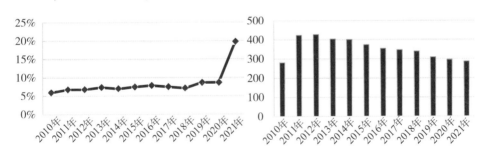

图 16.2(a) 高技术制造业利润率　　图 16.2(b) 高技术制造业平均用工规模

资料来源:《中国高技术产业统计年鉴》,作者自绘

3. 北京非首都功能疏解成效显著

津冀承接北京疏解非首都功能效果显著。截至 2022 年 8 月,北京市累计退出一般制造业企业约 3000 家,累计不予办理新设立或变更登记业务超 2.44 万件,疏解提升区域性批发市场和物流中心约 1000 个,京冀在津投资额达到 1989.4 亿元。其中,以中关村模式的产业转移企业超过 8800 余家,

另外,以产业异地监管模式、飞地模式、税收分成模式进行产业转移的企业进一步培育了新的产业增长极。产业疏解使得产业结构持续优化,科技、商务、文化、信息等高精尖产业新设市场主体占比由 2013 年的 40.7% 上升至 2022 年的 65.6%,产业疏解也使得公共服务资源布局不断优化,自 2014 年起,北京常住人口连续保持增量、增速"双下降"(如图 16.3 所示),8 所市属高校在五环路外建设新校区,15 家市属医疗资源向外布局,产业疏解带动就业转移,对人口、经济、创新起到一系列连锁反应,促进输入和输出地集约高效发展。

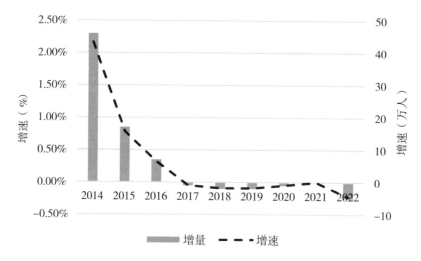

**图 16.3 北京市人口增量、增速趋势图**

资料来源:《中国城市统计年鉴》,作者自绘

## 二、创新协同发力,区域协同创新共同体建设稳步推进

京津冀三地以创新驱动发展,全面探索"京津研发、河北转化"新的创新空间布局与试验,三地协同创新增速达 22.9%,京津冀地区网络关系数和网络密度整体呈上升趋势(如图 16.4 所示),城市创新力水平逐年提升(如图 16.5 所示),协同创新共同体建设稳步推进,具体表现在创新协同顶层设计、创新协同布局和科技成果转化三个方面。

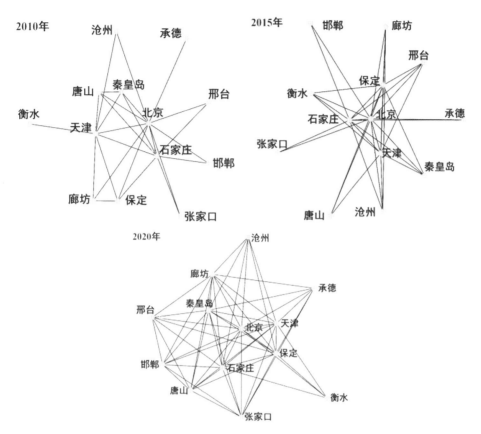

**图 16.4　2010 年、2015 年和 2020 年京津冀地区专利合作网络**

资料来源：国家知识产权局，作者自绘

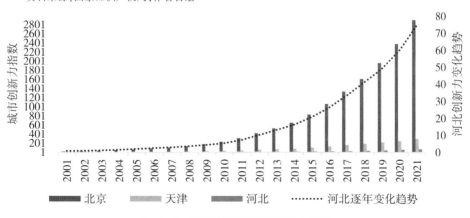

**图 16.5　京津冀三地城市创新力指数**

资料来源：《中国城市和产业创新力报告 2017》，作者自绘

1. 完善创新协同顶层设计

京津冀协同创新"1＋3"联动工作机制日益完善,同时进一步建立了"推进京津冀协同发展"领导小组进行工作统筹,形成了联席会议制度和定期会商制度(如表 16.1 所示),以及人员"交叉任职,共建共管"的创新合作机制,三地协同发展的空间溢出效应不断增强。2022 年,京津冀地区生产总值突破 10 万亿元,按现价计算,是 2013 年的 1.8 倍,其中,北京市、河北省的地区生产总值跨越 4 万亿元量级,分别是 2013 年的 2.0 倍和 1.7 倍。

**表 16.1  京津冀联席会议汇总**

| 时间 | 会议名称 | 地点 | 意义 |
| --- | --- | --- | --- |
| 2015 年 5 月 15 日 | 京津冀政协主席联席会议第一次会议 | 石家庄 | 标志着京津冀政协主席联席会议制度正式建立 |
| 2016 年 7 月 22 日 | 京津冀食品药品安全区域联动协作机制建设暨食用农产品产销衔接协作机制建设会议 | 北京 | 标志着京津冀食药安全区域联动协作机制全面启动 |
| 2016 年 5 月 31 日 | 京津冀法院联席会议第一次会议 | 北京 | 健全与京津冀协同发展相适应的司法工作机制 |
| 2017 年 6 月 29—30 日 | 京津冀民政执法监察联席会第一次会议暨民政执法监察培训班 | 石家庄 | 三地民政部门推进京津冀协同发展的又一重大举措 |
| 2017 年 8 月 29—30 日 | 京津冀人力资源和社会保障事业协同发展第一次部省(市)联席会议 | 河北固安 | 推动《关于推进京津冀人力资源和社会保障事业协同发展的实施意见》的落实落地 |
| 2019 年 | 京津冀药品安全区域联动合作第一次联席会议暨联席会议机制创立 | 天津 | 全方位加强京津冀三地药品安全区域联动 |
| 2021 年 9 月 27 日 | 首届京津冀自贸试验区联席会议 | 天津 | 推动三地自贸试验区在制度创新联动、产业链条互补、重点领域先行先试等方面迈上新台阶 |
| 2023 年 5 月 23 日 | 京津冀地区文化市场综合执法协作联席会议 | 北京 | 会议审议并通过了《2023 年京津冀地区文化市场综合执法协作工作方案》 |
| 2023 年 6 月 8 日 | 京津冀统战工作第一次联席会议 | 河北雄安 | 签署京津冀统一战线助力京津冀协同发展合作协议 |
| 2023 年 6 月 2 日 | 京津冀三省市区域交通一体化统筹协调小组联席会议 | 河北廊坊 | 通过了《统筹协调小组工作规程(2023 年修订版)》,共同签署多项协议 |

续表

| 时间 | 会议名称 | 地点 | 意义 |
|------|---------|------|------|
| 2023 年 7 月 7 日 | 京津冀党政主要领导座谈会 | 北京 | 推动贯彻落实习近平总书记在深入推进京津冀协同发展座谈会上的重要指示 |

资料来源:作者根据京津冀政府官网新闻的部分汇总内容,数据截至 2023 年 7 月

### 2. 优化创新协同布局

三地以中关村创新园区为龙头,形成了天津滨海—中关村科技园、保定·中关村创新中心、雄安新区中关村科技园的"类中关村"园区链。园区创新企业不断壮大,截至 2023 年,中关村企业在津冀设立分支机构达 9500 余家,京津冀地区培育国家级专精特新"小巨人"企业超过 1000 家,占全国比重约 12%,高技术服务业在营企业数量逐年递增,企业离散程度逐渐缩小(如图 16.6 所示)。与此同时,三地积极开展创新研发中心建设,北京建设有昌平、中关村、怀柔三个国家实验室,清华大学天津高端装备研究院在津落户,京津冀国家技术创新中心在津设立,在津汇集京冀专家 3836 人,河北省建设有国家级实验室 12 家,合计省级及以上重点实验室共 334 家。为扩大创新聚集效应,截至 2023 年 5 月,滨海—中关村科技园内企业达到 4387 家,当年新增企业 336 家,累积疏解北京企业 899 家,国家科技型中小企业入库数达 226 家,雏鹰企业 136 家。京津冀三地通过布局优质的园区、企业和研发中心,为释放协同创新活力奠定坚实基础。

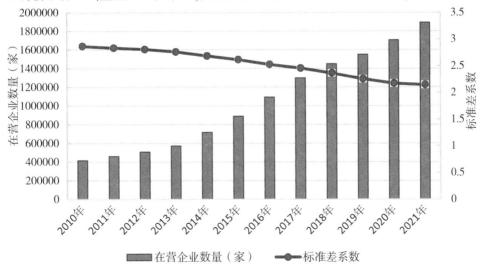

**图 16.6 2010—2021 年京津冀地区高技术服务业在营企业数量及标准差系数**

资料来源:龙信企业大数据库,作者自绘

### 3. 加快推进科技成果转化

京津冀创新成果丰硕,2022 年,三地有效发明专利 19.12 万件,技术合同成交总额达 10 633.74 亿元,大型仪器设备共享平台资源单位总数达 102 家,进行互认的开放实验室达 753 家,高新科技领域累积立项 100 余项,在津发展技术转移机构 143 家,京冀企业成果发布 8487 项。同时,北京的科技成果外溢效果明显,津冀技术合同成交额从 2014 年的 83.1 亿元增至 2022 年的356.9 亿元。另外,京津冀专利申请数不断增加(如图 16.7 所示),创新投入不断加大,2021 年,共投入研发经费 3949.1 亿元,三地投入强度分别达到6.53%、3.66%、1.85%。

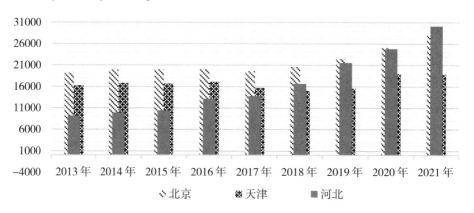

**图 16.7  京津冀规模以上工业企业专利申请数(单位:件)**

资料来源:数据源自国家统计局,作者自绘

## 三、交通一体化持续深入,"轨道上的京津冀"初步形成

交通一体化是京津冀协同发展的先行领域和重要突破口。近年来,轨道上的京津冀加快建设,河北省通车里程达到 8243 公里,位居全国第 2,在京津冀三地的共同努力下,一张覆盖三地所有地级市的综合立体交通网初步形成,京津冀交通一体化发展取得明显成效。

### 1. 初步完成交通一体化"骨架"

京津冀空间结构战略是以北京、天津作为双核心,唐山、保定、廊坊、沧州作为重要节点,其余城市作为补充节点的"多中心、网络状"路网格局。为进一步服务京津冀协同发展空间战略,三地布局建设互联互通的高速公路网、港口群和航空枢纽(如表 16.2 所示)。《京津冀协同发展规划纲要》提出"发展安全绿色可持续交通"，为京津冀交通一体化发展奠定绿色基调。《北京市促进绿色货运发展的实施方案（2016—2020年）》《天津市交通运输委员会重污染天气应急预案》《河北省强化交通运输领域污染防治专项实施方案》等政策文件的出台进一步强调了三地运输结构、绿色转型、改善交通污染的重要性。

表 16.2　京津冀高速公路网布局

| 布局形态 | 名称 | 主要节点 | 主要线路 | 功能 |
|---|---|---|---|---|
| 一环 | 首都经济圈外环 | 承德、兴隆、三河、香河、廊坊、固安、涿州、张家口、崇礼、沽源、丰宁、承德 | 首都地区环线 G95、涞水—涞源 G9511 | 承担过境交通，缓解首都过境交通压力，加强环首都区域之间的联系 |
| 七射 | 京津方向 | 北京、廊坊、天津 | 京沪高速 G2、京津塘高速、京津高速、京津高速东疆联络线 | 北京联系天津的主要通道 |
| | 京秦方向 | 北京、唐山、秦皇岛 | 京哈高速 G1、京秦高速 G1N | 北京联系唐山、秦皇岛之间的主要通道，也是北京沟通东北地区的重要通道 |
| | 京石方向 | 北京、保定、石家庄、邢台、邯郸 | 京港澳高速 G4、京昆高速 G5 | 北京与保定、石家庄、邢台、邯郸的主要通道，北京联系华中、华南、西南的要道 |
| | 京张方向 | 北京、张家口 | 京藏高速 G6、京新高速 G7、宣大高速 | 北京联系张家口以及西北地区的主要通道，天津港的货运通道 |
| | 京承方向 | 北京、承德 | 大广高速 G45、京平高速、G95 承平高速 | 北京联系承德及内蒙古东部和东北地区的主要通道 |
| | 京沧方向 | 北京、廊坊、天津、沧州 | 京沪高速 G2、京台高速 G3 | 北京、天津联系廊坊、沧州及华东地区 |
| | 京衡方向 | 北京、廊坊、衡水 | 大广高速 G45、新机场高速公路 | 北京联系北京新机场、衡水市即华中华南地区 |
| 五横 | 唐廊方向 | 唐山、天津、廊坊 | 唐廊高速 | 唐山联系廊坊的顺直通道，连接北京新机场 |
| | 津保方向 | 保定、天津、天津港 | 荣乌高速 G18 | 保定以及晋中地区经天津港出海的要道 |

续表

| 布局形态 | 名称 | 主要节点 | 主要线路 | 功能 |
|---|---|---|---|---|
| | 津石方向 | 天津、石家庄 | 津石高速 G0211 | 天津联系石家庄 |
| | 保沧方向 | 保定、沧州 | 沧榆高速 G1812 | 保定连接沧州 |
| | 石沧方向 | 石家庄、衡水、沧州、黄骅港 | 黄石高速 G1811、曲港高速、衡港高速 | 石家庄、衡水、晋中地区经黄骅港的通道 |
| 五纵 | 沿海地区 | 秦皇岛、唐山、天津、沧州 | 沿海高速 G0111、长深高速 G25 | 沿渤海城市、港口间联系 |
| | 津承方向 | 天津、宝坻、蓟县、平谷、承德 | 津蓟高速、G95、塘承高速 | 天津连接北京平谷和承德 |
| | 张石方向 | 石家庄、涞源、张家口 | 张石高速 | 石家庄联系张家口 |
| | 承秦方向 | 承德、秦皇岛 | 承秦高速 | 承德连接秦皇岛及秦皇岛港的重要通道 |
| | 承唐方向 | 承德、唐山、唐山港 | 长深高速 G25、唐港高速、唐曹高速、迁曹高速 | 张家口、承德、西北北部京唐山港出海 |

资料来源:作者据京津冀三地政府官网和新闻报道整理

2. 不断优化综合立体交通网络

为服务京津冀协同发展空间战略,京津冀三地努力构建"一轴两横三纵八港九枢纽"的综合交通运输结构。公路铁路方面,河北省公路里程达到 20.9 万公里,高速公路 8326 公里。2018 年 8 月,京秦高速北京段、首都"大外环"的正式通车,打通了京津冀三地高速的全部"断头路",累积打通 1600 公里的"断头路",其中,打通拓宽了京津"对接路"42 条段,共 2540 公里,打通干线公路 47 条,另外,大兴机场临空经济区的京德高速河北段、新机场北线高速、国道 G105 京冀接线段建成通车,片区路网加快交通网络建设。在港口建设方面,河北省新增生产性泊位 4 个,增加通过能力 2440 万吨,总计 11.6 亿吨,港口建设投资总量 58.2 亿元,货物吞吐量 12.8 亿吨,其中,集装箱吞吐量 498 万标箱,共开辟内外航线 70 条,"无水港"71 个。机场建设方面,河北省基本实现"一枢多支点"的机场布局,运输机场建成 7 个,通用机场建成 19 个,京津冀机场群实现了一体运营、错位发展、有效对接。

3. 加快推动运输服务一体化进程

在生活方面,京津冀"交通一卡通"实现三地全覆盖,环京建设快巴运营提供了定制客运服务,包括 3 条廊坊燕郊、大厂、香河至北京国贸的主线路和 10

条支线;京廊、京保、京涿通勤高铁开通,共保障了 8.9 万人的出行便利,与此同时,"两客一危"、路网运行等 4 大类 10 项信息共享数据保障了联合治超、应急演练、劳动竞赛、养护作业、除雪保畅等 80 项与群众生活相关的运输服务专项行动。同时,路网优势助力京津冀文化和旅游一体化发展,中国铁路北京局加开北京西站至涉县方向的京津冀文化旅游环线列车,途径涿州、保定、定州、石家庄、邢台、邯郸,总用时约 7 小时,借助交通一体化战略,京津冀协力下好文旅"一盘棋"。在生产方面,京津冀推进集装箱铁水联运,开通多式联运线路 30 条、内陆港 71 个,多式联运集装箱量达 76.4 万标箱。北京冬奥会期间,京津冀三地建立省内外和京津冀区域保通保畅的协同机制,汇总并实时推送进京运输车辆信息,5 次优化查验流程,秉承"一事一协调"原则解决 3376 件不畅问题,同时保障了能源等重点物资和安全高效运输。

### 四、生态环境联防联控,"碧水蓝天净土"保卫战成效显著

京津冀打破地域限制,携手发力,统筹推进区域结构调整、污染减排,走出了一条经济发展与生态环保双赢之路,着力打好"碧水保卫战",坚决打赢"蓝天保卫战",扎实推进"净土保卫战"。

#### 1. 大气联防联控

京津冀一体化建设 9 年来,三地大气污染治理按下"加速键",废气中主要污染物的排放量均大幅降低(如图 16.8 所示)。京津冀农村及城镇地区实现散煤清洁能源改造约 1580 万户,北京基本实现平原地区无煤化。天津燃煤锅炉和工业窑炉基本完成清洁能源替代。河北提前超额完成"6643"工程,据省统计局数据显示,2013—2017 年累计压减炼钢产能 6993 万吨、炼铁产能 6442 万吨、水泥产能 7057 万吨、煤炭消费量 4400 万吨、平板玻璃 7173 万重量箱;石钢、唐钢等 15 家钢铁企业退城搬迁,宣钢产能全部退出,廊坊、保定、张家口成为"无钢市"。与此同时,京津冀深入开展秋冬季大气污染综合治理,环保部对京津冀及周边地区"2＋26"城市①空气质量改善情况实施按月排名,按季度考核,全面推进冬季清洁取暖和工业大气污染综合治理,蓝天白云成为常态。

---

① "2＋26"城市包括:北京市,天津市,河北省石家庄、唐山、廊坊、保定、沧州、衡水、邢台、邯郸市,山西省太原市、阳泉、长治、晋城市,山东省济南、淄博、济宁、德州、聊城、滨州、菏泽市,河南省郑州、开封、安阳、鹤壁、新乡、焦作、濮阳市。

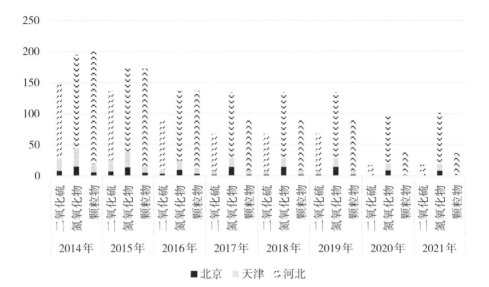

**图 16.8 京津冀废气中污染物排放量(单位:万吨)**

2.强化流域共治

京津冀三地生态环境部门完成了协同保护饮用水水源地、协同强化重点河流治理、生态联防联建联治三方面的工作。保护饮用水水源地方面,京津冀同属海河流域水系,互为左右岸、上下游,2018 年,北京与上游河北省签订生态保护补偿协议,落实资金 21.5 亿元,2022 年,续签新一轮 5 年期密云水库上游横向生态保护补偿协议;期间,北京率先消除城市恶臭水体,天津、河北基本消除城市建成区黑臭水体,地表水环境质量持续改善,地表水国控断面优良水质占比从 2014 年的 25% 提高到 58.3%,劣 5 类水质占比从 65% 到全面消除,近岸海域优良水质占比从 8.5% 提高到 71.7%。重点河流治理方面,围绕大运河、大清河、潮白新河等重点河流,12 条入海河流实现全面消除劣 5 类;其中,天津市完成 68 个入海排污口整治,河北省 46 条入海河流全部达到 Ⅴ 类及以上水质。生态联防联建联治方面,京津冀三地在联防联控工作框架协议的指引下,毗邻市县区也建立应急联动机制,持续推进绿色生态屏障建设等重大生态工程;其中,对于华北地下水"大漏斗"修复工程已见实效,从抽取地下水谋求经济增长,到打出"节、引、调、补、蓄、管"组合拳,河北省拧紧农业水龙头,调整地下水源休养生息,转变生态补水弥补地下水亏空,部分河段成为京津冀绿色生态廊道,使得周边区域地下水也得到回补,预计将提前 13 年完成"2035 年压减地下水超采量 59.7 亿米³"的治理任务。

3. 从严管理守"净土"

京津冀三地加强土壤污染风险管控,合理规划土地使用(如图16.9所示)。北京城市副中心通州区建立污染地块再开发利用联动监管机制,实施台账及清单管理,土壤污染风险长期可控,重点建设用地安全利用率、受污染耕地安全利用率稳定保持100%。天津市受污染耕地安全利用率稳定保持在91%以上,重点建设用地安全利用率100%,全市1.72万亩受污染耕地全部落实安全利用措施。河北省张家口市受污染耕地和重点建设用地安全利用率均达100%,畜禽粪污综合利用率达90%,农膜整体回收率达90.3%。

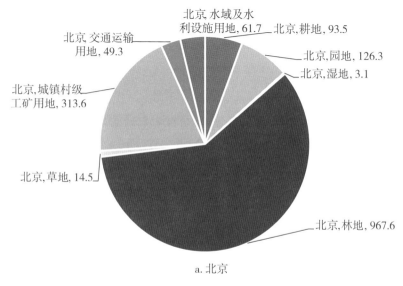

a. 北京

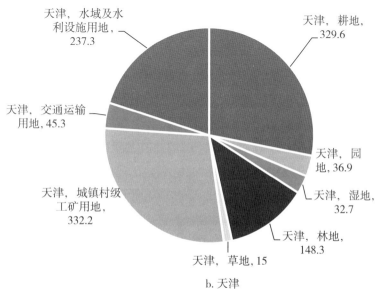

b. 天津

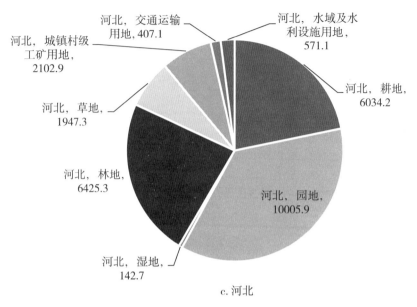

图 16.9　北京、天津、河北省土地利用情况(单位:千公顷)

资料来源:数据源自《中国统计年鉴》,作者自绘

### 五、推进公共服务共建共享发展,民生福祉得到切实提高

高质量发展是以人民为中心的发展,京津冀协同发展建设 9 年以来,累计成立 15 个跨区域职教联盟、22 个京津冀高校发展联盟,50 项临床检验结果在京津冀 685 家医疗机构实现互认,20 项医学影像检查资料在京津冀 313 家医疗机构试行共享,三地民政部门通过政府购买、经验交流、品牌共享、标准共建、产业对接等方式,形成了一系列惠及民生的政策,让广大群众真切感受到了京津冀协同发展带来的获得感和幸福感。

1."跨城养老"互联互通

根据第七次人口普查结果数据,京津冀三地养老问题突出(如表 16.3 所示),截至 2023 年 8 月,北京市 5000 名老年人入住在河北、天津的养老机构,三地累积培训养老服务人才近 3000 名,廊坊北三县已有 2261 位养老从业者在城市副中心获得职业技能证书,与此同时,三地已建立养老机构等级评定等方面的互认长效机制,河北发挥区位、生态和成本等优势,以环京 14 个县、市、区为重点,布局医养、康养相结合的养老服务业。

表 16.3 京津冀人口老龄化程度一览表

| 省市 | 人口数（万） | 老年人口数（万） | 老龄化程度（%） | 老龄社会阶段 | 人均 GDP（亿元） | 人均期望寿命（岁） |
|---|---|---|---|---|---|---|
| 北京 | 2189 | 429.9 | 19.6 | 初级老龄社会 | 16.49 | 82.4 |
| 天津 | 1387 | 300 | 21.7 | 深度老龄社会 | 10.16 | 81.79 |
| 河北 | 7461 | 1481 | 19.85 | 初级老龄社会 | 4.85 | 76.17 |

资料来源：《中国统计年鉴》

## 2. 医疗资源向周边延伸

京津冀一体化战略实施 9 年来,北京优质的医疗条件惠及周边地区(如图 16.10 所示),北京友谊医院通州院区、北大人民医院通州院区相继投入使用,开诊以来门、急诊总量已突破 300 万人次,东直门医院完成主体东迁,与此同时,京津冀三地参保人员在区域内定点医药机构就医、购药实现"一卡通行",无须办理异地就医备案手续,即可享受医保报销待遇,截至目前,京、津两地可实现河北患者直接结算的定点医疗机构分别达到 760 家和 436 家,普通门诊数量分别为 3250 家和 1144 家,180 家定点零售药店开通医保异地直接结算服务,三地参保人员可持社保卡在定点药店直接结算购买药品、医疗器械、医用耗材。

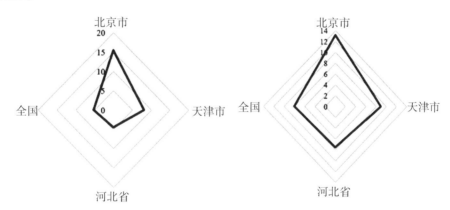

**图 16.10　2013 年与 2021 年京津冀每千人口卫生技术人员对比图**

资料来源：《中国统计年鉴》,作者自绘

## 3. 教育资源扩优提质

京津冀区域在校人数和学校总数逐年上升(如表 16.4 所示),基础教育发展联盟、职业教育联盟、高校创新发展联盟初步建成,京津与河北基础教育交流项目超过 500 个,河北积极引进京津优质基础教育资源,北京景山学校曹妃

甸分校等28个合作项目顺利落地河北,另外,河北大学、河北工业大学等高校
与北京工业大学、天津师范大学等高校共建了9个高校联盟,在河北省高校认
定的光伏技术、国学传承等35个协同创新中心已吸纳京、津高校22所,科研
院所39个,河北省教育厅与北京市教委合作推进的"中小学骨干校长教师千
人跟岗计划"累计培训校长、教师超1000人次。

表16.4　京津冀区域在校人数和学校总数

| 年份 | 普通本科(万人) | 专科(万人) | 学校数(个) |
|---|---|---|---|
| 2013 年 | 146.0331 | 80.2866 | 262 |
| 2014 年 | 149.4325 | 78.0389 | 262 |
| 2015 年 | 152.2342 | 77.3241 | 264 |
| 2016 年 | 155.7719 | 77.1407 | 266 |
| 2017 年 | 159.2871 | 78.3549 | 270 |
| 2018 年 | 164.6223 | 81.469 | 270 |
| 2019 年 | 171.0233 | 90.4649 | 271 |
| 2020 年 | 177.8807 | 100.7009 | 273 |
| 2021 年 | 184.7319 | 105.6335 | 271 |

资料来源:《中国统计年鉴》,作者汇总整理

### 六、加快京津冀空间结构优化,世界级城市群初显轮廓

在京津冀一体化大格局中,北京城市副中心和雄安新区构成了北京"两
翼",二者既承担了"一核"——北京非首都功能集中承载地的作用,又被寄予
加快补齐区域发展短板,带动京津冀协同发展的未来希冀。河北"两翼"是指
雄安新区和张北地区,坚持以疏解北京非首都功能为"牛鼻子",主动对接京
津、服务京津。

1. 北京城市副中心

北京城市副中心的建设是为调整北京"多点一城、老城重组"空间格局、治
理大城市病、拓展发展新空间,也是为推动京津冀协同发展、探索人口经济密
集地区优化开发模式。地理位置方面,北京城市副中心的规划范围是原通州
新城规划建设区,总面积约155万平方公里,外围控制区即通州,全区约906
平方公里,进而辐射带动廊坊北三县地区协同发展。发展定位方面,通州区聚

焦"3＋1"主导功能定位①，重点培育和数字经济、现代金融相关的 10 大重点功能区。近几年来，北京城市副中心的建设明确了数字经济领域的 57 项具体任务，打造了 1.8 万平方米的元宇宙创新中心，聚焦工业互联网等 8 大方向出台园区专项政策，累积引进企业 178 家；另外，17 所优质学校入驻副中心，5 家三甲医院陆续落地，副中心的承载力和辐射力稳步增强。

2. 雄安新区

雄安新区是京冀两省市的"共同之翼"。设立雄安新区是党中央深入推进实施京津冀协同发展战略、疏解北京非首都功能做出的一项重大决策部署，是千年大计、国家大事。从地理位置来说，雄安新区地处北京、天津、保定腹地，由雄县、容城县、安新县三县及周边部分地区组成，区位优势明显、交通便捷顺畅。从发展定位来说，雄安新区将成为北京非首都功能集中承载地，要建设成为高水平社会主义现代化城市、京津冀世界级城市群的重要一极、现代化经济体系的新引擎、推动高质量发展的全国样板。多年来，雄安这座"未来之城"正在拔节生长，2022 年，雄安新区谋划推进总体建设项目 322 个，总投资超8000 亿元，同比增长超 30%，累积立项人防工程 230.2 万平方米，央企在雄安新区设立分支机构约 140 家，中国星网等 3 家央企总部在雄安开工建设，4 所高校和 2 所医院选址落位，325 家科技型企业纳入科技企业库，54 家企业纳入"专精特新"企业培育库。

3. 河北"两翼"

雄安新区和张北地区是河北"两翼"，从地理位置上说，两者呈现"一南一北"的相对地理位置，从发展定位来说，河北"两翼"以建设雄安新区带动冀中南乃至整个河北的发展。雄安新区参见前文不再赘述。

张北地区是一个地理概念，泛指张家口及其北部地区。张北地区立足于首都水源涵养功能区和生态环境支撑区"首都两区"定位，以 2022 年北京冬奥会为契机推进建设的张北地区抓住机遇、推动高质量发展。在冬奥会带动下，目前，张家口累积签约冰雪产业项目 109 项；同时，加快新能源产业聚集，新能源装机规模达到 1150 万千瓦，完成坝上 500 千伏输电变电工程、张北 220 千伏变电站间隔扩建工程、揽胜楼 110 千伏变电站扩建工程。当前应紧抓京张体育文化旅游带动发展机遇，推进"再现中都"工程建设，加快形成特色文化

---

① 城市副中心正聚焦行政办公、商务服务、文化旅游、科技创新"3＋1"主导功能。

带;借助阿里庙滩数据中心项目、中国新能源产业互联网数字经济总部园区、电信智慧云基地开工实施,促进数字经济大发展。

## 第二节　京津冀协同发展的经验总结

立足于"十四五"时期的关键节点,通过梳理京津冀城市群在政策引导、空间布局、产业分工、增长模式、知识集聚、互惠共享方面的先行性、示范性经验,为京津冀世界级城市群建设积累经验,也为长江经济带高质量发展提供借鉴。

### 一、京津冀协同发展政策引导的先行性示范性经验

当一个区域与其他区域相比,发展前景更好,资本等生产要素会认为相对于其他地区能获得更高的利润,便会源源不断地流入该地区,从而形成地区独特的竞争优势,也称为"经济洼地"。然而,靠政策优势和地缘优势带来的"洼地效应"存在诱导性,即使不具备相对优势也会抬高资金和技术的进入门槛,实际上是不利于地区发展的。

京津冀协同发展最大限度地避免了这种"洼地效应"。首先,京津冀三地政府在尊重市场客观规律的基础上制定政策制度。如,京津冀产业承接尊重市场的选择,加快区域市场一体化建设,旨在疏解北京非首都功能,而不是再造一个特大城市。其次,三地找准自身的比较优势,优先发展优势产业。如,京津冀协同发展之初就明确了三省市各有侧重,北京市定位为"全国政治中心、文化中心、国际交往中心、科技创新中心",天津市定位为"全国先进制造研发基地、北方国际航运核心区、金融创新运营示范区、改革开放先行区",河北省定位为"全国现代商贸物流重要基地、产业转型升级试验区、新型城镇化和城乡统筹示范区、京津冀生态环境支撑区",三地多年来错位发展,避免陷入"运动式竞争"的怪圈。最后,三地注重交通、产业等硬件设施与政策制度的软环境相结合。三地核心区1小时交通圈基本形成,产业创新遵循"京津研发,河北转化"的模式,为地区经济的本地效应和空间溢出性提供坚实基础,最大程度避免"虹吸效应"和"极化效应"。

### 二、京津冀协同发展空间布局的先行性示范性经验

传统的区域一体化功能区通常受到"行政区经济"或"短期政治竞赛"的

影响,也就是说,一方面,地方政府可能受制于行政区划范围,出于本位主义控制资源流动,在行政区内构筑自我封闭和配套的经济结构体系,这种区域经济现象一度成为区域协调的体制障碍;另一方面,在政治竞争和财政最大化的激励下,地方政府可能热衷于集聚传统工业项目和房地产项目以期快速增长经济和提高财税收入,然而最终面临产能过剩、生态环境恶化、财政不可持续的困境。

京津冀协同发展强调破除"一亩三分地"思维定式。首先,京津冀积极促进三地相互融合。如,基于三地地缘相接、人缘相亲,地域一体、文化一脉,历史渊源深厚、交往半径相宜的现状,2017年7月,京津冀人才工作领导小组联合发布《京津冀人才一体化发展规划(2017—2030)》,促进三地人才有序自由流动。其次,京津冀自觉打破定式、抱团发展。如,2015年9月,《国务院关于环渤海地区合作发展纲要的批复》中强调,加快环渤海地区合作发展是推进实施京津冀协同发展等国家重大战略和区域发展总体战略的重要举措。最后,京津冀优化配置,积极解决一体化过程中的利益协调问题。如,2021年6月,京津冀三地税务部门联合印发《关于税收支持和服务京津冀协同发展便利化举措的通知》,提出要在执法标准、便利办税缴费、优化营商环境、优化执法监管四个方面推进三地税收征管一体化。

### 三、京津冀协同发展产业分工的先行性示范性经验

传统产业发展容易陷入"大而全"或"小而全"的理念,即各地区盲目追求行业高端化、行业门类完整性,设备、机构、工艺、品种等各个方面都十分齐全但是生产结构和生产经营方式的专业化不高,这就造成了各地区完全没有分工优势,国民经济十分分散和割裂,严重影响经济效率。

京津冀协同发展有意识地引导三地产业协同发展。首先,京津冀出台产业协同的引导政策。如,2017年9月,经国务院批准,由国家发改委、财政部、工信部牵头发起,联合北京、天津、河北以及国家开发投资公司、招商局集团、工商银行、清华大学等其他投资主体共同出资设立京津冀产业协同发展投资基金,是国内首支以区域协同为主题的政府参与的产业投资基金,2023年5月,京津冀银保监局发布《关于加强新市民金融服务支持京津冀协同发展的通知》,鼓励金融机构开展跨区域授信合作。其次,京津冀延伸产业链条,提升整个区域的国际竞争力。如,2023年5月,工信部会同国家发改委、科技部等有

关部门以及京津冀三地政府共同编制印发《京津冀产业协同发展实施方案》，明确在新的国内国际形势下，力争到 2025 年，京津冀产业综合实力迈上新台阶。最后，京津冀引导产业合理布局，形成产业集群效应。如，2023 年 6 月，京津冀三地工(经)信部门联合印发《京津冀重点产业链协同机制方案》，鼓励以产业集群中的产业链衍生创新链，2023 年 8 月，河北省委十届四次全会中指出，围绕"一集群、一龙头、一机构"的产业集群发展模式，推进联合京津制定《京津冀产业集群促进机构发展意见》，瞄准重点领域共建区域性产业集群。

### 四、京津冀协同发展转变增长模式的先行性示范性经验

长期以来，产业发展通常依靠劳动力、土地、物质资本等传统生产要素，在经济规模上可以获得一定程度的提升，但是，随着经济发展步入"新常态"和高质量发展阶段，传统依赖物质要素驱动的经济增长路径难以维持，经济增长对新兴要素的依赖愈发强烈，产业发展逐步转向创新驱动和外向驱动。

京津冀协同发展以"新"破局，从传统要素投资驱动转向科技创新、制度创新、绿色创新驱动。首先，京津冀汇集国内外资源，用来支撑新兴要素驱动的动能。如，2023 年 7 月，京津冀三地贸促会共同签署《京津冀贸易投资促进协同发展行动方案》，积极推动内外资企业务实合作，加强经贸预警信息共享和经贸摩擦应对合作。其次，京津冀鼓励产业价值链向高端攀升。如，河北省围绕"1 + 5 + 4 + 33"重点承接平台体系，强化高端对接，共同发展数字经济、新能源、生物医药和高端装备制造等重点产业，推动京张共建冰雪旅游经济，加快节能环保、新能源产业发展。最后，京津冀坚持绿色创新的经济增长模式。如，2023 年 6 月，京津冀银保监局联合印发《关于协同推动绿色金融助力京津冀高质量发展的通知》，明确京津冀作为我国经济"第三增长极"，要从体制机制、重点区域、产业项目等方面降碳、减污、扩绿、增长，包括建立绿色项目优先审批机制、保证绿色信贷业务规模稳健增长、为绿色产业保驾护航、加强绿色金融风险管理等内容，努力实现京津冀高质量发展。

### 五、京津冀协同发展集聚知识的先行性示范性经验

城市群的发展容易聚集大量的创新资源，并通过分工合作产生协同效应，因此加速城市群中"知识"这一创新资源的积累和演化能够助推城市群创新能力提升。

京津冀协同发展加快城市群知识规模变化、知识结构变化、知识分蘖的演化过程,共同推进城市群创新能力提升。首先,京津冀协同发展推动知识规模的快速增加。如,2023 年 7 月,北京市知识产权局、天津市知识产权局、河北省市场监管局(知识产权局)共同主办的 2023 年京津冀知识产权协同发展合作大会在北京举行,会上,三地签署了《京津冀深入推进知识产权协同发展战略合作协议》,推动知识规模和门类大幅提升,国内申请专利数量从 22.8 万件增长到 36.4 万件。其次,京津冀三地知识结构进行组团发育。如,2016 年 3 月,京津冀知识产权联盟在北京成立,2022 年 11 月,联盟举办以"促创新、强品牌、建设知识产权强国示范省市"为主题的京津冀知识产权协同发展高层论坛,旨在提升三地企业知识产权管理能力,并对遇到困难的成员企业进行"一对一"帮扶活动,支撑京津冀整体核心竞争力提升,2023 年 4 月,北京市知识产权公共服务中心、天津市知识产权保护中心、河北省知识产权保护中心共同签订《京津冀知识产权公共服务行动计划(2023—2026 年)》共同推进京津冀知识产权公共服务向一体化、普惠化迈进。最后,京津冀协同发展鼓励新知识的进入并带动原有知识领域的增长。如,2023 年 6 月,天津市印发《推动京津冀协同发展走深走实行动方案》,明确滨海—中关村科技园打造京津冀协同创新共同体示范区,截至 2023 年 3 月,脑机交互与人机共融海河实验室陆续与清华大学、中国医科大学、宣武医院等高校医院合作,聚焦京津冀关键核心技术联合攻关,打造技术创新平台、鼓励技术研发和转化。

### 六、京津冀协同发展互惠共享的先行性示范性经验

公共服务共建共享是京津冀协同发展的有效支撑,以此能够更好地满足人民群众对美好生活的需要,然而地区、城乡、人群之间均存在差别,要保障人民群众基本公共服务的均等化面临着许多新的挑战。

京津冀协同发展探索了一条"便捷高效—同城普惠—优质共享"的公共服务共建共享时序和步骤。首先,京津冀便捷高效落实公共服务合作机制和政策衔接。如,2018 年 7 月,京津冀三地签署《京津冀工伤保险工作合作框架协议》,2023 年 4 月,京津冀三地医保局联合印发《关于开展京津冀区域内就医视同备案工作的通知》,2023 年 6 月,京津冀三地民政部门共同签署《京津冀民政事业协同发展合作框架协议》,三地完善工伤、养老、失业、医疗等保险的异地管理和直接结算方式,制定跨省市就业人才的医疗、住房、养老、科研等的

综合性保证政策。其次,京津冀推动教育与医疗资源合理布局以实现同城普惠。如,2023 年 6 月,京津冀基础教育协同发展联盟在石家庄举办成立,2023 年 7 月,京津冀卫健部门签署职业健康协同发展合作协议,2023 年 8 月,京津冀三地药监部门联合印发《京津冀医疗器械生产跨区域协同监管办法(试行)》,三地努力推进京津冀教育联盟及职业联盟对接产业服务平台建设,强化三地公共卫生合作,健全在突发卫生公共事件上的联防联控和应急救援机制。最后,京津冀高标准打造京津冀高品质公共服务。如,2022 年 2 月,北京市《关于推进北京城市副中心高质量发展的实施方案》要求推动区域养老标准一体化,探索建立京津冀优质公共服务跨区域供给体系,促进三地公共服务优质发展。

## 第三节　京津冀协同发展的主要启示

当前,世界正处于大发展、大变革、大调整时期,我国经济发展的空间结构也正在发生深刻变化。长江经济带覆盖 11 个省市、横跨东中西三大板块,对全国经济增长的贡献率超过 50%,站在新的历史起点上,长江经济带高质量发展必须适应新形势,谋划区域协调发展新思路。借鉴京津冀协同发展的建设经验,长江经济带应坚持新发展理念,通过构建"新机制"、培育"新动能"、拓展"新空间"、重塑"新品质"、构建"新联系",下活长江经济带发展一盘棋。

### 一、坚持有为政府和有效市场相结合,构建区域新机制

作为国家级三大战略之一,长江经济带高质量发展需要发挥政府与市场相辅相成的作用,这其中需要处理好体制机制改革和市场化机制的关系、中央政府与地方政府的关系。

第一,处理好体制机制设计与市场化机制的关系。政府与市场相辅相成,长江经济带高质量发展应强化核心、关键的体制机制设计,在整体规划定位的基础上推进改革,修改现有制度性约束、体制性的壁垒,推进长江经济带财税制度、生态补偿机制、公共基础设施与公共服务相关机制改革,同时充分利用市场机制,强化市场在长江经济带高质量发展中的作用,推动园区、产业基地、创新中心、投资机构建设,改善营商环境,调动企业积极性。

第二，处理好中央政府与地方政府的关系。中央与地方需要形成良性互动，长江经济带高质量发展需要解放思想、统一观念，将长江经济带高质量发展摆在地方发展的前面，同时适度调整中央和地方政府的管理权限、地方政府的财税制度与晋升制度等，中央政府做好协调和规划，地方政府为市场做好服务。

### 二、坚持存量调优和增量做强相结合，培育区域新动能

新的区域经济布局需要做强区域"存量"和"增量"两个关键。长江经济带高质量发展可以借鉴京津冀三地通过"北京研发、天津开发、河北转化"做强"存量"和"增量"的方式，形成长江经济带各地区递增性区域比较优势。

第一，要处理好存量区域空间分布不均与增量驱动协同发展之间的关系。京津冀协同发展的建设过程中发现，京津冀"存量"分布不均，北京市具备关键核心技术，河北省处于存量式微的发展现状，因此长江经济带高质量发展要具备"一盘棋"思维，梳理好如何利用长三角地区的增量优势进行存量调优、发展新经济，同时要把握好产业周期规律、理清产业发展层次、认清新动能的基本特征，打造重点领域、重点产业、重点区域，形成新动能培育示范区，推动一批高端高新产业集群向创新集群升级。

第二，把握好产业链与创新链之间的关系。长江经济带高质量发展应进一步形成一体化联动式产业链、创新平台甚至创新生态，构筑长江经济带协同创新的核心支撑，形成区域内成果转移转化共同体、提升各地区共同利用科技创新资源和科技成果培育发展新兴产业的能力，助力存量调优和增量做强。同时，对于创新链与产业链融合，需要完善创新链与产业链融合的发展机制与模式，为重点产业与创新链融合提供政策配套、促进创新资源自由流动与高效配置的体制机制、探索区域完善的制造业转型升级支撑体系与公共服务均等化等。

### 三、坚持流量畅联和变量突破相结合，拓展区域新空间

随着人口和经济活动的跨区域流动日趋频繁，长江经济带高质量发展可以借鉴京津冀区域一体化发展经验，加速向"流空间"的形式转变，以交通流、知识流、信息流、创新流、技术流为基础建立起在经济社会各领域扩散、渗透的泛在网络。与此同时，将数字化技术与传统产业相结合，形成价值创造的新型

突破口,助力长江经济带高质量发展以流量的畅通发展和科技变量的突破为基础拓展区域一体化的新型发展空间。

第一,把握好长江经济带要素内部与外部流动之间的关系。长江经济带高质量发展要鼓励优质要素随着产业、技术、创新流入区域内部,以构建创新链、供应链、产业链、价值链吸引优质要素从外、向内集聚,扩大优质要素的总体规模,同时要统筹布局各地教育、医疗、交通等公共资源,共建人才服务体系、科创体系、教育体系等,推行相同标准的市场准入、行业监管、资质认定、信用评价、税费减免、财政补贴、社会保障等,破除行政区划带来的制度壁垒,推动长江经济带内部要素和资源充分流动。

第二,处理好创新要素集聚与区域协同创新之间的关系。长江经济带高质量发展要推动区域协同创新相关体制机制改革,推动区域内形成互联互通的要素市场和创新服务体系建设,完善区域内数据、人才、技术、知识产权、金融等服务一体化建设,推动创新要素在区域内优化配置,同时要推动各地构建创新支撑平台,共建一批数据资源平台、基础资源平台、创新合作示范区、创新创业联盟、研发转化基地等,推动各地数据、信息、科技项目与科研成果在区域内形成自由流动与优化配置。

### 四、坚持整体推进与重点突破相结合,重塑区域新品质

长江经济带高质量发展与京津冀协同发展同为国家级三大发展战略,而对长江经济带各省市来说,产业亟须突破的地方各不相同;因此,长江经济带各地区应将整体推进与重点突破相结合,把握好整体定位与地区政策落实、整体发展目标导向与问题导向的关系。

第一,应把握好整体定位与各地政策落实之间关系。长江经济带各地区应将各地功能定位摆在各自发展的首位,将各地发展放置于长江经济带高质量发展框架中,建立短期与长期、本地与整体发展的目标、利益、实施的一致性框架,解决规划纲要长期性与各地政策落实方案之间的差距问题。

第二,各地应把握好整体发展目标导向与问题导向之间的关系。京津冀协同发展建设过程中,北京落实"四个中心",津冀两地分别落实"一基地三区"。借鉴京津冀协同发展经验,长江经济带各地区应着眼于长江经济带高质量发展的整体定位,将各自发展目标纳入发展框架,以落实各自功能定位为目标导向,统筹考虑各自的发展问题,坚持问题导向、找出发展问题、找出整体发

展的难点,实现目标导向与问题导向的有机统一,立足各自比较优势、现代产业分工要求、区域优势互补原则与合作共赢理念,优化区域分工和产业布局,以解决长江经济带高质量发展中的实际问题促进实现整体发展目标。

**五、坚持新区建设和空间溢出相结合,构建区域新联系**

雄安新区和上海浦东新区分别是京津冀协同发展和长江经济带高质量发展中具有全国意义的新区,彰显了新时代的新方略、新突破、新事业和新使命,发挥好新区的区位作用需要把握新区新增长极建设与都市连绵带发展、区域新极化与长江经济带"一轴、两翼、三极、多点"的关系。

第一,把握好新区新增长极建设与都市连绵带发展之间的关系。在新区建设和发展的过程中,要把握其与周边城市之间的竞合关系,应避免由于相对利益而产生吸引力和向心力,使得资源过度集中于新区,造成新的"核心—周边"区域之间的差距过大问题,进而形成新一轮的区域发展差距,同时,也要把握好新区与周边省市之间的分工协同及空间关联,不仅要借力借势形成新的经济活动空间分布重心,更应利于长江经济带区域要素的重新分配与空间结构的调整。

第二,要把握好区域新极化与"一轴、两翼、三极、多点"的关系。雄安新区的建设过程中,仅依靠承接非首都功能的"输血式"发展模式风险性过大,长江经济带高质量发展也应加强"造血"功能,培育具有高技术供给及核心竞争力的内生性新产业体系,形成功能承接与新产业培育相互支撑、相得益彰发展模式。"一轴、两翼、三极、多点"是落实长江经济带功能定位及各项任务的发展思路,应在此基础上,进一步进行"造血",构筑高水平对外开放新高地、加快构筑与长江经济带更高水平开放相匹配的监管和风险防控体系,提升长三角城市群创新策源能力和全球资源配置能力,打造具有国际竞争力的先进制造业集群,加快新技术、新产业、新业态、新模式的发展,促进新动能快速集聚进而实现"造血"。

执笔人:张贵为南开大学京津冀协同发展研究院秘书长、南开大学经济行为与政策模拟实验室教授、博士生导师;此外,参与本章执笔的还有南开大学经济学院的朱世婧

## 参考文献

[1]刘秉镰,汪旭.中国式现代化与京津冀协同发展再认识[J].南开学报(哲学社会科学版),2023(02):27-36.

[2]周祥军,高宇颖.自贸区是地区贸易发展中的"制度高地"还是"政策洼地"——基于空间双重差分模型的检验[J].哈尔滨商业大学学报(社会科学版),2020(06):38-56.

[3]孙久文,程芸倩.京津冀协同发展的内在逻辑、实践探索及展望——基于协同视角的分析[J].天津社会科学,2023(01):114-121.

[4]孙久文.新时期京津冀协同发展的特征与建议[J].城市问题,2022(12):4-8.

[5]武义青,冷宣荣,田晶晶.推动京津冀产业链合作向更深层次拓展——京津冀产业协同发展九年回顾与展望[J].经济与管理,2023,37(03):1-8.

[6]贺灿飞,任卓然,王文宇."双循环"新格局与京津冀高质量协同发展——基于价值链分工和要素流动视角[J].地理学报,2022,77(06):1339-1358.

[7]周密,胡清元.区域科技创新政策协同的多维度文本分析——基于京津冀和长三角的异质性视角[J].首都经济贸易大学学报,2022,24(06):59-76.

[8]孙瑜康,李国平,吕爽.京津冀城市群知识基础的演化过程与动力机制研究[J].地理研究,2023(7):1743-1760.

[9]柳天恩,孙雨薇,田梦颖.京津冀基本公共服务均等化的多重困境与推进路径[J].区域经济评论,2023(03):32-39.

[10]薄文广,黄南.基于政府合作视角的京津冀协同创新共同体构建研究[J].河北经贸大学学报,2023,44(03):55-62.

[11]张贵,孙晨晨,刘秉镰.京津冀协同发展的历程、成效与推进策略[J].改革,2023(05):90-104.

[12]李国平,吕爽.京津冀跨域治理和协同发展的重大政策实践[J].经济地理,2023,43(01):26-33.

[13]杨开忠,范博凯.京津冀地区经济增长相对衰落的创新地理基础[J].地理学报,2022,77(06):1320-1338.

[14]贺灿飞,任卓然,王文宇."双循环"新格局与京津冀高质量协同发展——基于价值链分工和要素流动视角[J].地理学报,2022,77(06):1339-1358.

[15]李兰冰,商圆月.新发展格局下京津冀高质量发展路径探索[J].天

津社会科学,2023(01):122 – 128.

[16]叶堂林.京津冀产业高质量协同发展中存在的问题及对策[J].北京社会科学,2023(06):49 – 57.

[17]崔丹,李国平.中国三大城市群技术创新效率格局及类型研究[J].中国科学院院刊,2022,37(12):1783 – 1795.

[18]李国平,朱婷.京津冀协同发展的成效、问题与路径选择[J].天津社会科学,2022(05):83 – 88.

[19]张可云,蔡之兵.京津冀协同发展历程、制约因素及未来方向[J].河北学刊,2014(6):101 – 105.

[20]安树伟.京津冀协同发展战略的调整与政策完善[J].河北学刊,2022(2):159 – 169.

# 第十七章  粤港澳大湾区建设及启示

粤港澳大湾区建设,是习近平总书记亲自谋划、亲自部署、亲自推动的重大国家战略。在世界经济社会发展进入百年未有之大变局、中国步入全面建设社会主义现代化强国新时代的背景下,粤港澳大湾区具有不可替代的重要地位。作为我国推动高质量发展、构建新发展格局的国家级增长极,粤港澳大湾区的建设实践为其他地区提供了宝贵的经验借鉴。

近年来,粤港澳大湾区的整体实力显著增强,合作更为广泛深入,区域内部的发展动力进一步提升,高水平湾区和国际级城市群的基本轮廓已经初现。在区域发展方面,各城市之间分工合理,功能互补。同时,各城市积极优化协同创新能力,各种创新要素不断聚集,原创新兴技术的能力以及转化成科技成果的能力显著提高。供给侧结构性改革也在不断深化,传统产业正处于加速转型升级的过程中,同时战略性支柱产业与新兴产业的核心竞争力得到不断加强。数字经济迅速发展,现代服务业尤其是金融领域快速增长,更加强有力支撑了基础设施如交通、能源、信息和水利等方面发展,城市运营能力得到了显著提升,确立了城市绿色智慧、节能低碳的生活生产方式与建设运营模式,居民的生活变得更加便利和幸福。在开放型经济方面,新的体制逐渐构建,粤港澳市场的互联互通水平也在不断提升,各类资源要素的流动变得更加便捷高效,文化交流活动也变得更加活跃。这一系列的积极变化,为粤港澳大湾区的可持续发展奠定了坚实的基础。

同时广东积极优化对外开放布局,推动外贸、外资、外包、外经、外智"五外联动"战略,试图打造吸引外资的"强磁场"和外贸高地。2022 年,广东外贸进出口总值达到 8.31 万亿元,连续 37 年保持全国第一的地位(数据来源:《中国城市统计年鉴》)。在外贸领域,广东立志稳固全球市场份额,塑造高端资源聚集的区域枢纽。就外资而言,广东将聚焦新一代电子信息、绿色石化、生物医药等领域,积极引进链主、未来产业以及科技项目,推动招商引资取得更大成果。人才和技术引进也将同步展开,吸引海外高层次人才和领军型创新创业团队融入发展。同时,广东着力打造具备全球影响力的服务外包聚集区和境外经贸合作区,积极扩展并深化跨国产业链的协同合作,这些都将成为重中之重的任务。此外,粤港澳大湾区积极倡导共建"一带一路"和中国—东盟自贸区,加强与新兴贸易伙伴的紧密联系,这些举措都标志着广东正逐步巩固其在国内外双循环中的重要地位,为粤港澳大湾区乃至整个国家的经济发展注入了强大的活力。

## 第一节　粤港澳大湾区产业发展及其启示

### 一、粤港澳大湾区的产业布局现状

粤港澳大湾区各个城市的发展阶段存在显著差异,各具独特优势。根据各城市发展现状,可将其分为三类:第一类以香港和澳门为代表,属于纯服务型经济体,第三产业占比超90%;第二类以广州、深圳、东莞和珠海为代表,正逐渐从第二产业向第三产业过渡,第三产业占比超过50%;第三类的其他五个城市仍处于工业经济阶段,第二产业为其GDP的主要贡献产业。根据这三个不同的发展阶段和各城市的统计数据梳理,粤港澳大湾区各城市的特色优势产业呈现了融合互补竞争发展态势。

作为国际金融中心,香港的经济主要依赖服务业,服务业在香港2022年生产总值的占比达93%。其中,金融和保险、地产、专业和商业服务行业仍保持最大比重,约占本地生产总值的33%。其次是公共行政、社会和个人服务行业,占比达21%,而进出口贸易、批发和零售、住宿和餐饮服务业占比约为20%(数据来源:香港贸易发展局)。金融和保险行业作为其中的重要支柱,为香港经济增长提供了强劲动力。同时,专业和商业服务行业的不断壮大,为香港提供了高附加值的服务产品,提升了整体经济效益。除了以上核心产业,香港的公共行政、社会和个人服务行业也不可忽视,这些服务业为社会提供了丰富的公共服务和个性化服务,为居民的日常生活提供了便利,进一步促进了消费和需求的形成。进出口贸易、批发和零售、住宿和餐饮服务业的份额虽然相对较小,但也对香港经济的多元化和国际化发展起到了重要支撑作用。

澳门作为文化交流中心,以娱乐旅游为主导。根据2022年澳门统计暨普查局数据,尽管博彩业仍占较大比重,但金融服务业逐渐增长,澳门的产业结构呈现更合理的趋势。凭借娱乐旅游与金融发展两大增长动力和独特的葡语优势,澳门 2022 年人均 GDP 达 31 539 美元,在世界排名第 37 位(数据来源:World Economic Outlook database)。澳门作为特别行政区,其独特的历史和地理背景赋予了它独特的产业发展路径。长期以来,澳门以博彩业为主导,吸引着大量游客和投资。然而,随着国际旅游业的发展和全球经济的变化,澳门也在积极调整产业结构,寻求更加多元的可持续发展路径。近年来,澳门逐渐增加对金融服务业的重视,发展成为葡语国家在中国内地的金融合作服务平台。通过与葡语国家的经贸合作,澳门在金融服务领域具备了独特的优势和机遇。同时,澳门还在推动文化产业发展方面取得了积极成果,通过举办文化活动、打造文化品牌,吸引了更多国内外游客前来交流和体验。在中医药行业,我国"十四五"规划明确指出要支持澳门发展中医药研发制造行业,澳门于 2011 年布局了中国首家中医药领域国家重点实验室,粤澳合作建成的中医药科技产业园区内已注册约 230 家企业,推动大量中医药向海外出口。

深圳作为高新技术产业的领军城市,截至 2022 年,连续四年位居全国城市规模以上工业总产值第一。深圳的工业发展主要以电子信息制造业为主导,该产业占据了全市规模以上工业增加值的近六成,其产业规模约占全国总量的 1/5。此外,深圳在先进制造业和高技术制造业方面的比重分别达到了 67.6% 和 63.3%[①]。深圳的高新技术产业是推动城市经济持续发展的强大引擎。在全球信息技术产业的浪潮下,深圳紧抓机遇,着力发展电子信息制造业,成为全球电子产业链的重要节点。其在半导体、通信设备、智能终端等领域的发展成果显著,为城市经济注入了新的活力。深圳作为国内重要的创新创业中心,具有科技创新的区域资源禀赋,是全国首个国家创新型城市、首个以城市为单元的国家自主创新示范区,作为全国改革开放排头兵与创新发展试验田,以新一代信息技术、高端装备制造、生物医药、数字经济、新材料、绿色低碳、海洋经济为核心的深圳七大战略性新兴产业已成为重要力量。2022 年,深圳 PCT(国际专利申请量)达到 1.59 万件,占全国 23%,已经 19 年位居全国各大城市首位,彰显了深圳强大的科技创新能力,其高新技术产业的蓬勃发展离不开政府的支持和鼓励。政府加大对科技创新的投入和扶持力度,积极营造创新创业的良好环境,吸引了大量优秀企业和人才汇聚于此。这为深圳的高新技术产业发展提供了坚实基础。深圳的新能源产业亦呈现出强劲的

---

① 本章广东省城市数据来源于《中国城市统计年鉴》《广东省统计年鉴》、广东统计局、广东省情网。

发展势头,各大龙头企业在这一领域的聚集效应十分显著。在核能、光伏、储能、氢能等多个领域,深圳拥有一批备受瞩目的龙头企业,包括中国广核、贝特瑞、雄韬股份、凯豪达氢能源、氢蓝时代等。这些企业不仅在国内有着卓越的影响力,而且在国际市场上也占据了不少市场份额。深圳的新能源产业布局不仅拓展了国内 25 个省市,同时也延伸至东南亚、非洲、大洋洲等海外地区。

广州正在积极实施先进制造业强市战略,旨在打造"两城两都两高地"的发展格局。重点推动"3＋5＋X"战略性新兴产业形成链状集群,加快汽车及其核心零部件产业的近地化园区布局和建设。同时,支持互联网领军企业拓展产业布局,全力发展智能网联汽车、新能源汽车、软件和信息创新、时尚产业、文化创意等 8 个万亿元级产业链群。在此基础上,还将发展超高清视频和新型显示技术、现代高端装备制造、生物医药与高端医疗器械、绿色石化与新材料、半导体与集成电路、新能源等 13 个千亿元级产业链群,以及多个百亿元级产业链群。这样的发展战略将形成"万千百"规模化产业链群梯队,为广州市的经济腾飞注入强大动力。2022 年,广州规模工业增加值在地区生产总值中的比重预计超过 24%,工业投资方面,广州投入 1230 亿元,较去年增长11%,连续 4 年保持千亿元以上的稳定投资水平。在这其中,制造业投资将达到 968 亿元,增长 20%。电子信息制造业增加值占总工业增加值的比重达到14.1%,先进制造业的增加值占工业比重更是达到了 61.6%,广州的汽车产量在 2022 年突破 300 万辆大关,连续四年位居全国第一。广州的商贸业继续保持全国领先地位,消费市场稳步恢复,全年社会消费品零售总额达到10 298.15 亿元,同比增长 1.7%。商贸业方面的创新发展步伐明显加快,网络购物在社会消费品零售总额中所占比重持续上升,而直播电商更是引领全国趋势。此外,跨境电商进口规模连续 9 年保持全国第一的稳定位置。同时,与广州的优势产业密切相关的第三产业投资也在持续增加。例如,卫生和社会工作、信息传输软件和信息技术服务业以及金融业等领域得到了积极发展。这些产业的兴起进一步促进了广州经济的多元化和创新性发展。

东莞作为世界工厂的代表,2022 年,东莞第二产业的增加值为 6513.64 亿元,占地区生产总值的 58.1%。其中,医药制造业增长 11.3%,航空、航天器及设备制造业增长 24.4%,计算机及办公设备制造业增长 19.0%,医疗仪器设备及仪器仪表制造业增长 0.2%。东莞拥有完善的制造业产业体系,各镇域间呈现出明显的特色,并且产业集群化程度较高,形成了以八大产业为支柱的现代化工业体系。这里还有一批世界级先进企业,如华为系、步步高系、华勤系、立讯精密、东莞新能德科技有限公司、玖龙纸业(东莞)有限公司、OPPO 广东移动通信有限公司、东莞三星视界有限公司等公司。

佛山依托五大传统产业展现出独特优势。佛山的传统工业主要包括纺织服装业、食品饮料业、家具制造业、建筑材料和家用电力器具等。这些传统产业构成了佛山经济的支柱,为当地的经济发展提供了坚实基础。特别是在家用电器制造业方面,佛山在全国范围内扮演着重要角色,其产值占据全国家电产业总值的 15% 以上。佛山拥有众多知名品牌,如美的、海信、容声、小熊等,这些品牌为佛山家电产业赢得了良好的声誉,也为当地经济增长贡献了巨大作用。另外,佛山在家具制造业领域亦占有重要地位,许多知名企业源于佛山,如大自然地板、东鹏瓷砖、华润漆、箭牌卫浴等。这些企业凭借其卓越的品质和设计,在家具行业内赢得了广泛认可,也支撑了佛山的产业多样性和经济发展。

珠海优势产业主要涵盖电子信息和医药产业。珠海电子信息产业一直是珠海的支柱产业之一,其 GDP 占比超过 1/4,拥有众多知名企业,例如金山、巨人、金蝶、用友等。除了电子信息产业,医药产业也在珠海迅速崛起。形成了以药品制造业为主体,医疗器械为支撑,保健品和化妆品为特色的生物医药产业体系。珠海有丽珠、联邦、和佳、宝莱特、汤臣倍健等一系列知名企业。珠海作为珠三角地区海洋面积最大、岛屿最多、海岸线最长的城市,充分利用其海岸线优势发展了海洋工程和旅游等产业。在海洋工程领域,珠海在海洋资源开发、海洋能源利用、海洋环保等方面取得了显著的成就,为推动海洋产业的发展做出了积极贡献。同时,珠海也充分利用其自然风光和海洋资源,发展旅游产业。

中山位于粤港澳大湾区核心地带,坐落于珠江口西岸,南临珠海,东望香港,是粤港澳大湾区的重要城市枢纽。目前,中山已经建立了多元化的产业格局。其中,新一代电子信息、高端装备制造、生物医药与健康、智能家电等产业成为其"四大支柱产业"。这些产业在推动中山经济发展、吸引投资和创造就业方面发挥着关键作用。此外,中山还在积极培育发展智能机器人、新能源、光电光学、半导体与集成电路等"四大战略性新兴产业"。这些战略性新兴产业的培育,将进一步增强中山在科技创新、产业升级方面的竞争力,有助于提升城市经济的发展质量和水平。惠州的产业结构主要以电子信息和石油产业为支柱。2022 年,惠州第二产业占据惠州经济的主导地位,占比达到 55.9%,其中重工业的比重更是超过了 63.6%。在惠州的产业中,电子信息产业以其技术先进、创新活跃的特点,在推动惠州经济发展和吸引投资方面发挥着重要作用。而石油化工产业则凭借其丰富的资源和良好的产业基础,为惠州的经济增长提供了坚实支撑。

江门和肇庆产业基础相对薄弱,因此主要承接深圳和广州的产能转移,依靠自身优势促进创新和发展优势产业。例如,江门致力于发展先进的交通运输业,包括轨道交通产业集群和重卡与商用车产业集群。在新材料、新能源以及装备产业等领域,江门也展现出了良好的发展态势。同样肇庆也在积极打造先进装备制造和新型电子产业,旨在增强肇庆的产业实力,推动城市经济的转型升级。同时,江门和肇庆都具备连接粤西地区的地理优势,得天独厚地位于区域交通要冲。充分利用这一地理位置和枢纽门户城市的定位,这两个城市致力于打造宜居城市的发展模式。通过改善生态环境和城市基础设施,提升居民生活品质,吸引更多人才和投资,进一步推动城市的可持续发展。

表 17.1　粤港澳大湾区各城市优势产业

| 城市 | 产业标签 | 主要产业 |
|---|---|---|
| 香港 | 金融业、服务业 | 金融和保险、地产、专业与商务服务 |
| 澳门 | 服务业 | 博彩业、金融业、生活服务业 |
| 深圳 | 制造业、金融业 | 网络与通信、智能终端、超高清视频显示、软件与信息服务业、高端医疗器械、生物医药、工业母机、新材料、智能传感器、精密仪器设备、激光与增材制造、新能源汽车、新型储能 |
| 广州 | 制造业、批发和零售业 | 智能网联与新能源汽车、软件和信创、时尚产业、文化创意、超高清视频和新型显示、现代高端装备、生物医药及高端医疗器械、绿色石化和新材料、半导体和集成电路、新能源 |
| 东莞 | 制造业、批发和零售业 | 纺织服装鞋帽制造业、黄金珠宝产业、食品饮料加工制造业、家具制造业、玩具制造业、造纸及纸制品业、包装印刷业、化工制品业、橡胶和塑料制品业、新一代信息技术、高端装备制造、新材料、新能源、生命科学和生物技术 |
| 佛山 | 制造业、批发和零售业、能源业 | 新能源汽车、高端装备制造、工业机器人、新能源、新材料、医药健康、家电、铝型材、陶瓷、家具、食品饮料、黄金珠宝、纺织服装 |
| 珠海 | 制造业、能源业 | 新能源、新型储能、集成电路、电子信息、生物医药 |
| 中山 | 制造业、能源业 | 新能源、生物医药与健康、新一代信息技术、智能家电、高端装备、光电光学、灯饰照明、现代农业与食品、现代时尚产业 |

| 城市 | 产业标签 | 主要产业 |
|------|---------|---------|
| 惠州 | 制造业、能源业 | 石化能源新材料、电子信息、生命健康、先进装备制造业、服装鞋帽 |
| 江门 | 制造业、能源业 | 金属制品、食品、家电、石化能源新材料、现代轻工纺织、现代农业与食品、先进材料、新一代信息技术、智能装备、新能源电池、硅能源产业、生物医药 |
| 肇庆 | 制造业、农业 | 新能源汽车及汽车零部件、电子信息、生物医药、金属加工、家具制造、食品饮料、精细化工、现代农业 |

资料来源:根据各城市政府工作报告整理

## 二、粤港澳大湾区的先进制造业与高技术制造业

制造业现代化是大湾区经济转型升级的关键。通过推动制造业现代化,传统产业可以实现转型升级,提高生产效率和产品质量,降低生产成本,从而增强市场竞争力。现代制造技术的引进和应用,可以推动产业的数字化、智能化和自动化升级,提升企业的技术水平和管理水平。

而先进制造业是大湾区产业升级的重要驱动力。先进制造业涵盖高新技术产业和战略性新兴产业,包括航空航天、电子信息、生物医药、新能源等。这些产业是当今世界经济增长的引擎,具有较高的科技含量和附加值,对提升大湾区产业结构、增强创新能力具有重要意义。

高技术制造业则是大湾区实现可持续发展的关键支撑。高技术制造业注重创新和技术进步,以科技创新为核心,推动产业不断向高端迈进,有助于提高大湾区经济的抗风险能力和增强经济可持续发展动力,强化世界产业竞争力。

发展先进制造业和高技术制造业还有助于吸引人才和资本的聚集。这些产业对高素质人才的需求较大,吸引了大量的科技人才和专业人才来到大湾区工作和创业,形成了人才聚集效应。同时,这些产业的发展也吸引了大量的投资,为地区经济的发展提供了强大的资本支持。

2020年,广东已就"十大"战略性支柱产业和"十大"战略性新兴产业确立了清晰的发展标准。2021年,广东的"十大"战略性支柱产业集群创造了43 262.03亿元的增加值,占GDP的比例达34.8%,增速为7.3%,与GDP增速基本同步,成为全省经济社会发展不可或缺的重要支持力量。在其中,智能家电、汽车、先进材料、生物医药与健康、现代农业与食品这五大产业集群合共贡献了总增加值的44%。同时,2021年的"十大"战略性新兴产业集群实现了5807.94亿元的增加值,同比增长

16.6%,增速较全省 GDP 增速高出 8.6 个百分点。特别值得关注的是,在这些产业中,半导体与集成电路、前沿新材料这两个产业集群的增长势头更是迅猛,其增加值同比分别增长了 42.7% 和 35.7%。2021 年广东电子信息产业年营业额已达4.56 万亿元,连续 31 年位居全国首位,占全国 32.3%。

2022 年,广东规模以上电子信息制造业营业收入约 4.9 万亿元,连续 32 年位居全国首位。广东绿色石化产业链企业数量超过 8 万家,其中,涵盖石油勘探开发企业超过 170 家,石油炼制企业超过 500 家,一批具有重要影响力的企业如南方石化、宏辉石油、茂名石化、恒基达鑫等,逐渐崭露头角,成为绿色石化产业链的领军企业。在广东省发展改革委公布的 2023 年重点建设项目计划中,14 个是石化重大项目,总投资约 2945 亿元。广东智能家电产业链企业数量超过 130 万家。其中,智能电视制造企业超过 800 家,智能冰箱制造企业超过 1500 家,广东家电制造业产值超过 1.6 万亿元。广东汽车产销量连续 6 年全国第一,汽车产业首次实现超万亿元营业收入,汽车产量超过 410 万辆,同比增长超过 25%,新能源汽车产量近 130 万辆,同比增长 140%,占全国新能源汽车总产量约18%。自 2011 年开始,广东在前沿新材料领域的专利申请数量迅速增加,2016年至 2021 年的每年申请量均超过 1000 件。2022 年,广东在前沿新材料领域的累计专利申请数量位居全国第二位;半导体及集成电路产业集群的营收超过2200 亿元,高端装备制造业产业增加值达到 4617 亿元,均已超越预期目标。在多个重大集成电路制造项目建成并投产的推动下,广东的集成电路产量呈现逆势增长。全省集成电路产量同比增长 80%,高于全国平均水平(0.1%)79.9 个百分点,占据全国总产量的 28.1%。这一结果表明,广东的集成电路产业在当前形势下取得了显著的发展成就。

展望 2025 年,广东设定了如下目标:新一代电子信息产业年营业额达 6.6 万亿元,家电制造业预期收入超过 1.9 万亿元,半导体和集成电路领域的年营业额将超过 4000 亿元,而高端装备制造产业则力争达到 3000 亿元以上的年营业额。而从当前的数据来看,2025 年的这些目标有望提前实现。

从"十大"战略性支柱产业的空间分布来看,这些产业集群主要集中在珠三角地区。其中,广州、深圳、佛山、惠州、中山、江门等地均布局了 10 个产业集群,紧随其后的是珠海和东莞,分别拥有 9 个产业集群,而汕头和湛江则各自拥有 8 个。"十大"战略性新兴产业方面的空间布局也呈现类似趋势,这些产业集群同样主要分布在珠三角地区。其中,广州、深圳、珠海、佛山、东莞、江门等城市的产业集群数量达到 10 个,中山紧随其后,拥有 9 个产业集群,而惠州和汕头则各自拥有 8 个。这一布局不仅凸显了珠三角地区在这些重要产业领域的强大实力,也突显了广东内部产业协同发展的积极态势。

表 17.2 和 17.3 描绘了广东制造业"二十大"战略性产业的空间布局。

**表 17.2 广东制造业高质量发展"十四五"规划"十大"战略性支柱产业空间布局**

| 地区 | 城市 | 新一代电子信息 | 绿色石化 | 智能家电 | 汽车产业 | 先进材料 | 现代轻工纺织 | 软件与信息服务 | 超高清视频显示 | 生物医药与健康 | 现代农业与食品 |
|---|---|---|---|---|---|---|---|---|---|---|---|
| 珠三角核心区 | 深圳 | ＊＊＊ | ＊＊ | ＊＊ | ＊＊＊ | ＊＊ | ＊ | ＊＊＊ | ＊＊＊ | ＊＊＊ | ＊＊ |
| | 广州 | ＊＊＊ | ＊＊＊ | ＊＊ | ＊＊＊ | ＊＊＊ | ＊＊ | ＊＊＊ | ＊＊＊ | ＊＊＊ | ＊＊＊ |
| | 东莞 | ＊＊＊ | ＊＊ | | ＊＊ | ＊＊ | ＊＊＊ | ＊＊＊ | ＊＊ | ＊＊ | ＊＊ |
| | 佛山 | ＊＊ | ＊＊ | ＊＊＊ | ＊＊ | ＊＊ | ＊＊ | ＊＊ | ＊＊ | ＊＊ | ＊＊ |
| | 珠海 | ＊＊＊ | ＊＊ | ＊＊ | | ＊＊ | ＊ | ＊＊ | | ＊＊ | ＊＊ |
| | 中山 | ＊ | | ＊ | ＊＊ | | ＊ | ＊＊＊ | ＊＊ | ＊＊ | ＊＊ |
| | 惠州 | ＊＊＊ | ＊＊＊ | | ＊＊ | ＊＊ | | ＊＊＊ | ＊＊＊ | ＊＊ | ＊＊ |
| | 江门 | ＊ | | ＊＊ | ＊＊ | ＊＊ | | | | ＊＊ | ＊＊ |
| | 肇庆 | ＊ | | ＊ | | ＊＊ | | ＊ | | ＊＊ | ＊＊ |
| 沿海经济带西翼 | 湛江 | | ＊＊＊ | ＊＊ | | ＊＊ | ＊＊＊ | ＊＊＊ | ＊ | ＊＊ | ＊＊ |
| | 茂名 | | ＊＊＊ | | | ＊ | | ＊ | | ＊＊ | ＊＊ |
| | 阳江 | | | | | ＊＊ | ＊＊ | | | | |
| 沿海经济带东翼 | 汕头 | ＊＊ | ＊＊ | ＊ | | ＊＊ | ＊＊＊ | | | ＊＊＊ | ＊＊＊ |
| | 汕尾 | ＊ | ＊ | | ＊ | ＊ | ＊ | | | ＊ | ＊＊ |
| | 揭阳 | | ＊ | | | | ＊＊ | | | ＊ | ＊＊ |
| | 潮州 | ＊ | | | | | ＊＊ | | | ＊ | ＊＊ |
| 北部生态发展区 | 云浮 | ＊ | | | ＊＊ | ＊＊ | ＊ | | | ＊＊ | ＊＊ |
| | 清远 | | ＊ | | ＊ | | ＊ | | | ＊ | ＊＊＊ |
| | 韶关 | | | | | | | | | ＊ | ＊＊ |
| | 河源 | ＊＊ | | | ＊ | ＊＊ | ＊ | | | ＊ | ＊＊＊ |
| | 梅州 | ＊ | | | ＊ | ＊ | ＊ | | | ＊ | ＊＊＊ |

注:＊＊＊表示核心,＊＊表示重要,＊表示一般,空白表示该产业未在该城市形成产业集群

表 17.3　广东制造业高质量发展"十四五"规划"十大"战略性新兴产业空间布局

| 地区 | 城市 | 半导体与集成电路 | 高端装备制造 | 智能机器人 | 区域链与量子信息 | 前沿新材料 | 新能源 | 激光与增材制造 | 数字创意 | 安全应急与环保 | 精密仪器设备 |
|---|---|---|---|---|---|---|---|---|---|---|---|
| 珠三角核心区 | 深圳 | *** | *** | *** | *** | *** | *** | *** | *** | *** | *** |
| | 广州 | *** | *** | *** | *** | *** | *** | *** | *** | *** | *** |
| | 东莞 | ** | ** | | ** | ** | | | | ** | ** |
| | 佛山 | ** | ** | *** | ** | ** | ** | | ** | ** | ** |
| | 珠海 | *** | *** | ** | ** | | ** | ** | ** | *** | *** |
| | 中山 | * | | ** | | | | | | | |
| | 惠州 | * | * | * | | ** | ** | | | | |
| | 江门 | ** | *** | ** | * | ** | ** | | * | ** | ** |
| | 肇庆 | * | * | * | ** | | | | | | * |
| 沿海经济带西翼 | 湛江 | | ** | * | | ** | ** | | | | |
| | 茂名 | | | | | | | | | * | * |
| | 阳江 | | ** | | | ** | *** | * | | | |
| 沿海经济带东翼 | 汕头 | | *** | * | | ** | | | ** | ** | * |
| | 汕尾 | * | * | | | | * | | | * | |
| | 揭阳 | | * | * | | | * | * | | | |
| | 潮州 | | | * | | * | | * | | | * |
| 北部生态发展区 | 云浮 | | | | | | | * | | | * |
| | 清远 | | | | | ** | | | | ** | * |
| | 韶关 | | ** | | | ** | | | | ** | * |
| | 河源 | * | | | | * | | * | | | |
| | 梅州 | | | | | * | | | | | |

注：＊＊＊表示核心，＊＊表示重要，＊表示一般，空白表示该产业未在该城市形成产业集群

根据对粤港澳大湾区内地 9 个城市的工业增加值、先进制造业增加值以及高技术制造业增加值的综合汇总数据，2021 年，深圳的工业总增加值超过 9000 亿元，远远领先于其他 8 个城市。佛山、东莞和广州分别位列第 2 至第 4 位，其增加值在 4900～5500 亿元之间。惠州、中山、珠海和江门分列第 5 至第 8 位，其增加值在 1200～2300 亿元之间。肇庆的工业总增加值最低。

值得注意的是,先进制造业增加值的排序与工业总增加值亦有不同。在先进制造业增加值方面,排名从高到低为广州、佛山、深圳、东莞、惠州、中山、江门、珠海和肇庆。而在高技术制造业方面,深圳仍然遥遥领先于其他 8 个城市,其高技术制造业的增加值显著高于其他城市,东莞紧随其后。尽管广州与佛山的工业总增加值相较深圳略显不足,但由于两者传统制造业基础的深厚根基,以及产业链的完备,优势依然显著。先进制造业需要在传统制造业基础上持续地吸纳电子信息、计算机、机械、材料及现代管理技术等领域的高新技术成果,将这些前沿制造技术有机融合于产品的研发、生产、检测、销售和管理等方面。正因如此,广州与佛山的先进制造业得以飞速发展,成为主要的工业推动力。但科技创新企业多聚集于此,借助尖端技术打造新一代产品,高技术制造业发展较快,为深圳的工业进步提供了强大支撑。

表 17.4　珠三角九市工业状况(2021 年)

| 城市 | 工业总增加值<br>(亿元) | 先进制造业增加值<br>(亿元) | 高技术制造业<br>增加值(亿元) | "二十大"战略性<br>产业集群数(个) |
|---|---|---|---|---|
| 广州 | 4963.72 | 2414.27 | 875.05 | 20 |
| 深圳 | 9578 | 1618.91 | 5855.82 | 20 |
| 珠海 | 1329.49 | 278.17 | 390.39 | 19 |
| 佛山 | 5432.94 | 1718.32 | 301.31 | 20 |
| 惠州 | 2215.85 | 690.28 | 800.32 | 18 |
| 东莞 | 5187.03 | 1379.22 | 1815.57 | 19 |
| 中山 | 1361.97 | 421.74 | 180.1 | 19 |
| 江门 | 1201.92 | 329.98 | 196.24 | 20 |
| 肇庆 | 765.69 | 241.39 | 84.92 | 14 |

### 三、粤港澳大湾区的产业转移与对接

粤港澳大湾区中心城市对促进周边城市的产业转移方面发挥着重要作用。首先,粤港澳大湾区的中心城市包括广州、深圳、澳门和香港,这些城市已经发展成为国际化的经济中心和创新高地。它们在高新技术产业、金融服务、科技创新等领域具有显著优势,吸引了大量人才和资本聚集。

近年来,粤港澳大湾区各城市政府间相互合作,建立了产业转移工业园区,实现了劳动密集型制造业向惠州、肇庆以及珠三角周边地区的转移。与此

同时,广深港澳等中心城市则将目光转向资本和技术密集型制造业,以及金融、文化、商贸等产业的发展。目前,产业链在不同地区呈现出延伸、对接和互补的现象。以家电制造产业为例,佛山和中山地区的集中布局使得整个产业链在这些地区得以延伸。与此同时,江门、珠海、东莞、惠州、深圳等地则在电子信息产业方面崭露头角,彼此之间的产业链紧密对接,实现了产业的互补发展。这种产业链延伸、产业对接和互补的模式,不仅强化了各地产业的竞争力,也促进了区域经济的协同增长。

粤西北地区在面对产业转移发生的"消化不良"挑战时,为了实现更加优质高效的产业转移,政府在政策规划上加强产业分工,避免重复建设,合理布局各类产业。同时注重加强粤港澳大湾区内不同城市间的产业协同,促进各城市特色产业的互补发展。对于粤西北地区,当地产业发展更加注重提升产业链上的附加值,积极引导企业进行技术创新和品牌打造,增强地区的吸引力和竞争力,较好地适应了产业转移的需要。

### 四、粤港澳大湾区产业创新的国际竞争优势

粤港澳大湾区是国内国际双循环重要枢纽。粤港澳大湾区拥有丰富的资源和优越的地理位置,是中国改革开放的前沿,是中国对外开放的主要窗口珠江三角洲是全球重要的制造业和贸易中心之一,汇聚了中国内地大量的产业链和价值链,形成了国内产业链的有机整合。同时,香港和澳门作为国际金融和贸易中心,为大湾区提供了便利的国际金融、贸易和物流服务,使其在国际经济循环中具有独特优势。根据世界银行数据,全球60%的大城市位于湾区,湾区经济占据全球经济总量75%以上。粤港澳大湾区、东京湾区、旧金山湾区、纽约湾区四大湾区聚集了约1/5的世界500强企业,其产业分布几乎呈现了世界经济的发展态势。2022年的世界500强企业中,约有38家总部位于东京湾区,远远超过其他三大湾区。纽约湾区有18家企业上榜,旧金山湾区有10家企业上榜,而粤港澳大湾区上榜企业数量达到24家,排在第二位。这一数据显示了粤港澳大湾区在全球经济格局中崭露头角,展现出其日益增长的竞争力与活力。

粤港澳大湾区在科技创新和高技术产业方面亦有领先地位。该区域拥有一批世界领先的高新技术企业和科研机构,科技创新能力显著,尤其在计算机、通信、电子设备等高科技领域具有绝对优势。这为大湾区吸引了大量的高技术服务业和高附加值产业,为国内国际双循环提供了强大的内循环动力。

由于我国要素禀赋结构发生了深刻变化,劳动力比重逐年下降,资本比重迅速提升,石油、淡水等自然资源要素短缺,国内大循环需要新的发展动能来支撑。根据世界知识产权组织(WIPO)的《2022 年全球创新指数报告》,粤港澳大湾区创新体系国际化水平较高,"深圳—香港—广州"创新走廊的创新能力在全球排名第二,仅次于东京—横滨集群。对比 2022 年大湾区和长三角 A 股上市公司情况,可以发现大湾区内的企业更倾向于在具有明显创新属性和科技属性的板块上市。其中,创业板(主要鼓励新技术、新产业、新业态、新模式及传统产业的融合)、科创板(专注于硬科技领域)和北交所(服务创新创业)分别有244 家、70 家和 14 家企业上市,合计占比为 45.6% ,高于全国平均水平的 35.7%以及长三角地区的 38.8% 。粤港澳大湾区的上市企业高度集中在电子和信息等高科技行业。719 家上市企业中,有 180 家属于计算机、通信和其他电子设备制造业,59 家属于软件和信息技术服务业,占比分别为 25.0% 和 8.2% ,远高于长三角地区相应行业上市企业的占比,分别仅为 9.0% 和 6.2% 。

根据 21 数据新闻实验室的统计数据,2022 年,中国市值 500 强企业的总市值达到了 82 万亿元,其中包括 109 家来自粤港澳大湾区的上市公司,其总市值达到 19.72 万亿元。这一数字不仅数量上超过 20% ,在市值占比方面也高于这一比例,平均市值更是超越全国水平,这在一定程度上反映了大湾区上市公司的高质量发展。其中,市值突破千亿的上市公司共有 52 家,包括腾讯控股、招商银行和中国平安等公司,这些企业的市值已跨越万亿大关。在粤港澳大湾区的世界 500 强企业中,唯有华为一家尚未上市,其他企业要么已在资本市场上市,要么是上市公司的主要股东。值得一提的是,华为作为全球专利持有企业中的佼佼者,在 2022 年的国际专利合作条约申请量高达 7689 项,位居全球首位,其营收达到 6368 亿元人民币,净利润更是达到 1137 亿元人民币。这些企业的强大实力与不断增长的市值,为大湾区的经济增长和产业升级提供了坚实支撑。

广交会也是展示粤港澳大湾区产业发展国际地位的一个窗口。2023 年第133 届广交会规模史上最大,展览面积和参展企业数量均创历史新高,全球工商界反响积极。来自 40 个国家和地区的 508 家企业在 12 个专业展区参展。广交会展览展位数量已达 7 万个,展览面积达 150 万平方米。线下参展的企业数量达到 34 933 家,新参展企业超 9000 余家,线上参展的企业数量约 4 万家。在本届广交会中,生产企业和民营企业是最主要的参展主体,分别占据了50.57% 和 90.1% 的比例。行业头部企业和拥有专精特新"小巨人"、制造业单项冠军、国家级高新技术企业等称号的优质企业共计约 5700 家。本届广交会增设了"工业自动化及智能制造""新能源及智能网联汽车"等新展区,显示了粤港澳大湾区产业新趋势。

### 五、粤港澳大湾区"制造业当家"

在全球范围"制造业回流"浪潮下,发达国家高端制造"回流"与中低收入国家中低端制造"流入"同时发生,粤港澳大湾区制造业面临要在"双向挤压"中突出重围,就必须坚持"制造业当家"。

党的二十大鼓舞人心,广东制造因时而动,积极出击赢得发展主动:2022年11月至年底,广东几乎一周一个企业展团"出海"抢订单。广东包机赴阿联酋参展,更是创下近年全国境外包机参展团的最大规模。12月,粤港澳大湾区首次全球招商大会在中国广东、美国、德国、英国、日本和韩国同步举行,数十家国内外世界 500 强企业参会,收获 2.5 万亿元投资,853 个项目达成合作,其中 70% 重大项目属于制造业。

2023 年是全面贯彻落实党的二十大精神的开局之年。站在新的历史起点上,广东现代化建设铺开崭新篇章,"制造业当家"吹响嘹亮号角。2023 年 1 月 28 日,农历新春上班开工的第一天,广东云集方方面面的代表、纵贯省市县各级,隆重召开全省高质量发展大会,意在春意盎然的日子擂起奋进催征的金鼓,奏响走在前列、当好示范的强音。4 月 10 日至 13 日,习近平总书记亲临广东视察并发表重要讲话、做出系列重要指示,为我们奋进新征程、推进广东现代化建设指明了前进方向、注入了强大动力。6 月 20 日广东省委十三届二次全会召开,提出突出制造业当家、高水平谋划推进现代化产业体系建设,把制造业当家这份厚实的家当做大做强,在新的高度挺起广东现代化建设的产业"脊梁"。

粤港澳大湾区制造业正处于全球制造业第三阵列向第二阵列跃升阶段。在质量效益、产业结构、持续发展等方面,与第一、二阵列的美日德相比依然有不少差距。智能制造是跃升的重要途径。灯塔工厂代表了全球智能制造的最高水平。目前全球已有 132 座"灯塔工厂",中国拥有 50 座,其中,粤港澳大湾区有 7 座,集中在珠三角。广东企业在国内建设了 12 座"灯塔工厂",分布在6 个省份。粤企正通过不断推进智能化、数字化改造走向制造业高端。

粤港澳大湾区正在大力推动中小企业传统制造业转型升级。中小企业制造业转型升级的困难主要有:创新平台不足,创新能力和创新意识不强;产业基础不强,产业链韧性稳定性较弱;转型升级成本高风险大,企业缺乏足够的资金和动力;人才队伍弱,产业人才结构性短缺;龙头带动作用不明显,品牌化建设不够等等。如今珠三角在"制造业当家"的战略部署下,积极推动创新链、产业链、资金链、人才链深度融合,筑牢制造业"压舱石",采取了一系列措施:①通过跨区合作,打造高水平产业创新平台,强化企业创新的主体地位,构建开放创新生态,激活创新链,以创新驱动点燃转型升级"加速器";②顺应产业发展大势,通过短板产业补链、优势产业延链、传统产业升链、新兴产业建链,完善产业链,增强产业发展的接续力和竞争力,建强产业载体,以产业筑基夯实转型升级"主阵地";③通过企业走出去,开拓国内外市场,畅通"双循环",有效化解产能过剩;④通过与龙头企业、链主企业、中枢企业的"虚拟聚集",形成产业链聚集,共享垂直关联的聚集效应。

### 六、粤港澳大湾区产业发展的经验与启示

近年来,广东采取了一系列的战略方针和政策举措,为促进粤港澳大湾区产业发展提供了目标规划、方向路径、策略步骤以及财力支撑。

1. 为深入学习贯彻党的二十大精神和习近平总书记视察广东重要讲话、重要指示精神,围绕实现总书记赋予的使命任务,坚持以高质量发展为牵引、奋力在推进中国式现代化建设中走在前列,高水平谋划推进现代化产业体系建设,2023 年中共广东省委明确"锚定一个目标,激活'三大动力',奋力实现'十大新突破'"的"1310"具体部署①,坚持"大产业、大平台、大项目、大企业、大环境",以及"指挥体系、目标体系、政策体系、工作体系、考核体系"的"5 + 5"战略要求和工作体制机制,纵深推进新阶段粤港澳大湾区建设。

2. 2021 年,广东颁布了《广东省制造业高质量发展"十四五"规划》,其中明确了"十四五"时期我省推动制造业高质量发展的定位目标,努力打造世界先进水平的先进制造业基地、全球重要的制造业创新聚集地、制造业高水平开放合作先行地、国际一流的制造业发展环境高地等"四个定位",并确定规模

---

① 《中共广东省委关于深入学习贯彻习近平总书记重要讲话重要指示精神奋力在推进中国式现代化建设中走在前列的决定》中做出了"1310"战略部署。"1"是锚定一个"走在前列"的总目标。"3"是激活三大动力,改革、开放、创新"三大动力"是广东最鲜明的标识,是必须始终牢牢扭住、不断巩固发展的最关键优势。"10"是奋力实现"十大新突破",其中前两大就是要纵深推进新阶段粤港澳大湾区建设,在牵引全面深化改革开放上取得新突破;始终坚持实体经济为本、制造业当家,在建设更具国际竞争力的现代化产业体系上取得新突破。

实力迈上新台阶、创新驱动获得新突破、质量效率发展取得新提升、"两化"融合发展形成新优势、绿色可持续发展迈入新阶段、开放合作取得新成效等"六大发展目标"。全面、详实地描绘和制定了全省制造业高质量发展的蓝图和任务目标。

3. 为加快形成广东战略性产业集群创新体系,广东于 2020 年颁布《广东省人民政府关于培育发展战略性支柱产业集群和战略性新兴产业集群的意见》,2021 年颁布《广东省战略性产业集群联动协调推进机制》,突出先导性和支柱性,优先培育和大力发展一批战略性新兴产业集群,构建产业体系新支柱;为逐步完善战略性产业集群"五个一"工作体系①,支撑产业集群高质量发展,省科技厅联合省工业和信息化厅印发了《关于加快构建广东省战略性产业集群创新体系 支撑产业集群高质量发展的通知》,立足现有发展基础和已有自身优势,提出务实可行的创新体系框架和重要工作举措,为战略性产业集群高质量发展注入新的活力。

4. 2021 年,广东省政府颁布《广东省制造业数字化转型实施方案(2021—2025 年)》和《广东省制造业数字化转型若干政策措施》,2022 年,广东省工信厅发布《2022 年广东省数字经济工作要点》,坚持制造业立省不动摇,聚焦战略性支柱产业集群和战略性新兴产业集群,以深化新一代信息技术与制造业融合发展为主线,以工业互联网创新应用为着力点,深入推进制造业数字化转型和高质量发展,为加快建设制造强省、网络强省和数字经济强省,打造新发展格局战略支点提供有力支撑。

5. 2022 年中央经济工作会议要求"狠抓传统产业改造升级和战略性新兴产业培育壮大""提升传统产业在全球产业分工中的地位和竞争力",2023 年,广东密集出台多项与传统产业有关的政策,既有推动食品工业提质升级、推动纺织服装产业高质量发展的重磅文件,又有为纺织服装行业和家具行业分门别类制定的具体转型升级指引。广东狠抓传统产业改造升级,背后是对传统产业重要性的重新审视。从"广东粮、岭南衣"起家的广东制造,如今扛起"制造业当家"的大旗,更要统筹传统产业改造升级和新兴产业培育壮大,实现"比翼齐飞""两全其美"。

6. 广东是中小企业和个体工商户大省,当下全省市场主体超过 1500 万

---

① 广东将按照项目化、体系化的思路,建立完善产业集群"五个一"工作体系,即每个产业集群一张龙头骨干和隐形冠军企业清单、一份重点项目清单、一套创新体系、一个政策工具包、一家战略咨询支撑机构。

户、约占全国的 1/10。中小企业和个体工商户成为经济社会发展的生力军和动力源。为激发市场主体活力,促进中小企业和个体工商户平稳健康发展,2021 年出台《广东省关于健全支持中小企业发展制度的实施意见》,2022 年颁布《广东省进一步支持中小企业和个体工商户纾困发展的若干政策措施》25 条。"助企 25 条"一方面,通过财税政策和融资渠道持续降低企业的经营成本;另一方面,通过各项政策激励企业开拓市场,支持"专精特新"企业发展。2023 年 2 月,广东省工信厅发布《广东省促进中小企业特色产业集群发展暂行办法》。

7.2021 年 4 月,针对工业投资和工业发展形势及面临的困难,为积极引导和促进重大先进制造业项目投资建设,牵引带动战略性支柱产业集群和战略性新兴产业集群高质量发展,广东省政府制定印发了《广东省加快先进制造业项目投资建设若干政策措施》,提出支持先进制造业项目投资的十条政策措施。同时,广东省工业和信息化厅、广东省财政厅联合颁布《关于先进制造业发展专项资金首台(套)重大技术装备研制与推广应用管理实施细则》《广东省先进制造业发展专项资金(普惠性制造业投资奖励)管理实施细则》,并连续几年加大财税和金融支持力度。

在政策导向和"真金白银"的支持下,粤港澳大湾区在以下几个方面有了更大的发展:①吸引和引进高端人才,提升科技创新和产业升级的能力;②注重创新驱动,推动科技与产业深度融合,培育新兴产业和高技术产业;③注重数字制造和产业数字化,促进传统产业转型升级,坚持制造业立省、制造业当家;④注重各城市的产业定位和优化,使各自发挥其特有的优势和特色,推动粤港澳大湾区产业协同发展;⑤通过跨区合作、飞地经济、产能协作、平行转移、垂直链接等多种形式,实现粤港澳大湾区中心—外围产业链衔接和分工,发展腹地制造业,巩固粤港澳大湾区产业中心地位;⑥通过大力吸引外资外企,以外循环促进内循环,扩大粤港澳大湾区产业市场;⑦粤港澳大湾区也注重绿色产业和可持续发展,实现经济增长和环境保护的良性互动。

以广东为例的粤港澳大湾区产业发展的实践,都给长江经济带产业发展带来启示。每一个地方都有历史馈赠的要素禀赋优势,也有因具有远见的决策而得到的产业竞争优势。长江经济带曾经在中国工业历史上得到过馈赠,第一个五年计划时期苏联 156 个重点援建项目,一举奠定了我国工业和制造业基础,当时的川渝是重点地区,湖北也有 8 项重大项目。三线建设时期国家以战备为中心在内地进行的大规模工业、交通基本建设,川渝则是中心地区。

所以,长江经济带有很好的工业基础。关键是在新时代如何利用现有条件,如何挖掘潜力,如何创造新的条件,这需要激发改革开放的动力和能力,以获得创新的活力和潜力。

按照熊彼特的创新经济学观点,创新就是生产要素的新的组合,所谓发展,就是"不断地实现新组合""不断地从内部革新结构"的"创造性的破坏过程"。而执行新组合的就是企业家,所以,企业家是创新的源泉,创新就是靠企业家。德鲁克将熊彼特的创新思想应用于管理,他说:"无论是现有的大型机构还是白手起家的个体工商者,不管是营利性企业还是非营利性的公共服务机构,也不管是官方还是非官方机构,都需要创新与企业家精神。"长三角经济带产业发展最需要的也是创新与企业家精神。

## 第二节　粤港澳大湾区劳动力市场及其借鉴

### 一、从常住人口看

根据《广东省第七次全国人口普查公报》的数据显示,粤港澳大湾区珠三角 9 个城市的常住人口总数达到 7801.43 万人,约占全省常住人口总数的 61.9%,呈现出强大的人口虹吸效应。其中,深圳和珠海的人口增长率超过 50%。在大湾区的多个城市中,广州、深圳、东莞这 3 个城市的常住人口均超过 1000 万,特别是深圳的人口相比 2010 年增加了近 713 万,相当于全省同期增量的 1/3,10 年常住人口增长率高达 68.47%,位列全省第一。除了广深莞 3 个人口超千万的城市,大湾区其他城市也具有相当大的人口吸引力。佛山的常住人口接近 950 万,惠州的常住人口数超过 600 万,江门常住人口达到 480 万,中山也实现了从 300 万到 400 万人口的增长。虽然珠海的十年新增人口数相较于广深等市较少,但由于原有人口规模较小,故人口增长率高达 56.36%,仅次于深圳,位居全省第二。与 2010 年第六次全国人口普查相比,常住人口增加超过 100 万人的市有深圳、广州、佛山、东莞、惠州和中山 6 个市,均为大湾区城市,分别增加了 713.65 万人、597.58 万人、230.46 万人、224.64 万人、144.59 万人和 129.72 万人,上述 6 个市的常住人口增量合计占同期全省常住人口增幅的 94.00%。

表 17.5 珠三角与其他城市常住人口数量变化及其比较

| 城市 | 2010 年(万人) | 2020 年(万人) | 增长数(万人) |
|---|---|---|---|
| 广州 | 1270 | 1867 | 597 |
| 深圳 | 1043 | 1756 | 713 |
| 珠海 | 156 | 243 | 87 |
| 佛山 | 719 | 949 | 230 |
| 惠州 | 459 | 604 | 145 |
| 东莞 | 822 | 1046 | 224 |
| 中山 | 312 | 441 | 129 |
| 江门 | 444 | 479 | 35 |
| 肇庆 | 391 | 411 | 20 |
| 上海 | 2301 | 2423 | 122 |
| 杭州 | 870 | 1036 | 166 |
| 宁波 | 760 | 819 | 59 |
| 苏州 | 1046 | 1078 | 32 |
| 南京 | 800 | 882 | 82 |
| 成都 | 1404 | 2102 | 698 |
| 重庆 | 2884 | 3102 | 218 |

从上表中可以看到珠三角城市与其他城市之间在人口增长方面的明显差异。首先,以广州和深圳为代表的珠三角城市在过去 10 年间经历了显著的人口增长,分别增加了 597 万人和 713 万人,分别排名第一与第三,这反映了珠三角地区作为中国经济发展引擎的地位。其次,其他一些城市如惠州、东莞等也经历了相对较高的人口增长,这可能与珠三角地区的制造业聚集和经济活力有关。与之相对,一些其他城市的人口增长相对较为稳定。上海作为全国经济中心,虽然人口增加了 122 万人,但增幅较为有限,可能受到城市规模和发展限制的影响。同样,杭州、宁波、苏州等城市的人口增长相对较小,可能与地区内部产业结构调整和发展策略有关。不容忽视的是,西部城市成都和重庆在人口增长方面表现出色,增加了 698 万人和 218 万人。这可能与西部地区加大发展力度、吸引外来人口和投资有关,显示了西部地区日益增强的发展活力,珠三角城市在人口增长方面呈现出明显的领先态势,反映了其在经济发

展、产业聚集和创新引领方面的优势。

**表 17.6 珠三角与其他城市常住人口年龄构成及其比较**

| 城市 | 0～14 岁 | 15～59 岁 | 60 岁以上 |
|---|---|---|---|
| 广州 | 13.8% | 74.7% | 11.4% |
| 深圳 | 15.1% | 79.5% | 5.3% |
| 珠海 | 15.8% | 74.1% | 10% |
| 佛山 | 15.1% | 74.3% | 10.5% |
| 惠州 | 20.7% | 69.1% | 10% |
| 东莞 | 13.1% | 81.4% | 5.4% |
| 中山 | 15.6% | 75.4% | 8.8% |
| 江门 | 16.0% | 65.7% | 18.2% |
| 肇庆 | 22.1% | 61.5% | 19.1% |
| 上海 | 10.1% | 66.8% | 23.1% |
| 杭州 | 13.5% | 72.2% | 14.3% |
| 南京 | 12.8% | 67.4% | 19.8% |
| 成都 | 13.2% | 68.7% | 18.1% |
| 重庆 | 16.6% | 71.4% | 12.0% |

根据表 17.6 数据，首先，在珠三角 9 个城市中，中山、东莞、深圳的 60 岁及以上人口占常住人口的比重均不到 10%，尤其是深圳，只有 5.36%——平均每 16 个人中只有一名 60 岁及以上老人。而除了江门、肇庆这两个相对经济靠后的两个城市外，其他珠三角城市 60 岁以上人口也仅占常住人口比重的 10% 左右。相比之下，上海、南京、成都这些长江经济带的城市其老龄化程度高得多。所以，大湾区显得更加年轻且充满活力。

其次，东莞 15～59 岁人口占比高达 81.41%，排名第一；深圳、中山、广州、佛山也分别达到 79.53%、75.44%、74.72% 和 74.37%，高于长江经济带其他主要城市。这个年龄段的人口绝大部分是劳动力人口，是生产建设的主力军。这说明大湾区在吸引劳动力方面具有明显的优势，正是这些庞大且年轻的劳动力人口资源，为大湾区的经济发展和建设提供了强大的动力。

再次，珠三角城市的 0～14 岁人口比例相对较高，尤其以惠州和肇庆为甚。除了东莞，珠三角其他城市的这一比例均高于长三角三大城市和成都。

这可能反映了珠三角在生育繁殖方面比长江经济带更加积极。上海和南京的0～14岁人口比例较低,与其人口老龄化趋势和生育率下降有关。

### 二、从流动人口看

根据全国第七次人口普查数据显示,我国人口正呈现向各个城市群流动的趋势。过去10年,粤港澳大湾区九市的人口总增量超过2200万人,增长比例约为40%,这一增长规模在国内各大城市群中名列前茅。随着我国城镇化率逐步提升,农村人口向城镇流动,二、三线城市的人口向大都市迁徙,广东省内同样呈现出人口从低收入地区向高收入地区转移的趋势。

通过广东省2022年统计年鉴,我们可以得知21个地市的人口净流入情况。大湾区九市中,除了肇庆外,其他城市均有人口净流入。而非湾区的13个地级市均出现了常住人口数量不及户籍人口数量的"净流出"现象。这显示出广东省内出现了大量的人口聚集大湾区的现象。

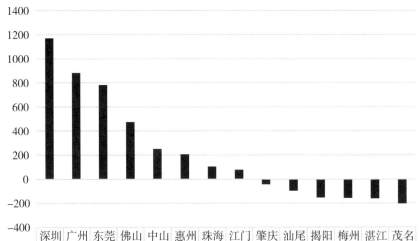

| | 深圳 | 广州 | 东莞 | 佛山 | 中山 | 惠州 | 珠海 | 江门 | 肇庆 | 汕尾 | 揭阳 | 梅州 | 湛江 | 茂名 |
|---|---|---|---|---|---|---|---|---|---|---|---|---|---|---|
| ■人口净流入数 | 1171 | 882.6 | 782.8 | 476.1 | 250.9 | 206.5 | 104.7 | 78.22 | −44.1 | −96.8 | −153 | −157 | −161 | −206 |

■人口净流入数

**图17.1　2020年大湾区珠三角九市及广东省部分城市人口净流入情况(单位:万人)**

结合百度地图的迁徙平台数据,我们可以得知粤西、粤北地区的人口更多流向广州,而东莞、惠州、河源、汕尾等临深城市的人口更多流向深圳。另外,粤东的潮汕地区的人口对广深双城都有较大的流向。

2020年,广东的流动人口数量达到5206.62万人,其中省内流动人口为

2244.40 万人,外省流入人口为 2962.21 万人。广东不论是吸引外省人口流入量还是省内人口流动量,均为全国首位。大湾区迅猛发展不仅吸引了来自粤东西北地区的大量人口涌入珠三角地带,也吸引了外省的大批人口纷至沓来。在春运期间的人口迁移情况中,大湾区内的人口迁入主要集中在广深都市圈中,而大湾区的外来建设者主要来自国内东南部和西部省份,如湖北、湖南、江西、广西、四川、贵州等省份,同时中部的河南和东北三省也有人口流入大湾区。综合来看,大湾区的建设呈现出强大的虹吸效应,吸引着大量人口前来发展。

### 三、从居民收入看

2021 年,广东省人均可支配收入数据显示,工资性收入在全省居民可支配收入中占比 68.4%,成为拉动居民收入增长的主要动力。特别是深圳,人均工资性收入高达 59 095 元,同比增长 10.10%,占人均可支配收入的比重高达 83%;而中山的人均工资性收入为 39122 元,占比为 67.6%。

2021 年,广东的就业局势总体呈现稳定向好的态势。全年城镇新增就业达到 140.33 万人,完成年度任务 127.6%,接近恢复到往年同期水平。全年城镇调查失业率均值为 4.9%,较 2020 年明显降低。

为了保障技能人才更好就业,广东出台了 3.0 版"促进就业九条"政策。在该政策的推动下,"粤菜师傅""广东技工""南粤家政"三项工程共培训了 389 万人次,全省城镇新增就业超过 140 万人。特别是"粤菜师傅"工程是三项工程中最早实施的,迄今已累计培训 33.6 万人次,带动就业创业 74.3 万人次。"广东技工"工程将全省 148 所技工院校打造成乡村振兴的生力军,在校生达到 63.4 万,占全国 1/6,广东已经基本建成全国最大技工教育体系。此外,仅 2021 年,"南粤家政"工程累计开展家政服务培训 97 万人次,带动就业创业 158 万人次,全省家政服务企业已达 2.68 万家,比 2018 年翻了近一倍,吸纳就业能力进一步提升。

### 四、粤港澳大湾区劳动力市场培育的经验借鉴

粤港澳大湾区在劳动力市场培育和资源配置方面主要做法有:①强化人才培养和教育,粤港澳大湾区注重人才培养和教育,大力发展高等教育和职业教育,培养适应现代产业需求的高素质人才;②促进人才流动和交流,粤港澳

大湾区鼓励人才跨境流动和交流,为人才提供更多便利;③支持高技能人才发展,粤港澳大湾区注重支持高技能人才的发展,提供更多的技能培训和职业发展机会;④鼓励创新创业,粤港澳大湾区鼓励创新创业,提供更多的创业支持政策和创新资源;⑤推动产业升级,粤港澳大湾区注重产业升级和转型升级,提供更多的就业机会和优质工作岗位,长江经济带各地应推动产业结构升级,推动新兴产业和现代服务业的发展,吸引更多优秀人才参与到高附加值产业中;⑥加强劳动力市场信息发布,粤港澳大湾区建立了劳动力市场信息发布平台,为用人单位和求职者提供更便捷的信息对接服务;⑦促进社会保障体系建设,粤港澳大湾区注重社会保障体系建设,提供更全面的社会保障服务。

以上经验对长江经济带发展有借鉴意义。长江经济带各地应加大对教育的投入,提高教育质量,培养符合区域经济发展需要的各类人才;要建立更加开放的人才流动机制,吸引优秀人才来到该地区工作和生活,促进人才资源的高效配置;积极推动职业教育与产业需求的深度对接,培养更多的高技能劳动力,提高劳动力素质和技术水平;加大对创新创业的扶持力度,鼓励有创业意愿的人才投身创新创业领域,推动劳动力资源的优化配置;建立更加高效的劳动力市场信息平台,实现劳动力需求与供给的精准匹配;加强社会保障体系建设,保障劳动者权益,提高劳动力的安全感和满意度。

## 第三节　粤港澳大湾区金融市场及其启示

### 一、粤港澳大湾区金融业特征

粤港澳大湾区的银行、证券和保险三大行业在全国范围内处于领先地位,这要归功于双向开放和互联互通机制的深化。在银行业层面,单个城市平均存贷款规模远超过长三角、京津冀等其他城市群。2021年,粤港澳大湾区平均每个城市的存贷款余额分别为3.6万亿元和2.7万亿元,是长三角的1.75倍和1.62倍。而在证券业层面,粤港澳大湾区上市企业的平均市值较大,更具科技性和开放性。2022年,该区内注册的A股(含北交所)上市企业共计719家,总市值达到13.5万亿元,单个企业市值规模为187.7亿元,显著高于长三角1417家上市企业的平均市值(138.4亿元)。在创新属性和科技属性明显的板块上市,创业板、科创板和北交所上市企业合计占比达45.6%,超过全国的35.7%和长三角的38.8%。此外,粤港澳大湾区的保险业在总量和平均水平上都处于领先地位。2021年,该区的保险业保费收入达到10 121.9亿元,占全国保费收入的22.5%。

其次,香港、深圳和广州这三大城市构成了粤港澳大湾区的三个核心增长极,各自拥有金融特色产业,优势相互补充,培育出差异化竞争优势。香港的金融业起步较早,银行和保险体系成熟完善,具备绝对优势;证券业虽然在内地资本市场崛起后优势有所下降,但在权证等衍生品领域仍然全球领先。深圳依托深交所品牌效应,吸引了大量证券服务机构聚集,形成了正向循环机制,推动了证券业的飞速发展,在湾区的各市中证券业最为发达。广州的金融发展相对滞后于香港和深圳,但保险业具有一定的比较优势,并通过打造期货产业链,走出了一条差异化发展道路。

此外,绿色金融、金融科技和普惠金融是粤港澳大湾区金融业的三大前沿领域,优势突出。绿色金融方面,有关绿色金融的组织、标准、规则和融资渠道不断优化。香港、深圳、广州和澳门联合成立了全国首个区域性绿色金融联盟——粤港澳大湾区绿色金融联盟,促进了绿色金融的发展。同时,深圳还颁布了《深圳经济特区绿色金融条例》,成为我国首部绿色金融法律法规。金融科技方面,香港持续探索金融科技,内地在此领域也逐渐赶超香港。香港金管局早在2016年就设立了金融科技促进办公室,近年来推动金融科技的发展,推出了"转数快"快速支付系统、发放虚拟银行牌照,推动设立基于区块链技术的贸易融资平台等。广东在建设基于区块链的贸易融资企业系统,通过科技金融技术为企业风险评级和画像,促进企业和银行的线上融资对接。普惠金融在粤港澳大湾区同样表现出优势。通过普惠贷款风险补偿和应急转贷机制等手段,实现了对中小微企业的精准滴灌,有效帮助他们应对疫情冲击,缓解融资难题。以广州为例,截至2022年5月末,在普惠机制下,各合作银行累计投放普惠贷款794.3亿元、32万笔,共惠及广州地区小微市场主体11.1万余户。

## 二、粤港澳大湾区金融产业政策

金融改革创新是粤港澳大湾区金融资本管理的关键内容。《粤港澳大湾区发展规划纲要》明确提出,要支持广州完善现代金融服务体系,提高国际化水平,同时支持深圳以深圳证券交易所为核心,加快资本市场的创新与开放。

为贯彻落实该规划纲要,2020 年 5 月 14 日,中国人民银行等四部门共同发布了《关于金融支持粤港澳大湾区建设的意见》,全面支持该地区成为国际金融枢纽。与此同时,大湾区各城市相继推出了一系列重要的金融改革措施,包括但不限于:设立了国内首家港资控股合资证券公司、首家外资控股合资基金管理公司、首家相互保险社、首家外资全资期货公司,以及制定了国内首个地方性绿色金融发展法规——《深圳经济特区绿色金融条例》等。

由于九个内地城市与两个特别行政区特殊性,大湾区能受益于多重优惠政策。比如建设自贸试验区,有利于大湾区市场自由化和便利化,也凸显了粤港澳三地的合作精神。《粤港澳大湾区发展规划纲要》作为粤港澳大湾区建设的纲领性文件,明确规定了广州、深圳、香港和澳门四大核心城市在金融合作中的地位和作用。由此可见,不论是从战略规划还是现实需求来看,粤港澳三地的金融联动都显得极为必要和具有重要意义。目前,粤港澳三地的金融合作不断深化,先后发布的《横琴方案》《前海方案》《南沙方案》都提出了一系列粤港澳金融合作创新发展的规划和思路。

粤港澳大湾区金融资源丰富,金融行业发展程度高,能较好起到对实体经济支持的作用。其金融产业的国际化是该区域独特优势所在,如香港是全球三大国际金融中心之一,深圳在全球金融中心排名前十,随着广州期货交易所成立和粤港澳大湾区国际商业银行的布局,广州金融业也得到了快速发展。除此之外,广东自贸区的创新政策,有利于实体经济在国际和国内两个市场间实现顺畅融通。

粤港澳大湾区还注重快速发展特色金融。《粤港澳大湾区发展规划纲要》明确提出要大力发展绿色金融。香港特区政府已在 2018—2019 年度财政预算中规划了绿色债券的发行。此外,大湾区还在探索特色金融产品的创新,例如交易型开放式指数基金(ETF)产品、合格境内有限合伙人(QDLP)境外投资试点、自由贸易(FT)账户、合格境外有限合伙人(QFLP)试点等。这些举措表明,粤港澳大湾区正在积极构建与其地域特点和经济需求相契合的金融创新体系。

在金融改革创新的背景下,粤港澳大湾区着重服务实体经济的发展。该区域拥有丰富的金融资源和领先的金融业,正不断加强对实体经济的支持。区内的国际化金融产业,如香港作为全球三大国际金融中心之一,以及深圳在全球金融中心排名中位居前列,都为实体经济提供了有力支撑。同时,广州期货交易所的设立和粤港澳大湾区国际商业银行的布局,也为该区域实体经济的腾飞提供了助力。更为重要的是,广东自贸区的创新政策,使得大湾区的金融业可以更好地连接国际和国内两个市场,进一步推动实体经济的发展。

### 三、粤港澳大湾区资本市场融合发展

广东省地方金融监督管理局明确表示,将全面贯彻《粤港澳大湾区发展规划纲要》相关工作安排,有序推进大湾区内基金、保险等金融产品的跨境交易,不断丰富投资产品种类和渠道,建立资金和产品互通机制,以支持符合条件的港澳银行、保险机构在深圳前海、广州南沙、珠海横琴设立经营机构。

粤港澳大湾区实行区域资本市场一体化建设,其实质上是推动大湾区各城市联通资本市场基础设施、制度和市场服务。在这个过程中,各城市之间的规则被相互接受,旨在促进资本在大湾区内合理流动和组合。这种一体化建设能有效发挥中心城市金融辐射作用,提升资本使用率,实现资本市场帕累托改进。这一过程中,国家级金融基础设施平台发挥着关键作用,目前大湾区资本市场的核心集中在交易所领域,包括深交所、港交所、广州期货交易所等,这些平台为促进区域内金融市场的融合提供了坚实支持。

深交所不断优化深港通机制,推动大湾区资本市场相互连接。2018年至2023年,深港通累计交易金额突破了57万亿元,年均增长超过96%,涵盖标的范围逐渐扩大,跨境投资愈发活跃。深圳与香港已经建立了多个合作通道,包括深港账户通、汇款通、融资通、贸易通、金融服务通、跨境理财通等六大金融合作新机制。

2021年,港交所购入了广州期货交易所7%的股权,成为第一个被允许入股内地期货交易所的境外机构。港交所的相关负责人表示,他们将通过支持广州期货交易所的市场化和国际化,与广州期货交易所共同推动大湾区绿色低碳市场发展。2023年6月,港交所推出"港币—人民币双柜台模式",港股成为全球首个实施两种货币柜台结构的市场。港股市场迎来了更多元化的资金来源,同时人民币国际地位亦得到了提高,巩固发展了香港国际金融中心的地位。从战略层面来看,港币—人民币双柜台模式将充分发挥香港作为国际离岸人民币枢纽的作用,为推进人民币国际化做出贡献。尤其值得强调的是,这一模式可为港股通交易使用人民币奠定基础,是粤港澳大湾区资本市场互联互通的重要成果之一。

### 四、粤港澳大湾区金融资本管理的启示

粤港澳大湾区金融资本管理的经验主要有:①构建金融一体化平台,粤港澳大湾区倡导金融一体化发展,通过构建跨境金融服务平台,实现金融资源的互联互通;②加强金融监管协作,粤港澳大湾区在金融监管方面实行了更加紧密的合作机制,加强跨区域金融风险的监测和应对;③推动金融创新发展,粤港澳大湾区鼓励金融创新,推动数字化金融、绿色金融等领域的发展;④加强金融人才培养,粤港澳大湾区注重金融人才培养,提升金融从业人员的专业素养和服务水平;⑤支持实体经济发展,粤港澳大湾区注重金融服务实体经济,支持产业升级和企业发展;⑥鼓励跨境金融合作,粤港澳大湾区鼓励跨境金融合作,推动港澳金融机构在内地设立经营机构;⑦加强金融宣传和营销,粤港澳大湾区注重金融宣传和营销,提升金融品牌形象和知名度。

以上这些做法可供长江经济带借鉴。建立金融一体化平台,有利于整合金融机构和金融产品,促进金融资源的跨区域流动和配置;建立联防联控的金融监管机制,可以加强信息共享和协作,防范跨区域金融风险的传递;加大对金融科技和绿色金融的支持力度,推动金融创新,有助于提高金融服务的普惠性和便捷性;加强金融人才培训和交流,可以吸引更多优秀人才;加强对实体经济的金融支持,为企业提供更加多样化和定制化的金融产品和服务,才能摆脱金融资本空转的窘境;积极吸引境外金融机构和金融资本的进入,拓展金融市场,促进金融资源的跨境配置,会带来更深入的改革和开放,而只有增强本土金融业的公信力和吸引力,才能吸引境外金融机构和金融资本的进入。

执笔人:梁琦,中山大学产业与区域发展研究中心主任,管理学院教授,博士生导师;匡正扬,中山大学管理学院博士生;王如玉,广州工业大学经济学院教授

### 参考文献

[1] International Monetary Fund. World Economic Outlook: Navigating Global Divergences[M]. Washington,DC:International Monetary Fund,2023.

[2]梁琦.读懂粤港澳大湾区需要国际视野[N].羊城晚报,2017 - 5 - 21.

[3]李仁泽.对话梁琦:粤港澳大湾区助力南海经略,让"一国两制"行稳致远[N],凤凰财经,2017 - 7 - 12.

［4］陈德宁,郑天祥,邓春英.粤港澳共建环珠江口"湾区"经济研究［J］.经济地理,2010,30(10):1589 – 1594. DOI:10. 15957/j. cnki. jjdl. 2010. 10. 008.

［5］陈广汉,刘洋.从"前店后厂"到粤港澳大湾区［J］.国际经贸探索,2018,34(11):19 – 24. DOI:10. 13687/j. cnki. gjjmts. 2018. 11. 004.

［6］广东省工业和信息化厅.2022 年广东省数字经济工作要点［Z］.2022.

［7］广东省工业和信息化厅.广东省促进中小企业特色产业集群发展暂行办法［Z］.2023.

［8］广东省工业和信息化厅.广东省关于健全支持中小企业发展制度的实施意见［Z］.2021.

［9］广东省工业和信息化厅和广东省财政厅.广东省先进制造业发展专项资金(普惠性制造业投资奖励)管理实施细则［Z］.2021.

［10］广东省工业和信息化厅和广东省财政厅.先进制造业发展专项资金首台(套)重大技术装备研制与推广应用管理实施细则［Z］.2021.

［11］广东省科学技术厅.关于加快构建广东省战略性产业集群创新体系支撑产业集群高质量发展的通知［Z］.2022.

［12］国家统计局城市社会经济调查司.中国城市统计年鉴［M］.北京:中国统计出版社,2011 – 2022.

［13］广东省人民政府.广东省加快先进制造业项目投资建设若干政策措施［Z］.2021.

［14］广东省人民政府.广东省进一步支持中小企业和个体工商户纾困发展的若干政策措施［Z］.2022.

［15］广东省人民政府.广东省人民政府关于培育发展战略性支柱产业集群和战略性新兴产业集群的意见［Z］.2020.

［16］广东省人民政府.广东省制造业高质量发展"十四五"规划［Z］.2021.

［17］广东省人民政府.广东省制造业数字化转型若干政策措施［Z］.2021.

［18］广东省人民政府.广东省制造业数字化转型实施方案(2021—2025 年)［Z］.2021.

［19］广东省统计局.广东统计年鉴［M］.北京:中国统计出版社,2011 – 2022.

# 第十八章　黄河流域生态保护和高质量
　　　　　发展实践与价值

　　黄河流域生态保护和高质量发展是重大国家战略,该战略聚焦"幸福河"这一总目标,为协调好黄河流域上中下游不同区段、不同省区、不同城市群都市圈等空间单元间在生态环境保护和生态治理、水资源节约集约利用、特色优势现代产业体系构建、城市群都市圈一体化发展,以及文旅融合和文化旅游带构建等方面的关系提供了依据和方向。本章重点回顾黄河流域生态保护与高质量发展4年来的历程和主要做法,并提出经验借鉴与启示。

## 第一节　黄河流域生态保护和高质量发展的做法与成效

### 一、强化环境污染的系统治理

　　黄河是中华民族的母亲河,在我国经济社会发展和生态安全方面有着重要的作用。近年来,黄河流域牢固树立"绿水青山就是金山银山"理念,突出抓好生态保护,以蓝天、碧水、净土三大保卫战为主的污染防治攻坚战取得阶段性成果。

　　1.推动大气治理联防联控,蓝天保卫战成效显著

　　黄河流域全面落实减煤、控车、抑尘、治源、禁燃、增绿等措施,协同推动黄河流域大气治理联防联控。逐步削减煤炭消费总量,强化电力、煤炭、钢铁、化工、有色、建材等重点行业煤炭消费减量措施,淘汰一批能耗高于全国平均水平的低效产能,提高煤炭清洁利用水平;实施煤炭消费减量替代方案,新、改、扩建耗煤项目均实行煤炭减量替代,严格落实替代源及替代比例;大力推进清洁能源取暖,建设一批地热、生物质、工业余热等供暖示范项目,推广碳晶、发热电缆、电热膜、电空调等,以及燃气壁挂炉等分散式取暖;淘汰落后的燃煤机组,30万千瓦及以上燃煤机组全部实现超低排放改造和淘汰;强力推进燃煤锅炉综合整治,拆改燃煤锅炉,实施燃气锅炉低氮燃烧改造,城市建成区生物

质锅炉实施超低排放改造。通过综合治理,黄河流域空气质量持续改善,2020年,流域细颗粒物(PM$_{2.5}$)浓度下降到 38 微克/米$^3$,较 2015 年降幅 25.5%;可吸入颗粒物(PM$_{10}$)浓度下降到 69 微克/米$^3$,降幅 26.6%;优良天数比率提高 3.1 个百分点,重污染天数比率降低 1.6 个百分点。

2. 开展重点河湖水污染防治,碧水保卫战纵深推进

黄河流域全面开展流域重点河湖污染防治行动,实施"一河一策"及不达标断面限期治理措施,实现黄河水环境质量综合提升。实施渭河流域污染防治巩固提升三年行动、湟水河流域水污染治理攻坚行动、南四湖流域水污染综合整治三年行动方案,全力治理黄河主要支流及重要湖库水污染。加大湖泊生态补水力度,大幅削减入湖(库)河流污染负荷,实现乌梁素海、岱海、南四湖等重点湖库生态环境综合治理,改善湖库水质。采取控源截污、节水减污、垃圾清理、清淤疏浚、生态修复、流量保障等综合治理措施,扎实推进城市黑臭水体治理。2020 年,黄河流域Ⅰ类—Ⅲ类断面占比为 84.7%,相比 2016 年增加 25.6 个百分点。其中,黄河干流水质为优,主要支流水质由轻度污染改善为良好,Ⅰ类—Ⅲ类断面占比为 80.2%,相比 2016 年增加 31.2 个百分点,劣Ⅴ类断面已实现全面消除。

3. 实施流域土壤污染整治,净土保卫战有序推进

黄河流域严格执行相关行业企业布局选址要求,结合推进新型城镇化、产业结构调整和化解过剩产能等,有序搬迁或依法关闭对土壤造成严重污染的企业。将涉镉等重金属行业企业纳入土壤污染重点监管范围并开展整治,推动轻中度污染耕地安全利用和重度污染耕地严格管控,强化建设用地准入管理,累计完成近 2800 块地块土壤环境调查,对 150 多块地块开展土壤污染风险评估。实施废氧化汞电池、镍镉电池、铅酸蓄电池、含汞荧光灯管、温度计等含重金属废物的安全处置。加强畜禽粪便综合利用,开展种养业有机结合,推动循环发展试点,鼓励支持畜禽粪便处理利用设施建设。

## 二、因地制宜对山水林田湖草沙进行一体化保护与修复

1. 加强上游水源涵养能力建设

自 20 世纪末,三江源自然保护区生态保护和建设工程、甘南黄河重要水源补给生态功能区生态保护与建设等一系列生态保护与修复工程得以实施,有效维持和修复了区域水源涵养能力,主要表现为黄河源区最重要的植被类

型草地面积在工程实施后有所增加、植被生长状况恢复良好、沙漠化得到有效遏制、水源涵养量和河川径流量呈增长趋势(刘永峰,2021;莫兴国,2022)。

2.加强中游水土保持

由于大范围的退耕还林还草工程和水土保持工程措施,黄土高原植被覆盖率显著提升,土壤侵蚀状况得到显著改善(宁珍,2022),生产力得到提升,黄河输沙量近年来呈现降低趋势(王敏,2023)。黄河的输沙量已经接近历史最低水平,完成了从"一碗水、半碗沙"到河清水秀的转变。

3.推进下游湿地保护和生态治理

为更好地保护河口湿地,开展了大量滨海湿地生态修复的工程与实践,1992年,国务院批准建立了黄河三角洲国家级自然保护区。1999年,实施黄河水资源统一管理调度,确保了黄河下游不断流,经过流域水资源统一管理、黄河水量优化调度和河口地区水资源的合理配置,保证黄河沿岸以及河口湿地一定规模的生态用水。经过多年生态补水和湿地修复,黄河三角洲与近海生态环境得到了很大改善(庞博,2023)。调水措施使汛期洪水漫滩的概率得到提高,河漫滩湿地得到了一定程度的恢复,有助于河漫滩植被的生长,增加了物种多样性。

### 三、全力保障黄河长治久安

1.提高上游水源涵养能力,减少入黄输沙量

实施冰川雪山冻土全面监测以及评估,及时预测冰川雪山冻土变化并做出预警,持续推进黄河源头冰川雪山冻土综合保护试验示范点建设。实施湿地、草地保护恢复工程并全面加强森林植被保护恢复工作,提高森林覆盖率与森林质量,增强上游地区湿地保持水土涵养水源能力。积极实施退化草原修复工作,遏制草场退化沙化。通过"绿退沙进",库布其植被覆盖度由3%增长到了53%,毛乌素沙漠森林覆盖率达到67%。

2.生物与工程治理相结合,加强中游水土保持工作

21世纪以来,工程治理与生物治理相结合,大规模退耕还林还草工程和治沟造地积极展开(陈怡平等,2019)。在黄土高原沟壑区,统筹安排塬面、塬坡、侵蚀沟综合治理,配置塬面径流集蓄利用与排导工程,建成与当地经济社会相适应的"固沟保塬"综合治理体系。在沿黄区域,采取修建水平梯田、坝滩地,营造水保林、经济林,实施封禁等措施,有效减少入黄泥沙。因地制宜建

设淤地坝,形成以骨干坝为主体、中小型坝协调配套的泥沙拦蓄体系。工程治理措施主要依靠水利枢纽工程,在中游干支流上的适当地点修建水库进行调水调沙。2020 年,黄土高原地区水土流失面积,较最严重时约减少一半。

3. 下游滩区协同治理,提升滩区水安全保障能力

下游滩区加强滩区湿地生态保护修复,构建滩河林田草综合生态空间,加强滩区水生态空间管控,发挥滞洪沉沙功能,筑牢下游滩区生态屏障。使用泥沙放淤、挖河疏浚等手段形成不同功能区域,"高滩""二滩"以及"嫩滩"发挥不同的功能,形成综合治理模式,保障滩区群众生产生活与防洪保安之间的问题。加快滩区安全建设,实施滩区洪水淹没补偿政策,逐步废除生产堤。

### 四、强化刚性约束推动全流域水资源节约集约利用

1. 实施最严格的水资源保护利用制度

把水资源作为最大的刚性约束,强化用水指标刚性约束,实施水资源消耗总量和强度双控行动。实施重点区域地下水超采综合治理,加大中下游地下水超采漏斗治理力度,实现黄河流域地下水开发利用严格管控。严格计划用水管理,县级以上人民政府制定年度用水计划,规模以上用水户实行计划用水。加强用水计量监测,健全国家、省、市三级重点监控用水单位名录,将规模以上的用水单位纳入重点监控用水单位名录。强化水资源管理考核和取用水管理,将节水纳入经济社会发展综合评价体系和政绩考核,明确责任单位和责任人,压实工作责任。

2. 全面实施深度节水控水行动

全面实施深度节水控水行动,坚持节水优先,统筹地表水与地下水、天然水与再生水、当地水与外调水、常规水与非常规水,加大节水技术装备推广应用,挖掘水资源利用的全过程节水潜力,全面推进水资源节约高效利用。以甘肃黄河高抽灌区、宁蒙灌区、汾渭平原等大中型灌区为重点,实施节水改造,推进高标准农田建设,推广喷灌、微灌、低压管灌等高效节水灌溉技术,提高灌区节水水平。建设节水型企业和园区,实现用水方式由粗放低效向节约集约的转变,推动工业企业应用高效冷却、无水清洗、循环用水、废污水再生利用、高耗水生产工艺替代等节水工艺和技术。推进重点城市节水型社会达标、公共机构节水型示范机关、节水型高校、节水型小区建设工作。

3. 优化水资源配置格局,提升配置效率

立足黄河流域基本水情,区域统筹,谋篇布局,实施重大水网工程,优化水资源配置。坚持节水优先、大力开源,通过推进工程抓续建,巩固拓展抓配套,提质增效抓更新,优化提升抓改造,统筹供水、防洪、灌溉、生态环境改善和河湖连通工作。谋划、规划、实施黄河黑山峡水利枢纽、古贤水利枢纽等系列水资源配置工程,进一步优化水资源配置格局,提升水资源配置效率。

### 五、以新旧动能转换推进现代化产业体系构建

#### 1. 提升科技创新支撑能力

根据科技部《中国区域科技创新评价报告 2022》,黄河流域八省区的科技创新水平指数较 2018 年均有了明显提升,除青海外均处于第二梯队。2022 年 10 月,黄河流域科技创新联盟正式成立,联盟充分发挥黄河横跨多个省(区)的纽带作用,合力打造高能级科技创新平台,高效促进相关领域高质量技术成果的转移转化。2022 年,黄河流域生态环境保护联合创新中心正式成立,该中心联合相关高校、企业、科研机构、政府部门,围绕黄河流域生态恢复和环境污染治理开展深度合作,提高人才培养质量、激发科技创新活力、提供高质量社会服务。2023 年 6 月 29 日,黄河流域产业技术创新基地联盟正式成立,沿黄九省区以此为契机深化友谊、共谋发展,进一步促进和推动高层次的务实合作。

#### 2. 进一步做优做强农牧业

黄河战略实施以来,黄河流域聚焦立足农牧业优势,不断推动农牧业高质量发展。黄淮海平原、汾渭平原、河套灌区等粮食主产区,稳定种植面积,提升粮食产量和品质,积极推广优质粮食品种种植。河南粮食总产连续 5 年稳定在 650 亿千克以上,粮食播种面积常年稳定在 1.6 亿亩以上,其中,小麦面积稳定在 8500 万亩以上,稳居全国第一。内蒙古深入推进奶业振兴,鼓励以混合所有制形式建设奶源基地和牧场,着力打造五大奶源基地。青海大力发展特色畜牧业,玛多牦牛核心群组建暨种畜基地正式落地。甘肃着力打造"现代寒旱特色农业高地",建成千万亩国家级旱作农业示范区,建成了全国重要的杂交玉米制种和马铃薯良繁基地,提供了全国一半以上的大田玉米用种,每年外调马铃薯原种超过 6 亿粒。

#### 3. 高质量建设全国重要能源基地

山西作为能源大省,在合理控制煤炭开发规模、着力做好电煤稳价保供的同时,注重通过能源革命释放煤炭优质产能,开展煤炭绿色开采试点,煤炭先

进产能占比已提升至 80%,产量达到 13 亿吨,位居全国第一。作为产煤大市,2022 年,鄂尔多斯市产煤 8.4 亿吨,占全国的 1/5,为推动绿色转型,鄂尔多斯抢抓"双碳"战略机遇,把新能源作为调整能源结构的主攻方向,以能源结构转型引领带动产业结构转型、经济结构转型,全力打造"风光氢储车"五大产业集群。青海太阳能资源位居全国前列,截至 2023 年,青海电网发电总装机为 4614.3 万千瓦,其中新能源发电装机占比为 64.2%。龙羊峡水电站和海南藏族自治州的生态光伏发电园区,组成了青海省装机容量最大的水光互补电站。

4. 加快战略性新兴产业和先进制造业快速发展

2022 年,山东传统产业持续优化,培育国家级绿色工厂 223 家,居全国第 2 位;新兴动能增势强劲,"四新"经济增加值占比为 32.9%,比上年提高 1.2 个百分点;高技术制造业增加值比上年增长 14.4%,高于规模以上工业增加值增速 9.3 个百分点。河南以洛阳、濮阳、新乡、开封为重点,布局建设燃料电池及动力系统规模化生产基地,打造"郑汴洛濮氢走廊",形成串联陕西、山东氢能产业集群的黄河中下游氢能产业发展格局。陕西战略性新兴产业对 GDP 的贡献率为 35.1%,拉动全省 GDP 增长 1.5 个百分点,已成为陕西经济高质量发展的重要增长极。

5. 高水平建设山东半岛新旧动能转换综合示范区

山东新旧动能转换综合试验区是党的十九大后获批的首个区域性国家发展战略综合试验区。在具体推进过程中,山东围绕"去、提、增"三篇文章,聚焦"十强"产业,提出了创新、改革、开放"三大动力",以及"放管服"、制度创新、干部人才、交通运输"四大支撑"。经过 5 年建设,山东新旧动能转换的主要指标基本完成,在生态环境质量改善、生态承载能力提升、绿色转型、环境治理体系完善等方面取得了重要进展。2021 年 4 月 25 日,国务院原则同意《济南新旧动能转换起步区建设实施方案》,标志着济南新旧动能转换起步区正式获国务院批复设立。起步区通过"绿色低碳高质量发展,短期抓项目、中期强政策、长期优环境"举措,加快打造新动能转换的新引擎。

### 六、加快构建有机联动的城乡发展新格局

1. 高标准建设沿黄城市群

加快构建"城市群(都市圈)—中心城市—县城—乡村"有机联动的城乡发展新格局。城市群是特定区域工业化和城镇化发展到高级阶段的一种城市

空间组织形态。在经济全球化与区域经济一体化深入发展背景下,城市群作为国家参与全球竞争与国际分工的全新地域单元,作为国家经济发展的战略核心区和国家新型城镇化的主体区,对实现"两个一百年"奋斗目标具有非常重要的支撑作用(方创琳,2020)。山东半岛、中原、关中平原、黄河"几"字弯和兰州—西宁城市群是黄河流域"一轴两区五极"的发展动力格局"五极",是区域经济发展增长极和黄河流域人口、生产力布局的主要载体。

**表 18.1　沿黄地区城市群和都市圈建设主要举措**

| 类别 | 城市群 | 都市圈 |
|---|---|---|
| 山东半岛 | 坚持中心引领、圈层支撑、融合互动,提升济南、青岛两个城市能级,统筹推动省会、胶东、鲁南三大经济圈优势互补、错位发展、一体推进,全面提升山东半岛城市群综合竞争力,打造国内国际双循环战略枢纽 | 实施"强省会"战略,支持济南建设"大强美富通"现代化国际大都市,争创国家中心城市。加快构建以济南为中心的省会经济圈建设,重点推动济泰同城化、济淄同城化、济德同城化 |
| 中原 | 加大郑州国家中心城市建设力度,强化郑州国家中心城市的中枢引擎和辐射带动作用。强化洛阳副中心城市能级,与三门峡、济源协同发展,建设豫西转型创新发展示范区。南阳与信阳、驻马店协作互动,建设豫南高效生态经济示范区。商丘、周口建设豫东承接产业转移示范区。安阳、鹤壁、濮阳建设豫北跨区域协同发展示范区 | 加快郑州都市圈一体化发展,全面推进郑开同城化,并将兰考纳入郑开同城化进程,加快许昌、新乡、焦作、平顶山、漯河与郑州融合发展步伐。以洛阳为核心,培育发展现代化都市圈,引领豫西及豫陕交界地区协同发展 |
| 关中平原 | 抓好"三中心两高地一枢纽"建设,提升国家中心城市功能,充分发挥改革开放新高地优势和示范引领作用,提升对陕西、对西北发展的带动能力。以大西安建设带动关中平原城市群发展,推动榆林、延安深度融入呼包鄂榆城市群、黄河"几"字弯都市圈 | 强化改革举措加快西安—咸阳一体化进程,推动西安、咸阳规划协同、产业协作、要素流动、设施共享 |
| 兰州西宁 | 大力提升兰州综合实力、建设现代美丽幸福大西宁,以兰州、西宁、海东、定西等为重点,加强城市产业分工协作,向东加强与关中平原和东中部地区的联系,向西连接丝绸之路经济带沿线国家和地区。加快建设兰州—白银都市圈和西宁—海东都市圈 | 建设以兰州、兰州新区、白银为核心,带动定西、临夏的兰白都市圈。推动产业深度嵌套、通勤全面高效、商业延伸对接和以河湟文化为基础的社会文化认同,高水平建设西宁—海东都市圈 |

资料来源:基于山东、河南、陕西、甘肃、青海黄河流域生态保护和高质量发展规划整理

2.因地制宜推进县城发展

第一,上游地区加快补齐公共服务短板,提升县域人口承载能力。甘肃、青海等地加大要素保障力度和政策扶持力度,推进市政公用设施提档升级、环

境卫生设施提级扩能、公共服务设施提标扩面、产业配套设施提质增效,不断夯实县域经济发展基础。强化县城公共服务补短板,加快提升公共服务均等化水平和配套服务能力,持续提升县域人口承载能力。第二,中下游地区推进扩容提质,加快打造经济强县。河南把"一县一省级开发区"作为重要载体,着眼国内国际市场大循环、现代产业分工大体系,培育壮大主导产业。第三,创新体制机制,加快行政区划调整成为推动县域经济发展的重要推力。深化放权赋能改革,赋予县域更多的经济社会管理权限,推行省直管县财政体制改革。加快推动新型城镇化建设,推动一批人口大县、经济强县实施撤县设区、撤县设市改革。

### 3. 建设生态宜居美丽乡村

粮食生产核心区深入实施"藏粮于地、藏粮于技"战略,落实最严格的耕地保护制度。坚持质量兴农、绿色兴农、品牌强农,深化农业供给侧结构性改革,推进农业全产业链发展,提升农业规模化、产业化、集约化水平。加大历史文化名村和传统村落保护力度,保护乡村古街、古居、古井、古树、古桥、古祠等历史文化遗存,打造富有地域特色、承载田园乡愁的美丽乡村,培育一批与沿黄城市有机融合、相得益彰的特色乡村。在满足滩区行洪安全前提下,因地制宜发展特色农业和观光农业等,凸出现代农业生态经济体系功能。有序实施黄河滩区移民迁建,及时对搬迁后的村庄进行拆除及土地复垦。以污水垃圾处理、厕所革命、村容村貌提升为主攻方向,深入开展农村人居环境整治,加强长效管护。

## 七、保护传承弘扬黄河文化

### 1. 系统保护黄河文化遗产

积极开展黄河流域自然和历史文化遗产的调查普查工作,建设黄河流域文化遗产项目库,实施抢救性调查及保护项目,摸清了黄河文化遗产资源数量、类型、分布情况和保存状况,新发现一系列文化遗产遗迹(表18.2),为更好保护黄河文化遗产提供基础。建立了历史文化名城—名镇—传统村落—历史街区—历史建筑及遗址遗迹的多层级保护体系,文物保护利用工作统筹规划、连片保护、整体展示、有效利用的新态势初步形成。黄河文化遗产保护体制机制不断完善,文化和旅游部编制《黄河文化保护传承弘扬规划》,以及文物、非遗、旅游领域3部专项规划,沿黄9省(区)同步编制地方实施规划。非物质文化遗产保护得到加强,省级和国家级非物质文化遗产项目显著增加,文化生态保护区建设进展顺利。

表 18.2　中国十大考古新发现

| 年份 | 考古发现 | 黄河流域数量 |
|---|---|---|
| 2022年 | 湖北十堰学堂梁子遗址、山东临淄赵家徐姚遗址、山西兴县碧村遗址、河南偃师二里头都邑多网格式布局、河南安阳殷墟商王陵及周边遗存、陕西旬邑西头遗址、贵州贵安新区大松山墓群、吉林珲春古城村寺庙址、河南开封州桥及附近汴河遗址、浙江温州朔门古港遗址 | 6处 |
| 2021年 | 四川稻城皮洛遗址、河南南阳黄山遗址、湖南澧县鸡叫城遗址、山东滕州岗上遗址、四川广汉三星堆遗址祭祀区、湖北云梦郑家湖墓地、陕西西安江村大墓、甘肃武威唐代吐谷浑王族墓葬群、新疆尉犁克亚克库都克烽燧遗址、安徽凤阳明中都遗址 | 4处 |
| 2020年 | 贵州贵安新区招果洞遗址、浙江宁波余姚井头山遗址、河南巩义双槐树遗址、河南淮阳时庄遗址、河南伊川徐阳墓地、西藏札达桑达隆果墓地、江苏徐州土山二号墓、陕西西安少陵原十六国大墓、青海都兰热水墓群2018血渭一号墓、吉林图们磨盘村山城遗址 | 5处 |
| 2019年 | 陕西南郑疥疙洞旧石器时代洞穴遗址、黑龙江饶河小南山遗址、陕西神木石峁遗址皇城台、河南淮阳平粮台城址、山西绛县西吴壁遗址、甘肃敦煌旱峡玉矿遗址、湖北随州枣树林春秋曾国贵族墓地、新疆奇台石城子遗址、青海乌兰泉沟吐蕃时期壁画墓、广东"南海Ⅰ号"南宋沉船水下考古发掘项目 | 6处 |

资料来源:作者整理

2.深入传承黄河文化基因

综合运用数字化建模、虚拟修复、数字化展示、数字化复制存储等新一代信息技术集群,建立黄河文化资源数据库,全面保护和传承黄河文化基因。加强黄河文化遗产数字化保护与传承弘扬,配合实施黄河文化遗产系统保护工程,推动黄河标志和吉祥物在全流域黄河文化遗产廊道、黄河生态廊道、河长公示牌、重点治河工程、水文站等治河场景深入普及应用。实施《海晏河清》等精品文艺工程,深入传承了黄河文化基因,建立起了沟通历史与现实、拉近传统与现代的黄河文化创新传播体系。规划建设黄河国家博物馆、大河村国家考古遗址公园等一批公共文化设施,强化公共文化服务供给力度。全面推动黄河流域古都古城、古镇及传统村落的系统保护,充分发挥历史文化空间在城市与乡村振兴中的积极作用,加强对黄河文化基因的体现与传承,延续地方文脉。

3.讲好新时代黄河故事

　　黄河国家战略实施以来,沿黄各省高度重视讲好新时代黄河故事,极大地提升了黄河文化的影响力。一是加强对黄河文化的展示宣传,创新黄河文化传承模式。甘肃省博物馆、河南博物院等9家沿黄九省(区)博物馆共同发起成立了"黄河流域博物馆联盟",推出一批与黄河文化有关的精品展览、主题社教、社会服务、学术讲座等活动。二是黄河文化主题活动和国际交流开展如火如荼。国家文化和旅游部及地方文旅部门积极策划举办如黄帝故里拜祖大典、黄河珍宝——沿黄九省文物精品展、黄河文化主题美术作品展巡展、黄河文化国际传播论坛等各类黄河文化交流、旅游年、主题论坛等活动,成立沿黄九省(区)黄河文化国际传播协作体,提高了黄河文化在国内外的社会影响力和感召力。三是黄河文化主题文艺创作蓬勃发展。《唐宫夜宴》《洛神水赋》《龙门金刚》等系列黄河文化题材的文艺作品持续出圈,提升黄河文化传播力影响力。

　　4. 打造具有国际影响力的黄河文化旅游带

　　首先,规划建设了一系列精品文化旅游项目,夯实黄河文化旅游带建设的载体支撑和产品内容。甘肃省实施史前文化遗址公园建设,推动黄河文化遗产廊道建设,建设黄河石林、黄河三峡、"读者印象"精品文化街区。河南省推出《只有河南·戏剧幻城》等项目,成为沉浸式体验黄河文化的精品。其次,黄河文化旅游带旅游线路建设取得显著的进展。推出了中华文明探源之旅、黄河寻根问祖之旅、黄河世界遗产之旅、黄河生态文化之旅、黄河安澜文化之旅、中国石窟文化之旅、黄河非遗之旅、红色基因传承之旅、黄河古都新城之旅、黄河乡村振兴之旅等国家级旅游线路。三是以"文旅 + 教育"为特色的黄河文化研学旅行快速发展。山东省开展"走黄河·读齐鲁"主题研学课程,打造儒学研学之旅、黄河记忆乡愁之旅等精品研学线路。河南省打造黄河文化研学旅行基地277个、精品课程437节。黄河文化旅游带建设取得的成效,2023年"五一"黄金周期间,黄河流域大部分省份接待游客规模和旅游收入超过或者接近2019年水平(表18.3)。

表 18.3　2023 年"五一"假期黄河流域各省(区)旅游恢复水平

| 省份 | 旅游总收入<br>(亿元) | 恢复至2019年同期<br>(可比口径) | 接待游客量<br>(万人) | 恢复至2019年<br>同期 |
|---|---|---|---|---|
| 山东 | 341 | 109.90% | 1916 | 136.30% |
| 河南 | 310 | 107.70% | 5518 | 121.30% |

续表

| 省份 | 旅游总收入（亿元） | 恢复至2019年同期（可比口径） | 接待游客量（万人） | 恢复至2019年同期 |
|---|---|---|---|---|
| 甘肃 | 109 | 86.80% | 2030 | 107.20% |
| 宁夏 | 30 | 488.40% | 479 | 156.20% |
| 内蒙古 | 24 | — | 481 | — |
| 青海 | 12 | 101.90% | 261 | 146.90% |
| 陕西 | — | — | — | — |
| 山西 | — | 113.90% | — | — |

资料来源：数据源于黄河沿岸各省文旅厅发布数据（其中陕西、山西未发布具体数据），与2019年的比较均按照可比口径进行

## 第二节 黄河流域生态保护和高质量发展的经验总结

### 一、流域污染治理与环境整治经验

黄河流域通过农业面源污染治理、工业污染治理、城乡生活污染防治和矿区生态环境综合整治等一系列措施，大力推进生态保护与环境污染系统治理，形成了有益的经验。

1. 推进农业面源污染治理

确定农业面源污染优先治理区域，以重要干支流和湖泊为重点，采用工程措施和非工程措施，系统推进农业面源污染治理。工程措施层面，在河套—土默川平原、关中、大禹渡、青铜峡、沙坡头等引黄大中型灌区、滩区等重点区域建设节水工程和排水沟工程，建立生态植被缓冲带，发挥沟渠湿地截污功能（孙风朝，2022）。非工程措施层面，采用科学合理的农田水利设施和灌溉技术，减少农业用水和养分的浪费；实施化肥农药减量增效控害工作，优化农业生产模式与布局，推动农户使用有机肥料和生物农药；加强山东、河南、宁夏等滩区总氮管控，有效控制黄河干流总氮浓度。

2. 实施工业污染深度治理

实施差别化环境准入政策，严格限制增加氮磷污染物排放的工业项目。实施黄河干支流入河排污口专项整治行动，开展黄河流域入河排污口调查，积极推进黄河干流及主要支流入河排污口"查、测、溯、治"工作。山西省通过

"查、测、溯、治"工作,精准治理水污染,实现汾河流域13个国考断面全部退出劣Ⅴ类,水质大幅改善,创历史最好成绩。各省(区)积极开展工业企业落后产能退出工作,严格控制沿黄城市和干流沿岸县等沿黄重点地区工业项目入园及新上高污染、高耗水、高耗能项目。加大现有工业园区整治力度,推动煤化工、焦化、农药、农副食品加工、原料药制造等重点行业工业废水稳定达标排放治理。

3.强化城乡生活污染治理

开展黄河干流和汾河、渭河、湟水河、涑水河、延河、清涧河、湫水河、三川河等沿线城市和县城污水管网排查更新,降低合流制管网溢流污染。强化黄河流域中小城镇环境综合治理,通过新建垃圾处理厂、垃圾收集池、垃圾填埋场并配套垃圾清运车,提高中小城镇垃圾收集及处置率;对已建成的生活垃圾填埋场规范运行,及时填埋,做到无害化处置。以黄河干流、汾河、渭河、祖厉河、无定河、乌梁素海、大汶河、南四湖、东平湖等重要干支流及湖库沿线县域村庄、饮用水源地保护区范围内村庄、乡镇政府驻地和中心村村庄等为重点,因地制宜选取污水处理或资源化利用模式,推广小型化、分散化、生态化的建制镇污水处理工艺技术,梯次推进农村生活污水治理。

4.实施流域矿区环境污染综合治理

实施并强化生产矿山边开采、边治理举措,及时修复生态和治理污染,停止对生态环境造成重大影响的矿产资源开发,严厉打击违法占地、违法采矿等自然资源违法行为,开展黄河流域自然资源执法专项整治行动。以黄河干支流岸线、水库、饮用水水源地、地质灾害易发多发区为重点,开展尾矿库、尾液库风险隐患排查,"一库一策"制订治理和应急处置方案,鼓励尾矿综合利用。推进废弃矿山综合整治和生态修复,因地制宜管控矿区污染土壤和酸性废水环境风险,鼓励采取自然恢复等措施,保障农业生产和生活用水安全。实施黄河上中下游因煤矿大强度开采导致大规模地面沉陷综合治理。

**二、流域生态系统保护与修复经验**

对黄河上游的保护以水源涵养和生物多样性保护为主,加强退化草原的防治,保护湿地及草原植被,加强天然林、湿地和高原野生动植物保护,实施退耕(牧)还林还草、牧民定居和生态移民,恢复湿地,涵养水源,逐步恢复湿地水源涵养功能。制订湿地生态补水规划,避免区域湿地过度修复影响流域湿地整体功能正常发挥。加大湿地周边区域污染源治理力度,实施富营养化湖泊生物治理工程,控制芦苇区、水草区面积,防止湖泊沼泽化,保障湖泊湿地主体功能正常发挥。

黄河中游的黄土高原小流域综合治理是控制黄土高原水土流失的关键,按照水土流失特点和规律,因地制宜,因害设防,采取包括工程措施、植物措施和农业技术措施相结合,山水林田路综合治理,合理利用水土资源,优化农林牧结构,形成以小流域为单元的综合防治体系。建立长期有效的水土保持修复机制,实施封山禁牧为主的管理措施,使林草植被快速恢复,土壤性状得到改善,水土保持功能增强,水土流失强度减弱。

河口三角洲湿地保护要充分遵循河口演变和生态演替自然规律,以河口生态系统良性维持为目标,以河口淡水湿地保护为重点,对因水资源短缺而诱发的湿地生态失衡状况进行适度的人工修复。结合水文情势进行持续、强化的人为生态补水干预(王涛,2022),在保障基本生态流量的基础上,适当增加补水频率(杨薇,2018)。

### 三、黄河治理经验

1. 建立科学的水沙调控体系

初步形成了"拦、调、排、放、挖"综合处理利用泥沙的体系。该体系将对于黄河的治理着重点由下游地区转为全流域的综合治理,推动流域九省上下协同对黄河进行共建共治。贯彻落实好"拦",加强对于流域内的水土保持工作,从根源上减少泥沙来源,通过拦沙工程设施将进入河道的泥沙拦截在水库内。"调"指调水调沙,协调水沙关系,通过水利工程改变黄河水少沙多,水沙时空分布不均衡,河道淤积的状态,利用水力条件,最大限度地把泥沙输送入海;"排"与"挖"主要用于黄河下游,"排"指利用洪水排沙入海,根据水库内蓄水情况,及时将水库内淤积的沙排入河道,"放"主要是在中下游河道两岸低洼地带处理和利用一部分泥沙,"挖"指挖河疏浚,则利用机械挖泥船挖沙固堤。

2. 构建完善的防洪减灾体系

加快以中游干支流骨干水库、河防工程、蓄滞洪区工程为主体的"上拦下排、两岸分滞"的下游防洪工程体系、防洪非工程措施,以及二者相结合的防洪减灾模式。在黄河下游按照"稳定主槽、调水调沙、宽河固堤、政策补偿"的治理方略,建设以标准化堤防、河道整治工程为主的河防工程,通过调水调沙、疏浚主槽恢复并维持中水河槽(邓玉梅,2008),进一步优化流域防洪减灾体系布局,做好洪涝水出路安排,综合采取"扩排、增蓄、控险"相结合的举措,以流域为单元构建由水库、河道及堤防、分蓄滞洪区组成的现代化防洪工程体系。

3.完善立法保障,开启依法治河新篇章

黄河流域在工程治理和生物治理的基础上,开启了依法治理的新篇章。2023 年 4 月 1 日,《中华人民共和国黄河保护法》(以下简称《黄河保护法》)开始施行,《黄河保护法》注重黄河整个流域生态的保护与修复,以法律的形式对于整个流域内进行保水、固土、治沙、防污等,保护法的出台为黄河流域生态保护和高质量发展提供了有利的法律保障。

#### 四、流域水资源节约集约利用经验

1.用水指标严格管理,强化水资源刚性约束

落实水资源用水总量和强度双控。建立健全覆盖全流域省市县三级行政区的取用水总量、用水强度控制指标体系,对黄河干支流规模以上取水口实施动态监管,合理配置区域行业用水,将节水作为约束性指标纳入当地政绩考核范围。开展"挖湖引水造景"等问题整治。以国家公园、水源涵养区、珍稀物种栖息地为重点,清理整治过度的小水电开发。建立地下水取用水总量和水位双控指标体系,加强地下水开发利用监督管理。

2.优化水资源配置,确定河湖生态流量

优化、细化基于"丰增枯减"原则下的《黄河可供水量分配方案》,下游地区要更多使用南水北调供水,腾出适当水量用于增加生态流量和保障上中游省区生活等基本用水需求。强化全流域水量统一调度,科学优化水资源配置,细化完善干支流水资源分配。科学合理确定黄河干支流河湖生态流量(水量),以黄河干流及主要支流为重点,制定实施生态流量保障方案,加强生态流量动态监管,开展生态流量保障效果调查评估。优化生态调度方式,细化实化生态用水计划,合理拓宽黄河生态调水范围,统筹安排河道内滩区湿地和河道外河口三角洲湿地、乌梁素海等重点地区生态补水。推进新一轮地下水超采区、禁采区、限采区划定,开展地下水超采综合治理,促进重点区域地下水采补平衡。

3.以水定城,加强城乡生活节水

因水制宜、集约发展,强化水资源刚性约束,合理布局城镇空间,科学控制发

展规模,优化城市功能结构、产业布局和基础设施布局。优化资源配置,在提高城市供水保证率的基础上,发挥城市节水的综合效益,提高水资源对城市发展的承载能力。水资源短缺地区,要严格控制城市和人口规模,限制新建各类开发区和高耗水行业发展。将城市节水相关基础设施改造工作纳入城市更新行动,统筹推进供水安全保障、海绵城市建设、黑臭水体治理等工作。推进城镇节水降损工程建设,推广普及节水型坐便器、淋浴器、水嘴等生活节水器具,积极开展政府机关、学校、医院等公共机构节水技术改造,大力推进节水型城市建设。

4. 以水定地,加大农业节水力度

推广节水灌溉,因地制宜,分流域、分区域规模化推广喷灌、微灌、低压管灌、水肥一体化等高效节水灌溉技术。加强灌溉试验和农田土壤墒情监测,推进农业节水技术、产品、设备使用示范基地建设。加快选育推广小麦、玉米等抗旱抗逆等节水品种,大力推广蓄水保墒、集雨补灌、测墒节灌、土壤深松、新型保水剂、全生物降解地膜等旱作农业节水技术。推动节水技术成果转化,推广中卫市全国节水型社会创新试点成果、利通区与贺兰县现代化生态灌区建设技术、盐池县水资源高效利用经验。完善农牧区水利建设,配套发展节水高效灌溉饲草基地。持续推进农村厕所革命。因地制宜推进农村污水资源化利用,推广"生物+生态"等易维护、低成本、低能耗污水处理技术,鼓励农村污水就地就近处理回用。

5. 以水定产,深度开展工业节水

强化水资源水环境承载力约束,合理规划工业发展布局和规模,优化调整产业结构。严禁水资源短缺地区新建扩建高耗水项目,压减水资源短缺地区高耗水产业规模,推动依法依规淘汰落后产能。列入淘汰类目录的建设项目,禁止新增取水许可。围绕钢铁、造纸、饮料、石化等高耗水行业节水治污需求,推广节水新工艺、新技术、新产品和新装备。严格落实主体功能区规划,依据水资源条件,确定产业发展重点与布局。推进高耗水企业向水资源条件允许的园区集中。以节水为重点推进现有企业和园区开展循环化改造,园区应当配套建设相应的污水集中处理设施对污水集中收集处理,鼓励园区实行统一供水和水循环利用及梯级补水,实施废水"近零排放"改造。

## 五、流域新旧动能转换与现代化产业体系建设经验

建立新旧动能转换综合示范区。紧盯产业发展大势和新一轮产业革命的

制高点,在因地制宜、依法依规开展试验基础上,着力探索优化存量资源配置和扩大优质增量供给并举的动能转换路径,探索建立创新引领新旧动能转换的体制机制,探索以全面开放促进新动能快速成长,探索产业发展与生态环境保护协调共进,为扎实推进去产能、现代产业体系建设、打造创新创业良好制度环境、发展更高层次开放型经济、形成绿色发展动能提供经验借鉴。

依托区域优势,瞄准未来产业竞争制高点。在农牧业方面,黄淮海平原、汾渭平原、河套灌区等粮食主产区在保证产量的同时大力开展绿色循环高效农业试点示范;内蒙古、宁夏、青海等省区则围绕优质奶源基地、现代牧业基地、优质饲草料基地、牦牛藏羊繁育基地建设,布局建设特色农产品优势。在能源基地建设方面,推动煤炭产业绿色化、智能化发展,加快生产煤矿智能化改造,推动能源化工产业向精深加工、高端化发展。在战略性新兴产业和先进制造业发展方面,以中下游产业基础较强地区为重点,提高工业互联网、人工智能、大数据对传统产业渗透率,推动黄河流域优势制造业绿色化转型、智能化升级和数字化赋能。

加强跨区域合作,构建高效产业分工体系。鼓励各地区立足产业基础和发展优势,专注于核心技术研发、产品创新与设计、组装加工制造等产业链的不同环节,建立稳固的产业协作关系,构建产业分工合作网络。宁蒙陕甘毗邻地区着力打造区域经济共同体,城市间互访频繁,区域可持续发展能力不断提升,合作品牌效应不断显现,有力促进了区域经济技术合作和交流。晋陕豫黄河金三角地区成立了晋陕豫黄河金三角承接产业转移示范区,构建了"错位竞争、点面联动、优势互补"的区域产业联动发展大格局。

## 六、流域城乡区域协调发展经验

以网络一体化推动城乡一体化发展,构建"城市群—都市圈—中心城市—县城—特色城镇"多层级、网络化的区域协调发展体系。加快推动以县城为重要载体的新型城镇化建设以及乡村振兴。

1. 以网络一体化推动城乡一体化发展

黄河流域城市群不能走牺牲农业和粮食、生态和环境的城市蔓延扩张的传统城镇化路子。黄河流域城乡协调发展,是城市之间、城乡之间通过基础设施网络而相互联系、要素充分自由流动的网络一体化,是高能级中心城市与周边紧密联系城市和县域所形成的都市圈的同城化。要以网络一体化为指引,加快构建"增长轴带—城市群—都市圈—中心城市—县城—特色城镇"多层级、网络化区域高质量发展增长极体系(苗长虹,2022)。

2. 依托交通轴线强化城市群联动合作

黄河流域七大城市群要打破行政分割和市场壁垒,加快交通网络等基础设施建设,深度参与"一带一路"建设,推动城市群联动合作,培育新欧亚大陆桥经济增长轴带。依托陇海铁路、连霍高速、高速铁路,打造西宁—兰州—西安—郑州发展轴,形成联结兰西、关中、中原城市群的发展轴线。依托济青高铁、济太高铁,加快建设太银高铁、济南—滨州—东营高速(城际)铁路,打造银川—太原—石家庄—济南—滨州—东营发展轴,形成联结黄河流域上中下游、东中西部的北部发展轴线。加快培育郑州—濮阳—聊城—济南、郑州—开封—菏泽—济南复合发展轴线,打造豫鲁两省合作发展的重要通道。大力推动包西高铁建设,培育包头—鄂尔多斯—榆林—延安—铜川—西安发展轴,强化呼包鄂榆城市群和关中平原城市群的联动。

3. 依托高能级中心城市培育建设现代化都市圈

依托国家中心城市和区域中心城市建设,加快培育建设西宁—海东、兰州—白银、银川、呼和浩特、太原、西安、洛阳、郑州、济南、青岛等都市圈,加强中心城市与周边城市区域的优势互补和协同发展,大力推进基础设施、产业分工、公共服务、生态环境、市场要素等方面的一体化对接,形成多中心、多层级、多节点的网络型城市群。分类分级地把 10 大都市圈建成黄河流域高质量发展的核心区,打造黄河流域"3 + 4"城市群空间一体化的重要支撑。

4. 依托县城和特色镇巩固城乡网络联系的基础节点

围绕新型基础设施、产业发展、城市治理、公共服务、商贸流通等领域,谋划布局一批重点项目,精准补齐县城发展的短板弱项。大力发展县域经济,分类建设特色产业园区、农民工返乡创业园、农产品仓储保鲜冷链物流设施等产业平台,带动农村创新创业。依托开发区等平台载体,着力引进培育关联度大、带动力强的龙头企业,吸引上下游配套企业集聚,形成产业配套和关联效应,加快打造产业集群。按照区位条件、资源禀赋和发展基础,因地制宜发展特色城镇,促进小城镇特色发展。

5. 依托特色产业发展加快推动乡村振兴

立足黄河流域乡土特色和地域特点,深入实施乡村振兴战略。以生活污水、垃圾处理和村容村貌提升为主攻方向,深入开展农村人居环境整治,建立农村人居环境建设和管护长效机制。开展农产品、畜产品生产加工、综合利用技术研究,建设一批精深加工基地,提升加工转化增值率和副产物综合利用水平。以优势产业、特色农业、乡土产业为重点,打造县乡村三级产业融合发展平台。大规模开展农村职业技能培训,健全促进农村就业机制,拓宽农民工等重点群体就业创业渠道。

### 七、保护传承弘扬黄河文化经验

黄河文化的保护传承和弘扬,需要坚持严格保护和活化利用相结合的原则,不断凝练黄河文化的核心价值,传承黄河文化文脉,以文化资源产业化和文旅深度融合发展、建设具有国际影响力的黄河文化旅游带及黄河国家文化公园作为重要战略举措。

1. 加强黄河文化阐释,凝练黄河文化的时代价值

黄河文化是中华文明的根源和发展演变的主轴。厘清黄河文化遗产资源的基本盘,挖掘其中所蕴含的思想精髓、核心理念、丰富内涵、人文精神和道德规范等,深入阐发和凝练黄河文化的时代价值,为社会主义文化强国和中国式现代化建设乃至处理国际问题贡献东方智慧,让中华民族的文脉和文化基因得以传承,实现时代要求与历史传承的有机结合和继承创新,提升中国文化软实力和中华民族凝聚力。

2. 坚持文旅融合,打造具有国际影响力的黄河文化旅游带

深入挖掘黄河文化旅游资源,把自然与人文结合,把历史与现实结合,采取市场化、专业化、规范化的运作模式,推进黄河文化和旅游业深度融合发展,将文化资源转化为高品质文旅产品,打造具有特色的黄河文化旅游品牌。加快建设和提升一批展现黄河文化的标志性文旅项目和景区,以黄河流域古都古城和重要中心城市为枢纽,组织联动周边地区旅游节点,在黄河流域不同地段分别打造特色鲜明的世界级旅游目的地。依托"黄河"文化资源,以"中国根·黄河魂"为主题,大力发展黄河文化创意产业,彰显黄河文化的内涵和韵味,展示黄河文化的魅力。

3. 坚持国家性和地方性有机结合,建设黄河国家文化公园

坚持地方性与国家性相统一的指导思想,坚持以"国家级"标准来设计建设各地黄河国家文化公园,同时既能体现"国家文化公园"总体要求,又能在展示黄河文明和历史文化时突出本地区特点。通过对国家文化公园保护管控区建设,加强资源管控保护,提升资源保存状况,对濒危资源实施抢救性保护,确保文

物文化资源的整体性保护。进一步梳理黄河文化内容,改扩建和新建一批黄河文化博物馆、黄河文化专题图书馆、特色文化展馆等。推动建设一批引领黄河文化旅游融合发展的重点区域、重大项目和精品作品,建设高品质文旅融合发展区。加强对黄河流域历史文化名镇、传统村落、历史文化街区等传统肌理格局和建筑风貌的保护和修缮,将黄河文化保护利用与城市更新、乡村振兴战略相结合。

## 第三节　黄河流域生态保护和高质量发展的主要启示

高质量发展是当今世界经济发展的趋向,也是新时代中国发展的必然要求。推动黄河流域生态保护和高质量发展应进一步推进体制机制改革创新、坚持全流域跨区域协同治理、坚持因地制宜分类施策、坚持政府引导和市场引导双轮驱动。

### 一、坚持"生态—经济—文化"一体化发展

推进黄河流域生态保护和高质量发展,亟须把生态、文化和经济一体化建设作为重要的战略支撑。对于黄河的认识,不仅要强调黄河的自然河流本身及其具有的重要生态功能,也要突出黄河所孕育的文明形态及其所展现的文化价值,更要强调黄河所流经区域的经济社会发展及受黄河影响所产生的区域差异。基于此,要实现黄河流域生态保护和高质量发展,就必须对黄河生态、文化和经济进行一体化的统筹考虑。一方面需强调大河流域生态保育修复和国家生态安全功能,夯实黄河流域经济高质量发展的生态基础,另一方面要强化黄河流域资源及产业优势,突出沿黄地区及北方地区经济高质量发展和跨区域协调发展,同时也应注重彰显黄河文化对于增强国家发展道路和提升文化自信的价值,注重黄河文明的传承创新和中华民族共同体意识的构筑(苗长虹等,2021)。通过强化国家生态安全和生态保护修复,夯实高质量发展的生态基础;通过现代化产业体系构建和高质量发展,为生态保护修和文化保护传承弘扬提供物质基础;通过黄河文化的保护传承弘扬,为生态保护修复和高质量发展提供精神动力和发展支撑。

## 二、推进体制机制改革创新

强化黄河流域生态保护和高质量发展的市场主导。在市场层面,以全面提升流域水环境质量为目的的,通过建立跨行政区环境保护联防联控机制,实施黄河干流和主要支流流域水环境污染防治工程,强化水质跨界断面的监测和考核,协调推进上、中、下游水资源保护与水污染防治工作。成立引进基金公司和设立专项资加快推进生态恢复、产业转型升级。重点引进,与社会资本共同发起一批以生态环境保护、生物多样性保护、生态修复、产业转型升级投资为特色的基金管理公司,按照市场化方式进行管理。

积极发挥第三部门(非政府组织)的作用。高质量建设黄河流域自贸试验区联盟、黄河流域经济技术开发区生态保护和高质量发展联盟,按照扶持共建、托管建设、股份合作、产业招商等多种模式,创新园区共建与利益分享机制,高水平举办黄河流域国家级经济技术开发区投资促进大会等活动。

建立健全流域生态保护补偿机制。在争取中央财政黄河流域生态保护和高质量发展专项奖补资金的基础上,加大对黄河流域重点生态功能区、重要支流源头区、水土保持重点区的转移支付力度。提高水土污染防治专项资金用于黄河流域生态保护的比例。推进排污权、用能权、用水权、碳排放权市场化交易,健全风险管控机制。

## 三、坚持全流域跨区域合作

### 1. 跨省合作

豫鲁两省均为人口大省、粮食大省、经济大省、文化旅游大省,合作基础较好、潜力较大。加快构建郑州—新乡—濮阳—聊城—济南、郑州—开封—菏泽—济宁—泰安—济南等跨区域快速交通通道。围绕创新资源协同融合、产业体系协作分工、基础设施互联互通、生态环境共保共治、市场体系一开放、智慧服务水平提升、公共服务共建共享等重点领域,加强规划对接、战略协同、市场统一、生态改善、民生共享,积极打造黄河流域跨省合作发展的先行区和示范区。甘青两省要进一步落实《兰州—西宁城市群发展规划》、甘青两省共建兰州—西宁城市群"1+3+10"合作框架协议、《兰州—西宁城市群发展"十四五"实施方案》,围绕生态保护、基础设施、产业创新、对外开放、市场对接、公共服务等领域,系统推进祁连山国家公园建设、联合开发甘青跨区域旅游产品路线等具体合作事项。

2. 跨城市合作

晋豫陕黄河金三角承接产业转移示范区是我国首个跨省设立的承接产业转移示范区,也是唯一一个横跨中西部的示范区。示范区的建立是以晋豫陕黄河经济协作区为基础,三省四市之间已经有 20 多年的合作经验,形成了较为完善的合作机制。示范区应遵循市场经济规律,打破行政体制障碍,以整合区域优势资源、创新区域合作机制、协调区际利益关系为重点,探索省际交界地区合作发展新路径,为促进区域互动合作发展和体制机制创新提供典型示范。加快推动兰州—西宁城市群、呼包鄂榆城市群、中原城市群等城市群内部城市的互动合作。

3. 都市圈内部合作

把郑州与平原新区融合发展作为国家大河流域左右岸跨界融合发展的示范区进行建设和推进。在综合交通网络、产业体系、创新发展、生态保护、城镇化建设、社会事业等经济社会发展各个领域全面加强郑州与平原新区的联系和对接,加快郑州与平原新区的"大融合",打造大都市区北部综合交通枢纽和商贸物流中枢、中部地区先进制造业基地、中部地区创新创业新高地、生态宜居的文旅康养休闲区,为郑州打造国家中心城市拓展新的发展空间。不断完善跨区域合作的税收分成机制、利益分享机制,探索大都市区跨河发展新模式。

## 四、坚持因地制宜和分类施策

黄河上、中、下游地区生态特点复杂、资源禀赋不同、发展基础各异,应坚持因地制宜,探索富有地域特色的生态保护和高质量发展道路。生态保护方面,上游地区应以生态与发展双赢为目标,以生态保护为主,合理布局城镇与产业;中游地区应增强能源开发利用调配能力,加强生态治理与修复;下游地区坚持集约发展,持续转换发展动能。农业方面,上游地区侧重畜牧业和寒旱作农业,中、下游则以粮食种植为主。现代产业体系构建方面,中下游产业要发挥产业基础优势,大力发展战略性新兴产业和先进制造业,中上游地区应加强能源基地建设,推动煤炭产业绿色化、智能化发展。建立健全统分结合、协同联动的工作机制,沿黄各省区齐心协力推进黄河流域生态保护和高质量发展。

## 五、坚持政府引导和市场引导双轮驱动

政府与市场是黄河流域生态保护和高质量发展过程中不可或缺的两种力

量。政府一方面可以在生态保护和开发利用中统筹谋划、加强制度完善和监管,明确市场作用的基础和边界,加大对重点生态功能区的转移支付力度;另一方面,政府还可以在产业发展中制定科学的规划和实施策略,通过提供优惠政策吸引企业、人才和资本,还可以通过地区政府间协商实现跨区域产业、创新合作。市场在黄河流域生态保护和高质量发展中扮演着优化资源配置的角色,对绿色经济发展具有决定性作用,绿色信贷、绿色债券、绿色保险等市场融资方式可以吸引社会资本和社会主体的参与,进而加大生态保护、污染防治和产业发展的投资规模;市场的价格调节机制还可以促进经济活动的用水节约,市场机制推动下的发达区域向欠发达地区的生态补偿可以为地区生态保护和发展提供支持。在黄河流域生态保护和高质量发展过程中要有效协调政府与市场的关系,实现"有效的市场"与"有为的政府"有机统一。

执笔人:河南大学黄河文明与可持续发展研究中心暨黄河文明省部共建协同创新中心的苗长虹教授、赵建吉教授、邵田田副教授、胡志强副教授、喻忠磊讲师

**参考文献**

[1]方创琳.中国城市群地图集[M].北京:科学出版社,2020.

[2]苗长虹,艾少伟,赵建吉,等.黄河保护与发展报告:黄河流域生态保护和高质量发展战略研究[M].北京:科学出版社,2021.

[3]苗长虹.黄河流域城市群基本特征与高质量发展路径[J].人民论坛·学术前沿,2022(22):62-69.

[4]孙风朝.黄河流域农业面源污染治理研究[J].中国资源综合利用,2022,40(12):150-152.

[5]陈怡平.黄土高原生态环境沧桑巨变七十年[N].中国科学报,2019-09-03.

[6]邓玉梅,董增川.黄河防洪存在的主要问题和对策措施[J].人民黄河,2008,273(5):10-11.

[7]刘永峰,周子俊,葛雷,等.黄河源区生态系统水源涵养功能对生态保护与修复工程响应[C]//2021年第九届中国水生态大会.中国疏浚协会陕西省水利学会西安理工大学河海大学,2021.

[8]李希宁,孟祥文,李士国,等.黄河三角洲生态修复实践及建议[J].第三届全国河道治理与生态修复技术交流研讨专刊,2011:51-54.

[9]杨薇,裴俊,李晓晓,等.黄河三角洲湿地生态修复效果的系统评估及对策[J].北京师范大学学报(自然科学版),2018,54(1):98-103.

[10]沈红保.黄河河流生态恢复的目标[J].资源与环境科学,2011(17):285-286.

[11]莫兴国,刘苏峡,胡实.黄河源区气候—植被—水文协同演变及成因辨析[J].地理学报,2022,77(7):1730-1744.

[12]王涛,张继英.黄河三角洲自然保护区生态治理策略研究[J].人民黄河,2022,44(12):141-142.

[13]庞博,杨文鑫,崔保山,等.黄河三角洲湿地生物多样性保护工程植被修复效果评估[J].环境工程,2023,41(1):213-221.

[14]王敏,刘志刚,张攀,等.黄河中游多沙粗沙区水土流失治理面临的关键问题与发展对策[J].中国水利,2023(10):42-45

[15]宁珍,高光耀,傅伯杰.黄河河龙区间输沙变化特征及归因分析[J].水土保持研究,2022,29(3):38-42.